高等学校文科教材

社会科学文献检索
·增订本·

赵国璋　朱天俊　潘树广
王长恭　　　华人德　　编著

北京大学出版社
PEKING UNIVERSITY PRESS

图书在版编目(CIP)数据

社会科学文献检索/赵国璋等主编.—2版.—北京：北京大学出版社,2005.6
ISBN 978-7-301-07975-1

Ⅰ.社… Ⅱ.赵… Ⅲ.社会科学-情报检索 Ⅳ.G252.7

中国版本图书馆 CIP 数据核字(2004)第 107451 号

书　　　名：	社会科学文献检索(增订本) SHEHUI KEXUE WENXIAN JIANSUO (ZENGDINGBEN)
著作责任者：	赵国璋　朱天俊　潘树广　主编
责 任 编 辑：	胡双宝
标 准 书 号：	ISBN 978-7-301-07975-1/G · 1293
出 版 发 行：	北京大学出版社
地　　　址：	北京市海淀区成府路 205 号　100871
网　　　址：	http://www.pup.cn
电 子 信 箱：	zpup@pup.pku.edu.cn
电　　　话：	邮购部 010-62752015　发行部 010-62750672 出版部 010-62754962　编辑部 010-62752028
印　刷　者：	河北滦县鑫华书刊印刷厂
经　销　者：	新华书店 890 毫米×1240 毫米　A5　13.125 印张　397 千字 1987 年 5 月第 1 版 2005 年 6 月第 2 版　2025 年 1 月第 18 次印刷
定　　　价：	38.00 元

未经许可，不得以任何方式复制或抄袭本书之部分或全部内容。
版权所有，翻版必究
举报电话：010-62752024　电子邮箱：fd@pup.pku.edu.cn

前　言

　　1984年2月国家教委颁发了《关于在高等学校开设〈文献检索与利用〉课的意见》。同年3月底至5月上旬，受国家教委全国高校图工委委托，苏州大学举办了全国高校首届社会科学文献检索师资培训班。教学工作由赵国璋（南京师范大学）、朱天俊（北京大学）、潘树广（苏州大学）、王长恭（南京师范大学）、华人德（苏州大学）担任。根据学员的要求，我们在讲稿的基础上，经过充实、提高，编著了这部适合高校本科生通用的《社会科学文献检索》教材，并被列入国家教委1985—1990年高校文科教材编选计划。教材初版于1987年5月，由北京大学出版社出版。1992年荣获国家教委颁发的第二届高校优秀教材二等奖。迄今北大出版社已印刷10余次，印数逾10万册。这说明该教材在推动文献检索课的教学方面，已产生相当影响。

　　鉴于我国信息事业迅速发展，计算机广泛应用于各专业领域，文献检索也相应日趋计算机化。随着大量工具书的编辑出版，教材中介绍的工具书也急需剔旧补新。因此，修订教材势在必行。

　　这次修订，基本上保持教材初版的原框架，仍然是文献、工具、检索与附录四编。文献编、工具编为学生提供了必要的社科文献的基础知识。检索编是教学重点，也是教材的主体。修订中扩大了这一编的范围与内容，分为手工检索和计算机检索两部分。手工检索部分，讲述了传统的文献检索中工具书的应用。增写的计算机检索部分，以四章篇幅，简明而具体地讲述了计算机文献检索意图和策略；光盘检索、网络检索的原则和方法。手工检索与计算机检索的结合，这是当今中国进行社会科学文献检索教学的较好选择，二者相互补充，不可或缺。附录编"综合检索示例"，是前三编内容的综合应用，试图收到以实例启发学生思考的效果。

　　教材修订中，我们增编或改写了若干章节，也对部分章节做了必要的调整，或删略，或合并，或改写。剔除了陈旧的工具书，增加了新出的、有价值的工具书,选介了少量重要的外文工具书、光盘数据库,以拓宽学生的检索视野,提高文献检索能力。考虑到各校教学条件不尽相同,专业需要也有差异,与其我们拟题,让学生检索,倒不如由主讲教师,根据专业特点与教学设备,自行命题更为切实。因此增订本删去了初版中每章后附的习题。

总之,增订本无论从广度与深度,比之初版有了显著的提高。

此次教材的增订,从酝酿到出书,都得到编辑部主任郭力编审,特别是责任编辑胡双宝编审的支持与帮助。在此,表示衷心的感谢。限于水平,增订本中的缺点、错误,我们恳切希望读者及同行专家提出宝贵的意见,我们不胜感谢。

目　　录

第一编　文　献　编

第一章　社会科学文献概述 … 3
第一节　文献的涵义和分类 … 3
第二节　社会科学文献的特征 … 6

第二章　图书 … 8
第一节　丛书、全集、文集、论文集 … 8
第二节　总集、合集 … 15
第三节　档案史料 … 26
第四节　资料汇编 … 29
第五节　地方志 … 32
第六节　其他一次文献 … 34

第三章　报刊 … 40
第一节　中国报纸的起源 … 40
第二节　中国近代报刊 … 42
第三节　中国现代报刊 … 45
第四节　报纸副刊与报刊影印 … 58

第四章　机读文献 … 64
第一节　机读文献略说 … 64
第二节　电子图书 … 66
第三节　电子期刊 … 67
第四节　电子报纸 … 69

第二编　工　具　编

第五章　文献检索和检索工具 … 73
第一节　文献检索 … 73

第二节　手检与机检 …………………………………………… 74
　　第三节　检索工具和工具书 …………………………………… 77
第六章　工具书的类型 ……………………………………………… 78
　　第一节　书目、索引、文摘 …………………………………… 78
　　第二节　字典、词典 …………………………………………… 82
　　第三节　百科全书 ……………………………………………… 85
　　第四节　类书、政书 …………………………………………… 86
　　第五节　年鉴、手册、综述、名录…………………………… 88
　　第六节　表谱、图录、地图 …………………………………… 91
第七章　中文工具书的主要排检方法 ……………………………… 94
　　第一节　汉字形序排检法 ……………………………………… 94
　　第二节　汉字号码查字法 ……………………………………… 97
　　第三节　汉字音序排检法 ……………………………………… 99
　　第四节　分类排检法 ………………………………………… 103
　　第五节　主题排检法 ………………………………………… 107
　　第六节　时序、地序排检法及其他 ………………………… 108

第三编　检　索　编

第八章　古今图书的检索………………………………………… 113
　　第一节　古籍目录的利用 …………………………………… 113
　　第二节　现代书目的利用 …………………………………… 134
　　第三节　专科书目的利用 …………………………………… 142
　　第四节　马克思主义文献目录的利用 ……………………… 156
第九章　报刊资料的检索 ………………………………………… 167
　　第一节　报刊资料索引的利用 ……………………………… 167
　　第二节　报刊目录的利用 …………………………………… 189
第十章　字词的查检 ……………………………………………… 201
　　第一节　普通字典、词典的利用 …………………………… 201
　　第二节　特种词典的利用 …………………………………… 209
　　第三节　古代字书的利用 …………………………………… 215
　　第四节　汉语同少数民族语和外语对照词典的利用……… 224

第十一章 成语典故、诗文词句的查检 ………………… 229
第一节 成语典故辞典的利用 ……………………… 229
第二节 类书的利用 ………………………………… 230
第三节 索引及其他工具书的利用 ………………… 234

第十二章 专科词语和百科知识的查检 ……………… 239
第一节 专科词典的利用 …………………………… 239
第二节 百科全书的利用 …………………………… 245
第三节 类书的利用 ………………………………… 249

第十三章 人物资料的检索 ……………………………… 253
第一节 人物资料在文献中的分布 ………………… 253
第二节 人名辞典与传记集的利用 ………………… 258
第三节 别名索引的利用 …………………………… 265
第四节 传记资料索引的利用 ……………………… 267
第五节 年谱、疑年录及其他 ……………………… 274

第十四章 地名资料的查检 ……………………………… 277
第一节 历史地名、历代疆域的查考 ……………… 277
第二节 现代地名资料的查找 ……………………… 284

第十五章 不同历法年、月、日的查考 ………………… 288
第一节 历法和纪年法 ……………………………… 288
第二节 年代对照 …………………………………… 297
第三节 历日换算 …………………………………… 301

第十六章 历史事件、当代大事的查找 ………………… 308
第一节 古代史书的利用 …………………………… 308
第二节 大事记、年表的利用 ……………………… 314
第三节 年鉴的利用 ………………………………… 318

第十七章 典章制度和图录的查考 ……………………… 321
第一节 典章制度的查考 …………………………… 321
第二节 文物、历史图录的查找 …………………… 328
第三节 艺术图录的查找 …………………………… 334

第十八章 法规、条约和统计资料的查找 ……………… 337
第一节 法规、条约的查找 ………………………… 337

第二节　统计资料的查找…………………………… 341
第十九章　计算机文献检索概说………………………… 345
　　第一节　计算机检索与机读数据库………………… 345
　　第二节　单机检索与联机检索……………………… 346
　　第三节　检索系统与数据库的选择………………… 348
第二十章　检索意图与检索策略………………………… 350
　　第一节　检索意图的表达方式……………………… 350
　　第二节　检索入口的确定…………………………… 351
　　第三节　精确匹配与模糊检索……………………… 353
　　第四节　布尔逻辑检索与加权检索………………… 355
　　第五节　检索策略及其调整………………………… 359
第二十一章　光盘检索…………………………………… 361
　　第一节　光盘检索的优势…………………………… 361
　　第二节　全文型光盘数据库举要…………………… 362
　　第三节　目录型光盘数据库举要…………………… 365
　　第四节　事实型光盘数据库举要…………………… 367
第二十二章　网络检索…………………………………… 369
　　第一节　几个基本概念……………………………… 369
　　第二节　因特网在我国……………………………… 371
　　第三节　因特网上的服务类型……………………… 372
　　第四节　搜索引擎的利用…………………………… 373
　　第五节　网上的图书馆……………………………… 378
　　第六节　实用网站举要……………………………… 384

<h2 style="text-align:center">附　　编</h2>

壹　综合检索示例………………………………………… 391
　　一、利用多种文献核定书名、作者例 ……………… 391
　　二、不同辞书释义对照例…………………………… 393
　　三、多途径检索例…………………………………… 394
　　四、查考古籍丛书本例……………………………… 395
　　五、利用附录查考咨询问题例……………………… 397

六、文字资料与图像资料综合利用例……………………398
七、利用全文数据库查找词语出处例……………………399
八、"机检""手检"相结合查找论文例……………………400

贰 索引……………………402

主要参考文献……………………407

后记……………………409

第一编
文 献 编

第一章　社会科学文献概述

人类在改造自然和变革社会的伟大斗争中，需要各种知识。要获得这些知识，除了直接实践外，更多的是要学习和吸取前人的经验、思想和知识，即充分利用文献。有哲学、社会科学文献，也有自然科学文献。本书介绍的重点是社会科学文献。

第一节　文献的涵义和分类

一、文献的涵义

"文献"一词最早见于《论语·八佾》：

> 子曰："夏礼，吾能言之，杞不足徵也；殷礼，吾能言之，宋不足徵也。文献不足故也。足，则吾能徵之矣。"

朱熹注释《论语》："文，典籍也；献，贤也。"又《尔雅·释言》："献，圣也。"

孔子所说的"礼"，包括有关古代典章制度的一切知识，孔子认为记载、掌握这种知识的是书籍和有学问的人，即"文"和"献"。这种解释一直被后人沿用。元初马端临《文献通考》自序中说：

> 凡叙事，则本之经史，而参之以历代会要，以及百家传记之书，信而有徵者从之，乖异传疑者不录，所谓文也。凡论事，则先取当时臣僚之奏疏，次及近代诸儒之评论，以至名流之燕谈，稗官之记录，凡一话一言，可以订典故之得失，证史传之是非者，则采而录之，所谓献也。

马氏把"奏疏""评论"同"经史"分开，未必符合孔子原意；而以"文献"兼指书和人，则与《论语》是一致的。后来，"文献"一词偏指著述、典籍,如《文献大成》(《永乐大典》初名)、《安徽文献书目》。

这是"文献"一词的古典意义。当代学者给文献下的定义有多种表述方式,不尽一致。1983年我国颁布的《中华人民共和国国家标准·文献著录总则》(GB3792.1—83)给文献下了简明的定义,是:"记录有知识的一切载体。"这一定义已被普遍接受并广泛引用。

首先,只有记录有知识的载体才能称为文献,知识包括古今一切门类的知识。因此,提供知识是文献的本质属性。其次,所谓"一切载体",是强调记录知识的物质载体是多种多样的。除纸张外,还可以是甲骨、金石、竹木、缣帛、胶片、磁带等。我国在3000多年前就已经在甲骨上刻辞纪事。从殷周到西汉,在铜器上铸刻文字,保留下来的文献十分丰富。石刻材料,即从战国算起,也已2000多年。在纸普遍使用以前,竹木简和缣帛曾经是知识的主要载体。东汉以来,甚至在今后很长时期内,纸都是全人类知识的最重要的载体。现代又有感光材料(胶片、胶卷)、磁性材料(磁带、磁盘)等新型载体被普遍使用。第三,记录知识的手段也是多种多样的,如书写、印刷、录音、录像等。

需要说明的是,与文献对应的英文名词有两个:document 和 literature。document 除文献这一意义外,还有文件、证件之意;而 literature 则多指某一学科或某一专题的文献。此外,document 包括印刷品以外的文字记录,如碑文、古币图文等,而 literature 一般只指书刊资料。①

二、文献的分类

文献如不加分类,就很难为人们掌握利用。但分类又有不同的标准。

首先,可以按照文献的载体分类。人类与动物的重要区别之一是语言(有声语言),随着文化的进步才创造出记录语言的文字。语言受时间和空间的限制,不能广泛传播和长期保存,因而文字作为记载知识的符号,便突出地显示出来。"从铁矿的冶炼开始,并由于文字的发明及其应用于文献记录而过渡到文明时代。"恩格斯在《家庭、

---

① 袁翰青,《现代文献工作的基本概念》,《图书馆》,1964(2)。

私有制和国家的起源》中的这一论述,也强调了文字记录文献的重要作用。过去中国讲到"文献",本来兼指"典籍"和"贤人"(用语言传授知识的人);后来"文献"逐渐变成了"典籍"(书面语言)的同义词。现在人类掌握了记录和传输声音、形象的先进手段,语言作为记录知识的符号开始重新受到重视。因此,根据载体和记录手段的不同,一般可把文献区分为五种类型:

刻写型,主要是印刷术发明之前的历史文献(卜辞、金文、简策、石刻等)和没有排印的文字记录(写本书、手稿等);

印刷型,是传统的典籍型,以纸为主要载体,印刷为主要记录手段,是文献的主要形式;

缩微型,以感光材料为载体,以缩微摄影为记录手段,可以说是印刷型的变体;

声像型,也称视听型,是以唱片、录音带、录像带、幻灯片、电影片等形式出现的记录声音和图像的文献;

机读型,即计算机可读型文献,是利用电子计算机存储、传输、阅读、检索的文献,主要有磁带、磁盘、光盘等。

纸在作为文献载体方面占有巨大优势,因此也有把文献分为"纸型"和"非纸型"的说法。

第二,根据文献的内容或写作和出版的特征,通常分为图书、连续出版物(报纸、期刊等)、学位论文、政府出版物、档案、专利文献、标准文献、会议文献、手稿等。其中,图书、报刊占的比重最大,使用最广泛。

第三,按文献的性质、用途和不同的加工程度,可分为一次文献、二次文献、三次文献。

一次文献,即原始文献。凡直接记录事件经过、研究成果、新知识、新技术的文献都是。比较常用的是专著、论文、调研报告、档案材料等。一次文献是文献检索的主要对象。

二次文献,也叫检索性文献。指对一次文献进行加工整理(如著录其文献特征、摘录其内容要点),并按一定方法编排成系统的便于查考的文献。主要的二次文献是书目、索引、文摘。中国古代的类书也可以归入此类。这是最重要的检索工具,提供一次文献的线索。

三次文献,可以叫做参考性文献。是在利用二次文献的基础上依据一次文献作出系统整理并概括论述的文献。如:综述、专题述评,进展报告等。百科全书、词典、年鉴、手册(指南)、表谱等也属此类。这是能直接提供答案的检索工具。

文献不仅保存了思想,记录了知识,更主要的是传播了知识。因此,存储和传播是文献的主要功能。文献又是人类认识客观世界的重要渠道;文献中大量的文学艺术作品能给人以审美享受、陶冶性情,培养高尚的情操。

第二节　社会科学文献的特征

社会科学文献是社会科学领域中诸学科文献的总称。哲学是自然知识和社会知识的概括和总结,因此,社会科学文献和哲学文献有不可分割的关系。传统上把哲学作为文科的一支,所以非严格意义上的社会科学文献也包括哲学文献。随着科学研究的深入发展,学科间交叉渗透的现象也越来越复杂,社会科学文献和自然科学文献之间,没有不可逾越的鸿沟。

社会科学文献种类和类型繁多,数量庞大,给检索和利用造成了一定的困难。从文献检索的角度看,社会科学文献主要具有如下特征:

1. 面广量大,增长迅速　进入"信息时代",记载知识信息的文献数量急剧增加。仅以图书为例,1950年全世界出版图书约25万种,而现在世界各国每年出版的社会科学著作、文集和文章即已逾100万件。我国现存古籍估计在10万种以上,其中绝大部分是社会科学文献。辛亥革命后至1949年9月,我国出版的图书也有10万种左右。1984年我国出版图书4万种,其中社会科学类约1.6万种;而1999年全国图书(书籍)出版数量已达11.8万余种,增长速度之快十分惊人。在如此浩瀚的文献中迅速地检索出所需要的知识信息,是学习和研究中不可或缺的一种技能。

2. 分布分散、内容交叉　社会科学各学科之间交叉渗透的情况十分突出。"文史哲不分家",概括地说明了社会科学学科之间没有严格的畛域和界限。某一学科的专业文献往往散布在非该专业的书刊中,彼此纠结融会在一起。针对社科文献既交叉又分散的特点,检索时要特别注意文献的完整性,既要查阅本学科的文献,又要搜索相关学科的文献,尽可能详尽地占有资料,避免漏检。

3. 积累性和继承性强,老化速度慢　科技文献的时效性强,老化速度较快,检索时注重的是从新文献中获取知识信息。在社会科学领域,比较注重历史资料的积累,不仅要了解新观点、新资料,也要充分利用前人已取得的成果,所以重视回溯性检索,文献的有效使用期很长。很多问题不能单纯依靠第二手材料,必须追溯其原始出处,查证核实。

4. 文献类型以专著和论文为主　科技文献检索中主要利用二次文献(索引、文摘)检索论文和专利说明,以获取最新知识信息,各种大型的二次文献数量众多;而在社会科学领域,获取知识信息主要依靠专题著作、论文和参考工具书,经常直接利用一次文献。虽然近年来各种类型的检索工具增多,但索引和文摘仍不敷应用。社会科学文献的检索方法和途径相对来说更为多样和复杂。对于社会科学工作者来说,熟悉和掌握本学科及相关学科的基本的一次文献是十分重要的。本书的第二、三两章即介绍常用的一次文献。

5. 有一定的政治倾向　一般说来,社会科学文献大都体现著述者的立场、观点,许多文献都带有较强的政治倾向。因此,在利用文献时也一定要以辩证唯物主义和历史唯物主义的观点作指导,加以分析鉴别,剔除糟粕,吸取精华。此外,还要注意对情报信息的筛选,尽量选用有独创见解的、科学性较高的知识信息,摒弃那些人云亦云、琐屑而无意义的部分,不能无条件地兼收并蓄。

近几十年来,社会科学文献的品种和数量都出现了急剧增长的势头,依赖印刷型二次、三次文献进行的传统手工式文献检索已不能完全满足用户的需要。随着文献存储和传播技术的进步,缩微、声像、机读型文献相继问世并得到迅速发展,由于具有存储量大、检索速度快、阅读方便等特点,在不同程度上弥补了印刷型文献的不足。特别是计算机化图书(通称电子出版物)的出现和普及,代表了社会科学文献发展的必然趋势,计算机文献检索(机检)也将占有越来越重要的地位。

第二章 图 书

图书这种文献,不论在中国或外国,都是出现得最早的知识载体之一,今天,在整个文献系统中,仍然占主导地位。图书数量众多,类型复杂,现介绍几种常见的类型。

第一节 丛书、全集、文集、论文集

一、丛书

"丛书"也叫丛刊、丛刻、丛编、汇刻、合刻、汇刊、全书、全集、集成等。但用这些名称的并非都是丛书。丛书是群书的集合体,它有一个总名,收入其中的各自独立的书称为该丛书的"子目"。丛书的整体性强,有汇集和保存文献、便于查找的优点。有些则提供了精本和善本。

丛书的起源很早。在印刷术发明以前,丛书不可能大量编纂和长期保存。宋左圭辑《百川学海》,刻于度宗咸淳九年(1273),前人以为是丛书之始。清末缪荃孙得明抄本《儒学警悟》,收书7种41卷,为俞鼎孙、俞经辑成于宋宁宗嘉泰元年(1201),早于《百川学海》72年。这是现在所知最早的综合性丛书。

宋元以后,编刻丛书蔚为风气。明人嗜奇爱博,所刻丛书多不足取。清代重视整理研究古代文献,特别是乾隆时修《四库全书》,对于丛书的刊印产生了很大影响。

辛亥革命以后,随着社会需求的增长和印刷技术的进步,丛书的编印又有发展。以张元济主持的《四部丛刊》为开端,新编丛书的规模之大、印刷技术之精都非往日可比。

1. 丛书的分类

《中国丛书综录》将丛书按其内容分为汇编和类编两类。

汇编：杂纂类（宋元、明代、清代前期、清代后期、民国），辑佚类，郡邑类，氏族类，独撰类（宋元……民国、建国以来）；

类编：经类、史类、子类、集类。

《中国古籍善本书目》则将古籍丛书分为：汇编丛书、地方丛书、家集丛书、自著丛书。

2.《四库全书》及续编

《四库全书》是一部规模空前、影响深远的大丛书。它是清代以"稽古右文"为名而实际上推行"寓禁于征"的文化专制主义的产物。它的纂修既有整理、保存文献的积极意义，又有禁毁、篡改典籍，并从而大兴文字狱的破坏作用。

乾隆三十七年（1772）下令征求遗书。次年，成立四库全书馆，任命于敏中等为总裁，纪昀、陆锡熊等为总纂官，参加编纂工作的有著名学者戴震、邵晋涵、王念孙、任大椿、翁方纲、朱筠、卢文弨、丁杰等360人。乾隆四十六年（1782）十二月修成第一份，四十九年修成第二、三、四份，分贮宫中文渊阁、奉天（今沈阳）故宫文溯阁、圆明园文源阁、热河避暑山庄文津阁，这是"内廷四阁"，又称"北四阁"。五十二年又抄成三份，书品较小，纸亦略差，分存镇江文宗阁、扬州文汇阁、杭州文澜阁，即"江浙三阁"，又称"南三阁"。同年，因发现已修成的书中有所谓"违碍"书，下令对七份全书进行复查，作了部分撤毁、挖补和抽换，至五十五年基本结束。江浙三阁的书直到嘉庆元年（1796）才颁发齐全。另有副本一份，存放翰林院供阅览。江浙三阁对外开放，带有公共图书馆性质。因修成时间有先后，各阁收书部数亦不尽相同。建国后据文津阁本统计，经、史、子、集四部共收书3503种、79337卷，计36304册，约近10亿字。纂修工作开始时，乾隆命馆臣选择精华，先编《四库全书荟要》，四十三年（1778）完成。收书473种19931卷，计11151册。抄写两部，一存宫中摘藻堂，一存圆明园味腴书室。《全书》《荟要》后来的情况大致如下：文渊阁本和摘藻堂本《荟要》1933年运到上海，以后经南京转重庆，再回南京，1948年运到台湾。文溯阁本1966年由沈阳运交甘肃省图书馆。文津阁本1915年运到北京，现存国家图书馆。文源阁本和味腴书室本《荟要》，英法联军侵入北京时被焚。文宗阁本和文汇阁本在太平天国革命战争中被焚毁。文澜阁本在太平军第二次攻克杭州时被流民抢劫,残存8000余册。后来经过三次抄补才补齐,现存浙江省图书馆。翰林院所藏副本,经英法联军和八国联军两次抢掠焚烧,已荡然无存。

1933年商务印书馆选文渊阁本中罕见书231种影印为《四库全书珍本初集》,1935年印成,共1960册。20世纪60年代以后,台湾商务印书馆继续影印至十二辑,另印别辑一辑。十三辑共收书1878种。1983—1986年,台湾商务印书馆影印出版了文渊阁本《四库全书》,16开精装本1500册。上海古籍出版社1987年起重印,缩印为32开本。台湾世界书局1986年影印《四库全书荟要》,16开精装500册,另附书目索引。与《四库全书》有关的各种丛书有:

宛委别藏,嘉庆间,阮元于江浙一带搜访《四库全书》未收书160种,缮写进呈,赐名《宛委别藏》,并撰写提要(收入《揅经室外集》)。台湾商务印书馆1981年影印,32开本120册,江苏古籍出版社1988年重印。此书开后来续修《四库全书》之先河。

四库全书存目丛书,《四库全书总目》中收入《四库全书》的著作3461种,另有未收入《四库全书》、"止存书名"的著作(称"存目书")6793种。存目书中有许多有学术价值和文献价值的著作,以后大多传本稀少,甚至散佚。为此,20世纪90年代初,成立了《四库全书存目丛书》编纂出版工作委员会。从国内(含台湾)及欧、美、日等地两百多家藏书单位收集到存目书4508种6万多卷,其中八成为善本、三成为孤本。1995—1997年由齐鲁书社影印为16开精装本,另编目录索引卷1册,共1200册。

四库禁毁书丛刊,王钟翰主编。收集流散各地的清代修《四库全书》时遭禁毁的书,影印出版。计划分十辑,每辑30册,共300册。第一辑已于1997年出版。

续修四库全书,顾廷龙主编,上海古籍出版社1995—2002年影印出版。收书5213种,凡《四库全书》未收的乾隆以前的优秀著作,《四库全书》存目书和禁毁书中的精华,乾隆以后各学科、各学术流派的代表性著作,及新出土的古文献,海内外所藏珍本、孤本,均多在选收之列,共1800册。

文渊阁四库全书补遗·集部，杨讷、李晓明编，北京图书馆出版社1997年影印出版，15册。本书据文津阁本《四库全书》收录文渊阁本中所无的历代诗文4000余篇，可补文渊阁本之不足。

3. 常用综合性丛书举例

四部丛刊（初编、续编、三编），张元济主编，商务印书馆影印出版。初编1919年初版，1929年二次影印（抽换21种书的版本）、1936年出缩印本；续编1934年影印；三编1935—1936年影印。上海古籍书店1984年起影印全部《四部丛刊》。

《四部丛刊》是民国以来最重要的古籍善本丛书，按经、史、子、集分类，初编收350种，续编收81种，三编收73种。如《例言》所说，"于存古之中兼寓读书之法"，因此这部丛书亦兼有举要性质。所用底本有宋元旧刻100余种，其余亦均系稿本、抄本、校本及明清精刻本，许多书后都附有跋文或校勘记。

初编各书的提要见孙毓修《四部丛刊书录》（商务印书馆，1922）；二、三编提要附于各书之后。

四部备要，中华书局1920—1935年编印。

这是一部举要性质的丛书，收四部要籍336种，用仿宋字排印，个别书影印。先出线装本；继出精装、平装缩印本。改版时对126种最常用书如《二十四史》《资治通鉴》《楚辞》《文选》等加了断句。这部丛书偏重实用，如经部既有通行本十三经注疏，又收了十三经古注、清人十三经注疏；史部有二十四史，正续《资治通鉴》；子、集两部也都是精选的学者必备之书，采用的底本多为精校详注本。但因是排印，不免有错误。附《四部备要书目提要》，各书下著录三项：著者小传、提要、卷目。提要部分多采用《四库全书总目提要》或《四库未收书提要》。以上两书未收的则自编，名曰"本书述略"。

丛书集成初编（简称《丛书集成》），商务印书馆1935—1937年陆续出版。中华书局1985年起重印，1991年补印未出部分。

这是一部大型古籍丛书，以"合乎实用"及"流传孤本"为目的。收普通丛书80部，专科丛书12部，地方丛书8部。共得子目6000余种，除去重复，实收书4107种，排印成统一版式（少数影印），分装4000册，有统一编号。当时印成3467册，因抗日战争爆发，其余533

册未出。收有许多不容易找到单行本的著作。

原版附《丛书集成初编目录》一册，前有《丛书百部提要》，次为丛书子目分类目录（分10大类）。上海古籍书店1980年重印，增加子目四角号码索引，注明该书编号（未出者注明"未出"）；中华书局1983年重印。

与《丛书集成》有关的丛书有：

丛书集成续编，上海书店出版社，1994。依《丛书集成初编》之例，续选明清及民国时期丛书100部，共收古籍3200余种，180册。

原版百部丛书集成、续编、三编，严一萍辑。台湾艺文印书馆1965—1972年线装影印出版。本书共收古籍丛书160种。初编100种，与商务本同。《续编》《三编》各30种，子目见庄荣芳《丛书总目续编》（台北市德浩书局，1974）。

丛书集成新编，台湾新文丰出版公司编辑出版。第一批，1985年据商务本重排缩印，16开精装120册，次年出版《总目、书名索引、作者索引》1册。第二批，1989年另选清初至1948年间刊印的丛书151种，得子目4700余种，仍分10类编排印为16开精装280册，1991年出版《总目、书名索引、作者索引》，并有王德毅主持撰写的所收丛书提要。

民国丛书，周谷城主编。上海书店1989年起影印出版。从辛亥革命到1949年间出版图书约10万种。本书计划选出3000种，分为10编，每编收二三百种。以学术著作为主，不收古籍、翻译著作，文艺创作原则上不收，科技书只收科技史类。每编均分11类：哲学、社科总论、政法、经济、教育体育、语文、文学、美学艺术、史地、科技史、综合。

当代中国丛书，邓力群、马洪、武衡主编。中国社会科学出版社，1984—1999。共150卷208册。该丛书系统地总结我国建国以来各条战线的社会主义革命和建设的历史经验。内容包括省、市、自治区卷，综合性卷和专题（行业）卷。书名中都有"当代中国"四字。1999年又出版了电子版，共20张光盘。

4. 常用专科丛书举例

根据某一学科或专题，把有关著作编成一套丛书，这就是专科丛书,通常也称为类编丛书。

十三经注疏,通行本为清阮元据宋本校刊附《校勘记》本;1980年中华书局校补世界书局1935年缩印本,改正其错漏360余处,影印16开精装2册。

十三经及其注疏是儒家经典,也是我国传统文化的重要组成部分。注和疏本来是单独成书的,南宋时才有注疏合刻本。清嘉庆年间阮元据宋本校刊,附《校勘记》,正文中旁加"○"(缩印本改为"▲")者即为出校之处。

清人经学著作宏富,大都收入《清经解》《续清经解》两部丛书。

二十四史,《二十四史》是以人物传记为主的纪传体史书,包括《史记》至《明史》共24部历代史书,清乾隆时钦定为"正史"。

通行本有:(1)中华书局1959—1976年出版排印校点本,1997年出版缩印合订本;2000年出版简体字版,改正了一些错误;(2)商务印书馆1930—1937年影印善本"百衲本",原为线装,1958年缩印为16开精装本;(3)中国档案出版社1996年影印毛泽东评点《二十四史》本,底本为武英殿大字本,影印时对原书进行了整理、校勘,16开线装850册。

此外还有:(1)《二十五史》,开明书店1935年缩印本,16开精装9册。以武英殿本为底本,另加民国柯劭忞《新元史》,每种书后附《参考书目》。另编印《二十五史人名索引》。(2)《二十五史》,上海古籍出版社、上海书店1986年影印本,16开精装12册。底本为涵芬楼影印殿本二十四史,另加赵尔巽等《清史稿》。并编印《二十五史纪传人名索引》。

二十五史补编,开明书店1936—1937年出版,16开精装6册;中华书局1955—1956年重印。本书汇集了历代学者补辑或考订各史表、志之作245种,依各史时代顺序排列。张舜徽又主持编辑了《二十五史三编》(岳麓书社,1994),收对二十五史(包括《清史稿》)进行校勘、考订、拾遗、评论等类著作149种。

诸子集成,世界书局1935年排印本;中华书局1954年重印,挖改或重排2000余页,约占全书六分之一,后又多次重印。

此书收先秦至南北朝诸子著作26家28种(老子、庄子各2种注本),多采用清人精校评注本。

新编诸子集成,中华书局1982年起出版。收录先秦至唐五代诸子著作和后人有关注释及研究之作。第1辑选目与旧本《诸子集成》略同,但多换用好的注本,增加现代学者整理子书的新成果。第2辑拟收第1辑之外的子书。

新编专科丛书数量颇多,如文学类有：

中国古典文学基本丛书,中华书局1977年起陆续编辑出版。此丛书注重实用,所选包括四类：白文本、旧注本、新注本、总集。

中国古典文学丛书,上海古籍出版社1978年起陆续编辑出版。计划出100种,已出70余种,其中多为高水平的名著笺注本。

二、全集、文集

个人著作,经过征集、整理,编成完整的全集或文集,这也是有使用价值的文献。这种全集,如果包括若干种单独成书的著作,也可以叫"独撰丛书"或"作品综合集"。例如：

鲁迅全集有以下三种：

a. 二十卷本。鲁迅先生纪念委员会编印,1938年在上海出版。这部《全集》收了鲁迅的创作、翻译、文学史专著及辑录的古代文献,但未收日记和书信。没有注释。

b. 十卷本。人民文学出版社1956—1958年出版。这部《全集》只收创作和文学史著作,又收书信334封,附注释5854条。

c. 十六卷本。人民文学出版社1981年出版,这是在"十卷本"基础上增订重编的,增加了日记和佚文55篇,书信增加到1456封,增编了《译文序跋集》和《古籍序跋集》。注释作了大幅度修改补写。第十六卷为附集,收《鲁迅著译年表》《全集篇目索引》《全集注释索引》等。

陈寅恪集,生活·读书·新知三联书店,2001—2002。在《陈寅恪文集》(上海古籍出版社1980年起出版)基础上修订增补而成。包括《隋唐制度渊源略论稿》《唐代政治史述论稿》《元白诗笺证稿》《柳如是别传》《寒柳堂集》《金明馆丛稿初编》《金明馆丛稿二编》《诗集》《书信集》《讲义及杂稿》和《读书札记》一、二、三集,共13种。

现代作家、学者的全集还有《郭沫若全集》（包括文学编、历史编、考古编）、《茅盾全集》、《三松堂全集》（冯友兰）、《钱锺书集》等。

近现代名家的著作也在有计划地整理、出版。中华书局的《中国近代人物文集丛书》中已经出版和计划出版的有《林则徐集》《魏源集》《谭嗣同全集》《梁启超全集》《严复集》《孙中山全集》《陶成章集》《黄兴集》《宋教仁集》《朱执信集》《廖仲恺集》《蔡元培全集》《王国维全集》等。各地方出版社正在编辑出版的名家全集为数也不少，如浙江的《黄宗羲全集》，湖南的《王船山全集》《曾国藩全集》，江苏的《段玉裁全集》《钱大昕全集》等。

台湾省也出版了不少全集。如《罗雪堂先生全集》（罗振玉）共七编（每编 20 册）。

三、论文集

论文集是学术著作中的精粹，大多是由作者或编者筛选或修订后编成，在学术研究中有很高参考价值。

古典文学研究论文集，作家出版社 1957 年出版 6 种：《楚辞研究论文集》《乐府诗研究论文集》《元明清戏曲研究论文集（一）》《三国演义研究论文集》《水浒研究论文集》《西游记研究论文集》。人民文学出版社 1959 年出版 6 种：《诗经研究论文集》《中国古典散文研究论文集》《唐诗研究论文集》《元明清戏曲研究论文集（二）》《明清小说研究论文集》。

第二节　总集、合集

一、总集

选录或汇辑许多人的诗文词曲等作品为一书，称为总集。现存总集以《文选》为最早，在文学史上有深远影响。其后，总集数量不断增加，种类亦颇复杂，或按文体，或按时代，大抵以"选本"为多。清康熙间在前人所编总集基础上辑成《全唐诗》一书，意在网罗一代文献，使总集的功用发生了明显的变化。这一变化符合历史发展的趋势，适应人们查阅文献的需求,此类总集正日益向系列化方向发展。姑且称之为"全集型总集",作为本节介绍的重点,将其他有参考价值的重要总集附列于后。

1. 全集型总集

全上古三代秦汉三国六朝文,(清)严可均辑。光绪十三年(1887)至十八年(1892)黄冈王毓藻广州刊本;丁福保1929年石印校正断句本;中华书局1958年影印精装本,4册,书端有简略校记,1965年版附有《篇名目录及作者索引》1册;河北教育出版社1997年出版横排简体字校点本,10册。此书共收先秦至隋作者3497人,唐代以前的单篇文章,一些史论、子书等的佚文也大都收入(经、史、子原书现存者不录),并注明出处。严可均生前未能写成定稿,至光绪年间王毓藻集合多人,经过八次校雠才刻印出来。

全书按时代分十五集。所收作者,每人都有小传。此书的优点:一是收录十分丰富。姚振宗说:严书"虽曰总集,而兼包四部;于子部之书,所辑尤多;集部则佚文皆在,实为考据渊薮"。二是考订比较详密。姚振宗称严氏所作著者小传,"多有不见于史,而皆有援据,无一字无来历。"但此书规模宏大,头绪纷繁,疏漏亦所不免。

全唐文,(清)嘉庆间董诰等奉敕编,嘉庆十九年(1814)内府刊本;中华书局1983年影印,加断句,附陆心源《唐文拾遗》72卷、《续拾》16卷,另有作者及篇目索引,精装11册。

《全唐文》以清内府所藏旧抄《唐文》160册为蓝本,并博采各类典籍及金石碑板中唐五代人文章编成,共收作者3035人、作品19084篇,另佚名作品941篇,合共20025篇,编为1000卷,约800万字。作者均附小传,但不注出处是其缺点。

在纂辑过程中,陈鸿墀从正史、笔记、金石、题跋中广泛收集有关资料,分80门,编成《全唐文纪事》122卷,中华书局1959年断句排印出版。

同治间,陆心源编成《唐文拾遗》72卷、《续拾》16卷。《全唐文补遗》(陕西省古籍整理办公室编,吴钢主编,三秦出版社,1994—2000,7册)收录《全唐文》及以上二书未收之唐五代石刻文献资料。《唐代墓志汇编》(周绍良、赵超主编,上海古籍出版社,1992)及《续集》

(2001)共收《全唐文》未收之墓志5100余件。

全唐文新编,周绍良总主编,吉林文史出版社,2000,16开精装22册。本书集资料汇编、编纂整理和研究考订于一体,新编时对《全唐文》所收文章作了大量查实工作,汲取近200年来研究成果,对原书诸多讹误疏漏予以纠正。以原书为基础,将新辑文章及《唐文拾遗》《续拾》分别插入各卷。从敦煌遗书中发掘出大量佚失之作,又收入新出土和发现的唐五代墓志碑文等。新辑作者和作品均逾千数,全书总字数达2000多万字。

此外,可作补充的有《全唐小说》(王汝涛编校,山东文艺出版社,1993;4册)。

全宋文,四川大学古籍整理研究所编,曾枣庄、刘琳主编,巴蜀书社1988年起出版。本书汇集宋代单篇散文、骈文以及诗词以外的韵文约10万篇,作者1万余人。文章注明出处,间有校记。计划出180册,于全书之末附总目、作者索引、篇名索引、疑伪互见作品对照表。

全辽文,陈述辑,中华书局,1982。辑者在缪荃孙《辽文存》、王仁俊《辽文萃》、黄任恒《辽文补录》、罗福颐《辽文续拾》的基础上,于1936年开始重辑。1947年成《辽文汇》,科学出版社1953年排印出版。此后考古收获很多,又得辽碑若干,辑成《辽文汇续编》。1981年将两书合编为《全辽文》。

全元文,李修生主编,江苏古籍出版社1997年起出版。本书收录时限上承金和南宋,下至元顺帝至正二十八年(1368),共收作者3000余人,文章3万余篇,按作者生卒先后为序编排。

全明文,钱伯诚、魏同贤、马樟根主编,上海古籍出版社1992年起出版。1994年出至第二册。

先秦汉魏晋南北朝诗,逯钦立辑,中华书局,1983。

此书是先秦至隋代除《诗经》《楚辞》以外最完备的诗歌总集。其优点是:收辑广博,引书达300余种;诗作均注明出处;校勘详审,注明异文。全书略依作者卒年编排。较丁福保辑《全汉三国晋南北朝诗》(54卷)搜罗更全,体例更善。

全唐诗,清彭定求、杨中讷等奉敕编,康熙四十六年(1707)扬州诗局刻本。中华书局 1960 年出版校点本，精装 12 册，后附日本河世宁辑《全唐诗逸》3 卷及作者索引。1979 年重印，平装 25 册，无索引。

此书辑唐代诗人 2200 余人，诗 48900 余首，附有唐五代词。有作者小传，间有校注，考订字句异同及篇章互见情况。由于成书仓促，不免有误收、漏收、重复及考证失误之处。河南大学唐诗研究室编《全唐诗重篇索引》（河南大学出版社，1985）可参考。

《全唐诗外编》（上，下），今人王重民、孙望、童养年等补辑。中华书局，1982。陈尚君辑校《全唐诗补编》（中华书局，1992）最为完备。由南京大学、苏州大学、河南大学合作正在重编《全唐五代诗》，周勋初等主编。

全宋诗，傅璇琮、孙钦善等主编。北京大学出版社，1991—1998，72 册。本书汇集有宋一代诗歌，长篇短制，细大不捐；断章残句，在所必录。以人系诗，以诗存人。全书略以作者生年先后为序，作者名下系以小传，并注明传记出处。

全辽金诗，阎凤梧、康金声主编。山西古籍出版社，1999。本书收诗作者 716 人，诗作 11662 首，残篇 389 则。依作者生年先后为序排列。

全金诗，薛瑞兆、郭明志编。南开大学出版社，1995。本书收录 1115—1234 年间诗人 534 人，诗 12066 首，注明出处。凡辽、宋人入金仕金者，所作无论入金前后，一并收录。金人入蒙元而以遗民自居者，所作亦一并收录。此书搜罗完备，校订精审，远超清郭元釪所编《全金诗》（收作者 358 人，诗 5544 首）。

全明诗，章培恒等主编。上海古籍出版社 1991 年起出版。1994 年出至第三册。

全唐五代词，曾昭岷、曹济平等编。中华书局，1999。本书是收罗最为完备的唐五代曲子词总集，收词约 2700 首，为存词存人，断章残句亦加摭拾。分为正、副两编。正编收录倚声制词之曲子词，按唐词、五代词、敦煌词编排。副编收录属诗属词难于考定之作，部分考定是诗而非词之作亦予收录，以及宋元人依托唐五代人物的鬼仙词。所收词人，上起初唐，下迄五代，但入宋的词人《全宋词》已收者不再收录。书末附《误收误题唐五代人物词存目》。

全唐五代词，张璋、黄畲辑。上海古籍出版社，1986。收词2500余首，比林大椿辑《唐五代词》多一倍以上，但收词失于过滥。按唐词、五代词、敦煌词、无名词和鬼仙词分为8卷。体例仿《全宋词》并出校文，间列笺评。

全宋词，唐圭璋辑。商务印书馆1940年排印线装本；中华书局1965年修订增补本，精装5册，1979年修订再版；中华书局1999年出版简体字本。此书增补本收宋代词人1330余家，词作19900余首，残篇530余首。依作者时代编次，作者名下多附小传。所录词作皆以善本、足本为据，并详加校勘、考订。书后有作者索引。孔凡礼《全宋词补辑》（中华书局，1981）收从明抄本《诗渊》中辑得的宋词400余首，作者有50余人不见于《全宋词》。此书简体字本补题"王仲闻参订，孔凡礼补辑"，在正文后附唐圭璋《订补续记》和重加订补的孔凡礼《全宋词补辑》。

全金元词，唐圭璋辑，中华书局，1979，精装2册。此书收录金代词人70人，词作3572首；元代词人212人，词作3721首。合计282人，词7293首。体例仿《全宋词》，后附作者索引。

全清词（顺康卷），南京大学中文系全清词编纂研究室编。中华书局，2002。收顺治、康熙两朝作者近2100家，词作计5万余首。1994年中华书局曾出版《全清词》（程千帆、严迪昌等主编）第1、2册。

全元戏曲，王季思主编。人民文学出版社，1990—1999，12卷。本书汇集有元一代的戏曲作品，包括现存的元代杂剧和南戏。对说白不全的元刊本和残折残曲均网罗摭拾，以求完备。原则上以世祖中统元年（1260）至顺帝至元二十八年（1368）为时代断限。按杂剧8卷和南戏4卷分别依作者生年为序编排。

此外还有明臧懋循编《元曲选》（中华书局，1959），收元人杂剧94种，元末明初人杂剧6种；隋树森辑《元曲选外编》（中华书局，1959），收元人杂剧62种。

全元曲，徐征等主编。河北教育出版社，1998。本书为有元一代杂剧和散曲作品的总汇，收278位存名曲作者和诸佚名作者现存的所有作品。共收完整杂剧162种，残剧46种，另著录佚目429种；收散曲4609支(套),其中小令4075支,套数489套,残曲45支。依作家为经、作品为纬编排。

全元散曲,隋树森辑。中华书局1964年初版,1981年重印。元代散曲,有别集传世者不多。此书从各种曲选、曲谱、词集及笔记中辑得小令3853首、套数457套(残曲在外),注明各曲子最早见于何书,收入何种选本及曲谱。书末附《作家姓名别号索引》和《作品曲牌索引》。

全明散曲,谢伯阳辑。齐鲁书社,1994。收有明一代散曲作家406家(不计无名氏),计小令10708首,套数2085篇。附录《明人散曲有关作品作者异名表》《作者姓名字号籍贯索引》《曲牌及使用此曲牌之作品首句索引》。

全清散曲,凌景埏辑,谢伯阳补辑。齐鲁书社,1985。收清代以来散曲作家342家,计小令3214首,套数1166篇。附录《作家姓名字号籍贯索引》。

2. 其他重要总集

文选(昭明文选),梁昭明太子萧统编。四部丛刊影印宋本《六臣注文选》;清嘉庆十四年(1809)胡克家影刻宋淳熙八年(1181)尤袤刊本《李善注文选》(附顾广圻《考异》10卷)。商务印书馆1977年缩印胡克家本,将《考异》涉及的正文旁加"△"号标出,并将尤袤刻本与胡刻本的重要异文列表附于书末,书后有篇目及著者索引。上海古籍出版社1986年出版点校本,附篇目及著者索引。《文选》是现存最早的,也是对后世影响最大的总集。选录东周至梁初八百年间129位作家及少数佚名作者的各体文章,大致是诗歌434篇,辞赋99篇,杂文219篇,共分37类,各类又分小类。

文苑英华,宋李昉等奉敕编。太平兴国七年(982)至雍熙三年(987)编成,南宋宁宗嘉泰元年(1201)由周必大、彭叔夏等校定刊行,宋刻本今残存140卷。明隆庆元年(1567)胡维新重刊于福建。中华书局1966年以宋刻残本配明本影印出版,1983年重印,附(宋)彭叔夏《文苑英华辨证》10卷、(清)劳格《文苑英华辨证拾遗》及作者索引。此书上起梁末下迄唐五代,汇录作者近2200人,诗文20300余篇,其中唐代作品约占十分之九。依文体分38类,赋有150卷,诗

180卷,碑90卷,其他各类较少。此书编得草率,脱漏、重复、颠倒之处甚多,但仍有参考价值。

玉台新咏,梁徐陵辑。四部丛刊影印明五云溪馆活字本;文学古籍刊行社1955年影印仿宋刻小字本。此书是《诗经》《楚辞》以后最古的诗歌总集,成书年代略晚于《文选》。据传系承梁简文帝萧纲意旨而编,所选以宫体艳歌为主,但也有优秀的民间作品。清康熙时吴兆宜注、程际盛删补的《玉台新咏笺注》,有四部备要本,中华书局1986年新排本。

乐府诗集,宋郭茂倩编。四部丛刊影印汲古阁刊本;文学古籍刊行社1955年影印宋刊本,精装4册;中华书局1979年出版乔象钟、陈友琴点校本,附校记和作者索引、篇名索引,全4册。此书是搜罗汉魏到唐五代乐府诗最完备的总集,兼及先秦歌谣,分12类。所引古籍,有些今已失传(如《古今乐录》)。每题先列古辞,后列文人拟作,便于研究民间文学对文人创作的影响。

诗渊,明初人编。北京图书馆藏稿本。书目文献出版社1986年起出版,精装6册,另附索引1册。此书收魏晋至明初诗词共5万多首,按类编排,约有十分之二三不见于其他古籍;收词近千首,大部分不见于《全宋词》《全金元词》。

历代赋汇,清陈元龙编。清扬州诗局刊本,翻刻本。所收赋上起先秦,下迄明代,分30类。正编为叙事纪物之赋,外集为抒情之赋。

清文汇,沈粹芬、黄人等辑。上海,国学扶轮社1909年石印本,200卷;北京出版社1996年影印出版。分5集,甲前集收明遗民文,甲、乙、丙、丁集收顺治至光绪间1356人的文章1万余篇。以"不名一家,不拘一格","不以人废言"为编选宗旨,着重反映清代学术思想的演变和社会历史之变迁,颇有参考价值。

中国近代文学大系,吴组缃等主编,上海书店,1991—1995。分小说、翻译文学、诗词、散文等12个专集。

这类文学作品的总集,还有《中国新文艺大系》(中国文联出版公司1984年起编辑出版)等。

二、合集

特殊文献——如甲骨文,金文,简牍,帛书,石刻,敦煌吐鲁番文书,佛教典籍,道教典籍等的结集名曰"合集"。其内容涉及许多学科,与总集之主要汇集诗文者不同,故立此名。

甲骨文合集,郭沫若主编,胡厚宣总编辑。中华书局,1978—1983,8开精装本13册。甲骨文是刻在龟甲兽骨上的占卜记事的文字,19世纪末发现于河南安阳小屯村殷都旧址。出土甲骨是殷代从盘庚迁殷到殷亡273年间的遗物,是研究商周社会历史和我国古代语言文字的最重要的实物资料。本书从1973年前出土的10多万片甲骨中,经过选片、去重、弃伪和缀合,选录41956片(包括拓本、照片和摹本)加以影印。已经出版的是图版本,还将出释文本和索引。《合集》的出版,被认为是"甲骨文方面划时代的总结"。1996年,彭邦炯主持《甲骨文合集补编》的编纂工作。《补编》收录甲骨13450片,主要包括《合集》编成近20年来海内外陆续著录的甲骨资料和缀合成果及《合集》编纂时搜集而未及整理选用的拓本和甲骨拓片。《补编》已完成编纂,将由中国语文出版社出版,8开8册。

殷周金文集成,中国社会科学院考古研究所编。中华书局,1984—1994,8开18册。金文又称"钟鼎文",是铸或刻在铜器上的文字,用来记载祀典、锡命、征伐、契约等事。殷代已有金文,字体与甲骨文相近。西周金文字体整齐,铭文较长,有很高的史料价值。本书收集了国内外收藏的重要铜器铭文拓本1.2万余件,按原大照相制版,分册出版。每册有附说、目录,对每器铭文字数、时代、著录情况、出土时间、地点、收藏单位作了说明。这是殷周金文的集大成的专著。另编有《殷周金文集成引得》(张亚初编著,中华书局,2001),包括集成释文、单字表和引得。

以竹、木为载体的简策是春秋以迄秦汉时期的主要文献形态,虽盛行近千年,但遗存实物并不多。史书曾记载过几次重大的发现。西汉武帝初,拆毁孔子旧宅(在今山东曲阜)时在墙壁中发现了一批用古篆文书写的古代竹简,后整理出《尚书》《礼记》《春秋》《论语》《孝经》五种儒家著作,内容与当时通行本有所不同,故被称为孔壁古文经传,为汉代的古文经学提供了根据(今文经学家疑为伪书)。西晋武帝太康二年(281),汲郡(今河南汲县)战国时魏襄王的墓葬被盗掘,从中发现大量竹简,后整理出《竹书纪年》《穆天子传》等古书16部75篇,史称"汲冢书"。这两次发现都是我国古代文化学术史上的重大事件。20世纪30年代以来,有大量各个时期的简策文献出土。虽尚无集成式的资料汇编,以下列出一些重要的整理研究成果。

郭店楚墓竹简,荆门市博物馆编。文物出版社,1998。1993年10月在湖北荆门市郭店一号楚墓中出土的战国竹简804枚,共约1.3万字,内容包括道家著作2种4篇,儒家著作11种14篇。

上海博物馆藏战国楚竹书,马承源主编。上海古籍出版社2001年起出版。1999年初上海博物馆从香港文物市场购得一批楚简,据初步研究,也出自湖北江陵、荆门一带。这批竹简共1218枚,约3.5万字,包括《易经》《诗论》《缁衣》《彭祖》《乐礼》《武王践阼》《恒先》《四帝二王》等80余部书,与秦以后传世古籍有很多差异,其中有些佚书连汉代学者也未看到过,具有极其重要的文献价值。

秦汉时期的简策在湖北、山东、甘肃等地多有发现,已整理出的有《睡虎地秦墓竹简》(文物出版社,1977)、《银雀山汉墓竹简》(文物出版社,1985)、《居延汉简甲乙编》(中华书局,1980)、《武威汉简》(文物出版社,1964)和《武威汉代医简》(文物出版社,1975)等。

1996年10月在湖南长沙走马楼一古井中出土10多万枚三国吴纪年简牍,内容极为丰富,与甲骨、敦煌遗书被并称为20世纪考古大发现。1999年已开始出版《长沙走马楼三国吴简》。

帛书是写在缣帛上的书籍,出现稍晚于竹书,实物遗存极为罕见。1973年在湖南长沙马王堆3号汉墓中出土《周易》《战国策》《老子》《黄帝书》等20余种帛书,多达12万字。已整理出《马王堆汉墓帛书(一)、(三)、(四)》(文物出版社,1980、1983、1985)。

自秦汉始,兴起刻石之风,极盛于后汉,南北朝至隋唐,刻石尤多。所谓石刻,即指有文字、图画以记事的石头或石壁。石刻分墓碑、墓志、刻经、造像、题名题字、诗词、杂刻等类。石刻具有直接史料价值,可补书面史料之不足,故受到重视。但是石刻数量太多,目前还没有一部总结性的集大成的专集,可以利用的只有:

北京图书馆藏中国历代石刻拓本汇编，北京图书馆金石组选编，中州古籍出版社1988—1990年影印出版，8开精装100册，另编索引2册。此书从该馆所藏4.3万余种石刻资料、10.4万余件拓本中选出约2万种编成，每种拓本附简短说明。

石刻史料丛书，严耕望编，台北艺文印书馆1967年影印，精装100册。历代著录石刻文字的书很多，大致可分两类，一类是辑录石刻文字，并作考释；一类仅记目录及后人题跋。该丛书依此分为甲、乙两编。甲编文录类，收书22种；乙编目录跋尾类，收书26种。

石刻史料新编，台北，新文丰出版公司编辑影印。第一辑30册，1977年版，收书102种；第二辑20册，1979年版，收书140种；第三辑40册，1986年版，收书700余种。性质与《石刻史料丛书》相同，而收罗较广。世界各地所藏石刻史料典籍，十之八九已收入本丛书。各辑均分为一般、地方、目录题跋三类，第三辑另增研究参考类。

敦煌吐鲁番文献集成，上海古籍出版社1992年起编辑出版，8开精装本。已出版的有《俄藏敦煌文献》第一至五册、《法藏敦煌西域文献》第一至四册、《上海博物馆藏敦煌吐鲁番文献》(全2册)、《北京大学藏敦煌文献》(全2册)、《天津市艺术博物馆藏敦煌文献》(全7册)。该社还将继续出版各地各单位藏品，包括《俄藏黑水城文献》，全书20余卷，已出第一至三卷(汉文部分)和第七卷(西夏文世俗部分首册)。黑水城简称黑城，在内蒙古自治区额济纳旗。这批珍贵文献的刊布，其重大学术价值当不亚于敦煌文献。

英藏敦煌文献，中国社会科学院历史研究所、中国敦煌吐鲁番学会、伦敦大学亚非学院等编。四川人民出版社1990年起出版，8卷。此书是从英国各藏书单位所藏约1.5万件敦煌卷子中选出佛经以外的汉文文书2000余件重新拍摄、编辑而成。所收文书都加以定名。其中300余件为首次公布。附中、英文目录索引。

敦煌宝藏，黄永武主编，台北，新文丰出版公司1981年起出版。影印藏于北京图书馆、伦敦博物院、巴黎国家图书馆等处的敦煌文献，所收以汉文写本刻本为主。1986年出版至140册。

中华大藏经(汉文部分)，《中华大藏经》编辑局编，任继愈主编，中华书局，1984年起出版，共200册。

佛教传入中国的最早记载,是汉哀帝元寿元年(前2)博士弟子景卢受大月王使伊存口授《浮屠经》。东汉永平(58—75)年间迦叶摩腾、竺法兰共译《四十二章经》,是译经的开始。历东汉至隋唐,大量经典译成汉文。唐开元十八年(730)释智升撰《开元释教录》,按《千字文》次第为佛典编号,奠定了大藏经的基本体制。宋太祖开宝五年(972)到太宗太平兴国八年(983)刻成第一部汉文大藏经《开宝藏》,以后历代雕印的有20多种。大藏经内容十分丰富,它既是佛书总集,也是研究东方哲学、历史、语言、文学、音乐、美术、天文、历算、医药、建筑等学科的资料宝库。

《中华大藏经(汉文部分)》是目前收罗最全、版本最好的汉文大藏经。全书拟收佛教典籍4200种,约2.3万卷,分为两编。上编收历代有《千字文》编号的佛典,亦即正藏,约2000部,以著名的《赵城金藏》为底本,参用《房山云居寺石经》《资福藏》《影宋碛砂藏》等8种藏本校补。下编收历代大藏经中无《千字文》编号的典籍和新入藏部分,包括以往佛教未入藏文献以及佛教以外其他宗教和世俗典籍中有关佛教的文献。另编7种索引作为附录。

大正大藏经(全称《大正新修大藏经》),日本大正一切经刊行会编印,大正十三年(1924)至昭和九年(1934)编成。共100册,另编索引48册。1960年再版,略有修订。台北新文丰出版公司1973年影印正文,1977年影印索引。本书以《高丽藏》为底本,全文断句,并附校勘记。全书分为三部分:(1)正文85册,第1—32册为印度撰述,第33—55册为中国撰述,第56—84册为日本撰述;各部分按经、律、论为序编排。第85册收古逸(敦煌遗文等)、拟似(疑伪书)。(2)图像12册。(3)法宝总目录3册,收佛藏目录77种。此书是目前较流行的大藏经。台湾,华宇出版社1984—1985年出版《大藏经补编》(蓝吉富主编),16开精装36册。

正统道藏,唐代开元年间,辑道教典籍为《三洞琼纲》,是为《道藏》之始。宋真宗命张君房辑成《大宋天宫宝藏》,宋徽宗时两次增补,于政和(1111—1117)年间刊成《政和万寿道藏》,这是道藏的最早刊本,也是金、元各藏的蓝本。

明英宗正统十年(1445)邵以正督校刊成《正统道藏》,收书1431

种。神宗万历三十五年(1607)张国祥辑刊《万历续道藏》,收书56种。两书亦合称《正统道藏》。1923—1926年商务印书馆据北京白云观藏明刊本影印,线装1120册。台北,艺文印书馆1962年重印,1977年改印32开精装本60册,附《目录索引》1册。文物出版社、上海书店、天津古籍出版社1988年出版《道藏》,16开精装本36册,据上海旧藏明刊本校出商务本中缺页、脱文、错页、重文等60余处。

道藏中除道教经书外,还蕴藏着大量涉及古代医学、化学、生物、体育以及天文、地理等科技文献,还保存了许多古典要籍和较早的版本。它是一部包含汉魏以来中国社会、文化、宗教等史料的丛书。

道藏辑要,清康熙间彭定求辑刊。光绪三十二年(1906)成都二仙庵住持阎永和增订重刊。巴蜀书社1988年据光绪木版印刷,装订245册,35函。本书是现存第二部大型道教典籍汇编,收书283种、531卷(其中110种、238卷是正、续《道藏》漏收的,不少还是传世孤本),按二十八宿字号分为28集。所收书除道教经典外,还有诸子百家、碑刻传记、山川地志、医药方剂、卫生保健等资料。

藏外道书,胡道静主编。巴蜀书社,1992。16开精装本20册。收书650余种、1100卷。包括正、续《道藏》以外的明清至民国间所出的所有道书(含《道藏辑要》中《道藏》未收的110种)。

第三节 档案史料

国家机构、社会组织及个人从事社会活动而形成的原始记录(包括文字、图表、声像等不同形式),经过立卷归档,即成为档案。档案文献是重要的信息资源,历史档案是治史不可缺少的原始资料。

档案馆就是收藏档案并提供社会服务的机构,对档案进行收集、整理、编目、研究和提供利用。我国的档案馆系统包括以下几种类型:国家综合档案馆、国家专门档案馆、部门档案馆和企事业档案馆。全国各级档案馆已超过3500个,馆藏档案累计1.7亿卷(册、件)。其中最重要的有三个:中央档案馆,管理党和国家中央机关的重要档案资料;中国第一历史档案馆,保管明清和明以前的历史档案;中国第二历史档案馆,保管中华民国时期的历史档案。此外,台湾"故宫博物院"、"国史馆"等单位也收藏了部分历史档案和民国档案。

以下介绍几种经过整理出版的古代和现代档案。古代档案包括起居注、实录、诏谕、奏议等。

清代起居注,起居注又叫记注、注记、著记,是古代由专职官员逐日记录的帝王起居和国家大事的档案,是最原始最详细的史料。据记载,汉武帝时已有《禁中起居注》。现存最早的起居注是《大唐创业起居注》3卷,唐温大雅撰。明代仅存《万历起居注》(有传本)。清入关前已有简略记载,康熙九年(1670)建起居注馆,自十年(1671)九月直至宣统二年(1910)十二月(康熙五十七年至六十一年因起居注馆被撤而中断)共保存下来起居注册12076本,基本上完整。清代起居注册分汉文稿本、汉文正本和自汉文译成的满文本三种。中华书局分期校点出版《康熙起居注》(1985,3册)、《雍正朝起居注册》(1997,5册)等;中国第一历史档案馆自1985年起出版缩微胶卷《康熙起居注册》等,可以利用。

明实录,实录是一个皇帝在位时期的编年大事记。最早的是南朝梁周兴嗣撰《梁皇帝(武帝)实录》3卷,唐代开始,历代皇帝死后,继位之君必为之撰修实录,据记载至清末历代实录有110余部。明以前实录仅存唐韩愈撰《顺宗实录》5卷,宋钱若水等撰《宋太宗实录残本》20卷(古籍出版社,1957)。《明实录》自太祖至熹宗共15朝13部(建文朝附于太祖,景泰朝附于英宗),共2909卷,有正副二本及各家传抄本。江苏国学图书馆1940年影印馆藏传抄本,建文朝附于成祖,并附后人补辑的《崇祯实录》17卷,共2928卷,500册。北京图书馆藏原副本,内缺天启四年(1624)12卷及七年六月1卷。是各本中最完善的。台湾史语所1963—1967年据北京图书馆藏本胶卷影印,精装133册;并附黄彰健校勘记29册;又附刊原本所缺之《崇祯实录》《崇祯长编》及一部分皇帝宝训等21册,共183册。上海古籍书店1983年影印台湾本,精装100册。

清实录,清代实录,定稿后均缮写五部,每部俱有汉、满、蒙三种文本(德宗朝实录只有汉文两部,《宣统政纪》只有汉文一部)。今各本均有部分残缺。另有《德宗朝实录》《宣统政纪》稿本藏北京大学图书馆。中华书局1985—1987年择善本影印《清实录》,共4433卷,精装60册。又,伪"满日文化协会"1936—1937年影印"奉天大内崇谟阁本"太祖至德宗11朝实录,另加《满洲实录》《宣统政纪》,分装122帙,每帙10册。台北,华文书局1964年据伪满本影印,精装180册。以后台北文海出版社又出版《大清历朝实录》,精装94册。伪满本中《德宗实录》有删节、挖改,主要集中在有关中日关系的记载。

唐大诏令集 130卷,宋宋敏求编。有《四库全书》本、《适园丛书》1914年刊本,缺卷14—24、卷87—98。商务印书馆1959年据铁琴铜剑楼原藏顾广圻校旧抄本等校勘断句排印。

宋大诏令集 240卷,宋佚名编。今佚卷71—93、卷106—115、卷167—177,实存196卷,收北宋9朝诏令3800余篇。中华书局1962年据旧抄本校点排印。

康熙朝汉文朱批奏折汇编,中国第一历史档案馆编,档案出版社1984—1986年套色影印出版,16开精装8册。朱批奏折创始于康熙朝,最初大都是亲信臣仆写给皇帝的秘密报告,其中不少涉及当时官场隐私和民情舆论,为研究清代史比较可靠的史料。康熙朱批奏折现存9000余件,其中汉文4000余件,满文5000余件(另编印)。本书选印汉文奏折3000余件。

雍正朝汉文朱批奏折汇编,中国第一历史档案馆编,江苏广陵古籍刻印社整理,江苏古籍出版社1989—1991年影印出版,16开精装20册。

明清史料,中研院史语所1929年从李盛铎手中买到一批明清档案,分编选印其中文件,名曰《明清史料》。1949年该所迁台,继续编印,1975年出至10编,共100册。全书分为:甲编(商务印书馆1930—1931年版)、乙编(1936年)、丙编(1936年)、丁编(1940)年编,稿存北京商务印书馆。由中国科学院整理,商务印书馆1951年版、戊编(以下在台湾出版,1953—1954年)、己编(1957—1958年)、庚编(1960年)、辛编(1962年)、壬编(1968年)、癸编(1975年)。这100册史料,辑录了明清两代奏稿、敕谕及农民起义、郑成功收复台湾等许多史料。

此外还有很多专题档案史料汇编,如《关于江宁织造曹寅档案史料》(中华书局,1975)、《华工出国史料汇编》(中华书局,1985)、《纂修四库全书档案》(上海古籍出版社,1997)等。

近现代档案资料汇编数量很多,主要有:

中华民国史档案资料汇编,中国第二历史档案馆编,江苏人民出版社出版。按历史时期分编4辑。已出第1辑《辛亥革命》和第2辑《南京临时政府》。第3辑是《北洋政府》,第4辑是《国民党政府》。自第3辑开始又分政治、军事、经济、外交、文教、群众运动等专题若干册。全书共有3000多万字。

中华民国史档案资料丛刊,中国第二历史档案馆编。这是一部大规模的专题档案汇编,专题包括历史事件、行政事务专业机构、政治斗争或群众斗争、人物专集等。已出版《五四爱国运动档案资料》(中国社会科学出版社,1980)、《直皖战争》(江苏人民出版社,1980)、《北洋军阀统治时期的兵变》(江苏人民出版社,1982)、《中国无政府主义和中国社会党》(江苏人民出版社,1981)、《善后会议》(档案出版社,1985)、《五卅运动和省港罢工》(江苏古籍出版社,1985)等。

中华民国史资料丛稿,中国社会科学院近代史研究所中华民国史研究室编,中国社会科学出版社出版。例如《白朗起义》(1980)、《五四爱国运动档案资料》(1980)、《救国会》(1981)、《中国青年党》(1982)、《民初政事与二次革命》(上海人民出版社,1983)等。

中国现代革命史资料丛刊,人民出版社出版。例如《新民学会资料》(1980)、《第一次国内革命战争时期的农民运动资料》(1983)、《左右江革命根据地资料选辑》(1984)、《百团大战史料》(1984)等。

第四节 资料汇编

资料汇编是把有关某一专题的资料按一定的方法编辑而成。这是直接向读者提供某一方面文献资料的参考书,它内容丰富,能及时吸收最新信息,是当前大量编辑出版的文献类型之一。

清代农民战争史料选编,中国人民大学历史系、中国第一历史档案馆合编,中国人民大学出版社1980年起出版。共8辑。农民战争史料还有:《秦汉农民战争史料汇编》(安作璋编,中华书局,1982);《唐五代农民战争史料汇编》(张泽咸编,中华书局,1979);《宋代三次农民起义史料汇编》(苏金源、李春圃编,中华书局,1963);《元代农民战争史料汇编》(杨讷、陈高华编,中华书局,1986)、《明代农民起义史料选编》(谢国桢编,福建人民出版社,1981)等。

中国近代史资料丛刊,中国史学会主编。上海神州国光社、新知识出版社、上海人民出版社出版。共11种,全目如下:《鸦片战争》(齐思和等编,神州国光社,1954;上海人民出版社,1957)、《第二次鸦片战争》(齐思和等编,上海人民出版社,1978)、《太平天国》(王重民等编,神州国光社,1952;上海人民出版社,1957)、《捻军》(范文澜等编,神州国光社,1953;上海人民出版社,1957)、《回民起义》(白寿彝编,福州国光社,1952)、《中法战争》(邵循正等编,新知识出版社,1955;上海人民出版社,1957)、《中日战争》(新知识出版社,1956;上海人民出版社,1957)、《戊戌变法》(翦伯赞等编,神州国光社,1953;上海人民出版社,1957)、《义和团》(翦伯赞等编,神州国光社,1951;上海人民出版社,1957)、《洋务运动》(中国科学院近代史研究所史料编辑室、中央档案馆明清档案部编辑组编,上海人民出版社,1961)、《辛亥革命》(荣孟源等编,上海人民出版社,1957)。这套资料汇编比较全面地汇集了中国近代史几次重大历史事件的文书档案和书刊论文资料。每件史料均注明来源,每部专书都附有解题。

中国近代史资料丛刊续编,中华书局1989年起出版。计划出6种:《太平天国》《中法战争》《中日战争》《立宪运动》《清末教案》《辛亥革命》。

中国古代教育史资料,孟宪成等编,人民教育出版社,1962,1980年重印。

中国近代教育史资料,舒新城编,人民教育出版社,1962。

古典文学研究资料汇编,中华书局1962年起陆续分卷出版。选古代重要作家作品,汇录有关作家生平、作品研究与评论等资料编辑而成,有极高参考价值。已出版的有:《陶渊明卷》(北京大学中文系、北京师范大学中文系合编,1965)、《杜甫卷》(华文轩编,1964;1982年重印)、《柳宗元卷》(吴文治编,1964)、《白居易卷》(陈友琴编,1962)、《黄庭坚和江西诗派卷》(傅璇琮编,1978)、《陆游卷》(孔凡礼、齐治平编,1962)、《杨万里范成大卷》(湛之编,1964)、《李清照卷》(褚斌杰等编,1984)、《红楼梦卷》(一栗编,1963)。

此外还有《韩愈资料汇编》(吴文治编,中华书局,1983)《水浒资料汇编》(马蹄疾编,中华书局,1977)、《水浒传资料汇编》(朱一玄、刘毓忱编,百花文艺出版社,1981)、《三言两拍资料》(谭正璧编,上海古籍出版社,1980)、《儒林外史研究资料》(李汉秋编,上海古籍出版社,1984)、《西游记资料汇编》(朱一玄、刘毓忱编,中州书画社,1982)等。

中国现代文学史资料汇编,中国社会科学院文学研究所现代文学研究室主持,王瑶、唐弢、陈荒煤等任编委,全国60多个科研单位和高等院校参加编写,由16家出版社分工出版。包括三种丛书：

"中国现代文学运动、论争、社团与思潮丛书"。计划收31种,如:《创造社资料》(饶鸿兢等编,福建人民出版社,1985)、《抗日战争时期延安及各抗日民主根据地文学运动资料》(刘增杰、赵明等编,山西人民出版社,1983)。

"中国现代作家作品研究资料丛书"。计划收170种,如:《林纾研究资料》(薛绥之、张俊才编,福建人民出版社,1982)、《冰心研究资料》(范伯群编,北京出版社,1982)、《茅盾研究资料》(孙中田、查国华编,中国社会科学出版社,1981)。

"中国现代文学书刊资料丛书"。收有《中国现代小说总书目》、《中国现代主要报纸文艺副刊目录索引》等十多种。

中国当代文学研究资料丛书,杭州大学、江苏师范学院(现苏州大学)于1978年发起,有30余所高等院校协作编辑,1979年起由17家出版社分工出版。

这部大型丛书,茅盾在《序》中称之为"文学研究领域中的基本建设",计划出版200余种专集与合集。分为6类:(1) 当代有成就的作家(包括五四以来作家在当代仍有贡献者)研究专集;(2) 按文体编辑的作品研究合集;(3) 文艺运动和文艺论争研究专集;(4) 文学大事年表专集;(5) 文学期刊目录索引专集;(6) "中国当代作家作品总目索引"专集和"中国当代作家作品评论总目索引"专集。

一些政治文献和特种文献的汇编本,也是资料汇编的一种,如《中国共产党历次重要会议集(上集,1921—1949)》(中共中央党校党史教研室资料组编,上海人民出版社,1982)、《中华人民共和国法律汇编》、《中华人民共和国条约集》、《国际条约集》(参见第十八章),《中国国家标准汇编》(中国标准出版社1983年起编辑出版)。

第五节 地 方 志

分门别类记载地方行政区域内的政治、经济、文化、社会、地理、自然等情况的史籍叫地方志(方志)。它是我国特有的传统的地方百科全书,蕴藏着极其丰富的文化资源。地方志起源很早,古时称为记、志、地记、图经等。隋唐时出现了全国性的总志;宋代以来方志的体制趋于完备。地方志一般分为三级:全国性的叫总志,旧称一统志;省级的叫通志;府县级的叫府志、州志、厅志、县志;还有卫志、关志、村镇志、乡里志、岛屿志等。此外,又有山志、水志、寺庙志、名胜志一类,但是一般方志书目大都不收。

旧时地方志的编纂大都由各级地方官主持,延请地方人士或专家学者撰写,其中自然带有封建统治阶级的偏见。但由于"地近则易核,时近则迹真"(章学诚语),地方志的记载不仅内容丰富,而且记事比较可靠,往往能提供别的书中所没有的珍贵资料。例如,明初建文帝(惠帝)出走之谜,历来传说纷纭。广西宜山县在编写新县志时,在旧志《庆远府志》里发现一段有关惠帝出走的记载,并根据这一记载和民间传说,在宜山境内龙江南岸岩石上找到惠帝书写的"泣血"二字石刻。又如白居易《长恨歌》中有"峨眉山下少人行"一语,这个"峨眉山"究竟在哪里?旧注云:"在今嘉定府峨眉县南",但唐玄宗入蜀并不经过这里,于是有各种解说,莫衷一是。有人从《广元县志》查到广元境内有"小山岸阿似眉,故名。……盖明皇幸蜀,实经此道。"又如苏东坡的朋友佛印和尚,颇有名气,但他的原名和籍贯却很少有人知道。有人在江西《饶州府志》中查出他原名谢端卿,浮梁县人,其中还记载了他出家的轶事。这些资料的发现都为解决问题提供了新线索。由于地方志信息量大,涉及面广,科学工作者从中搜集整理出许多专题资料。例如主持编写《中国地方志联合目录》的中国科学院北京天文台就利用地方志和其他古籍中的资料编写出《中国古代天象记录总集》和《中国天文史料汇编》,中国科学院地震工作委员会据历代方志编出《中国地震资料年表》，地质学家章鸿钊曾依据方志资料编成《古矿录》，等等。

地方志的编写体例虽无固定程式，但一般都具有区域图、建制沿革、疆域、户口、田赋、物产、职官、学校、名胜古迹、武备、选举、人物、方技、金石、艺文、风俗、方言、灾祥等项。我国纂修方志有悠久的历史。张国淦《中国古方志考》共著录秦汉至元代地方志 2000 余种，存者仅 76 种，约 2000 种均已失传（部分有佚文传世）；《中国地方志联合目录》收录 1949 年以前编纂的现存地方志 8200 余种。仅以此两书合计，我国自古以来的地方志就有 1 万多种，这确实是举世无匹的地方文献宝藏。

20 世纪 80 年代以来，修志工作在全国普遍展开。在编写方法与内容上都与旧志截然不同的新修方志正在陆续出版。与此同时，整理重印旧志也做了不少工作，这里略举几例：

中国古代地理总志丛刊，中华书局 1980 年起编辑出版。包括：《括地志辑校》、《元和郡县图志》（1983）、《太平寰宇记》、《元丰九域志》（1984）、《大明一统志》、《嘉庆重修一统志》（1986）等。

中国地方志集成，江苏古籍出版社、上海书店、巴蜀书社 1991 年起编辑出版，16 开精装本 900 余册。从全国现存 1949 年以前的历代方志中选收 3000 余种、4.7 万余卷影印出版。所收通志、府志、州志、厅志、县志，依现行行政区划，按省分辑编辑；乡镇志、山水志、寺庙志、园林志等则编为专辑。凡有续修，或有校记、考证等文字，均附在原志之后。已出版上海市、江苏省、浙江省、江西省、四川省等辑。

商务印书馆 1934—1936 年出版了《（同治）畿辅通志》、《（宣统）山东通志》、《（道光）广东通志》、《（民国）湖北通志》、《（光绪）湖南通志》和《（雍正）浙江通志》等 6 种通志，缩印 32 开精装本，每种均附四角号码综合关键词索引。上海古籍出版社 1990 年起重印。

宋元方志丛刊，中华书局 1990 年影印出版，16 开精装 8 册。收宋、元本方志 40 余种。

天一阁藏明代方志选刊，上海古籍书店选编影印。初编选 107 种，1964 年影印线装 386 册，1981 年重印 32 开精装本 68 册。1990 年上海书店又选编《续编》109 种，影印精装 72 册。谭其骧《续编》前言称,天一阁原藏明代方志 435 种,后陆续散佚,今存 271 种。初编、续编共选刊 216 种。

稀见中国地方志汇刊,中国科学院图书馆选编,中国书店 1992 年影印,16 开精装本 50 册。收该馆所藏稀见方志 200 种。

日本藏中国罕见地方志丛刊,书目文献出版社 1990 年影印,16 开本。收从北京图书馆馆藏胶卷中选出的国内罕见方志近百种。

我国台湾省也出版了一些方志丛书,重要的有:

中国省志汇编,台北华文书局 1967—1969 年影印。两辑收江南、浙江、安徽、湖北、江西、湖南、四川、贵州、福建、广东、畿辅、山东、山西、河南、陕西(二种)、绥远等省通志。

中国方志丛书,台湾成文出版公司 1967—1974 年分三期影印出版。不收省志,共收清代以来所修方志 1300 多种,16 开精装本 3000 余册。但收书较滥,如《金陵通传》《金陵通纪》等并非方志。

新修方志丛刊,台湾学生书局编辑,1967—1981 年影印,精装 719 册。选收清代至民国初年新修的府、州、县志 234 种,按行政区域分辑出版。多数省区收 10 种左右,而四川多达 60 种,湖南、浙江、福建各收 1 种。

第六节　其他一次文献

属于一次文献的图书还有书信、日记、回忆录,族谱、年谱,笔记、杂著等。以下分三组略加介绍。

一、书信、日记、回忆录

1. **书信**　书信古时通称书,或叫作启、移、牍、简、帖、笺、尺牍、刀笔等;"信"字古时本作"送信的人"讲,到唐代才引申出今义。

作为人际交往的应用文,书信数量浩大,内容复杂,总的来说,可分公牍、私函两类。公牍(包括电稿)是文书的一种,有较高的史料价值。私函一般是个人写给亲朋好友的,大都比较亲切自然,真实可信,内容大至论政、论学、论文,小至记叙生活琐事,抒写离情别绪,无所不有。如果是名家手笔,还具有文学作品和书法艺术的欣赏价值。

这是一个综合性的文化资源宝库,应该进行多方面的开发利用。

私人书信损失严重。以鲁迅的书信为例,据估计有 4000 多封,但自先生逝世至现在,经过多方努力,收入 16 卷本《鲁迅全集》中的书信只有 1456 封。近代大官僚买办盛宣怀,其后人曾将他的奏稿、电稿编印为《愚斋存稿》100 卷,唯独不收信稿。中华书局 1960 年出版的《盛宣怀未刊信稿》,只是现已找到的他的亲笔函稿的一部分。

现举几种书信集如下:

陶风楼藏名贤手札,柳诒徵辑。江苏省国学图书馆 1930 年石印,8 册。此书是从该馆所藏大批清人手札中选出。

清代名人书札,本书编辑组编。北京师范大学出版社,1986。本书据该校图书馆所藏原件影印,收 103 人的书札 190 封,内容涉及政务、军务、经济、文化、学术等方面。附有释文、作者简介及必要的注释。

2. 日记　日记特点是记当天的事情,失误较少;日记主要是"写给自己看的"(鲁迅语),讳饰不多。一般来说,日记是第一手材料,史料价值很高。清末薛福成云:"日记及纪程诸书,权舆于李习之《来南录》、欧阳修《于役志》"(见所著《出使英法义比四国日记》"凡例")。南宋周煇《清波杂志》卷六记载:"元祐诸公皆有日记……书之惟详。"可见唐宋以来,记日记为文人学者的一种著述风气,可惜过去对这一文献的价值认识不足,除了少数著名日记以外,大都没有流传下来。

清代中叶以后,内忧外患相连,中外交通渐开,于是产生了一大批记述战乱或出使异国的日记。经过各方面努力发掘,这些日记有的已单独出版,有的已收入各种丛书、丛刊,如中华书局编有**中国近代人物日记丛书**,已出版《翁同龢日记》等数种。还有不少重要的日记稿本有待编目整理。

从记载内容看,日记大体上可以分为两类。一类即普通日记,不作特别限制,有当记可记之事则记之,这种日记取材广泛,一般延续的时间也较长。另一类则属于大事记性质,往往有特殊的记载内容,一定的时间限制,如《庚子日记》《出使九国日记》等。日记的真实性固然比较高,但无意的传讹,有意的作假,在日记中也不能避免,使用时应该注意。

3. 回忆录 回忆录是用叙述或插写的方法，追记作者本人或他所熟悉的人物过去的生活经历和社会活动的文字，篇幅有长有短，带有历史文献的性质。一般说，回忆录比较真实可靠；但因属追记性质，如仅凭记忆，有时也可能与事实有出入，引用时也要注意核实。

中华人民共和国成立以来，我国出版了许多回忆录专著或以发表回忆录为主的连续出版物，如人民出版社编辑出版的《革命回忆录》，至1986年已出版了21辑；一般报刊上也发表了许多回忆录文章。在征集和出版回忆录及其他近现代史料方面，各级政协做出了很大贡献。据不完全统计，各级政协出版的《文史资料选辑》有200余种。其中由全国政协文史资料研究委员会编辑、中华书局和中国文史出版社出版的《文史资料选辑》自1960年至2000年共出版了140辑（自1985年第101辑起重新编号）。这些资料中以回忆录为主，另外还有实地调查的记录、会议记录、函电、日记、笔记、手稿等一次文献。可利用复旦大学历史系所编《文史资料篇目分类索引》。

二、族谱、年谱

族谱、年谱是表谱式的一次文献，因为其中有许多第一手资料，而又便于查阅，所以可作为参考工具书使用。

1. 族谱 族谱是记载一姓世系和重要人物事迹的谱籍，也有叫宗谱、家谱、世谱、房谱、支谱的；各宗族间联合编制的也叫"通谱"或"统宗谱"。族谱起源很早，明清以来，修谱活动日益普及，族谱的内容也更加充实。族谱包含多方面的资料。首先是人物的资料，包括生卒、婚姻、子女，以及名人事迹等。收录的人多，记载也比较确实。如近年在浙江江山发现的《清漾毛氏族谱》证实了韶山毛氏的祖籍是江山石门镇的清漾村。这部族谱已被国家档案局定为首批国家级珍贵遗产档案。其次是地方史料，可供修志者采集。此外，族谱还保存着大量的宗法制度、经济发展、人口繁衍、族人著作、艺文等各种资料，同历史学、社会学、民俗学、人口学、文献学等都有密切关系。

族谱数量很多，但因属私家所有，故长期以来见于著录者很少。《宋史·艺文志》、郑樵《通志略》仅各收60余种，《明史·艺文志》收38种。《四库全书总目》不列"族谱"类目。《清史稿·艺文志》也不收,只在《补编》传记类中附录家谱。

研究族谱,可以利用:

中国家谱综合目录,国家档案局二处、南开大学历史系、中国社会科学院历史所图书馆编,中华书局,1979。全书共收录1949年以前的家谱目录14719条。其资料来源,包括中国大陆400余家单位的收藏目录,个人收藏目录,以及《台湾地区家谱目录》、《宗谱的研究(资料篇)》(日本多贺秋五郎编)、《美国家谱协会收藏中国家谱目录》中的部分目录。

上海图书馆馆藏家谱提要,王鹤鸣等主编,上海古籍出版社,2000。上海图书馆收藏1949年以前的旧家谱约11700种。该书所收主要为线装家谱。

2. 年谱　年谱,按年次记述一个人的生平事迹,是他的编年体传记。年谱也叫年表(一般较年谱简略一些),或叫纪年录、编年、系年、年略、历年、年状、行实等;弟子为老师编的名为"弟子记"。在记述一个人生平的时候,往往涉及一些重要历史事件和同时代的许多人的事迹,所以年谱可以提供多方面的资料。

年谱创始于宋代,现存宋人所编的年谱还有五六十种之多。[①] 宋元明三代的年谱,谱主大多是文人学士和达官贵人;到清代,经学、小学昌盛,谱主范围也相应扩大。到了近现代,农民运动领袖,科学技术工作者,作家、艺术家以及各种有成就的人物,都有人为他们编写年谱。年谱的发展,同研究领域的扩大和时代潮流的变化有密切联系。

年谱的编者大致有4种:(1)谱主的亲属友好,(2)谱主的门生弟子,(3)谱主的研究者,(4)本人自编。编者不同,对年谱的内容、编写方法以及年谱的名称,都有关系。以名称而言,自编年谱最为复杂。例如明代耿定向的《观生记》、朱睦㮮的《茶史》,清代姚培谦的《周甲录》、汪辉祖的《病榻梦痕录》、张集馨的《道咸宦海见闻录》等,只看书名很难知道这是他们本人的自订年谱。

就编写方法而言,年谱又可以分为简谱与详谱两类。简谱只有

---

① 杨殿珣,《中国年谱概论》,《文献》,1979(2)。

纪年、谱文,文字比较简略。一般称为年表、简表、简谱等。详谱一般卷首有世系表、同代人年龄等;正文中又分:纪年、时事(简述本年大事)、谱文(按月、日详记谱主事迹,附记同年中有关人物事迹)、注文(注明谱文所引资料来源或对谱文作补充说明)。

除了个人年谱以外,还有合谱与专谱两种。"合谱"是将有关的人合起来编为一部集体年谱。如郭沫若的《李白杜甫年表》、管效先和夏承焘各自编的《南唐二主年谱》等;"专谱"是将谱主的某一时期的活动,某一方面的事迹作专门记述的年谱。如詹锳编的《李白诗文系年》、梁启勋编的《辛稼轩先生南归后之年表》、清代龙炳垣编的《朱子仕宦述略》、张望编的《鲁迅美术工作年谱》等。

年谱汇编(丛书)有多种,规模较大的有:

十五家年谱丛书,清杨希闵编。江苏广陵古籍刻印社 1980 年重印,线装 16 册。所收以唐宋诗人作家为主。

中国历代名人年谱汇编,台北,广文书局 1971 年影印。收清代至民国年间年谱 100 种。

三、笔记、杂著

笔记,是泛指随笔记录、不拘体例的著作。又名札记、随笔、丛谈、杂俎、琐记、漫钞等。其中包含神话、怪异或故事情节者,谓之"笔记小说"。杂著,主要指笔记而言,但又不限于笔记。

1. **笔记的类别** 刘叶秋《历代笔记概述》把历代笔记分为三类:(1)小说故事类,(2)历史琐闻类,(3)考据辨证类。这种分法颇简明概括:"小说故事类"是文学作品;"历史琐闻类"以作者的所见所闻为主;"考据辨证类"以征引文献、论证是非为主。但是,具体分类并不简单,一书之中大都兼有各类。如《封氏闻见记》以考据为主,而兼记故实;《池北偶谈》是记掌故、文献的杂录,却有"考异"一门,语及鬼神。因此,在确定一部书是哪一类笔记时,只好"姑举其重"(胡应麟语),就其主要方面而言。

2. **笔记的价值和利用** 笔记长期不受重视,但是历史上许多学者却以严肃认真的态度写出了不少有学术价值的笔记。如宋代沈括的《梦溪笔谈》,分类记述了许多社会科学和自然科学方面的重要事件或重大发明;宋末王应麟的《困学纪闻》,是考据学的开拓性著作,经史子集无不涉及,考史部分尤称精审;元末陶宗仪的《南村辍耕录》,对宋元史事、典章制度、风俗语言都有记述与考证;明胡应麟的《少室山房笔丛》,分12集,其中《经籍会通》,述古籍的撰著与存亡聚散,《四部正讹》是较早的古书辨伪专著;明沈德符的《万历野获编》,根据父祖传述和本人见闻写成,很多条目可补《明史》所未详。清代是考据学的鼎盛时期,证经考史,校勘训诂,大量成就都贯注于笔记之中。如顾炎武《日知录》、阎若璩《潜邱札记》、王鸣盛《蛾(yǐ)术编》、程瑶田《通艺录》、赵翼《陔馀丛考》、钱大昕《十驾斋养新录》、桂馥《札璞》、俞正燮《癸巳类稿》及《癸巳存稿》等,都是传世的名作。

把考据辨证的方法用于古籍的整理,就出现了王念孙《读书杂志》一类著作,①这是笔记的又一种形式。它以原书为依托,其成果易于为读者所利用。类似的书还有王引之的《经义述闻》、俞樾的《群经平议》、《诸子平议》、王鸣盛的《十七史商榷》、赵翼的《廿二史劄记》、钱大昕的《廿二史考异》、孙诒让的《札迻》等,后来的继作者很多。

笔记的数量估计有4000种以上。这些书的质量参差不齐,即使是名著也不免有失误或糟粕。因此,使用笔记时应加以分析批判,尽可能查对核实。

笔记蕴藏着大量的知识信息,由于书太分散,书的编排比较杂乱,目前检索工具又不完善,使用起来相当困难。

3. **笔记、杂著有关的丛书、丛刊** 中华书局编辑出版的**唐宋史料笔记丛刊**、**元明史料笔记丛刊**、**清代史料笔记丛刊**、**近代史料笔记丛刊**和上海古籍出版社编辑出版的**宋元笔记丛书**、**明清笔记丛书**已收入历代重要的笔记。台北,文海出版社1966年起影印出版的**近代中国史料丛刊**(沈云龙辑),每编100辑,一般每辑10册(2000年已出至第三编第89辑),收清初至民国年间各种史料书,包括大量笔记、杂著。

---

① 刘叶秋,《历代笔记概述》,北京:中华书局,1980,201。

第三章 报　　刊

报刊包括报纸和期刊。报纸多数是日报,出版快,数量大,传递信息迅速,读者面广。期刊又称杂志,定期或不定期出版,内容新颖而丰富,能及时反映新知识与学科研究成果。清末民初,报纸与期刊的界限并不那么清楚,有些本应属于期刊,当时也有称为报纸的;有些实是报纸,却称为期刊。

第一节　中国报纸的起源

一、唐代的邸报

中国的报纸起源于唐代地方政府派驻京师的邸吏负责传发的"邸报"。邸报是用来发布皇帝的谕旨,臣僚奏议等官方文书、消息的。邸报又称为邸钞、阁钞、朝报或条报。由于邸报最初是由朝廷内部传抄,后遂张贴于宫门,公诸传抄,所以也称"宫门抄""辕门抄"。

唐末孙可之在《经纬集》中所写的《开元杂报》是有关邸报最早的记载,现已失存。中国现存最早的邸报《进奏院状》,是向达20世纪30年代在英国不列颠博物馆所藏敦煌卷子中发现的。它发行于唐僖宗光启三年(公元887年)。邸报只在封建统治机构内部发行,一般庶民是看不到的。

二、宋代的状报、朝报和小报

宋王朝为加强中央集权制,把各州设在京城的进奏院统一由中央直接管辖,进奏官也由中央任命,从而形成从中央与地方之间的上谕下达和地方官吏的章奏案牍,进行了集中管理。北宋进奏院统一出版的状报,在相当长时间内,是正式的官报。北宋末年,继状报之后出版的另一种官报,名之曰朝报。状报和朝报的内容,主要包括皇帝的谕旨、群臣的奏议、政令的颁布、武功的战报以及官治的铨叙、迁授、降黜、赏功罚罪等。状报最初是手写的,每十日公布一次,后改为五日一次,辗转传抄,传递于官员之间。后来采用雕版和活字印刷,按日刊行,公开发售,广为流传。

北宋末年,还出现过一种官方严加查禁的小报,专门发布邸报上不拟公布或尚未发表的消息与文件。稿件也来自民间知识分子或低级官吏之手,内容多有论及时弊的。

从状报发展到朝报、小报,说明从官方垄断办报逐渐过渡到民办,从辑录官方文件过渡到也刊载民间消息了。

三、明、清的京报

元、明、清等朝也出现过类似小报的出版物,当时人们称之为小本、小钞、报条。明朝天启年间社会就曾出现过一种京报,翻印从内阁有关部门摘抄来的一部分邸报的稿件,偶尔也登载一些社会新闻,但凡有农民起义、别族入侵,甚至旱涝等灾情,一概禁止刊载。

清代官报主要是京报,即京师报的意思。京报内容包括宫廷动态、重要任命以及京城内外官臣的奏议和报告。编排上,首先刊载宫门抄,次上谕,又奏擢。每日由内阁所发抄。形式上由散张改为单本,日出一小册。京报虽然仍旧是官方发布的,但是当时并非由官方出版,而是由民间专营印刷出版的报房营销。报房设在北京,京报名称,与此也不无关系。清初,南纸铺荣禄堂因与内务府有关系,曾获得出版京报的特权。同治九年,北京已有报房12家,印份达万份以上。外地也大量翻印京报,苏州当时就是翻印京报的中心,销行全国。京报最初用土纸和胶泥活字印刷,后用木刻活字或铅字排印。京报改为铅印以后,由北洋京华书局出版发售。由于京报封面用黄纸,所以也称黄皮京报。到光绪二十三年,京报发行已达6077期。可见当时京报之兴盛。

与此同时,各地相继出版和发行了各省的官报。至晚清,北京、天津、上海、武汉、广州各大城市出版了民办的报纸。有些报纸,如申报,还把京报作为附张,随报发行,不另增分文。

邸报、京报实开新闻报纸的先河,可视为我国近现代报纸的雏型。

第二节　中国近代报刊

近代报刊在我国的出现是和外国的入侵同时开始的。最先用中文出版的近代报刊，是由外国人首先创办的，出自外国教会与传教士之手。1815年8月5日，英国伦敦布道会传教士马礼逊和米怜，在马来亚的马六甲，主编与出版了《察世俗每月统纪传》。1833年德国传教士郭实腊在广州创办的《东西洋考每月统纪传》，是我国境内最早出版的中文近代报刊。

鸦片战争以后，外国传教士大批涌进中国，以办报为手段，对中国人民进行文化侵略。办报活动地区也逐渐由华南沿海扩展到华北、华中，先后办起了两三百种中文报纸，主要有《六合丛谈》《上海新报》《万国公报》《申报》《新闻报》《沪报》《时报》《中西闻见录》《顺天时报》《闽报》等，其中在上海出版的《万国公报》，从1868年创刊，到1907年停刊（中间休刊7年），刊期之长，发行之广，影响之大，在当时外国传教士主办的中文报刊中首屈一指。

19世纪60年代以后，一批具有资产阶级观点的进步知识分子，先后创办了《昭文新报》《汇报》《循环日报》《述报》，这是中国最早自办的报纸，也是中国近代资产阶级报刊的萌芽。其中《循环日报》出版时间较长，影响最大。该报的早期主编王韬，从1874到1884年，撰写了100多篇政论，极力鼓吹变法自强。他鲜明的观点，雄辩而富于感情、生动流畅的文笔，对以后的改良派报刊政论风格，产生较深的影响。

甲午战争后，康有为在北京创办的《中外纪闻》（初名《万国公报》），强学会在上海出版的《强学报》，梁启超在上海办的《时务报》（旬刊），开阔了不少知识分子的眼界，传播了不少新的知识，为变法作了舆论上的准备。稍后，康广仁等在澳门主办《新知报》，唐才常在长沙创办《湘学报》与《湘报》，严复在天津也创办《国闻报》，这些报刊都注意新学、新政和救亡图存的宣传，向读者进行了资产阶级启蒙思想教育，紧密地为维新变法服务。

戊戌变法失败以后，改良派的报刊被迫停办。他们又在国内出版《时报》《岭海报》；在国外出版《清议报》《新民丛报》，继续宣传他们的政治主张。

辛亥革命前后，以孙中山为首的资产阶级革命派，也在国内外展开了广泛的报刊宣传活动。1900年1月，在香港出版了《中国日报》。接着，日本、南洋、美洲等地涌现了一批由留学生和华侨主办的革命报刊。主要有《开智录》和《译书汇编》（横滨出版）以及留日学生创办的《湖北学生》《浙江潮》《江苏》《河南》《四川》等。在南洋、美洲一带革命党人创办了《檀山新报》（原名《隆记报》，檀香山出版）、《图南日报》（新加坡出版）、《仰光日报》（仰光出版）、《大同日报》（旧金山出版）。1905年中国同盟会成立，不久在东京出版了《民报》。此前，国内已有《苏报》；此后，上海出版了《神州日报》《民呼日报》《民吁日报》《民立报》《天铎报》以及秋瑾主办的《中国女报》，汉口出版了《大江报》，广州出版了《南越报》《人权报》《平民报》《可报》等。这些报刊不仅揭露了清朝政府的黑暗腐败，宣传了资产阶级民主革命思想，而且不少报馆成了革命党人联络、集会的场所。

这里必须提及创刊于这一时期、在中国近、现代报坛上有着重要影响的《申报》、《新闻报》、《大公报》与《时报》。

《申报》1872年4月30日在上海创刊。由英国商人合资创办。1907年春，席裕福将《申报》从外人手中收回自办。1912年秋，史量才收购，自任总经理。自此《申报》渐有起色。在史量才接办的22年间，《申报》处于黄金时代。他聘请一些爱国人士如李公朴、黄炎培参加《申报》馆的工作，刊登陶行知、胡愈之、茅盾等人的文章。1933年1月至1934年5月，鲁迅曾用各种笔名在《申报·自由谈》上发表大量战斗性的杂文。《申报》重视对国内外大事的采访和反映，注意市井琐闻和社会变化，从而成为一张具有现代意义的中国大报。1941年12月，太平洋战事起，日军派陈彬龢任社长，鼓吹"大东亚共荣圈"。抗战胜利后，国民党政府接手《申报》，潘公展任社长兼主笔，《申报》成为国民党"CC"系的喉舌。1949年5月27日终刊，前后长达78年。

《新闻报》创刊于1893年2月17日。总管为英人丹福司，后由美人福开森出资购得。聘汪汉溪为总经理后,1922年特辟《经济新闻》版,提出"轻政重商",注重国外及上海经济消息的报道。后又增《本埠副刊》,专登广告,注意质量,赢得客户信任。日销近20万份,成为当时销售量居首位的报纸。

《大公报》1902年6月17日在天津创刊。创办人英敛之。此时中华民族灾难深重,国人深惧国家被列强瓜分。《大公报》颇以敢言,受到读者称道。1916年9月,《大公报》盘售给安福系财阀王郅隆,该报完全为皖系军阀服务。皖系垮台后,1925年11月停刊。1926年9月1日,吴鼎昌、张季鸾、胡政之三人接办,以"不党、不卖、不私不盲"貌似公正的面目复刊。1927至1931年,《大公报》鼓吹中国走西方议会民主道路。1931至1937年,又进行"缓抗"宣传。"七七"事变后,打出"共赴国难"的旗帜,拥蒋抗战。1941年张季鸾逝世,王芸生接任社长兼总编辑。此后,《大公报》针对国民党政府的腐败和奸商危害社会的弊端,发表社评与消息,揭露社会黑暗,反映了国统区人民的呼声,产生过较大的社会影响。《大公报》曾先后出版过上海、汉口、重庆、桂林等版。1949年上海解放,上海版移至天津,1956年10月1日又迁至北京,此后以报道财政经济为主。至今香港版仍在发行。

《时报》1904年5月21日创刊于上海。创办人狄平子,具有改良革新思想。聘请陈冷血为主笔,特辟"时评"专栏,对时局加以评论。后又增加教育、实业、妇女、儿童、文艺、图画等周刊,注重社会综合新闻,特别是体育新闻的报道,深受读者喜爱。编者用醒目的红色标题,相当引人注目,为其他报纸所无。由于负责该报的沈能毅经营失误,《时报》转让给黄伯惠。黄是摄影爱好者,因而《时报》常刊摄影作品,图文并茂,一时销路骤增。后由于社评减少,读者数下降。至1929年停刊。

上述四种报纸确是我国近代史资料的宝库,不仅新闻记载,就连广告也蕴藏着不少有关文化、经济、军事、社会的史料。

第三节 中国现代报刊

一、"五四"时期的报刊

"五四"运动前,上海创办的《新青年》,北京创办的《每周评论》,勇敢地进行了反帝反封建的宣传,歌颂了俄国十月社会主义革命,促进了马克思主义在中国的传播。

《新青年》1915年9月15日创刊。创办人陈独秀。原名《青年杂志》,由于刊名与基督教上海青年会主办的《青年杂志》同名,从1916年9月第二卷起改为《新青年》(月刊)。《新青年》提倡民主与科学,反对封建专制主义与蒙昧主义。欢呼俄国社会主义革命的胜利,传播马列主义。反对旧文学,提倡新文学,文学作品应该表现新思想、新事物,主张用人民大众易于接受的白话文写作,成为新时代宣传新文化、鼓吹进步思想的号角。该刊发表的李大钊的《庶民的胜利》《布尔什维主义的胜利》,鲁迅的《狂人日记》《我之节烈观》,胡适的《贞操问题》及他写的白话诗,都产生重大的影响。《新青年》1921年底出至9卷5期,一度停刊。1922年7月出满9卷休刊。

《每周评论》1918年12月22日创刊。陈独秀、李大钊创办。经常撰稿人有胡适、周作人、张申府等。《每周评论》大力支持《新青年》提倡新文学的斗争。报道了俄国等国的社会主义革命,对初期的社会主义思想启蒙有过一定的贡献。该刊揭露了军阀混战争权夺利的真面目,正确反映了人民群众反对军阀统治的愤恨情绪。"五四"运动爆发后,该刊对运动作了真实的报道与热烈的支持。自胡适、高一涵接任主编后,对反帝反封建表现了冷漠态度。26、27期刊登了《杜威演讲录》。《每周评论》实际是具有初步共产主义思想知识分子、革命的小资产阶级知识分子和资产阶级知识分子共同组成的统一战线的政论刊物。1919年8月24日停刊。

如果说,《新青年》重在阐明学理,《每周评论》则重在评述事实。在"五四"运动中,仿照《每周评论》出版的类似周报的还有长沙的《湘江评论》、武汉的《武汉星期评论》、上海的《星期评论》。当时人们称之为"四大评论",可见在全国的影响。五四时期,全国影响较大的报刊还有《新潮》《天津学生联合会报》《北京大学学生周刊》《少年中国》等。

《新潮》1919年1月创刊,是北京大学学生社团"新潮社"编辑出版的新文化刊物。以《新青年》为榜样,高举"文艺复兴"大旗,介绍西洋近代思潮,反对封建伦理和封建文学,刊载了大量文学创作和文学翻译作品。在新文化运动中产生过影响,也宣扬过现代资产阶级的学说。

《湘江评论》是湖南学生联合会的刊物,毛泽东主编。由于该刊所发表的文章"眼光远大,议论痛快",受到全国进步思想界、教育界的关注。不少文章为其他报刊转载。对推动湖南学生运动,起过较大的作用。1919年8月当该刊第5期正在付印时被反动当局查封。

《天津学生联合会报》,1919年7月21日创刊。周恩来主编。他撰写的社论,笔锋辛辣、犀利,具有鲜明的战斗性与强大的号召力。该报刊开始为月刊,9月21日出至第62号,遭到北洋军阀政府天津警察厅勒令停刊。经过斗争,于10月7日复刊,改为三日刊。共出一百余期。每期发行量最多达两万余份。约于1920年初终刊。

《北京大学学生周刊》是北京大学学生会的刊物。主要针对时局发表评论,集中火力反帝反封建,揭露北洋军阀卖国政府出卖山东的罪行。同时及时反映学生爱国的要求。

《少年中国》(月刊),1919年7月15日创刊。由少年中国学会主办,李大钊主编。内容以少年中国学会会员所写的哲学、社会科学、文学、自然科学的论文和译文为主,涉及世界观、人生观和社会诸多问题。没有统一思想,重学术性,关注当时人民群众政治、经济斗争实际不够。1924年5月,出至4卷12期,因学会会员分化而停刊。

二、中共建党前后的报刊

中国共产党成立的前夜,《共产党》《劳动界》《劳动者》《劳动音》等刊物的出版,促进了马克思主义与工人运动的结合。

《共产党》月刊,1920年11月由中国共产党上海发起组创办,李达主编。着重宣传共产党的基本知识,介绍第三国际、国际共产主义运动的实际情况,俄国共产党的经验及列宁学说。批判各种形式的机会主义思想。同时阐明即将成立的中国共产党人的基本主张与中国革命的共产主义的基本方向,并及时报道了各地的工人和农民的活动与斗争。

《劳动界》(周刊)1920年8月15日由中国共产党上海发起组创办。陈独秀主持。主要通过报道工人们被剥削、被压迫的事实,向工人进行马克思主义关于阶级斗争和无产阶级革命的宣传。

《劳动者》(月刊)1920年10月3日由广东共产主义小组创办于广州。主要向工人进行工人悲惨遭遇不仅是个人的不幸,而是整个阶级的不幸,工人只有通过斗争,才能争取自身解放的启蒙教育。

《劳动音》1920年11月7日由北京共产主义小组创办。邓中夏是主编人之一。以"劳工神圣""劳工创造财富""工人是天下的主人"的思想,揭露帝国主义者残酷剥削、压榨工人的罪恶事实,启发工人的阶级觉悟,并指明正确的斗争的方法。出版5期后改名《仁声》,不久被迫停刊。

中国共产党成立以后,编辑出版了多种刊物,如《工人周刊》《向导》《先驱》《新青年》《前锋》《中国青年》等,向工人青年群众进行通俗的马克思主义宣传教育。

《工人周刊》起初由北京中国共产党组织创办于1921年7月。1922年8月成为中国劳动组合书记总部的机关刊物,罗章龙主编。该刊大量报道了全国各地支持香港海员大罢工和抗议湖南军阀赵恒惕残杀工人领袖黄爱和庞人铨的消息,揭露外国资本家压榨中国工人的罪行,用事实说明工人阶级团结抗争的意义,把马克思主义基本原理的宣传寓于工人实际生活的教育中。以文艺为武器,打击敌人,宣传工人。受到工人群众的喜爱和反动当局的恐惧。1924年2月,转为全国铁路总工会机关报刊。1925年12月12日被勒令停刊,共出版133期。

《向导》(周刊)1922年9月13日创刊于上海,是中国共产党机关报,蔡和森、瞿秋白均任过主编。该刊在宣传党的反帝反封建政治纲领,指导工农革命运动,扩大党的影响,推动国共第一次合作等方面,作出了重要的贡献。最高印数达 10 万份,读者不仅遍及国内各地,而且远及越南、日本、苏俄、法国、德国,这在当时的报刊界是少见的。1927 年 7 月 18 日被迫停刊,共出版 201 期。

《先驱》(半月刊)1922 年 1 月 15 日创刊,前 3 期在北京出版,从第 4 期转为上海中共临时中央局出版,第 8 期改为中国社会主义青年团中央执委会出版。该刊着重向青年宣传马克思列宁主义及其对中国革命的指导意义。译载了少年共产国际和各国青年运动的材料。刊登了《少年共产国际纲领》、《少年共产国际刊物决议案》及《关于中国少年运动纲要》等文件,并出版过《中国社会主义青年团第一次全国大会号》专刊,该刊有着鲜明的青年运动的特色。它对于中国社会主义青年团组织建设,发挥了重要的指导作用。1923 年 8 月 15 日停刊,共出 25 期。

《新青年》(季刊)1923 年 6 月 15 日创刊于广州,瞿秋白任主编。名为季刊,限于人力,实为不定期出版。如果说前述《新青年》(月刊)诞生于中国旧社会崩溃之时,成为"革命思想的代表""中国真革命的先驱";那么,《新青年》(季刊)诞生于中外反动势力相勾结作威作福之时,它明确提出唯有劳动阶级能担负中国革命历史使命的重任。该刊介绍了国际共产主义运动的情况,制定了联合国民党进行反帝反封建军阀斗争的基本方针和策略,也是较早地认识到武装斗争的意义。该刊的创办,标志着中国共产党的报刊开始进入国共第一次合作的宣传阶段。

《前锋》月刊 1923 年 7 月 1 日创刊于广州。瞿秋白任主编。该刊注重对当时的一些经济政治问题进行理论上的研究。所刊文章现实性强,既有理论深度,又具有较强的说服力。1924 年 2 月 1 日停刊,仅出 3 期。后曾准备复刊,限于条件,终未实现。

《中国青年》(周刊)1923 年 10 月 20 日创刊于上海。中国社会主义青年团中央机关刊物。恽代英长期担任主编。创刊后就投入了反对曹锟贿选,反对英美帝国主义侵略的斗争。无情揭露了五卅等多次惨案的侵略罪行。批判了当时社会上种种反动思潮。《中国青年》教育了广大青年,使他们走上革命的道路。1927 年 10 月出版至

8卷3号后停刊。

20年代后期,中国共产党领导的各种报刊遭到极大的摧残,但也就在这种极其困难的条件下,《布尔什维克》、《红旗》报、《上海报》、《红旗日报》相继出版。

《布尔什维克》周刊,1927年10月24日创刊于上海。主编瞿秋白。是中共中央的理论刊物。该刊所发表的文章,揭露了蒋介石、汪精卫反革命真面目,指导了当时人民革命的斗争,增强了斗争必胜的信心,起了鼓舞的作用。1932年7月终刊,共出5卷52期。

《红旗》报,1928年11月20日创刊。主编谢觉哉。第1—23期为周刊,从第24期起改为三日刊。1930年8月14日终刊。

《上海报》初名《白话日报》,1929年4月17日创刊于上海。主编李求实。是中共中央宣传部以上海工人为宣传对象的通俗性日报。几经查封,1929年11月12日与《红旗》报合并为《红旗日报》。此前共出285期。

《红旗日报》主要负责人李立三、李求实、谢觉哉、关向应等。该刊设立社论、专载、专论、各地通讯、欧洲通讯、莫斯科通讯、革命根据地来信等栏目,系统地介绍国内外政治、军事、经济等方面的重大事件以及根据地的建设与发展,并宣传革命武装斗争的意义。1931年3月8日出至182期后改为《红旗周刊》,1934年3月1日终刊。

三、"左联"时期的报刊

1930年3月20日在上海成立了中国左翼作家联盟,简称"左联"。鲁迅团结左翼作家,率领一大批追求革命的文学青年,以报刊为阵地,同国民党的文化"围剿",进行了艰苦不屈的斗争。他先后主编或参加编辑10余种报刊,例如《语丝》《莽原》《未名》《萌芽》《拓荒者》《前哨》《北斗》《十字街头》《文学》《文学月报》等。

《语丝》周刊,1924年11月创刊于北京。起初由孙伏园主编。该刊所登文章,以简短的杂文,对北洋军阀和封建思想颇多抨击。也兼登文艺创作和文学、美术的研究成果。1927年10月被封刊。12月在沪复刊。该刊最后由李小峰编辑,失去了先前战斗的特色。1930年3月出至第5卷第52期停刊,共出260期。

《莽原》周刊，1925年4月24日创刊于北京，鲁迅主编。随《京报》附送。1925年11月27日出至32期停刊。1926年10月改为半月刊，独立发行，共出48期。着力于对旧社会、旧文化的批判，刊登的创作作品主要是描写农村生活的小说和散文。翻译则是介绍席勒、海涅、左拉、莫泊桑、高尔基和罗曼·罗兰等外国著名作家的文艺作品。1926年鲁迅受迫害离北京去厦门，刊物改由韦素园接编。1927年12月停刊，出至48期。

《未名》半月刊，1928年1月因《莽原》停刊而创办。仍以介绍翻译外国文学为主，同时也发表一些文学创作。出至第1卷第5期一度停刊。1928年9月续出。1930年4月终刊，共出24期。

《萌芽》，1930年1月1日由鲁迅、柔石等人创办。主要内容是介绍以苏联为主的马克思主义文艺理论和外国的进步文学作品。自第3期起，该刊成为左联的机关刊物，相应增加了左联活动和全国文艺界动态的报道。出至第5期，被国民党政府查禁。第6期改为《新地》继续出版，仅出1期也被迫停刊。

《拓荒者》月刊，蒋光慈主编。该刊前为《新流月报》，1929年3月创刊，出4期，1929年12月停刊。1930年1月改为《拓荒者》，出至第4、5期合刊时，被国民党政府查封。后又改名《海燕》，出版1期，被迫停刊。《拓荒者》内容与《萌芽》相仿，发表不少左翼作家的创作及批判资产阶级文艺理论的文章，介绍马克思主义的无产阶级文艺理论及苏联等国进步的文学作品。

《前哨》月刊1931年4月创刊于上海。鲁迅、冯雪峰、茅盾、夏衍等编辑。创刊号为《纪念战死者专号》，为纪念左联成员李伟森、柔石、胡也频、殷夫、冯铿五烈士而编。该期发表了鲁迅用L.S署名的《中国无产阶级革命文学和前驱的血》。为避免反动当局的注意，从第二期起，刊名改为《文学导报》，1931年11月停刊。

《北斗》月刊，1931年9月20日创刊于上海。丁玲主编。理论、创作并重，也发表翻译作品。1932年7月出至第2卷3、4合刊，被查禁。

《十字街头》，1931年12月创刊于上海。鲁迅主编。以发表针砭时弊、揭露社会黑暗的短悍的杂文和通俗新诗为其特色。原为双周刊,1932年3月5日第三期改为旬刊出版后,即遭查禁,只出3期。

《文学》半月刊,1932年4月25日创刊于上海。左联的理论指导性刊物。仅出1期即遭查禁。载有史铁儿(瞿秋白)的《普洛大众的现实问题》、洛扬(冯雪峰)的《论文学的大众化——在中国妇女文学研究会的报告》等文章。

《文学月报》,1932年6月创刊于上海。撰稿人有鲁迅、瞿秋白、茅盾、周扬、丁玲等。该刊内容,理论、创作和翻译并重。出至第5、6期合刊时,被查禁停刊。

四、《生活》系列报刊

这一时期,除上述鲁迅主编或领导的报刊外,还出现一些革命的、进步的报刊,其中影响最大、又具有代表性的,是邹韬奋创办的《生活》系列报刊,如《生活》《新生》《大众生活》《生活日报》《全民抗战》等。

《生活》周刊,1925年10月11日创刊于上海,原是黄炎培主持的中华职业教育社的一份刊物。第一卷由王志莘兼任主笔。1926年10月24日第2卷第1期起,邹韬奋主编,内容扩大,包括时评、短论、社论、随笔、游记、通讯等,特别增设读者信箱后,韬奋满腔热情、认真具体地为读者解答求学、求职、恋爱、婚姻、家庭、社交、法律、信仰等问题,刊物已从单纯讨论职业教育和青年修养,扩大到涉及社会问题的杂志。1931年"九一八"事变爆发后,该刊又发生了根本性的转变。随着韬奋自身思想的转变,该刊内容发展到宣传抗日救亡问题,抨击国民党对日妥协,对内反共的不抵抗日本侵略的政策,报道与歌颂军民反抗日本侵略者的英勇事迹。此时《生活》周刊实际上已成为新闻时事评述为主的时评性刊物。1933年12月被查封。前后八年共出418期。

《新生》周刊,1934年2月10日创刊于上海。杜重远主编,实际由胡愈之、艾寒松负责。韬奋虽流亡海外,仍保持与该刊的联系。刊物内容与《生活》周刊相仿,积极宣传抗日救国的主张,反对国民党政府对日妥协、坚持反共的政策,支持中国共产党关于建立抗日民族统一战线的方针,动员全国人民积极投入抗日救亡运动。1934年2月,《新生》周刊由于刊载《闲话皇帝》一文,刺痛了日本帝国主义。国民党政府在日本的威胁下,于1935年5月查封了《新生》,杜重远被捕判刑。《新生》被封后,生活书店又请金仲华主编《永生》,不久《永生》也被查封,又出版《斗生》,《斗生》也未能幸免,最后亦被查禁。

《大众生活》周刊,1935年11月16日创刊于上海。邹韬奋主编。着重宣传抗日民族统一战线,正如《发刊词》所说:"劳苦大众惟一的出路——也可以说是民族解放的惟一可能的途径——只有巩固着这条战线,突出重围,用大众的力量,发动民族解放的斗争……作自救的英勇斗争。""一二·九"学生抗日救亡运动爆发后,该刊用大量篇幅报道了这场伟大的斗争,因而受到国民党当局"先之以停邮,继之以查禁"。1936年2月被迫停刊。直到1941年5月17日,流亡在香港的韬奋,才将其复刊。同年12月,因太平洋战争爆发,《大众生活》出至第30期,又不得不在香港停刊。据穆欣回忆,《大众生活》是韬奋生前主编的最后一个刊物,也是他一生所办刊物里最好的一个刊物。

《生活日报》1936年6月2日创办于香港。邹韬奋主编。该刊注重阐述抗日民族统一战线的理论,斥责国民党当局妥协屈服日本帝国主义的行径,宣传与歌颂国内人民英勇抗日的斗争,报道海外人士对中国人民抗日斗争的支持。共出55期,7月31日停刊。

与《生活日报》同时出版的《生活日报星期增刊》(柳湜主编),在《生活日报》停刊后改名为《生活日报周刊》,在香港出版3期。再易名为《生活星期刊》迁上海出版。1936年12月13日,因韬奋作为"七君子"之一被国民党政府逮捕,出至第28期被查禁。

五、抗战期间的报刊

《全民抗战》五日刊,1938年7月7日,由邹韬奋创办的《抗战》三日刊和沈钧儒创办的《全民周刊》合并而成。合并后由邹韬奋、柳湜联合主编。该刊宗旨是尽一切努力,为动员全民抗战呐喊鼓吹,不但出正刊,还编印出版战地版。既在武汉等城市发行,还大量分送到抗日前线的军队中,激励士气,丰富军队文化生活。成为当时国统区影响最大的刊物之一。1941年2月22日出至157期被停刊。

抗战前乃至抗战期间，值得注意的报刊还有《救国时报》、《群众》周刊、《新华日报》、《救亡日报》等。

《救国时报》，1935年5月由中国共产党驻共产国际代表团以中国留法学生名义创办于巴黎。是中共在海外宣传抗日民族统一战线的报刊。当时名为《救国报》，刊出15期法国当局令其停刊。1935年12月改名《救国时报》复刊，出至152期迁美国纽约继续出版。最初为周刊，后改为五日刊。发行地区多达43个国家地区，并销售国内京、沪、穗、渝等城市以及西康、新疆等边远地区。影响广泛而深远。1939年10月13日停刊，共出214期，历时4年6个月。

《群众》周刊1937年12月11日创刊于武汉。是中国共产党在国统区内第一个公开出版发行的刊物。跨越抗日战争和解放战争两个历史时期，先后在武汉、重庆、上海、香港出版发行。充分发挥了党在国统区、海外的喉舌作用。1949年10月20日终刊，历时12年。

《新华日报》1938年1月11日创办于汉口，是中国共产党在抗日战争时期和解放战争初期，于国统区内公开出版发行的党报。同年10月25日迁至重庆出版。该报在国内外形势不断变化中，针对国民党政府种种倒行逆施，进行了复杂曲折的斗争，有力地宣传了党在抗日战争及其胜利后所执行的各项方针政策。1947年2月28日被封，存在长达9年零1个月18天，共计出版3231号。毛泽东同志曾称赞它如同八路军、新四军一样，是党领导下的又一个方面军。

《救亡日报》1937年8月24日上海文化界救亡协会创办。社长郭沫若，总编辑夏衍、樊仲之。办报方针：抗日、团结、进步，具有抗日统一战线性质的报纸。广泛报道各阶层人民的抗日言论和呼声。迁广州、桂林出版后，以较多篇幅揭露与抨击汪精卫之流卖国行径，产生很大影响。1941年2月28日被迫终刊。1945年10月10日改名为《建国日报》继续出版，仅出版12天，10月20日也被国民党上海市党部下令查封。

《文汇报》1938年1月25日创刊于上海。严宝礼任总经理，胡惠生任编辑，徐铸成任编辑部主任。为避免日本人的新闻检查，高薪雇用英人克明(H. M. Cumine)担任发行人及总主笔。当时编辑的基本方针是坚持民族大义,宣传抗战救国,反对投降卖国。由于及时报道敌占区的抗日消息与胜利,在上海"孤岛"和沦陷区有广泛影响。1939年5月18日被迫停刊。抗战胜利后复刊。该报站到争民主,反独裁的前列。1947年5月又遭查封停刊。1948年9月9日创办香港《文汇报》。解放后《文汇报》上海版于1949年6月21日复刊。1956年4月,迁北京与《教师报》合并。同年10月1日,回上海再度单独出版。

六、上海"孤岛"出版的报刊

"八一三"淞沪之战后,在长达四年零一个月的上海"孤岛"(1937.11—1941.12),当时出版的《译报》《天下事》《文献》《万象》,至今仍有文献的价值。

《译报》1937年12月9日创刊,夏衍、梅益等编辑。采用外国通讯社电讯,翻译外国报纸的文章,例如有些译文就是从法国《人道报》和苏联《真理报》直接译过来的,日本侵略者又无任何干涉的借口。译文充分报道了各地军民抗日的消息,介绍了陕北抗日根据地的政治、军事、经济、文化、教育的情况,更报道世界各国人民对中国抗日斗争的支持,使沦陷区人民了解国内外的情况。一度被迫停刊。1938年1月改名《每日译报》继续出版发行。1939年5月被日伪查封停刊。

《天下事》月刊,1939年11月创刊,陶元德、朱雯编辑。该刊全系译自英、美、法、苏、德、日等国报刊的文章、新闻报道。办刊宗旨"执此一册,了解当前世事",一重于时,二重于事。从而使该刊成为集"世界时事、文化各方面有价值可信赖的评述"的刊物。1941年12月停刊,共出版3卷24期。

《万象》1941年9月20日创刊。发行人平襟亚,主编初为陈蝶衣。1943年5月柯灵接编,刊物的面貌起了根本的转变,它成为爱国文人在孤岛与日本占领军展开斗争的阵地。以游记体裁,反映沦陷区各地的惨情,激发读者对日本侵略者的憎恨。专辑《屐痕处处》,发表忆旧性的游记。刊物还常载来自内地著名作家的书简与诗文,反映了大后方人民与"孤岛"人民息息相通。1945年6月终刊。

《文献》月刊,1938年10月10日创刊。阿英主编。所载文章大都来源于上海各报刊;或以转载形式,发表毛泽东、朱德、周恩来等关于抗战的重要论述,《论持久战》就是在该刊初次正式在沦陷区公开发表的。该刊还注意反映抗日根据地的情况,给予敌占区人民极大的鼓舞。此外,还印过一些单行本,如黄镇的《长征漫画》(当时名为《西行漫画》等。《文献》是一本进步的刊物,具有珍贵文献保存的价值。该杂志前后共出八期,即遭日本宪兵查封。

七、抗战胜利后国统区的报刊

抗战胜利后,由于"停战协定"的签订和"政治协商会议"的召开,国民党暂时放松对报刊的统治,一些进步报刊,如《人民周刊》《人民文艺》《民主青年》《新闻评论》等还能出版发行。但不久,进步报刊却遭到国民党政府勒令停刊、封闭、查禁。这里举要简介的是当时影响较大的《北平解放报》与《文萃》。

《北平解放报》,创刊于1946年2月22日,主编钱俊瑞。创刊时为三日刊,从27期改为二日刊。该报一出版就宣布"以致力和平民主建设"为宗旨。新闻报道与《解放区介绍》《故都剪影》《读者呼声》等栏目,宣传了中国共产党在抗日胜利后的方针政策,介绍解放区的政治、经济和文化生活,反映国统区人民困苦生活和正义的呼声,发扬了党报联系群众的传统。1946年5月29日被封闭。它只存在了3个月零7天。

《文萃》周刊,1945年10月9日创刊于上海。黎澍主编,后由姚溱接替。原为文摘刊物。旨在介绍重庆、成都、昆明、贵阳、桂林等地的民主运动。后改为时事政论性刊物,并经常转载延安等地报刊社论和报道。1947年7月18日,工作人员惨遭逮捕、杀害。《文萃》仅只出版10期也就被查禁。

八、苏区、解放区的报刊

在战争年代,即使环境险恶,条件艰苦,苏区、解放区还是出版、编印了不少报刊,指导了现实的革命斗争。

《青年实话》,1931年7月1日创刊于江西于都,系中国共产主义青年团机关报。陆定一、顾作霖负责。该刊结合青年人的特点与要求，通过每期"形势讲话"，向青年宣传当时国内外形势的发展变化和苏区的任务。

《红星报》，1931年12月11日创刊于江西瑞金。中国工农红军总政治部编辑出版。主编邓小平，后为陆定一。在长征途中坚持出版，及时传递中央的决议和战斗胜利的消息，鼓舞了红军指战员必胜的信心。

《红色中华》报，1931年12月11日创刊于江西瑞金。最初是中华苏维埃共和国临时中央政府机关报，每周出版一期。从1933年2月10日出至第50期起改为党中央委员会、中央工农民主政府、中华全国总工会、中国共产主义青年团的联合机关报，刊期为三日刊。从第148期起又缩短为二日刊。该报经历中央革命根据地、红军长征以及陕北三个时期。它一方面配合各时期中心任务，起了重要的宣传鼓动作用；另一方面，也因受王明路线的影响，留下不正确宣传的印记。1936年西安事变和平解决后，为了适应团结抗战新形势的需要，《红色中华》报于1937年1月改名为《新中华报》。

《新中华报》，1937年1月29日出版，2月7日改组为中共中央机关报。由五日刊改为三日刊。先后担任主编的有向仲华、李初梨。该报在宣传巩固国内和平，争取民主，实现抗战，在揭穿国民党反共阴谋及两次反共摩擦，在指导革命根据地的建设、推动陕甘宁边区抗日民主政权的建立等方面，均起了重要的作用。1941年5月根据中共中央决定与《今日新闻》合并为《解放日报》。

《解放日报》，1941年5月16日创刊于延安。第一任社长为博古（秦邦宪），廖承志继任。总编辑为杨松，陆定一继任。毛泽东在为该报所写的《发刊词》中说："本报之使命为何？团结全国人民战胜日本帝国主义一语足以尽之。这是中国共产党的总路线，也就是本报的使命。"他还为《解放日报》题词："深入群众，不尚空谈。"1942年4月确定了"在国内新闻中以报道根据地的新闻为主，在根据地的新闻中以正面宣传教育的新闻为主"的方针，强调开展思想斗争，进行批评与自我批评的原则，从而更加发挥了党报的指导作用和战斗作用。

至1947年3月27日停刊,共出版2130号。

《解放》周刊,1937年4月24日创刊于延安。中共中央机关刊物。初期为周刊,后改半月刊。编辑委员会集体负责,张闻天负总责。刊物历经抗战爆发前后两个阶段。前一阶段为扫除种种障碍,争取民主,团结抗日救国的主张,大造革命的舆论;后一阶段为贯彻执行建立抗日民主根据地,在敌后放手发动群众,进行独立自主的游击战争,开展理论宣传。因条件困难,1941年6月15日出版完130期后停刊,历时四年两个月。

《抗敌报》(晋察冀根据地),1937年12月11日创刊。最初油印,3日一期,后改石印,从第63期起改为铅印,两天一期。1941年11月1日改名《晋察冀日报》。它的出版,对于晋察冀根据地的历次反扫荡斗争、指导生产运动和政权建设等方面具有特别的意义。1948年6月15日,与晋冀鲁豫《人民日报》合并,重组华北《人民日报》。

《大众日报》(山东根据地),1939年1月创刊。中共中央山东局机关报。历任社长为刘导生、匡亚明、陈沂。在残酷的反扫荡中,一手拿枪,一手拿笔,办成为人民大众自己的喉舌,编辑部成为人民所支持的最公正的舆论机关之一。通过建立基地,形成一支强大的通讯员队伍。在"面向实际、反映实际、指导实际"方面,使广大军民及时获得真实情况和最新动态。

《江淮日报》(华中根据地),1940年12月2日创刊于江苏盐城。该报及时宣传了党中央和华中局有关抗战、团结、进步的政治主张,把延安总部的声音准确地传播到苏、皖、浙、豫、鄂等省的军民中间,宣传了抗战必胜,指导了抗日斗争和根据地的建设。1941年8月迫于日寇残酷扫荡;同时又为了适应当时艰苦斗争的需要,《江淮日报》停办,报社人员转到新四军军部编译电讯报及筹办《盐阜报》工作中去。

《八路军军政杂志》,1939年1月15日创刊于延安。萧向荣任主编,读者对象主要是八路军、新四军营以上部队干部。该刊除及时报道前线军民英勇杀敌的事迹,十分注意研究八路军、新四军在抗日战争中宝贵经验。1942年3月停刊,共出版4卷39期。

《挺进报》,1939年9月1日创刊于平西解放区。这是在八路军120师所组建的平西挺进军政治部编印的《挺进报》的基础上改组而成的报纸。该报在"扫荡"与反"扫荡"斗争中发展,报道了敌后反"扫荡"斗争的胜利;控诉了日寇奸淫掳掠的暴行;配合根据地各项中心工作,进行了宣传动员;揭露了国民党破坏抗战的阴谋和黑暗统治。该报甚至秘密发行到北平、张家口近郊和城内,给沦陷区人民带来了光明和希望。1945年8月,抗战胜利,中共察哈尔省委成立,《挺进报》停刊,改出《察哈尔报》。

第四节　报纸副刊与报刊影印

一、报纸的副刊

报纸副刊是查找资料的重要来源之一。1861年11月创刊的《上海新报》在新闻后面附载诗词、小品之类的文字,这可视为报纸副刊的前身。而《字林沪报》(原名《沪报》)于1897年11月24日逐日随报赠送附张《消闲报》则是我国最早的报纸副刊。20世纪初,报纸副刊仍然是先在新闻报道中夹杂着若干组类似副刊的文字材料,然后逐步发展形成具有专名的副刊,例如《申报·自由谈》,它也是我国存在时间最长的报纸副刊。

报纸副刊有综合性副刊、新闻副刊、文艺副刊、学术性副刊以及服务性副刊等;其中综合性副刊包括一般文艺、音乐、舞蹈、绘画、电影乃至社会评论、国计民生诸问题。上下古今,天南地北,无所不谈。

我国近、现代影响大的报纸副刊有:

《申报》的《自由谈》创刊于1911年8月24日。王钝银首创,其后接任主编的有吴觉迷、陈蝶仙、周瘦鹃、黎烈文、张梓生等。最初内容多系滑稽小品,如"海外奇谈""游戏文章"等主题。一度刊登诗词较多,几乎成了诗词专刊,后又连载章回小说、文坛掌故以及谈情说爱、风花雪月等文字。1932年12月,黎烈文接编,《自由谈》成了介绍新文学的阵地,撰稿者有鲁迅、茅盾、老舍、郁达夫、巴金、叶圣陶等第一流进步作家。黎烈文、张梓生先后被国民党逼迫辞职后,《自由谈》内容趋向一般。1949年4月24日终刊,前后历经39年。

《申报》另一副刊《春秋》,所采材料,文体不论新旧,以思想新颖、趣味浓厚为主。内容包括诙谐、妇女乐园、游迹所至、风土人情、世界珍闻、风土人情、人物小志、言情小说等。1947年12月1日,因纸张紧张,将《春秋》并入《自由谈》。

《晨报》,1916年8月25日创办于北京。1921年10月12日编辑《晨报副镌》,刊登纯文艺作品,全是白话文,采用新式标点符号。孙伏园主编期间,刊登鲁迅的《阿Q正传》和其他作家的作品,成为推动新文化运动的重要副刊之一,在思想文化界有广泛的影响。徐志摩接编《晨报副镌》,更名《晨报副刊》。

《新闻报》最先创办《庄谐丛录》副刊,后改称《快活林》《新园林》,内容均以趣味为主。

该报另一文艺副刊《艺月》1946年9月23日出版。由安娥、田汉主编。通过它,帮助广大市民欣赏新文艺;同时批评与改进旧文艺。每期都有文艺评论文章或举办各种文艺座谈会,团结各方人士各抒己见,集思广益,形成《艺月》独具的特色。直至1947年底终刊,前后一年多,办了将近50期。

上海《大公报》有《大公园》《文艺》副刊,还有"图画""文史""戏剧与电影""家庭"等十几个专刊。《大公园》系综合性副刊,经常刊登"闲话""人物"、杂记、文坛逸话等方面的文章,也连载文艺小说。该刊除注意趣味性外,有时评论或嘲讽政局。专刊中如《家庭》,1946年10月21日创刊,主编刘新渼。着重家庭实际问题的讨论,注意科学知识的介绍。迫于时局,《家庭》专刊于1948年6月停刊。

天津《大公报》有副刊《小公园》(1946年8月1日改为《大公园》)、《科学副刊》《文艺副刊》(1935年9月1日改为《文艺》);另设《摩登》《星期论文》栏目。

重庆《大公报》有《半月文艺》副刊(1946年10月19日创刊)、《大公园》副刊(1948年12月12日创刊)。

桂林《大公报》有副刊《文艺》周刊,每星期日在桂林和重庆《大公报》同时出版,内容有文艺评论,小说、诗歌、散文、书简、中外文艺界近况之分析等。另辟《读者论坛》一栏,广泛接受读者投稿,议论时政、经济、教育以及民生疾苦等社会各方面的问题。

《文汇报》的《文会》副刊,创办于1938年1月25日《文汇报》创刊之时。柯灵编辑,经常刊登进步作家的文章,延安和敌后寄来的书简,并长篇连载史沫特莱的《中国红军行进》等。1946年1月创办了《读者的话》专栏,刊头下宣布规约:"有话大家来说,有事大家商量,不论男女老少,人人可以投稿,"引起读者的特别注意,投稿越来越多,反映问题越来越广泛,形成这一专栏的特色。1947年2月28日又增辟《新思潮》《新文艺》《新社会》《新科学》《新教育》《新经济》六种周刊,每一周刊由社会进步的名流学者编辑,如《新文艺》由郭沫若、杨晦、陈白尘编辑。保证了周刊的进步倾向与内容的质量。

《救亡日报》编辑多种特辑,如《怎样组织民众特辑》《时事问题特辑》《国际反侵略运动特刊》等。报社迁广州复刊后编有《文艺》《抗战文学》《新闻战线》等副刊。迁桂林后,又编有《文化岗位》副刊、《救亡木刻》等专栏。写稿人都是著名的进步作家和文艺工作者。

《新华日报》在武汉创刊之时就办了《团结》副刊,确定以思想教育为主,一直未停。中心内容包括对抗战建国的认识、政策的解释、工作的检讨、个人的修养乃至学习研究等,以期促进全党的团结与全国的团结。报社迁重庆,在1942年整风改版之前,副刊有《青年生活》(1940年2月14日创刊)、《妇女之路》(1940年5月16日创刊)、《工人园地》(1942年2月17日创刊)、《时代音乐》(1942年2月10日创刊)、《木刻阵线》(1942年2月11日创刊)以及《文艺之页》(1940年2月10日创办)、《戏剧研究》专页(1942年2月9日创办)等。整风改版后,除保留了《团结》《青年生活》《妇女之路》,其他副刊、专页合并重组为《新华副刊》,这是一个综合性的文化副刊,内容广泛,包括评论、短论、书评、剧评、文艺作品,并经常转载解放区的文艺与报道。根据周恩来的指示,《新华日报》又增辟《友声》栏目,欢迎各方面朋友,对于各种问题,提出真知灼见。通过发表,以期公开讨论。撰稿的学者、民主人士中,有郭沫若、沈钧儒、陶行知、沈雁冰、黄炎培、马寅初、邓初民、许德珩、翦伯赞、侯外庐、舒舍予等人。此外,

《新华日报》还开辟了《新华信箱》《社会服务》专栏,解答读者提出的切身生活与学习社会科学问题。

上海《时代周报》,1945年8月16日创刊,1948年6月3日被国民党政府查封。该报副刊有:《文化版》1947年5月28日刊出上海文艺界对当前学潮的呼吁,要求政府立即停止内战,合理解决学生提出的要求。《新生》1947年5月18日刊出周建人的《学生请愿与拆路》,揭露国民党政府以拆路阻止学生赴京请愿之无理。《新园地》1947年5月20日刊登星华的《论通俗》,要求人民世纪,说的话,表现的感情,用的语句,呼出人民的声音。《新木刻》(1947年5月5日创刊)。《新音乐》(1947年8月10日创刊),编者《编前小志》说,每期能有可唱的歌,刊载音乐家的介绍和音乐团体访问记,报道乐坛动态。《新妇女》专刊(1947年6月2日创刊),第一篇景宋(许广平)的《生与死》,揭露社会妇女的悲惨命运,从死中求生。

重庆《民主报》,创刊于1946年2月1日。中国民主同盟机关报。副刊有《民主之家》(后改为《民主副刊》)。第1期发表了茅盾的《论民主》,点明了副刊的性质和任务。《呐喊》,1946年6月11日编者发表《让我们齐声呐喊吧!》,用高呼、呐喊,迎接新的世纪的到来。《平民公园》(1946年8月9日创刊),为下层生活的劳苦民众而办,是他们精神食粮的供应处。下设《见闻录》《民艺篇》《职业指导》等栏目。《大家说》(1946年8月6日创刊),编者说:"为大家说话是我们的责任,而要求民主政治的早些实现,更需要大家一齐都说话。"指明副刊的宗旨。此外,还有《民主妇女》(1946年2月10日创刊)、《乐章》(1946年8月8日创刊)、《图书馆》(1946年9月创刊)等副刊。

《解放日报》有多种副刊、专刊:《文艺》(1941年9月16日创刊)第3期发表了"九一八"文艺社社员白朗、萧军、郭小川、舒群、黑丁等写的"九一八"十周年纪念文。《科学园地》(1941年10月4日创刊),首篇是徐特立的《祝科学园地的诞生》,"科学!是国力的灵魂,同时又是社会发展的标志。所以前进的政党必然把握着前进的科学"。《卫生》(1941年11月24日创刊),李富春为副刊写《发刊词》。《中国工人》(半月刊,1941年9月24日创刊),讨论边区工资问题、报道国统区、沦陷区工人悲苦的生活,介绍国际劳工运动状况。《青年之页》(1941年9月21日创刊),第一篇论文是冯文彬的《为反法西斯主义的青年团结和统一而斗争》。《中国妇女》(1941年9月28日创刊),11月9日罗琼发表《献给我们的边区女参议员》。《军事》(半月刊,1941年10月29日创刊),朱德撰写《发刊词》,内容有军事动态、军语解释、战术回答、苏联红军故事等。《敌情》(半月刊,1941年9月27日创刊),设有《敌情半月谈》《敌报鳞爪》《时人介绍》等栏目。

抗日战争时期敌后解放区部分报纸也编有一些生动的副刊,例如1938年创刊的晋察冀边区的《抗敌报》,就编有《海燕》(文艺性副刊)、《老百姓》(知识性、综合性副刊);1939年1月1日创刊的山东《大众日报》,也编有《战时教育》《艺术工作》《群众生活》《抗战军人》《报人》《经济建设》《半月国际》《读者园地》等副刊。解放战争时期解放区报纸更多,副刊也不少,例如华北《人民日报》就编有《人民副刊》《文艺通讯》专刊等。

二、报刊的影印

为了保存珍贵稀见报刊资料,20世纪50年代至60年代,有关单位和出版社就影印了一批建国前出版的革命的、进步的报刊与文艺报刊,例如《新青年》《每周评论》《共产党》《向导》《中国工人》《先驱》《中国青年》《少年中国》《文艺阵地》(茅盾主编)、《创造周报》《创造月刊》《生活早期刊》《大众生活》《生活教育》(陶行知主编)、《十字街头》《语丝》《小说月报》《文学月报》(周扬主编)、《艺术月刊》(沈端先主编)、《大众文艺》(郁达夫等编)以及《八路军军政杂志》《新中华报》《解放日报》《(晋冀鲁豫)人民日报》《新华日报》等。80年代又继续影印了一些史料价值高的近现代报刊,例如,《盛京时报》《民报》《民国日报》《申报》《申报·自由谈》《晨报》《晨报副镌》《华商报》《东方杂志》(1—44卷、1904.3—1948.12)等。孟育辑《影印报刊简目》(载南京师范大学古文献整理研究所《文教资料》1986年第3—4期,提供了影印近现代报刊170余种,并尽可能列出刊名、编者、出版发行人、出版地、起讫卷期、创刊与停刊期、影印单位与时间,并对报刊性质、出版周期和变动情况作了简要说明。读者可注意参考。

中国近代现代报刊的内容,是中国近现代历史的记录,为人们留下了宝贵的历史资料。这是值得注意与加以利用的文献。

第四章 机读文献

机读文献（machine-readable documents），即机器（通常指计算机）能够阅读和处理的特殊载体的文献。它采用磁性或激光存储技术，把文字、图像等信息转换成计算机可读写的数字化信息，存储在磁带、磁盘、光盘等载体上。人们不能用肉眼直接阅读它，须借助计算机将数字化信息转换为文字、图像等信息，才能够阅读。

机读文献进入出版发行渠道，又称电子出版物，有电子图书，电子期刊、电子报纸等。

第一节 机读文献略说

在西方，机读文献的出版发行始于20世纪60年代，品种以机读型书目、文献为主。如美国国会图书馆1969年正式发行MARC（机读目录）磁带，就是著名的机读文献。据不完全统计，至1983年，全世界已有各种机读型书目、文摘约1600种。80年代中后期，随着高密度新型信息载体"只读光盘"（CD-ROM）的兴起和普及，全文型的机读文献迅速推向市场，如《美国学术百科全书》光盘、《国际医学生物学词典》光盘等，语种以英文为最多。

我国全文型机读文献的出版发行起步于20世纪90年代初。如武汉大学出版社1991年发行的《国共两党关系史》（150余万字），1993年发行的《中国名胜诗词词典》（70余万字），均以软磁盘形式发行。其后，以光盘形式发行的电子出版物大量涌现，如《四库全书》光盘、《人民日报合订本光盘》、《中国学术期刊（光盘版）》等。

为了加强对电子出版物的管理，促进电子出版物的健康发展和繁荣，新闻出版署于1996年3月发布《电子出版物管理暂行规定》，1997年12月发布《电子出版物管理规定》，又于1999年6月发文部署首届国家电子出版物奖评选工作。2000年初，公布评奖结果：

《中国学术期刊(光盘版)》第 5 种获国家电子出版物荣誉奖;《中国大百科全书(图文数据光盘)》等 10 种获国家电子出版物奖。截至 1999 年底,我国出版的电子出版物总数已超过 5000 种,其中 1999 年一年就出版了 1804 种。①

目前我国电子出版物的出版形式,主要有光盘型和网络型。它们与传统的印刷型出版物相比,有如下优点:

(1) 省去了传统出版物生产过程中的浇铸铅字、拣字排版、翻制纸型、浇铸铅版、印刷装订等工艺环节,缩短了出版周期,净化了工作环境。

(2) 体积小,容量大,易于携带和收藏。例如《中国大百科全书》1.2 亿字,图片 5 万幅,印刷版有 74 厚册,而光盘版(1.1 版或 1.2 版)只要 4 张光盘。

(3) 可供读者迅速查到所需的篇章或知识单元;如果具备相应的全文检索系统,还可以逐字检索和统计。

(4) 便于打印、复制或修订再版。

(5) 可以通过互联网络实现异地的高速传输与检索。

当然,电子出版物也有局限——要借助硬件设备才能阅读,这就需要一笔可观的经费投入。时下我国光盘型电子出版物的价格和上网浏览的收费标准都偏高,经济不富裕的个人用户难以承受。再说,阅读电子出版物对视力的影响较大。总之,阅读印刷型出版物所获得的独特感受和情趣,并不是电子出版物所能全部给予的。正因为印刷型、光盘型、网络型三类电子出版物各有千秋,就出现了同一出版物三足鼎立的景观。如国外的《不列颠百科全书》,分别有印刷版、光盘版和网络版。我国的《人民日报》,也有印刷版、光盘版(《人民日报》合订本光盘)和网络版,读者可以各取所需。

---

① 毛小茂:《新的高度——我国电子出版业的成果回顾》,《新闻出版报》2000 年 2 月 15 日。

第二节 电子图书

电子图书绝大多数以光盘形式发售,大体可分为三类:一是纯文字的,二是图文型的,三是多媒体的。

一、纯文字电子图书

如青苹果数据中心制作,北京电子出版物出版中心出版的《全唐诗》《全宋词》《全元曲》光盘,采用美国 Adobe 公司推出的 PDF 制作技术及 Acrobat Reader 平台(见下图)。其主要特点是既保留纸质书刊版式,又具备全文检索功能。可对查询结果进行编辑、引用、打印、粘贴。

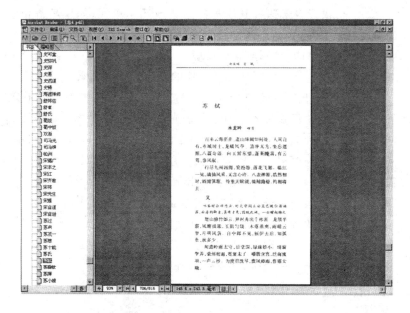

《全宋词》(青苹果电子图书系列)中的一页

又如尹小林研制的《国学宝典》(北京瀚海电子文献处理中心 1999 年 12 月发行,光盘 1 张),收中国古籍 400 余种,如《十三经》

《二十四史》《清史稿》《资治通鉴》《续资治通鉴》《全上古三代秦汉三国六朝文》《先秦汉魏晋南北朝诗》《全唐诗》《全宋词》等。另收入中国现代著作和外国典籍计百余种。所收图书,均支持逐字检索和统计。

二、图文型电子图书

如《汉语大词典(光盘 1.0 版)》、《中国大百科全书(图文数据光盘)》。前者有黑白图片 520 幅,后者有彩图和黑白图片 5 万幅。

三、多媒体电子图书

如中共中央文献研究室、中共福建省委编制,福建教育出版社1998 年底出版的《改革开放二十年重要文献库(多媒体光盘)》,光盘 3 张。收录了 1978 年中共十一届三中全会至 1998 年 10 月十五届三中全会 20 年间党和国家的重要文献,领导人的重要著作,重大历史事件纪要,共计 1400 多万字,1000 余幅照片,60 多段影视镜头,以及邓小平等领导人的重要讲话录音。分两大部分编排:(1)《重要文献库》,是全文数据库,读者可以按目录浏览,也可以键入自由词进行逐字检索。(2)《辉煌的历程》,是用多媒体技术制作的 1978~1998 年大事记。

第三节 电 子 期 刊

电子期刊的出版形式主要有两种,一是网络型的,二是光盘型的。

一、网络型

主要指在因特网上出版的期刊,又叫网上杂志,读者必须用已经上网的计算机才能阅读。网络期刊在 20 世纪 90 年代逐渐成熟,并迅速显示出传统的纸质期刊无法比拟的优点:

首先,网络型期刊具有超文本链接功能。不仅期刊内部各知识单元可以链接,还可以与因特网上其他信息资源链接。读者只要用鼠标轻轻点击,即可获得其他相关信息,检索快捷。

其次,交互性强。作者、编者、读者可以通过网络快速交流。

最后,各种印刷型期刊的开本和页数是定量的,而网络型期刊的篇幅不受限制,可多可少,十分灵活。

我国的网络型期刊兴起于20世纪90年代中叶。中国教育和科研计算机网(CERNET)发行的《神州学人》(http://www.chisa.edu.cn),是我国首家网上中文期刊,现予简介,以见一斑。

《神州学人》创刊于1995年1月12日,刊物内容和编排形式不断改进。至2001年,有如下版块和栏目:

- CHISA周刊　截至2001年2月1日,已出版418期。栏目有:留学新闻、学人萍踪、学者论坛、留学生文学、服务资讯。
- 《神州学人》月刊　栏目有:留学视野、走进中国、学人园地、留学服务。
- 中文报刊阅览室　列举近期要闻,并链接《人民日报》《光明日报》《经济日报》《科技日报》《中国青年报》等报纸的网站。
- 招聘信息　各大学招聘特聘教授的启事。
- 人才计划　介绍"长江学者奖励计划"。
- 资助项目　介绍资助留学人员的项目,如"回国博士后启动经费""国家杰出青年科学基金"等。
- 政策法规　有关留学生工作的文件。

此外,还有"读者信箱""网站检索""网站链接"等栏目。

值得一提的是,1998年1月,美国《科学》杂志网络版——"科学在线"(Science Online)中国服务器正式开通,成为我国从国外引进并向全国用户开放的第一个大型网络版杂志。[①]《科学》杂志于1880年由著名科学家托马斯·爱迪生创办,是国际上享有崇高声誉的综合性科学周刊,内容包括科学新闻、研究论文、研究报告、书评等。它的网络版(http://www.science.org)除了包括与印刷版相同的内容外,还增添了许多印刷版无法涵盖的特色内容,如"科学此刻"栏目发布每日科学新闻,"电子市场"及时发布产品信息并

---

① 聂华:《〈科学〉杂志电子版的引进及使用》,《大学图书馆学报》2002年第1期。

开展网上购书服务等。

二、光盘型

这种电子期刊制作成光盘出售,用户用装有光盘驱动器的计算机即可阅读。我国目前规模最大的光盘型期刊,是《中国学术期刊(光盘版)》(CAJ-CD),详见二十一章。

光盘型的电子期刊,多数是印刷型期刊的累积版。如 2000 年 8 月出版的《人民画报》光盘版(共 25 张),收录 1950 年创刊号至 2000 年 7 月号共 625 期画报的内容,采用高分辨率图像扫描压缩技术,真实记载期刊原貌,并可缩放、检索。又如 2000 年年底出版的《大学图书馆学报》光盘版,收录了该刊自 1981 年创刊号至 2000 年 20 年间的全部内容。再如《文史知识》20 周年光盘,包括从 1981 年创刊至 2000 年第 12 期总共 234 期的全部内容。该光盘既提供了文本格式,可全文检索,也可通过栏目、作者、年份期号、页码等检索;还有 20 年刊物每一页的扫描图像,可据以核对文本的内容。

第四节 电 子 报 纸

电子报纸也有网络型与光盘型之分。

一、网络型

20 世纪 90 年代,报纸上网成为一股热潮。美国的《纽约时报》,英国的《泰晤士报》、日本的《朝日新闻》等争先恐后走上因特网。截至 1997 年 9 月底,全球上网的报纸总数已超过 3600 家。[1] 我国截至 1998 年底,已有 127 家报纸上网。[2]

报纸的网络版与纸质母报可以是原版原式,也可以花样翻新。

所谓原版原式,是把纸质母报的内容原封不动地搬到网上。制

---

[1] 据谢新洲:《电子信息源与网络检索》,北京图书馆出版社 1998 年。
[2] 据李吉庆:《网上读报手记》,《光明日报》1999 年 3 月 3 日 13 版。

作者通常采用 PDF 技术,使网络版成为纸质母报的翻版[①]。

《人民网》的前身是《人民日报》网络版(网络版于 1997 年 1 月 1 日正式进入国际互联网)。2000 年 7 月,人民日报社成立网络中心。同年 9 月,人民网 106 兆专线开通;10 月,人民网正式启用新域名 people.com.cn。

人民网是拥有中、英、日、法、西班牙 5 种语言的大型网上新闻发布平台,也是互联网上最大的中文新闻网站。近千名记者遍布全球 70 余个记者站,合作媒体超过 500 家。该网每天提供 24 小时滚动新闻,日更新量超过 3000 条。有时政、国际、观点、经济、科教、社会、IT、环保、军事、文娱、体育、生活、图片等 13 个新闻频道。读者通过"人民日报报系"的链接,可选择阅读人民日报社属下的《人民日报》《环球时报》《证券时报》《新闻战线》等 10 余种报刊;通过"人民网地方网站"的链接,可进入 30 多个地方网站。读者还可以使用"检索"按钮,进行全文检索(关键词检索或高级检索)。

二、光盘型

光盘型的电子报纸,绝大多数是一年或多年报纸的合订本。仍以《人民日报》为例。

《人民日报》图文数据光盘由《人民日报合订本光盘》(98 张)和《人民日报索引光盘》组成。人民日报社和中国教育图书深圳进出口公司合作研制。包括《人民日报》从 1946 年 5 月 15 日创刊号至 1995 年 12 月 31 日所有发行版全部版面,可按原版面貌显示、打印。提供字段浏览、分类浏览、日期版别浏览和条件输入四种检索方式。

近几年的《人民日报》,每年出版一次光盘。例如,1999 年度《人民日报》光盘版,约 2600 万字,5000 余幅图片。采用 PDF 技术制作,读者既能看到纸质《人民日报》图文并茂的原版原式,又能全文检索。

---

① PDF 是 Portable Document Format(便携文件格式)的缩写。由 Adobe 公司开发。网上的 PDF 文件能再现纸质印件的原版原式。

第二编

工 具 编

第五章 文献检索和检索工具

社会科学文献不仅类型繁多,而且文献数量急剧增长。若想从浩瀚的文献中检索到所需要的资料(数据、事实或全文),或利用文献解决学习和研究中的疑难,就必须掌握文献检索的基本方法。

第一节 文献检索

文献检索是研究文献资料的存储和查找的原理与方法的一种学问。先要将文献(文献全文或从中摘出的知识信息,以及揭示文献特征的信息)存储起来,编制成为检索工具或组织成检索系统,读者才能迅速从中查到自己所需要的文献资料。文献存储是查找(检索)的基础和前提。对于读者来说,文献检索通常只指从有关的文献中迅速而准确地查找到符合特定需要的文献或文献线索的方法和过程。

文献检索有广义与狭义之分。广义的文献检索也称为情报检索、信息检索,包括四个方面:

1. 书目检索,也称目录检索 利用书目、索引、文摘等检索工具,查找相关的文献线索(文献的标题、作者、内容提要、出版者、出版时间、收藏者等等),以供进一步查寻原文。

2. 事实检索 查找具体的事实,获得某一问题的具体答案,如事件经过、人物生平,乃至词语的解释等。

3. 数据检索 查找科学技术数据、统计资料等。

4. 全文检索 查到文献原文,检出有关的章、节、段、句的文句,或某一知识单元乃至某一字、词在该文献中的所有出处。

狭义的文献检索则仅指书目检索。

文献检索的基本要求是全面、准确、快速。全面,是指尽可能全面地查找到与研究课题相关的文献资料。准确,是指针对课题的需要,查找范围不要过大或过小。对于查到的资料还要进行适当的鉴别考订。快速,是指从众多的文献中迅速地查到所需资料。为了提高检索速度,不仅要熟悉检索工具,还要具备必要的文献知识和检索技能。根据实际情况,灵活地使用不同的检索工具,运用不同的检索手段和方法,才能达到全面、准确和快速的要求。

掌握文献检索的理论和方法,有助于增强获取知识和情报的能力,提高研究工作的起点和科学性,提高工作效率。教育部1998年颁布的《普通高等学校本科专业目录和专业介绍》中,对绝大多数专业的业务培养要求,都明确规定了要"掌握文献检索、资料查询的基本方法"或"掌握资料查询、文献检索及运用现代信息技术获取相关信息的基本方法"。可见,掌握文献检索方法是社会科学工作者必须具备的基本功,他们必须学会自己查找文献、翻检工具书,掌握文献检索技能。

第二节 手检与机检

文献检索可根据检索手段之不同,分为手工检索和电子计算机检索两大类。前者简称"手检",后者简称"机检"。

一、手检

手检,是指用户用手直接翻检纸质检索工具(书目、索引、文摘等)查找文献资料的工作过程。

手检已有悠久的历史。汉代刘向、刘歆父子编撰的《别录》《七略》,就是中国早期的书目型检索工具。唐宋时期的类书,是极富中国特色的文摘而兼索引的检索工具。由于纸张的改进和印刷术的普及,图书的品种与数量激增,检索工具也随之增多,以适应人们查找文献资料的需求。明清学者著书立说,每每爱引经据典。引经据典主要靠平时读书积累,也常利用检索工具进行检索。当时的检索,当然只能是手检。直至今天,虽然机检已日趋普及,但手检在教学与科研中仍然占有相当大的比重。因为手检不需要附加设备就可以进行,又符合人们传统的阅读习惯。况且,纸质工具书能长期保存,随手可用,免去了机检中经常发生的数据丢失、乱码、不兼容等麻烦。

二、机检

机检,是指用户利用电子计算机存储与查找文献资料的工作过程。机检的基础是计算机文献检索系统的建立。

计算机文献检索系统是随着计算机技术的发展而发展的。20世纪50年代中叶,计算机的功能从科学计算扩展为能够编制简单的文献索引,计算机文献检索系统处于试验阶段。60年代初,美国化学文摘社用计算机编制《化学篇名录》(Chemical Titles),美国国立医学图书馆用计算机编制《医学索引》(IM),标志着计算机文献检索系统正式应用于检索期刊的出版。早期的机检,尚处于单机阶段,检索的内容为二次文献(目录检索)。随后,联机检索的试验获得重大进展,专业性的联机检索服务机构相继建立,如美国洛克希德公司建立的 DIALOG 系统,美国系统发展公司建立的 ORBIT 系统等。70年代,联机检索系统在美国和欧洲广泛应用,从全国性联机服务发展为国际性联机服务。联机检索数据库的品种也日趋丰富,从二次文献为主,发展为事实型、数值型、全文型等多样品种。80年代,因特网诞生;90年代,因特网在全球飞速发展,DIALOG 等系统陆续进入因特网,联机检索进入了新的历史时期。

我国研究计算机文献检索系统始于20世纪70年代。1975年,引进国外文献磁带进行机检试验。70年代末,《汉语主题词表》编制成功,为建立全国统一的汉字机检系统打下基础。80年代起,全国各地陆续设立国际联机检索的使用终端。80年代中期,汉字信息处理技术取得突破性进展,有力地推动了汉字文献数据库的研制和发行。90年代,光盘的普及为数据库的开发和机检的推广提供了良好的物质条件与技术基础,一大批光盘数据库问世。90年代后期,因特网迅速普及,网上汉字信息资源激增,我国上网用户迅速增长。截至2001年底,我国的网民已达3370万人,在家中进行机检已成为寻常之事。

三、"机检"与"手检"的比较

机检与手机比较,有以下优点:

1. 节省人力和时间，大幅度提高工作效率　例如，过去利用印刷版《全国报刊索引(哲社版)》(《月刊》)查阅报刊上的论文资料，假如查5年的资料就得翻阅60册索引，至少要全神贯注工作五六个小时；而在计算机上查《中文社科报刊篇名数据库》(《全国报刊索引数据库》)，几分钟就可解决问题。

2. 检索点多，组配灵活　手检的检索途径大多比较单一，难以满足多元检索。而机检的检索途径多，用户还可利用多种标识(分类号、题名、作者、出处、时间、关键词等)组配的方式进行检索，不受文献资料内容交叉的限制，这就大大提高了查准率和查全率。

3. 内容更新快　手工检索工具增订速度慢，出版周期长；而机读数据库可以随时增订修改，及时报道最新信息。

4. 便于记录检索结果　手检要用笔抄录检索结果，或送到复印室复印；而机检的结果，可以直接打印，或拷贝在软盘上带走。

5. 可以不受馆藏与地域的限制　手检对馆藏的依赖性很大，本馆缺藏的检索工具要到兄弟馆去借，本地没有的书要到外地去查；而机检，可以通过网络利用远方的数据库。

6. 节省空间　手工检索工具多数比较厚重，占用空间多；而数据库的载体是磁盘、光盘。薄薄一张直径12厘米的光盘，可存3亿多个汉字，容量更大的光盘亦已试制成功。至于网络检索，在小小办公室或家中就可进行。

既然机检有这样多的优点，那是否可以取代手检呢？我们说不能，至少在近阶段还不能。因为，机检的重要前提是数据库的保障。目前还有大批文献资料(包括印刷型检索工具)尚未制作成数据库，这批文献是不能通过机检获得的。尤其从事人文社会科学的研究，经常需要查阅历代积累下来的文献，要完全解决这批浩如烟海的文献的数字化问题，短期内难以做到。再说，机检是从手检发展而来，许多原理是共通的。对手检一无所知，难以学会机检；只有学好手检，才能更深刻地理解机检。

第三节　检索工具和工具书

进行文献检索需要借助一定的工具,称为检索工具。图书馆的卡片目录、期刊索引、电子计算机检索用的文献数据库等等都是检索工具。检索工具一般指对原始文献进行加工整理后编制成的二次文献,即书目、索引和文摘。它们不仅提供文献线索,也具有报道文献和鉴别文献的功能。但从广义上,一些能够直接提供数据和问题答案的三次文献,即通常所称的参考书(Reference books),也可视而检索工具。

检索工具按出版形式可以分为:

1. 书本式,又称单卷式　收集的文献比较系统。
2. 期刊式　以卷期为单位,定期连续出版。收录文献以近期为主,但经过积累,又可用于回溯性检索。
3. 附录式　多附载于图书、期刊之后,或以单篇形式刊载于书刊中。收录范围较小、较具体,可增补已有检索工具之不足。
4. 卡片式　主要用于图书馆目录组织。

书本式检索工具习惯上称为工具书。工具书可分为检索工具书和参考工具书两大类。将一定范围内的文献进行整序,揭示其外部特征、内容特征,并提供一定的检索手段的图书,称检索工具书。汇集某一方面的知识或资料,按一定方式编排,供释疑解难时查考的图书,称参考工具书。参考工具书直接提供具体的知识、资料或问题的答案,与提供文献线索的检索工具书不同。参考工具书虽然有时也提供文献线索,但通常是举要性的,并不详细揭示。

进行手工检索,先要熟悉各种工具书的特点、功用和使用方法,遇到问题时才能选择适当的工具书。必要时可以利用各种工具书指南。综合性和社会科学方面的工具书,总会有一定的政治倾向,其内容在知识性与资料性方面也有一定的局限,要注意分析、鉴别,加以选择。

第六章 工具书的类型

工具书名目繁多,由于内容、功用以及编排方法的不同,形成了不同的类型。一般分为检索性工具书,包括书目、索引、文摘,和参考性工具书,包括字典和词典、百科全书、类书、政书、年鉴、综述、手册、名录、表谱、图录。

本章分别介绍各类工具书的特点、分类及主要功用。

第一节 书目、索引、文摘

书目、索引、文摘都是对一定范围内的文献进行整序,揭示其外部特征和内容特征,并提供一定检索手段的检索工具书。由于揭示文献特征的深度和记录文献特征的方式不同,可划分为各具特殊功能的三种类型。

一、书目

书目,也称目录,是指群书之目录。古人所说的目录,包括"目"和"录"。目,主要指一部书的篇目。录,是一部书的叙录,是对作者、成书经过、书籍内容等的介绍和评价,相当于提要。现代对书目的解释是"一批相关文献的揭示与记录",即对文献的名目、特征加以著录描述,并按一定次序编排而成的工具书。书目对文献的名称、责任者、卷册、版本、出版时间和出版单位加以揭示与记录,有的还提供内容提要、作者简介和收藏情况等,也涉及文献所属学科及其源流。

书目在我国有悠久的历史。"古者史官既司典籍,盖有目录以为纲纪",但是"体制湮灭,不可复知。"(《隋书·经籍志》)西汉刘向撰《别录》,刘歆在此基础上撰成综合性群书目录《七略》(两书均已亡佚)。班固将其改写为《汉书·艺文志》,开创了史志书目的体例。此后历代艺文志和官、私书目源源不断编成,蔚为大观。清代官修的

《四库全书总目》成为古典书目的典范。近代以来,逐步采用科学分类法,形成了我国独具特色的现代书目体系。在西方,书目的起源也很久远。英文 Bibliography(书目)一词即源于希腊文 biblion(书)和 graphien(抄写)。

书目可分为古典书目和现代书目两大系统。

古典书目包括史志书目、官修书目、私撰书目、版本书目等。

现代书目有不同的划分方法。按收录文献的类型分为图书目录、报刊目录、丛书目录;按文献涉及的学科分为综合性书目和专科(专题)书目;按收录文献涉及的范围(主要是地域)分为国家书目、地方文献书目和个人著述书目;按反映文献收藏的情况分为联合目录、馆藏目录和私藏书目;按反映文献出版的时间和书目编制时间关系分为回溯性书目、现行书目和预告书目;按书目的用途还可分出导读书目(推荐书目)和书目之书目等。

书目大多采用分类的方法编排,也有采用主题法的。为了查考方便,往往附有书名索引、著者索引等,可以从不同的途径检索。

通过书目提供的文献信息和检索途径,读者可以迅速查到自己不知或所知不详的文献线索,进而追踪所需要的文献。通过书目也可以了解所著录图书的基本情况,除外部特征外,还可从内容提要了解其学术价值。

通过书目可以了解某一时期或某一学科的基本状况,并进而考察一定时期的文化学术发展概况和学术思潮。书目是学术发展史的一个缩影,通过书目可以了解学科的源流及发展演化过程、学术发展的盛衰。

通过书目可以了解某一学科或某一课题的研究水平和发展方向,了解前人已取得的研究成果和研究现状,能避免重复研究,也便于进行新的探索。

书目还可以推荐图书,指导阅读,指引读书治学的门径。

二、索引

"索引"一词借自日语,也曾据英语 Index 音译为"引得"。我国旧有"备检""通检""韵编""串珠"等名称。

索引是将图书、报刊中的有关项目(篇目、字词、句子、专名、事项等)摘录出来,以此作为标目,注明出处,按一定的顺序加以编排的工具书。其基本功能是揭示文献的内容,指引读者查找文献。

西方出现最早的是《圣经》的索引,18世纪起索引开始盛行。我国古代就有索引。宋晁公武《郡斋读书志》载有《群书备检》一书,应是篇目索引或字句索引。明万历三年(1575)刊行的《洪武正韵玉键》就是严格意义上的索引了。20世纪20年代以来,吸取国外近代索引编制的经验,相继编出了各类索引。

索引有综合性索引和专科(专题)索引之分。按索引所揭示的文献类型,可分为图书索引、期刊索引和报纸索引;又可分为多种书刊索引和单一书刊索引。

按照检索的内容和项目,索引可分为篇目索引和内容索引。内容索引包括字词索引、句子索引、专名索引、引文索引。

1. 篇目索引　以报刊或图书中的篇目作为检索对象的索引。报刊文章篇目的索引,常又称为"题录""论文索引""报刊资料索引"。有些论文索引包含专著书目,则合称"论著索引"或"论著目录"。图书的篇目索引多以古籍的篇目为主,如《清代文集篇目分类索引》。篇目索引主要采用分类编排。

2. 字词索引　以图书中的字、词为索取对象的索引。主要分为逐字索引和关键词索引。逐字索引把书中所有单字逐一编为索引,是索引中最细密的一种。也有以词(单音词、复音词)为标目编成的逐词索引。关键词索引则是选择对于揭示文献内容具有实质意义和检索意义的词语,抽取出来立目编成。字词索引多按字顺编排。

3. 专名索引　以图书中的专名为索取对象,有人名索引、地名索引、书名索引等。

4. 句子索引　以一书或群书中的句子作为索取对象的索引。《十三经索引》将十三经逐句编为索引,是这类索引的代表。而"名句索引"则是选择一定范围的句子编为索引。

5. 引文索引(Citation index)　是一种以文献之间的引证关系为基础编制的索引。它以某一文献(包括作者、题名、发表时间、出处等基本著录项目)为标目,标目下详细列出引用或参考过该文献的其他文献及其出处。这种索引主要供读者从某一被引文献查出若干种引用文献(即有引文的文献,又称来源文献),能够揭示出一些科学发现、理论观点之间的内在联系,对于检索相关文献,特别是检索交叉学科、新兴学科的文献极为有用。引文索引还可用于分析论文与期刊被引用的情况,统计引用率,从而评估这些论文、期刊的影响和价值。它是20世纪中期在国际上兴起的索引新品种,以美国费城科学情报研究所(ISI)的三大引文索引《科学引文索引》(SCI,1961年创刊)、《社会科学引文索引》(SSCI,1973年创刊)、《艺术与人文科学引文索引》(A&HCI,1978年创刊)为代表。1995年,《中国科学引文索引》(中国科学院文献情报中心编辑出版)创刊,并建立了中国科学引文数据库。

索引能够提高文献检索的深度和检索效率。和书目相比,书目以文献整体作为记录和检索单元,而索引则以文章篇目或文献内容中的字词、句子、事项等作为检索单元。索引不仅提供文献线索,也可供查找散见在书刊中的有关资料。利用索引可以节省时间和精力,避免单凭记忆的不可靠和局限性,一些索引还具有特殊的功用。

三、文摘

文摘是原始文献的摘要,以简明扼要的文字揭示文献的主要内容,并注明出处。作为检索工具的文摘,是由一定数量的摘要条目有序编排而成的。每个条目包括题录(标题、作者、报刊名称、日期、卷期等)和摘要两部分。条目一般分类编排,后附主题索引、作者索引等,便于读者从不同角度进行检索。文摘通常以期刊形式定期出版,也有附载于报刊和卡片式的(如中国人民大学书报资料中心出版的专题文摘卡片)。

国外文摘期刊出现于18世纪末。英国的《科学文摘》、美国的《化学文摘》,都是历史悠久、影响较大的文摘期刊。我国在近代才出现文摘。1897年创刊于上海的《集成报》是最早的文摘旬刊。到20世纪50年代才出版具检索性的文摘期刊,现在较重要的文摘期刊有100多种,多数是理、工、医、农方面。社会科学方面的文摘期刊有《高等学校文科学报文摘》《现代外国哲学社会科学文摘》《经济学文摘》《管理科学文摘》等。

学术论文的文摘按其摘要的方式,可分为:

1. 指示性文摘　带有评价性的内容简介,主要介绍讨论问题的范围、写作目的、主要结论等。具有较强的概括性。

2. 报道性文摘　内容较为详细,全面、客观地摘述原文中的观点、研究方法、结论、数据等,是原始文献的浓缩。

目前我国一些社会科学文摘期刊还常采用压缩原文、节录观点的方法,与上述稍有不同。

文摘期刊以"全、快、便"为目标。即:搜集文献要全,报道要快,检索要便捷。它的作用是让读者在较短的时间内获悉大量文献的主要内容,了解学术动态,选择自己所需要的文献,并可根据条目注明的出处追踪原文。文摘既起到了论文索引的作用,又进一步揭示出文献的重要内容,帮助读者更准确地选择文献。

中国国家标准局在20世纪80年代先后发布了《检索期刊编辑总则》(GB 3468-83)、《检索期刊条目著录规则》(GB 3793-83)、《文摘编写规则》(GB 6447-86),对文摘期刊的编辑出版提出了规范性要求。但是,目前各种文摘期刊的编排体例仍不统一,规范化程度高低不同。较突出的问题是,不少文摘期刊每期不附索引,也缺少年度索引或多年累积索引。

还应该指出的是,一些提供书刊摘要的出版物虽称为"文摘",实际上是供阅读的普及性文摘,与检索性文摘有所不同。如《新华文摘》(月刊),即是介于普及性文摘与检索性文摘之间的出版物。

第二节　字典、词典

汇集语言中的词语(也包括文字、专名词、术语、成语、典故等),按一定的次序编排并逐一加以解释的工具书称为词典,通常也可写作辞典。由于汉语用汉字记录,所以又称字典。字典以标示汉字的形体,注出读音并解释字义为主;词典以解释词语的概念、意义和用法为主。两者各有侧重,但没有严格的界限,可以统称为辞书。

我国古代则称之为字书。字书出现很早。战国晚期至西汉初整理成书的《尔雅》,是最早的按词语义类编成的词典。东汉许慎撰《说文解字》,根据"六书"(指事、象形、形声、会意、转注、假借)的理论来分析汉字结构,解说字的本义,创立按部首排列汉字的方法,是第一部字典。后来出现了归纳字音的韵书,北宋陈彭年在《切韵》和《声韵》的基础上修订成的《广韵》是现存最早的完整韵书。这样就形成中国古代字书求义、辨形、审音的三个系列。清代编成的《康熙字典》集古代字书之大成,承前启后,成为后来字典的始祖。"字典"之名即源出于此。1915年《中华大字典》的出版,标志着现代辞书编纂体例的确立。此后,辞书日渐增多,质量也不断提高。到20世纪末,规模空前的《汉语大字典》和《汉语大词典》的出版,在我国辞书发展史上树立了新的里程碑。

现代辞书,根据编制目的和选收词语的范围,可以分为语文词典、知识性词典和综合性辞书三大类。

语文词典包括字典,主要以一般字词为收录对象。又可分为:

1. 综合性语文词典　收词比较广泛,对字、词的解释也是形、音、义并重,收词或贯通古今,或只收某一时期的字词。如常用的《新华字典》《现代汉语词典》《汉语大字典》等。

2. 专门词典　只选收某一类字词,或只解释形、音、义的某一方面,是对综合性词典的重要补充。专门词典种类很多,如方言词典、虚词词典、外来语词典、同义词词典、成语词典等。

3. 字表(词表)　只汇集字、词,一般不加解释或仅作简要说明。如《汉语古文字字形表》《现代汉语词表》等。

知识性词典以解释专门词语、术语、事物概念为主,着重提供专业知识。又可分为:

1. 百科词典　是综合性多学科词典。汇集各学科的术语和专有名词并给以概括解释,提供最基本的知识。一般不收录普通语词。如《中国百科大辞典》。

2. 专科词典　只收录某一学科或专门领域的名词术语、概念和专名词并加以解释,较系统地反映专业知识概要。提供的知识内容较百科词典的相应部分更为详尽。如《哲学大辞典》《中国历史大辞典》《世界知识大辞典》等。此类词典数量最多,一些为专书编纂的词典(如《红楼梦大辞典》)也可以归入此类。

3. 专名词典　收录人名、地名、书名等专名词,介绍有关专名的概况,提供基本的事实和资料。如《中国历代人名大辞典》《中华人民共和国地名词典》《中国图书大辞典》等。

综合性辞书兼具语文词典和知识性词典的特点,既收普通词语,又收各学科名词术语和专名。《辞海》和《辞源》可作为综合性辞书的代表。

如从语种的角度来分类,可分为单语词典(用一种语言编写的)和双语或多语词典。后者是两种或多种语言文字对照翻译和解释的词典。如《藏汉大辞典》《新英汉词典》等。

现代词典的结构一般包括凡例(编制说明)、目录、正文、索引(检字)和附录几个部分。凡例是使用词典的指南,说明选词范围、编纂体例和查阅方法。正文由词条组成,按一种排检法编排。索引是为了方便查检,以其他排检方法编成,以增加检索途径。附录是正文的补充,或是有关的参考资料,应该注意充分利用。

词条是词典的基本结构单元,也是检索单元,包括词目和释文。语文词典一般以单字(单音词)立目,其下列出同一字头的词语,也有直接以词语或词组立目的。词目(字头、词头)是字、词的标准形式,也附列繁体、异体字等。释文包括注音、释义(分条释义的,每条称为一个"义项")和例证(书证和用例)。词目的编排,一般以部首、笔画、音序(汉语拼音)、四角号码几种方法中的一种为主,辅以用其他方法编制的索引。知识性词典以词语、专名或词组立目,词目采用笔顺法(多为笔画法和汉语拼音法)排列,也有少数采用分类法的。

词典是一种高密度、大容量的知识载体,应具有知识性、规范性、权威性和稳定性。词典不仅是提供语言文字知识和科学知识,供读者释疑解惑的工具书,还具有促进语言规范化的重要作用。语文词典通过提供有关字词形态、语音、语义、语法的信息,确立读、写和使用字、词的规范,帮助读者熟练掌握语言的表达方法,提高语文水平。知识性词典则帮助读者理解专门术语,掌握专业知识,以扩展认知领域。

第三节 百 科 全 书

百科全书是概述人类一切门类知识或某一门类知识的完备的工具书。百科全书系统、简明地阐述人类长期积累的科学文化知识,重点反映当代科学文化的最新成就。美国《图书馆学与情报学百科全书》说:"百科全书是人类最有用的知识的系统概述。"

百科全书(Encyclopedia)一词源于希腊文 enkyklios(普通的)和 paedeia(教育或学识)。在西方,古代的百科全书是具有教科书性质的。作为工具书的百科全书出现于 16 世纪。法国哲学家狄德罗(Denis Diderot)是现代百科全书的奠基人。以他为首的法国百科全书派,在 1751—1772 年编纂出版了《百科全书,或科学、艺术与手工艺大词典》。随后《不列颠百科全书》等有影响的百科全书相继出版。现在世界上出版大、中型百科全书的国家已达 40 多个,数量不下 100 余种。

我国古代的类书已具有百科全书的若干特点。现代百科全书则到 20 世纪才出现。1995 年出齐的《中国大百科全书》(74 卷)是第一部综合性百科全书。

百科全书按内容范围的宽狭可分为:

1. 综合性百科全书 概述一切门类的知识,如《不列颠百科全书》。

2. 专业性百科全书 包括专题性百科全书。选收的范围有宽有狭,宽者选收广阔的知识领域,如美国的《社会科学百科全书》,狭者如《中国古代小说百科全书》。

百科全书按部头大小又可分为:大百科全书(20 卷以上)、小百科全书(10 卷以下)和单卷本百科全书。

百科全书的结构与词典相近,正文由众多条目组成。条目是百科全书的基本寻检单元,是一个知识主题或独立概念的系统概述,包括条头和释文两部分。条头通常是一个名词术语或词组,即知识单元的标题。条目采用词典的编排形式,一般按字顺(汉语拼音或笔画)编排,也有按分类或分类结合字顺编排的。条目之间靠"参见"互相联系，交叉而不重复，参见系统有助于扩大检索范围，把一个主题有关的知识沟通并系统化。完备的检索系统是百科全书的特色之一。百科全书往往编有多种索引。最重要的是内容分析索引，即对条目释文进行分析，把其中有名可查、有事可考和有数可据的知识信息都选作主题，抽取关键词按字顺排列，注明卷次、页码，使读者能够深入检索条头未能反映出的知识内容。

百科全书主要供查检所需知识和事实资料之用，但也具有扩大读者知识视野、帮助系统求知的作用。而且百科全书也是一个国家和一个时代科学文化发展水平的标志。

类书虽被称为"中国百科全书"，但与百科全书还是有区别的。两者的共同点是都包罗各门类知识，但类书只是汇编前人的资料，而且偏重于文史方面，对所摘录的资料既不加解释，也不作系统论述，沿袭传统观念；而百科全书则是概括各学科的知识，通过条目作完整、系统的论述，偏重于科学文化的新成就、新进展。类书的编排不便于检索，而百科全书却以检索便捷为特点。百科全书也不同于词典。词典注重有词必释，但只作简要的解释；百科全书则注重知识的系统性，对有关的知识内容加以深入的阐述，而不局限于术语的解释。因此，百科全书也不能取代各种专科词典。

第四节　类书、政书

类书是具有百科全书性质的资料汇编型工具书。政书，原是史书的一个门类，因具有资料汇编性质，往往被视为工具书，甚至被当作类书的一类。类书和政书都是中国古代特有的工具书。

一、类书

类书辑录各种古籍中的资料，或按内容分类、或按字顺韵部汇为一编，以供寻检和征引。类书虽然也包罗各门类知识，但一般只采辑前人的论述加以汇编，偶有略加概述或加按语考证辨析的，无论内容或编纂体例都与百科全书不同。

类书之名始见于宋欧阳修所撰《新唐书·艺文志》和宋王尧臣等

撰《崇文总目》，但类书的起源却远早于此。三国魏文帝曹丕时编纂《皇览》（已佚），一般认为是最早的类书。此后历代多有编纂，据统计至清末共有400多种类书。

类书可分为综合性类书和专门性类书。现存综合性类书中最著名的是唐代《艺文类聚》、宋代《太平御览》、明代《永乐大典》（仅存残卷）和清代《古今图书集成》。专门性类书往往只撷取某一方面的资料或只采撷辞藻、典故、诗文。如采撷史事的《册府元龟》，汇辑辞藻的《佩文韵府》和《骈字类编》，汇辑图录的《三才图会》和《图书编》，考究事物起源的《事物纪原》等等。

类书的编排主要采用分类，资料按以类相从的"类聚"方法，分列于类目之下。也有采用按韵目编排的。

由于类书的资料采自各种古籍，不同时代编纂的类书就都保存了很多珍贵的古文献，至今仍有较高的参考价值。因此，类书除了用于查考史实掌故、名物起源，查找辞藻典故、诗词文句的出处，寻检参考资料之外，还可用于校勘古籍、辑录散佚或残存古书的佚文。

现代也采用类书的形式汇编资料，如《中国历代文献精粹大典》等。正在编纂中的《中华大典》也是在继承和弘扬古代类书优良传统的基础上参考现代图书分类法编纂的新型类书。

二、政书

辑录历代或某一朝代有关典章制度方面的文献资料，分类编排与叙述，这类古籍称为政书。政书是历史著作的一个门类，即典章制度专史。因为政书分门别类汇辑政治、经济、军事、文化制度资料，具有资料汇编的性质，且查检方便，一般也作为工具书的一个类型。

首创政书体裁的，是唐代刘秩（著名史学家刘知几之子）。刘秩撰《政典》35卷，已佚。唐杜佑据《政典》补充扩展成《通典》。宋郑樵撰《通志》，元马端临撰《文献通考》，这三部记载历代典章制度的典志体史书，就是著名的"三通"。

政书分为通记历代和专记一代两类。

1. "十通" "三通"和清代官修的"续三通"、"清朝三通"以及近代刘锦藻撰《清朝续文献通考》，共10部大书，都是通代型政书，记述上古至清末典章制度,合称为"十通"。20世纪30年代商务印书馆缩印《十通》,并编辑出版《十通索引》。"十通"中的《通志》是通史性质,但其中的"二十略"则具有政书的性质,故其续书也以续"二十略"为主。

2. 会要和会典 都是断代型政书,均记述一朝代或某一时期的典章制度。会要多为私人撰写,记一代典章制度的变化,分门别类记事,只罗列事实,不作论述。会典则多为官修,记述政府法令、官吏职掌和有关事例,按官署机构分别排列。

唐代苏冕首撰《会要》,杨绍复作《续会要》。宋初王溥重加修订、补充,写成《唐会要》,后又撰《五代会要》。宋徐天麟仿其体例,撰《西汉会要》《东汉会要》。宋代官修了本朝会要(现有辑录的残本),以后又有人相继补撰了一些朝代的会要。上海古籍出版社整理出版先秦至清代各个时期的会要,总称《历代会要丛书》。会典中最早的一部是唐玄宗时所编《大唐六典》。以后各代又修成《元典章》《明会典》《清会典》等。

政书除供查考古代典章制度及史实外,由于保存了大量亡佚的古文献资料,也可用于校勘和辑佚。

第五节 年鉴、手册、综述、名录

年鉴和手册、名录都属于能迅速、直接提供所需资料(事实、数据等)的所谓"事实便览型工具书",但名录具有指南性质。年鉴中的记述常采用综述的形式,故综述也在本节中一并介绍。

一、年鉴

年鉴是汇辑一年内重要时事、文献、学科进展与各项统计资料,按年度连续出版的工具书。年鉴具有资料广泛、反映及时、连续出版等特点。每一本年鉴提供的资料在横向上是范围广泛的,而逐年连续出版的年鉴系列则具有纵向的可比性,这一特点是其他工具书所不具备的。

年鉴的编纂始于欧洲。直到18世纪才有各类年鉴大量出版。

英语中的 Yearbook，Annual 和 Almanac 都译为"年鉴"，但却稍有区别。Almanac 以综合性为主，往往包含相当部分的基本回溯性资料，不作逐年更新；而 Yearbook 和 Annual 的内容围绕一定的专题，逐年更新，Annual 一般仅为文字叙述，没有统计资料。我国到 20 世纪初才有现代年鉴问世。到了 20 世纪 80 年代，年鉴得到充分发展。据统计，1991 年初各类年鉴数量已达 405 种。90 年代以后，年鉴发展延缓，部分年鉴已停刊。

年鉴的种类多种多样。按收录的内容范围来划分，有综合性年鉴（如《中国百科年鉴》）和专科性年鉴（如《中国历史学年鉴》）；按反映的地域范围来划分，有世界性年鉴（如《世界哲学年鉴》）、国家性年鉴（如《中华人民共和国年鉴》）和地方性年鉴（如《广东年鉴》）；从编纂形式来看，有记述性年鉴和统计性年鉴（如《中国统计年鉴》），还有图谱性的年鉴（如《中国摄影年鉴》）等。

年鉴的内容主要通过文字记述和统计资料表现出来。大小不等的条目组成栏目，各种栏目的组合构成年鉴的框架结构。一般包括概况、专题、文章、纪事、二次文献、统计资料、附录等部分。专题部分通常采用分类编排。年鉴的条目不同于辞书的条目，主要提供事实和资料，用标题加以揭示。年鉴的目录有时无法列条目的细目，要通过栏目或利用内容索引检索。目前编制有内容索引的年鉴还不多。年鉴封面所标年份一般与出版年一致，所记载的内容是上一年度的。部分年鉴所标年份与内容一致，不同于出版年。使用时要注意区分。

通过年鉴，可以查找国际国内时事，各部门、行业的进展及各学科、专业的研究动态；可以查找政府颁布的重要法律、法规和逐年可比的统计数据；可以查找学术论著的线索及有关评价；还可查找有关机构、企业的简介及著名人物生平，以及一些实用性的指南资料（如名录等）。

二、手册

手册汇辑某一方面常需查考的基本知识和数据资料，多采用分类编排，便于随时翻检。

手册在中国出现很早。在敦煌石窟曾发现唐代的《随身宝》，此后有元代阴时夫撰《居家必备》、明代的《万事不求人》、清代石天基撰《万宝全书》等,都是具有类书性质的汇辑日常生活知识的手册。只不过"手册"一词是近现代才出现的,还有指南、要览、便览、大全等名称。

手册的特点是简明扼要地概述某一学科、专题的基本知识,提供一些基本的公式、数据、日期、名称、规章、条例等,注重图表和数据、综合性手册在内容上包括范围广泛的基本知识和资料,如《国际资料手册》《当代新学科总览》;专业性手册则汇辑某一学科或某一业务范围的资料,如《当代国外社会科学手册》。

手册所收录的材料应该是准确、可靠而有参考价值,通常是比较稳定的资料。专业性手册还必须反映最新的知识和成果,并注意修订和更新内容。

与年鉴不同的是,手册实用性强,所提供的知识和数据资料,涉及的时间长,而且灵活多样,可以满足读者多方面的需要。

三、综述

综述是对一个时期内某一学科或专题的研究成果和文献进行归纳、分析、综合整理而成的概述资料。综述在提炼大量文献内容的基础上,以简洁的文字客观地叙述该学科(专题)的研究状况和发展趋势,并摘引各种观点,对所引用的文献都逐一标明出处。

综述在英文中称 Survey,历史并不很长,主要以期刊形式出现。在我国,综述最初带有述评的性质,如陈梦家《殷虚卜辞综述》(科学出版社,1956)系统总结了半个多世纪中甲骨学研究成果,并有所订正、补充。年鉴(特别是专科性年鉴)中收录了不少专题综述。不仅大量综述见诸报刊,也出现了以综述为主的动态性期刊和综述专书。天津教育出版社 1987 年起出版一套《学术研究指南丛书》,涉及社会科学的众多学科和专题,每种书都以综述为主,辅以书目、论文索引。

综述提供学术动态和文献线索,可以视之为一种指南性的工具书。

四、名录

名录是简要提供机构概况,人名、地名资料的工具书。在英文中,名录(Directory)只指机构名录,也译为指南。

根据我国的实际情况,名录包括机构名录、人名录和地名录。

1. **机构名录** 简要介绍某一专业或行业各种机构的概况。一般采用表格、栏目形式,提供有关机构的新资料,包括宗旨、职能、业务范围、组织、人员、地址等。如《中国工商企业名录》。年鉴、手册中常附有机构名录。

2. **人名录** 简要介绍某方面人物的简历及著作等,近似人名词典,但以在世人物为主。也称名人录(Who's Who),按固定格式提供有关人物的最新传记资料,如英国出版的《国际名人录》就逐年更新、补充。

3. **地名录** 提供地名的书写形式和地理位置的简要资料,一般不加解释,不同于地名词典。如《世界地名录》《中国地名录》。

名录提供的资料准确、简明,内容较新,可补其他工具书之不足。机构名录则为沟通联系、交流信息提供了方便。

第六节 表谱、图录、地图

表谱和图录都是常用的参考工具书,地图是图录中特殊的一类。它们的共同特点是简明扼要,一目了然,无需过多的文字记载,表格和图像可补文字叙述之不足,利于考索辨正。

一、表谱

表谱是用编年、表格等形式来揭示时间概念或列举历史事实的工具书。其特点是眉目清楚,简要易查。常用于查检时间、历史事件、人物资料等。

汉司马迁《史记》中的《十二诸侯年表》等十表,开创了表谱的体例。由此演变出各种不同类型的表谱,大体上可分为年表、历表和专门表谱三类。

年表用于查考和对照不同纪年方法的年代。又可分为：

1. 纪年表　只对照不同纪年方法（公元纪年、帝王年号纪年、干支纪年）的年代。如《中国历史纪年表》。

2. 大事年表　以纪事为主，又称大事记。除对照年代外，还按年纪事（详者按月、日纪事）。如《中外历史年表》。

历表是以科学方法编制而成的历书。现代历表是不同历法（公历、农历、回历）年月日序列的对照表，用于查考和换算不同历法的日期。

专门性表谱是为某学科、专题或人物编制的表谱，数量很多，主要有：

1. 职官表　查考官制或官职变化、人事更替的工具书。如《历代职官表》《清代职官年表》。

2. 地理沿革表　查考不同历史时期地名和疆域变化的工具书。如《历代地理沿革表》。

3. 生卒年表　专门记载历史人物的生卒年。如《中国历史人物生卒年表》。

4. 谱系表　指家谱、族谱、世系表等，可用于查考史事。如《蒙古世系》。

5. 年谱　记载个人生平事迹的编年体著作，也称年表，包括著作年表在内。如《鲁迅年谱》《明清江苏文人年表》。

二、图录

图录是以图像为主，辅以文字说明的工具书，又称图谱。

中国古代随着金石学的发展出现了古器物的图谱。宋吕大临《考古图》就是现存最早而又有系统的一部文物图录。

现代图录大体上可分为：

1. 文物图录　收录文物图像（照片、线描图、拓片等）。如《中国古代度量衡图集》。

2. 历史图录　收录有代表性的文物、人物图像，重大历史事件遗存实物、场景的照片、图画等，供学习和研究历史的参考。如《中国历史参考图谱》。

3. 人物图录　专门收录历史人物图像。如《中国历代名人图鉴》。

4. 艺术图录　收录艺术品的照片。如《中国绘画史图录》。

三、地图

地图是将地球表面的事物和自然、社会现象的分布及相互关系按一定的法则概括反映出来的图。多幅地图汇编则成地图集。

我国在春秋战国时代就出现了地图。现存最早的地图是西汉初年绘在帛上的地形图。清代康熙年间已用新法实测绘制出《皇舆全览图》(1921 年影印出版时改名《清内府一统舆地秘图》)，近代杨守敬等编绘《历代舆地图》则是较完备的历史地图集。

现代地图可分为三类：

1. 普通地图　综合反映地表物体和现象的一般特征，内容包含地理要素和社会经济要素。如《中华人民共和国地图集》《世界地图集》。

2. 专业地图　反映有关自然、社会、经济等现象中某一个方面的地图。如地质图、气象图，以及《中国语言地图集》。

3. 历史地图　反映人类各历史时期的发展情况。内容包括各时期的疆域、政区、政治形势、军事行动、经济和文化的发展、民族迁徙、地理环境的变迁等。如《中国历史地图集》。

第七章　中文工具书的主要排检方法

工具书是供查阅的,需按一定的方法加以编排,使用时就按同一方法查检,所以编排法也称排检法。从古到今的中文工具书使用的排检法多种多样,但大体上可分为两类:一类是以汉字作为查检的单位,给汉字规定一个排列方法,称为查字法或字顺法,包括形序法、音序法和号码法;另一类是按材料的内容编排,包括分类法、主题法、时序和地序法等。任何一种编排法都有其自身的局限性,所以工具书大都以一种排检法为主,辅以其他查检方法,便于读者使用。为了更有效地利用工具书,必须掌握几种最常用的排检法。使用工具书时,先要通过凡例、目录,了解它使用哪种编排方法,有何种辅助索引。

第一节　汉字形序排检法

汉字有 6 万多个,但汉字的形体结构却具有某些共同的特点,加以归纳分类,寻求规律,依次排列,即成为查检汉字的方法。查字时,往往也是从字形去求索其读音和字义。利用汉字形体特点的编排方法可归纳为两类:一类是根据汉字的笔画数以及书写时笔画的顺序来排列;一类是依偏旁部首来排列。多半结合起来使用。

一、笔画法

笔画法是按照汉字笔画数由少到多顺次排列的查字法。笔画数相同的字,或按部首排列,或按起笔笔形排列。

笔画法简单易行。专科词典、专名词典、字句索引、专名索引等多采用笔画法编排,语文字典也附有笔画检字表。汉字的手写体和印刷体的笔画和起笔笔形常有不同,新、旧字形的笔画数也有差异,同笔画的字太多(如《康熙字典》中 12 画的字就有 3642 个,占全书收字数的 7.74%），再加笔画多的字计算笔画数不易准确，这些都影响查检的速度。

二、笔顺法

笔顺法是依据汉字书写时笔形的顺序排列的查字法。

汉字的基本笔形是点（、）、横（一）、竖（丨）、撇（丿）、捺（乀）5种。两种或两种以上的基本笔形连用又组成复杂的折笔（如㇀、亅等）。但汉字书写时第一笔（起笔）只用、一丨丿㇀5种笔形。故笔顺法又有起笔笔形法和笔形笔顺法之别。

起笔笔形有不同的排列顺序，源自清代档案中所用的"江山千古"（、丨丿一）和"元亨利贞"（一、丿丨）等旧法，后来用过"寒来暑往"（、一丨丿）、"海天日月红"（、一丨丿㇀）等法。现多采用"札"字法（一丨丿、㇀）。起笔笔形法只用作笔画法的辅助排检法。

笔形笔顺法很少使用。如20世纪30年代陈德芸编的《德芸字典》和《古今人物别名索引》将笔形分为横、直、点、撇、曲、捺、趯7类，每类按起笔分类，再依笔形和笔顺编排。

《印刷通用汉字字形表》是确定常用字字形和笔顺的规范。

三、部首法

部首法是按汉字的偏旁部首依次排列的编排法，也是传统的查字法。

汉字可以分为独体字和合体字。独体字大多是简单的象形字和表意字，数量很少。绝大多数汉字是由两个或两个以上形体合成的形声字和会意字，可以按相同的偏旁（形旁）归为一个"部"，共同所从的形旁字称部首。

东汉许慎《说文解字》，以小篆为主，分析字形结构，把9353个汉字按形旁归纳为540部，开创了部首法。后代的字书沿用了这一方法，但为了适应汉字由篆、隶到楷体的变化，部首又加归并。明代梅膺祚《字汇》减为214部，张自烈《正字通》和清代《康熙字典》都与之相同，习称为"康熙字典部首"。

在《康熙字典》中，部首依笔画数排列，同一部首的字按去掉部首后的笔画数排列。除 214 个部首外,还有 31 个附见部首,是部首的变体,如忄、㣺属心部,灬属火部等。从《说文解字》到《康熙字典》,所采用的部首法一脉相承,实质都是"以义归部",即确定部首要依据字的本义,如"相"字归目部(《说文》:"相,省视也。"),"问""闲""闷""闻"分别归口、门、心、耳部等。这样,有些字的部首难于确定。有些独体字(如及、也、丸、年等)不好归部。部首的位置不固定(如古、和、句、咒、囊等字都归口部),以及部首的不同变体,都影响查字的准确。

20 世纪 50 年代以前的汉语字、词典大都采用康熙字典部首。之后,新编的字、词典对部首作了一些调整。《新华字典》和《现代汉语词典》(修订本)都改为 189 部,还部分地调整了取部首的方法。《辞源》(修订本)则仍沿用康熙字典部首,只是同笔画的字改按起笔笔形丶一丨丿的顺序排列。

1964 年,汉字查字法整理工作组提出了《部首查字法》(草案)。新版《辞海》即采用了新的部首法。其要点如下:

1. 依据字形定部　一般取字的上、下、左、右、外等部位作部首,其次是中坐和左上角。上、下都有部首的,取上不取下,如"含"查人部;左、右都有部首的,取左不取右,如"相"查木部;内、外都有部首的,取外不取内,如"闷"查门部;中坐、左上都有部首的,取中坐,如"坐"查土部。同一部位有几种部首互相叠合的,取多笔部首,如"章""竟""意"都查音部。单笔部首和复笔部首都有的,取复笔部首,如"旧"查日部。无从确定部首的,取单笔部首,如"东"查一部。

2. 部首共 250 个　即在 214 部首的基础上,删去 8 个,合并 6 个,分立 10 个,新增 40 个。另外,新改部首 10 个,简化部首 25 个,附列部首 30 个(参看《辞海·部首调整情况表》)。部首按笔画排列,同画数的按一丨丿丶乛 5 种笔形顺序排列。

新部法的特点是破除了"以义归部"的传统,改按字形取部首,部首的位置固定;部首的形体与偏旁的写法完全一致,为适应简化字和新字形的使用,部首的形体也有一些改变。

《汉语大字典》和《汉语大词典》则是在康熙字典部首的基础上,

删并为 200 部(删去 8 个,合并 6 个)。对归部明显不妥的字作了一些调整,如"叵""咸"原都归口部,现分别归入匚部和戈部;"问、闷、闻"统归门部。没有复笔部首的字,按明显的单笔或起笔归入单笔部首(一丨丿丶乛)。

部首法的优点是能够把结构复杂的大量汉字分别归纳到两百个左右的部首里,可以比较准确地按部首检字,不知读音也可查出。因此,语文词典大多采用部首法编排。但是,目前部首法尚未统一,通行的几种部首法部首数量不一,归部原则也不同,同一部首中相同笔画数的字排列方法有别,这都影响查检速度。有些难于判断部首的字,还要利用所附的检字表来查检。

第二节 汉字号码查字法

号码查字法是以数字代表汉字的各种笔形或部件,并据以排列顺序的方法,是形序排检法的变形。常用的号码查字法是四角号码法和中国字庋撷法。其他的号码法仅为个别工具书所采用。

一、四角号码法

四角号码法是根据汉字四个角的笔形确定号码,并按由小到大的顺序排列的查字法。四角号码法是单一式的排检方法,不需与其他方法结合使用。排列复词时,第一个字号码相同的,再按第二个字上两角的号码排列。除字典外,查考古籍的字词索引、专名索引等多采用此法编排。

"四角号码检字法"从 20 世纪 20 年代末开始使用,现通称旧四角号码法。基本要点如下:

a. 汉字的笔形分为十种,用 0—9 十个号码代表。歌诀"横 1 垂 2 3 点捺,叉 4 插 5 方框 6,7 角 8 八 9 是小,点下一横是 0 头"可以帮助记忆。十种笔形中,1、2、3 所代表的横、垂、点三种为单笔,其余均为复笔。取号时,凡能取复笔笔形的,尽量取复笔不取单笔。

b. 每个字按左上角、右上角、左下角、右下角的顺序取四个角的号码。如,端=0212。

c. 字的上部或下部，如只有一单笔或一复笔，无论在什么位置都作左角，右角作 0。

　　宣＝3010　　冬＝2730　　母＝7750

　　一个笔形，前角已经用过，后角也作 0。

　　持＝5404　　大＝4003　　史＝5000

　　d. 外围是"口門鬥行"的四类字，下面两角取里面的笔形。

　　因＝6043　　閉＝7724　　衡＝2143

　　e. 一个角有两种笔形可取时：

　　有两个单笔或一个单笔一个复笔，取左右，不取高低；

　　非＝1111　　物＝2752　　帝＝0022

　　有两个复笔，取高低，不取左右。

　　功＝1412　　盛＝5310　　奄＝4071

　　f. 撇被下面其他笔形托住时，取其他笔形作下角。

　　石＝1060　　衣＝0073　　辟＝7064

　　g. 附角。四角号码相同的字按附角号码顺序排列。以右下角上方最贴近而露锋芒的笔形作为附角；如该笔形已用过，则附角作 0。

　　是＝6080_1　　速＝3530_9　　且＝7710_0　　工＝1010_0

　　1964 年汉字查字法整理工作组提出《四角号码查字法》（草案），通称为新四角号码法。新编的字典、索引等多有采用。新四角号码法对取角规则作了如下修改：

　　a. 一笔的上下两段和别笔构成两种笔形的，分两角取号。如"大"原为 4003，改为 4080；"水"原为 1223，改为 1290。

　　b. 外围是"行"的一类字，下两角改按一般规则取号。如"衡"、"衍"均为 2122。

　　c. 下角笔形偏在一角的，按实际位置取号，缺角作 0。如"弓"原为 1720，改为 1702。

　　d. 左边起笔的撇，下面为他笔所托，取撇笔作角。如"辟"改为 7024。

　　e. 附角改称附号。附号取右下角之上最贴近的笔形。如"工"改为 1010_2。

新四角号码法字形以《印刷通用汉字字形表》的规定为准。

四角号码法的优点是:只要熟悉规则,取号、查检都很迅速,不受部首和读音的限制。但是具体规则较多,不易掌握;新、旧号码并行,容易混淆。

二、中国字庋撷法

中国字庋撷法是原哈佛燕京学社引得编纂处用来编排所编60余种索引的一种号码法。庋撷(guǐ xié)二字是放入、取出的意思,借用为代表汉字的解剖排列法。

此法用"中国字庋撷"五字代表汉字的五种形体结构(单体字、包托体、上下体、左壳体、左右体),以数字1—5表示;再将"庋撷"二字分解为"丶一丿十又扌纟厂目八"十种基本笔形,以数字0—9代表。各体汉字依不同方法取四角笔形号码。按照"形体号/四角笔形号码+字内方格数",组成一组代码,如"田"字为2/88304,"回"字为2/88881。编排时按代码由小到大排列。

由于规则烦琐,难以掌握,使用这些索引时,可利用所附笔画检字表查出庋撷法号码,再按号码查检索引正文。近年重新影印这些索引时增编了汉语拼音检字表和四角号码检字表,使用较为方便。

第三节　汉字音序排检法

根据汉字的读音及表示读音的语音符号的顺序排列汉字的方法,称为音序排检法。当前,汉语拼音排检法已得到广泛应用。中国古代长期使用韵部法;近代则通行注音字母法,还有一些其他的音序法,都应用不广。

一、汉语拼音字母排检法

汉语拼音字母排检法,通称汉语拼音法,是按汉字的读音按照《汉语拼音方案》字母表的顺序编排的查字法。1958年开始推行《汉语拼音方案》以后,随着普通话的推广,汉语拼音法已逐步成为工具书的常用编排法之一。1982年国际标准化组织承认汉语拼音为拼写汉字的国际标准,更促进了此法的广泛应用。

《汉语拼音方案》字母表的26个字母中,I和U不用于音节开头,V不用于拼写汉字。

排列汉字时,先按第一个字母的顺序;第一字母相同的,按第二个字母的顺序排列;前两个字母都相同的,按第三个字母排列,以下类推。ê排在e后,ü排在u后,ch、sh、zh声母和ng韵尾都按单字母顺序排列。

声母韵母相同的字按照声调阴平、阳平、上声、去声、轻声的顺序排列。读音(声母、韵母、声调)完全相同的,比较汉字的总笔画数,按从少到多排列。如果笔画数相同,按起笔笔形的顺序排列。若起笔至末笔各笔笔形仍相同,则按汉字在国家标准《信息交换用汉字编码字符集》中的编码值由小到大排列。

多音词不问字数多少,按单字的次第,分别排在单字之下。第一个字相同的多音词,按第二个字的音序排列次序;第二个字也相同的,按第三个字的音序排列。依此类推。一些小型词典也有在字头下按多音词字数,从少到多排列的。

汉语拼音法的优点是简单易查,但由于以汉字读音作为排序依据,不知读音的字只能利用笔画或四角号码索引。

二、注音字母排检法

注音字母是我国第一套法定的拼音字母,又名国音字母,后改称注音符号。1918—1958年曾经推行,至今仍在台湾省使用。不仅字典用以标注读音,也用以编排工具书。

注音字母的形体是利用汉字偏旁和古字改造而成。字母共40个,声母24个,韵母16个。编排时先依声母的次序,再依韵母的次序。第一个音节是ㄅㄚ(ba),最后一个音节是ㄩㄥ(iong)。中国大辞典编纂处编的《国语辞典》(商务印书馆,1937—1945)即采用注音字母法编排。1953年出版的《新华字典》也曾采用此法。

1928年又公布了采用拉丁字母的国语罗马字拼音方案,规则较繁,未能广泛推行。1984年台湾省将该方案修订后,正式公布为"国语注音符号第二式"加以采用。台湾省出版的工具书的音序法即采用第二式,与汉语拼音法接近。

这里附带讲一下威妥玛式拼音法。英国人威妥玛(F. Wade)在1867年编写的汉语课本《语言自迩集》中,设计了用拉丁字母拼音给汉字注音的方案,被普遍用于拼写中国的人名、地名等,称为威妥玛式拼音(Wade system)。后来经过改进,又被称为威妥玛-翟理斯式拼音(Wade-Giles Spelling system),是国际上流行一时的中文拼音方法。清末中国的邮电部门将威妥玛式加以改动用以拼写中国地名,被称为"邮政式拼音"。

用威妥玛法编排工具书时,依拉丁字母的次序排列,不分声调。哈佛燕京学社编辑的各种引得,所附的拼音检字即用威妥玛式。西方编纂的汉学工具书也大都用此法编排。

三、韵部排检法

古代将同韵的汉字归为一类,称为"韵部"。各部的标目字称"韵目"。按四声再依韵部次序编排同音字的方法,就称韵部法或韵目法。韵书就是按照字音分韵编排的。

宋代修订的《广韵》,分为206个韵部,《集韵》也加以沿用。南宋末年,金人王文郁《平水新刊礼部韵略》并为106韵,通常称为"平水韵"。元代以来成为作近体诗通行的诗韵。清修《佩文韵府》即按平水韵编排。先按声调分为上平、下平、上、去、入声,在每一声调下分韵部,韵目下分列单字。除类书外,辞书也有用平水韵编排的,如《经籍籑诂》按韵分卷收字,《辞通》按复音词尾字分韵排列;索引如《历代地理志韵编今释》也按尾字分韵排列。

不熟悉韵部,可以先利用《辞源》、《中华大字典》、《汉语大词典》等查出某字所属的韵部。如"骨"字,从《辞源》查出属"月"韵,即可到《佩文韵府》等书中去查入声月韵。《佩文韵府》和《辞通》都附有首字的四角号码和笔画索引,可以直接利用索引查找所需条目。

平水韵韵目

	上平声	下平声	上 声	去 声	入 声
1	东	先	董	送	屋
2	冬	萧	肿	宋	沃
3	江	肴	讲	绛	觉
4	支	豪	纸	寘	质
5	微	歌	尾	未	物
6	鱼	麻	语	御	月
7	虞	阳	麌	遇	曷
8	齐	庚	荠	霁	黠
9	佳	青	蟹	泰	屑
10	灰	蒸	贿	卦	药
11	真	尤	轸	队	陌
12	文	侵	吻	震	锡
13	元	覃	阮	问	职
14	寒	盐	旱	愿	缉
15	删	咸	潸	翰	合
16			铣	谏	叶
17			篠	霰	洽
18			巧	啸	
19			皓	效	
20			哿	号	
21			马	箇	
22			养	祃	
23			梗	漾	
24			迥	敬	
25			有	径	
26			寝	宥	
27			感	沁	
28			(琰)俭	勘	
29			豏	艳	
30				陷	

注：韵目用作代日的代码时,28日用"俭",31日为"世、引"。

此外,还有按古代声母依次编排的。如清王引之《经传释词》依三十六字母排列,沈兼士《广韵声系》依41声类编排。

第四节 分类排检法

分类排检法是把知识内容或文献按照事物性质或学科体系分门别类加以组织的排检法。这种方法按事物的内部联系排列,读者容易查检到相关的知识和文献资料。分类排检法大体上分为两类:一类是按事物性质归类;一类是按学科体系归类,或按图书分类法编排,或按自编的分类体系编排。

一、按事物性质分类的排检法

把知识内容按事物属性分类加以编排,这种方法是我国第一部词典《尔雅》所开创的。《尔雅》共分19篇,后面16篇是释亲、释宫、释器、释乐、释天、释地、释丘、释山、释水、释草、释木、释虫、释鱼、释鸟、释兽、释畜,汇辑知识性词语,分类加以解释。此后仿《尔雅》的著作很多,也都沿用了分类编排。

《尔雅》开创的分类法为后代编纂类书、政书所借鉴。类书以古代伦理为准则,根据事物形态,按所采事、文的内容分类编排。排列顺序,先天地帝王,次典章制度,然后再及其他事、物。如《艺文类聚》依"天、地、人、事、物"的顺序分为46部,727目(小类);《古今图书集成》将"事、物"的顺序颠倒,分为历象、方舆、明伦、博物、理学、经济6个汇编,以下再分为32典,6117部,层层细分,每个部又按若干项目汇辑资料。政书则按典章制度的内容归纳为若干门类(如《通典》分为食货、选举、职官、礼、乐、兵刑、州郡、边防等8门),大类下再分小类和子目。

现代工具书如新编类书和一些年鉴、手册也基本上是按事物性质归类的,但结合了学科体系分类法的特点。

事物性质分类法直观、具体,方便查检。但分类方法和类目概念互有差异,某些事物各书归类不同。如有关桥梁的资料,《艺文类聚》列入水部,《古今图书集成》列入考工典;有关薪、炭的资料,《艺文类聚》列入火部,《古今图书集成》列入草木典。因此查检时先要弄清楚分类体系及类目的含义,并尽量使用辅助索引。

二、四部分类法

依照文献的内容、性质分门别类地组织和揭示文献的方法,称文献分类法。我国汉代就已在文献大量积累的基础上产生了文献分类法。最早的书目《七略》就以严密的分类体系将图书分为六艺、诸子、诗赋、兵书、术数、方技六类,称为"六分法"。晋代改为四部。《隋书·经籍志》以经、史、子、集的名称标志四部类名,下分 40 类。自此,四分法成为古代文献分类的主流。

清代乾隆年间纂修《四库全书》,《四库全书总目》将经、史、子、集四部分为 44 类,其中有 16 类再分子目。(参见第八章第一节)这个分类法就成为我国古籍的主要分类法。

近年出版的《中国古籍善本书目》对四部分类法进行了修订,分为经、史、子、集、丛五部。具体类目如下:

经部 11 类:总类,易类,书类,诗类,礼类,乐类,春秋类,孝经类,四书类,群经总义类,小学类。

史部 16 类:纪传类,编年类,纪事本末类,杂史类,诏令奏议类,传记类,史抄类,时令类,地理类,职官类,政书类,目录类,金石类,史评类。

子部 15 类:总类,儒家类,兵家类,法家类,农家类,医家类,天文算法类,术数类,艺术类,谱录类,杂家类,小说类,类书类,释家类,道家类。

集部 12 类:楚辞类,汉魏六朝别集类,唐五代别集类,宋别集类,金别集类,元别集类,明别集类,清别集类,总集类,诗文评类,词类,曲类。

丛部 7 类:汇编丛书,地方丛书,家集丛书,自著丛书。

共分 61 类(传记类、地理类各分一、二,汇编丛书分为一、二、三、四),其中有 27 类再分细目。

四部分类法建立了古代文献的分类体系,大体上属于学科体系分类法,适用于古代文献的分类和编制古籍书目。

三、按学科体系分类的排检法

进入 20 世纪以后,一些以现代科学分类为基础的文献分类法陆续出现。分类的基本原则是知识的系统性,归类的标准是学科的属性。

最初曾采用美国杜威的《十进分类法》。基本类目是:000 总类;100 哲学;200 宗教;300 社会科学;400 语言;500 自然科学;600 应用科学;700 艺术;800 文学;900 历史。以后出现了多种仿效、借鉴杜威法的图书分类法,其中影响最大的是刘国钧《中国图书分类法》。基本类目是:000 总部;100 哲学部;200 宗教部;300 自然科学部;400 应用科学部;500 社会科学部;600、700 史地部;800 语文部;900 美术部。这些图书分类法多用于编制图书馆目录。有些书目则采用自编的分类法。

20 世纪 50 年代以后,陆续编制出多种新型图书分类法。《中国人民大学图书馆图书分类法》《中国科学院图书馆图书分类法》和《中小型图书馆图书分类表草案》都被应用于编制图书馆目录、书目和索引,有较大的影响,有的至今仍在使用。

20 世纪 70 年代开始编制的《中国图书馆图书分类法》,至今应用最为广泛。

《中国图书馆图书分类法》(简称《中图法》),1975 年科学技术文献出版社出版第 1 版,1980 年和 1990 年书目文献出版社出版第 2、3 版,1999 年北京图书馆出版社出版第 4 版。这部分类法,以科学分类为基础,采取从总到分、从一般到具体的逻辑系统;既能容纳古代和外国的图书资料,又能充分反映新学科和新事物。第 4 版《中国图书馆图书分类法》设有 22 个大类,各大类用汉语拼音字母作为标记符号(类号)。类目如下:

A　马克思主义、列宁主义、毛泽东思想、邓小平理论
B　哲学、宗教
C　社会科学总论
D　政治、法律
E　军事

F	经济
G	文化、科学、教育、体育
H	语言、文字
I	文学
J	艺术
K	历史、地理
N	自然科学总论
O	数理科学和化学
P	天文学、地球科学
Q	生物科学
R	医药、卫生
S	农业科学
T	工业技术
U	交通运输
V	航空、航天
X	环境科学、安全科学
Z	综合性图书

每个大类之下再逐级加以细分,构成一个多层次的完整的系统。

《中国图书馆图书分类法》主要供大型图书馆图书分类使用,另外还有几个配套版本:

a.《中国图书资料分类法》,科学技术文献出版社1975年第1版,1982年第2版,1989年第3版。对自然科学部分作了更详细的类目划分和扩充。

b.《中国图书馆图书分类法(简本)》,书目文献出版社1980年第1版。供中小型图书馆使用。

c.《〈中国图书馆图书分类法〉期刊分类表》,书目文献出版社1987年第1版。

《中国图书馆图书分类法》现在已为中国多数图书馆和文献信息机构采用,并广泛应用于编制各种书目、索引、文摘。有的检索工具书如《中国国家书目》,采用《中图法》的类目;有些检索工具书如《全国总书目》《全国报刊索引》《复印报刊资料》等,其类目体系基本参照《中图法》。《中国百科年鉴》也基本参照《中图法》的分类体系确定

"百科"部分的类目。1987年实施的"中国标准书号"其分类号也采用《中图法》。《中国学术期刊(光盘版)》(CAJ-CD)和《中文社科报刊篇名数据库》(SKBK)的数据标引,均采用《中国图书资料分类法》。

此外,专科索引、年鉴等大都按学科体系编排,采用自编的分类体系。专科词典和百科全书也有采用分类法编排正文的。《中国大百科全书》按学科分卷,每卷所附的条目分类索引就是按照相关学科的科学体系、知识的系统性加以编排的。

分类法的基本原则是知识的系统性,按照知识的学科属性和逻辑次序层层分类。同类的文献或词目、条目集中在同一个类目之下,按其内在联系排列顺序,查找方便。需要说明的是,学科性质分类法包含有主题法的因素,类目划分越细,也就带有主题的性质,有利于进行专指性检索。

第五节　主题排检法

主题排检法是以规范化的自然语言作为文献主题的标识符号,按字顺编排的方法。概括文献中心内容,用于标引和检索文献的词语,称为主题词。主题词是从自然语言的词汇中选出来的能表达、描述事物或概念的名词术语,词义必须明确,避免词语的多义性(最好是一词一义),因此是规范化的自然语言。主题词按汉语拼音或笔画、四角号码排列即成为主题索引。

主题法可分为规范主题法(也称可控主题法)和自由主题法(也称非控主题法)两大类。规范主题法需要对同义词、多义词进行规范,编制主题词表,文献的标引和检索都要以词表为准;自由主题法可以直接从文献中抽取自然语言词语进行标引,对词语不作规范或只稍加规范,标引和检索都无需查阅主题词表。通常使用的关键词法,就属于自由主题法。

主题法用于编制手工检索的主题目录和主题索引,更广泛用于组织计算机化情报系统的存储与检索。

由北京图书馆、中国科技情报研究所联合编制的《汉语主题词表》是供标引和检索使用的大型综合性词表,1980年科技文献出版社出版试用本,共3卷(社会科学部分、自然科学部分和附表)10个分册,收录主题词10多万条。其特点是范围广、级别深、词量大、英汉对照。1991年出版了自然科学部分增订本4个分册(1996年补出了第5分册轮排索引)。

社会科学方面采用主题法编排的书本式目录索引并不太多。早在20世纪30年代出版的《十通索引》,其中的"四角号码索引"将"十通"中所载的制度名物、篇章节目,凡是能独立成为一个名词(或词组)的,都列为条目,实际上就是主题索引。现代编制的索引,如《研究马克思恩格斯著作和生平论著目录》按主题词的汉语拼音音序编排,主题词的选择参照《汉语主题词表》;《马克思恩格斯全集主题索引》是采用标题法编制的;《中国史学论文索引(第一编)》所附的辅助索引是关键词索引;《中国百科年鉴》所附的内容分析索引则是用标题和关键词混合编制的。

分类法和主题法提供了两种不同的检索途径。分类法的主要特征是知识的系统性,而主题法的主要特征是知识的直指性。

与分类法相比,主题法的优点是能把属于不同学科、不同知识体系中有关同一主题的文献、资料集中在一起,直接按主题检索即可获得,对于检索新学科、边缘学科和学科性质相互交叉、渗透的文献尤为方便;直观性强,主题词按字顺排列,检索方便;揭示文献比较深入和广泛,检索时灵活性强,可以从不同角度抽取主题词。

第六节 时序、地序排检法及其他

一、时序排检法

按照时间顺序编排是比较简便的方法。我国古代的历书依年、月、日顺序排列,开创了这一体例,以后史书中的年表和年谱等也依此编排,类书和政书也用此法编排资料。

现代工具书中时序法也被广泛采用。查找年代和历日的年表、历表自然是严格地依照年月日的自然顺序排列;记载历史事件的大事年表,以及记载个人生平事迹的年谱,也都是按照事件发生、发展的时间编年排列。使用时只要依年月日的顺序,即可迅速查到所需资料。

一些查找人物资料的工具书也按照人物的生年、卒年依次排列。如《中国历史人物生卒年表》《中国历代年谱总录》《中国历代名人图鉴》等都用此法编排,并辅有人名索引配合使用。

有些书目、索引也按发表时间编排,或在分类编排的前提下依发表时间的先后排列。

二、地序排检法

地序法是按照一定时期的行政区域顺序排列的方法。查找地理资料的工具书多用此法编排,但也需有辅助索引配合,以便按地名查找。例如,《中华人民共和国地图集》《中华人民共和国行政区划手册》《中国名胜词典》按现行行政区划编排;《中国地方志联合目录》也是按现行行政区划编排历代地方志;《中华人民共和国地名词典》按省分卷,各卷正文均以分类和分区结合编排,后附地名条目索引;而清陈芳绩编《历代地理沿革表》则以地域为经,以朝代为纬交织编排,按古代地方三级行政区划分为部表(按上古 12 州排)、郡表(按秦 40 郡排)、县表(按汉 1450 县排),下列古代至明历代沿革。

1982 年国务院批准了国家标准总局等单位关于全国省、市、自治区排列顺序的请示,此后排列省一级单位即以此为准。

除时序、地序法外,还有一些特殊的顺序排检法。例如《历代职官表》《清代职官年表》等职官表是按照机构建制,从中央到地方逐级排列各政权机构的职官;而世系表和族谱则是按照血缘关系依次排列。这些排检方法可根据书前的凡例和说明来利用。

第三编

检索编

第八章 古今图书的检索

古今图书的检索,包括如何查知古籍存佚、版本与近现代出版物。本章将详述查找时使用的书目与查找的方法。

第一节 古籍目录的利用

中华民族有数千年的历史,有灿烂的古代文明和丰富的文化遗产。古籍是中国古代文明的历史标志之一。

所谓古籍,不能单纯理解为线装书,因为有些线装书并不是古籍。目前比较普遍的看法是,古籍是指辛亥革命以前的人所撰写的著作,以及经后人整理而成的各种本子,如汇编本、丛书本、笺释本、校释本、辑佚本、点校本、选注本、今译本。这些著作有刻本、活字本、写本、石印本、铅印本与影印本;又有线装与平装、精装之分。根据国家标准局发布的《古籍著录规则》(1987)的解释,"古籍"是"中国古代书籍的简称,主要指书写或印刷于1911年以前,反映中国古代文化,具有古典装订形式的书籍。"

现存古籍有多少?由于标准、时限、范围、依据、统计方法不同,说法不一。一般认为今存古籍约10万种。

要了解古籍存佚、内容得失、作者生平、版本源流、文字异同等情况,需要查考与利用书目。

一、史志书目

查古籍的散失与流传,可利用史志书目。东汉初,班固根据《七略》,编辑了《汉书·艺文志》,开创了正史艺文志的先例,这是我国第一部史志书目。此后,唐代魏徵编《隋书·经籍志》、后晋刘昫等编《旧唐书·经籍志》、宋代欧阳修等编《新唐书·艺文志》、元代脱脱编《宋史·艺文志》、清代王鸿绪编《明史·艺文志》、清遗臣赵尔巽等编

《清史稿·艺文志》。艺文志或经籍志都统称史志书目,依据官修书目,亦有按私家书目编成。或记一代藏书,如《汉书·艺文志》记载西汉的藏书;或记一代人的著作,如《明史·艺文志》,只记载明人的著作;或既记一代藏书,也补记一代人著作,如《新唐书·艺文志》,补入了唐代人的著作。每种艺文志分类编排书籍,均记书名、卷数,间注作者。1679年明史馆成立之后,又相继开始了正史艺文志的补撰。正史原无艺文志的,进行补编,如清代顾櫰三编《补后汉书艺文志》;正史原有艺文志的,也有再作补注,如清代姚振宗编《汉书艺文志拾补》。有的正史艺文志的补撰,往往有几部。如果将所有正史艺文志或经籍志以及补撰的艺文志、经籍志连贯起来,就成为今天查考从古至清的古籍书目。不仅可考查历代古籍流传情况和查社会文化学术的发展。

查古籍流传,就是为了解一部古籍在一定时期内的传播与存佚情况。这可以首先通过查考正史艺文志(经籍志)及补志来解决。要系统地查正史艺文志,就要利用**艺文志20种综合引得**(哈佛燕京学社引得编纂处1933年编印,中华书局1960年重印)。20种艺文志实际上是正史艺文志7种、补志8种、禁毁书目4种和征访书目1种,即:《汉书艺文志》《后汉书艺文志》《三国艺文志》《补晋书艺文志》《隋书经籍志》《旧唐书经籍志》《新唐书艺文志》《补五代史艺文志》《宋史艺文志》《宋史艺文志补》《补辽金元艺文志》《补三史艺文志》《补元史艺文志》《明史艺文志》《清史稿艺文志》《禁书总目》《全毁书目》《抽毁书目》《违碍书目》与《征访明季遗书目》。这20种书目基本上反映了我国从古代至清末的古籍。

《艺文志二十种综合引得》把书名与作者人名按中国字庋撷法编排,书前有笔画检字,从中可以了解到一部古籍曾在哪几部书目中著录过,及某人写过哪些著作,在哪些书目中有著录。例如:

黄離草　郭正域　明4/18b　禁7a　違21b

即《黄离草》一书,郭正域著,著录于《明史·艺文志》《八史经籍志》本4卷18页下面;《禁书总目》抱经堂印本7页上面;《违碍书目》抱经堂印本21页下面。查考时要注意参考书前《艺文志二十种原名及

略语对照表》。又如:

王祯;农书;辽 39b;元 3/5b

——;农桑通诀;辽 39b;补 20b;元 3/5b

——;农器图谱;辽 39b;元 3/5b

——;榖谱;辽 39b;元 33/5b

——;农务诗;元 4/16a

从中可知王祯见于书目著录的有 5 部著作。

此外还应注意利用开明书店《二十五史补编》中的史志书目。

这里要附带提一下金德建《司马迁所见书目考》(上海人民出版社 1963 年版)。大家知道,《史记》没有艺文志或经籍志。本书作者考证《史记》提到或引到的各书的流传、性质,同时也可起补充艺文志的作用。

二、古籍目录

查古籍及作者简介,可注意利用古籍总目录:

四库全书总目,清永瑢等撰,中华书局 1981 年影印出版。

在纂修《四库全书》的过程中,对收进《四库全书》的书籍和一些"无碍"未毁但又未收进《四库全书》的书籍,均分别编写提要,后来把这些提要分类编排,汇成一部书目,这就是《四库全书总目》。

《四库全书总目》亦称《四库全书总目提要》,简称《四库提要》。初稿完成于清乾隆四十六年(1781)。随着《四库全书》不断增补与一些著作的抽换,这部书目也有过几次变动。大约于乾隆五十八年才由武英殿刊版印行。次年,浙江谢启昆据文澜阁所藏武英殿刊本翻刻以后,《四库全书总目》才得以广泛流传。

《四库全书总目》200 卷,著录书籍 10254 种、172860 卷;其中包括上述那些未毁"无碍"而未收进《四库全书》的书籍 6793 种、93551 卷,附于每类之后,谓之"存目"。《总目》所记可算是先秦至清初传世的相当一部分书籍。每部书籍均注明来源,有采进本,如《史记索隐》30 卷(江苏巡抚采进本);内府本,如《明一统志》90 卷(内府藏本);敕撰本,如《钦定大清会典》100 卷(乾隆二十九年奉敕撰);进献本,如

《舆地广记》38卷(浙江鲍士恭家藏本);永乐大典本,如《孙子算经》3卷;通行本,如《吴子》1卷。每部书籍附以提要,为了解古籍的编纂经过、著作内容及其得失、文字异同、版本源流,以及著者生平事迹等提供了有价值的参考资料。这些提要均由纪昀修改审定。《总目》中全部书籍按经、史、子、集四部分类法编排,类目如下:

经部十类:易类、书类、诗类、礼类(周礼、仪礼、礼记、三礼总义、通礼、杂礼书)、春秋类、孝经类、五经总义类、四书类、乐类、小学类(训诂、字书、韵书)。

史部十五类:正史类、编年类、纪事本末类、别史类、杂史类、诏令奏议类(诏令、奏议)、传记类(圣贤、名人、总录、杂录、别录)、史钞类、载记类、时令类、地理类(总志、都会郡县、河渠、边防、山川、古迹、杂记、游记、外纪)、职官类(官制、官箴)、政书类(通制、典礼、邦计、军政、法令、考工)、目录类(经籍、金石)、史评类。

子部十四类:儒家类、兵家类、法家类、农家类、医家类、天文算法类(推步、算书)、术数类(数学、占候、相宅相墓、占卜、命书相书、阴阳五行、杂技术)、艺术类(书画、琴谱、篆刻、杂技)、谱录类(器物、食谱、草木鸟兽虫鱼)、杂家类(杂学、杂考、杂说、杂品、杂纂、杂编)、类书类、小说家类(杂事、异闻、琐语)、释家类、道家类。

集部五类:楚辞类、别集类(汉至五代、北宋建隆至靖康、南宋建炎至德祐、金至元、明洪武至崇祯、清朝)、总集类、诗文评类、词曲类(词集、词选、词话、词谱词韵、南北曲)。

经部是封建文化的一种标志。这一部类容纳的是封建社会统治阶级"认可"的必读书,主要包括十三经、四书、古乐、文字学等方面的书籍,以及解释经书的著述。史部主要是各种体裁的史书,如纪传体、编年体、纪事本末体史籍,也包括地理著作、政书、目录书。史部中容纳这些书的类目很多,反映了我国丰富的史籍。子部范围极广,收书比较复杂。有哲学书,也包括算书、天文、生物、医学、农学、军事、艺术、宗教著作、笔记小说与类书。由于时代、阶级及人们对自然现象认识的局限,子部中也有一些含有极浓的迷信色彩的类目,如术数类的数学、占候、相宅相墓、占卜、命书相书等及其中包含的书籍。集部收历代作家一人或多人著作的集子,一人著作的集子称之为别集,多人著作的集子称之为总集。历代作家的文集既有文学作品,也包括评论诗、文、词、曲的著作;虽以文学为主,但又不限于文学。

《总目》中的部、类前有大、小序,以说明该类书籍的学术源流。这对于认识与使用《总目》是颇有意义的。

《总目》初稿完成时,由于卷帙太繁,翻阅不便,纪昀等又删节提要,不录存目,于清乾隆四十六年编成**四库全书简明目录**,20卷。后由《四库全书》馆馆臣赵怀玉于清乾隆四十九年录出副本,刊行于杭州。

《四库全书简明目录》在收书范围、提要详略两方面均有别于《四库全书总目》,一繁一简相辅而行。《简明目录》只为《四库全书》中的3000余种古籍附以提要,且文字极其简明,举例如下:

> **迩言十二卷**　宋刘炎撰。凡十二篇。其言醇正笃实,而切近事理,无迂僻不情之论。如谓井田封建,必不可复;谓党锢之祸,由于自取,谓学二程而不至者,不能无偏,皆讲学家所讳不肯言也。

鲁迅指出,《四库全书简明目录》"其实是现有的较好的书籍之批评,但须注意其批评是'钦定'的"(《集外集拾遗·开给许世瑛的书单》)。

《四库全书总目》对于查找现存古籍,了解古籍内容,颇为有用。但《总目》毕竟成书较早,加之当时被禁毁或后来又被发现的古籍,当然从中不可能查到;同时《总目》内容也有不少错误,后来屡被发现,这就需要查其他著作或书目,予以补充。

纠正《四库全书总目》中谬误的著作和书目主要有:

四库提要辨证,24卷,余嘉锡撰,科学出版社,1958。经作者多年研究,对《四库全书总目》中近500种古籍,从内容、版本及作者生平都作了科学的考辨、订正。全书亦按《四库全书总目》次序编排。这是查阅古籍必备的学术著作。

四库全书总目提要补正,胡玉缙、王欣夫辑,中华书局,1964。该书60卷,补遗1卷,未收书目补正2卷。编者从诸家藏书志、读书记、笔记、日记、文集中,汇录了前人对《总目》与清人阮元所撰《四库未收书目提要》(记载《四库全书》未收174种书籍的提要)中2000种古籍的匡谬补阙文字。全书按《四库全书总目》次序编排。

四库提要订误，李裕民著，书目文献出版社，1990。该书对《四库全书总目》著录之书的书名、卷数、版本、作者及其生平，以及内容评价等方面的错误进行了订正，并纠正余嘉锡《四库提要辨证》的疏误10余处。

四库提要补正，崔富章著，杭州大学出版社，1990。

1986年台湾商务印书馆影印出版文渊阁《四库全书》，1500册。同时编印《影印文渊阁四库全书目录索引》。1987年上海古籍出版社又据台湾本重新影印出版文渊阁《四库全书》，并对台湾商务印书馆所编《影印文渊阁四库全书目录索引》进行订正，于1989年出版了**四库全书目录索引**。据此可查到《四库全书》中各种古籍书名、作者及影印本的册数、页数，并附架图。

与《四库全书总目》相关的目录索引主要有：

四库全书存目丛书·目录索引，齐鲁书社1997。《四库全书存目丛书》收录散藏于世界各地200余家图书馆、博物馆及私人藏书家的《四库全书存目》4508种，其中八成为宋元明及清初善本，原版影印。该书由总目录、书名索引和著者姓名索引组成。总目录记《四库全书存目丛书》子目书名、卷数、著者及其朝代、版本藏家。例如《芳山志》15卷，元陈士彬撰，北京图书馆藏明刻本。书名索引中书名后的数字，表示该书在总目录中的部名册次和页码。例如《庚申外史》，史45/217。著者姓名索引标示亦然。书名索引和著者姓名索引均按四角号码顺序排列。随《四库全书存目丛书补编》的出版，2001年相应编辑出版了《四库全书存目丛书补编目录索引》。《存目丛书补编》收历代典籍219种，大多属海内外稀见的珍本秘籍。该书目录索引包括总目录、分类目录、四库全书存目丛书正补编综合书名索引及综合著者索引四部分。

续修四库全书总目录索引，《续修四库全书》编纂委员会、复旦大学图书馆古籍部编，上海古籍出版社，2003。《续修四库全书》收录《四库全书》编纂完成后迄于清末（大体止于民国初年）的学术著述，其中包括《四库全书》失收（遗漏、摒弃、禁毁）以及《四库全书》所列存目而确有学术价值的古籍；《四库全书》所不收的有重要文学价值的戏曲小说；新出土的简帛类古籍而卷帙成编者。《续修四库全书总目录索引》的总目录，按子目书名所属经史子集四部分别编排。索引包括子目书名和著者人名两部分，均按四角号码分别排列。书名、人名后所标"第某某册"，为《续修四库全书》书脊所印之册次。台湾商务印书馆1972年出版**续修四库全书提要**12册。

四库禁毁书丛刊索引，北京出版社，2001。《四库禁毁书丛刊》收书634种，分装310册，其中经部16种、10册；史部157种、75册；子部59种、38册；集部402种、187册。该书纠正《四库全书》存目及《四库全书存目丛书》误收若干条。《四库禁毁书丛刊索引》包括总目录，分经史子集四部，各部独立排出序号；分类目录，经部分易、四书、群经总义、小学，史部分编年、纪事本末、杂史、诏令奏议、传记、政书、地理、史评，子部分儒家、兵书、医家、天文、术数、艺术、杂家、类书、释家，集部分总集、别集、诗文评、词类。书名索引、著者索引，书名、著者后注部别、册次、序号，例如，《心史》二卷，(宋)郑思肖撰，集30—1。

四库未收书辑刊·卷首·目录索引，北京出版社，2000。《四库未收书辑刊》系以20世纪20年代末30多位国学大师编订的《四库未收书分类目录》中开列的书为主，酌收本辑刊顾问、编委拟添之书，征访善本秘籍汇编而成。共收典籍近2000种，分10辑，每辑30册，计3万册，新装影印出版。保留了国学大师们通过按语、整理笔记中对典籍精确的论述及其精深的学术思想。辑刊所附的目录索引一册，包括分类目录、书名索引、著者索引三部分。分类目录，按经史子集四部排列。书名索引著录书名、卷数、著者及其朝代、版本，例如旧史内篇八卷，(清)杨世猷撰，清光绪28年自刻本。

仍具参考价值的古籍书目有：

书目答问，清张之洞撰，初刊于清光绪二年(1876)。该书原是为生童指引"读书门径"的，共列举经过选择的古籍2200种左右。其中《四库全书》未有者十之三四，《四库全书》有其书而校本注本晚出者十之七八。每种书先列书名，次注作者，再注各种版本，不单纯追求古本，而是以不缺少误，习见常用为主。全书按经、史、子、集、丛(丛书目)5部、30类编排，每类以"∟"作为子目细分的标志。又附"别录目"与"清代著述诸家姓名考略"。从"考略"中可窥见清代学术流别，具有总结学术研究成绩之价值。

《书目答问》流传以后，又不断有新的著述问世，有些古籍也陆续翻刻、重印。1931年刊印了范希曾所撰的**书目答问补正**，收录1200多种书，一部分属《书目答问》漏收，大部分是光绪二年以后几十年整理和研究中国古籍的新著述，着重收录为要籍做过辑补、校注的本子，补录了一些丛书本、影印本。《补正》还纠正了《书目答问》所记书名、卷数、作者方面的错误，原所记"今人"，均补上了姓名。

中华书局1963年出版的《书目答问补正》，是《书目答问》及其《补正》的汇编本。书中每一书先录《书目答问》所记，后载《补正》的文字，颇便使用。鲁迅曾指出："我以为要弄旧的呢，倒不如姑且靠着张之洞的《书目答问》去摸门径去。"(《而已集·读书杂谈》)点明了这部书目的价值。

郑堂读书记，周中孚撰，商务印书馆，1959。该书30卷(附补遗)，收书4000余种，其中有与《四库全书总目》重复的，也有《四库全书总目》未收的，还有新出的。每书写有提要，以考辨各书版本、真伪，评论其内容与价值。该书可补《四库全书总目》之不足。

贩书偶记，孙殿起编，中华书局，1959。该书初刊于1936年，是编者几十年所见古籍的记录。1982年上海古籍出版社新一版附有正误及补遗。书中收录的绝大部分是清代的著作，同时兼收少许明代小说与辛亥革命至抗战前(止于1935年)的有关古代文化的著作。书中著录不仅有编者目睹的善本，也有一些近代作家的稿本、抄本。见于《四库全书总目》的清代著作，只录其卷数、版本不同者。《贩书偶记》刊行以后，孙殿起又积累了不少有关古籍的资料。后来，雷梦水又仿《贩书偶记》体例，汇编了**贩书偶记续编**，由上海古籍出版社于1980年出版。书中记载清代著述6000种。

江苏省立国学图书馆图书总目，44卷，柳诒徵等编；补编12卷，王焕镳等编。江苏省立国学图书馆1933年至1936年铅印刊行。该书收录图书37002种、59228部，其中包括得自钱塘丁氏善本书室和武昌范氏木犀香馆的旧藏。全书按经、史、子、集、志、图、丛7部、85类、832属编排。1948年该馆又编印《江苏省立国学图书馆现存书目》2册，1951年又编印《续编》1册。这是原编《图书总目》的实存书的记录。

查考建国后整理出版的古籍的概况，目前专门的工具书是**古籍整理图书目录**(1949—1991)，国务院古籍整理出版规划小组办公室编，中华书局，1992。该书收录 1949 年 10 月至 1991 年 12 月我国整理出版的各类古籍，主要包括辛亥革命以前的著作；辛亥革命以后对古籍整理加工的著作；有关古籍的工具书；部分汉译少数民族古籍。正文采用按年编排的方法，便于了解历年古籍整理出版的概况。同一年内，分类排列。附有按四角号码顺序编排的书名索引。

查找港台古籍书目有：**香港所藏古籍书目**，贾晋华主编。上海古籍出版社，2003。本书系香港地区古籍联合目录，包括高校、研究所等 11 所收藏古籍 25700 余种。**台湾公藏普通本线装书书名索引**，台北中央图书馆印行，1982。据台湾"中央图书馆"、"故宫博物院"等 8 单位所编古籍书目汇编而成，各书著录书名、卷数作者、版本、馆藏诸项。

三、古籍丛书目录

有些古籍无单刻本或单印本，只能见之于丛书中。有些古籍虽有单行本，但也常常为一种或多种丛书所收。据估计，收入丛书中的古籍约有 4 万余种。

我国最早的丛书是俞鼎孙、俞经合辑的《儒学警悟》，包括 6 种书 41 卷。该书辑成于南宋宁宗嘉泰二年(1202)，流传很少。随后是宋代左圭所辑的《百川学海》、元代陶宗仪辑的《说郛》。最初的丛书往往是各类兼收，具有综合性的特点。明代此种丛书进一步发展，如《汉魏丛书》、《唐宋丛书》等相继刊行。与此同时，出现了专门性丛书，如郡邑丛书、一姓一人著作合刊的丛书。清代中叶，刊刻丛书之风更盛，种类多，内容精。有搜辑群书，着重广博的，如鲍廷博辑、鲍志祖续辑的《知不足斋丛书》207 种 781 卷；有仿刻宋元旧刊，着重版本的，如黄丕烈辑的《士礼居丛书》19 种 194 卷；有比较版本异同，着重校勘的，如卢文弨辑刻的《抱经堂丛书》20 种 263 卷；有广搜古书，着重辑佚的，如马国翰的《玉函山房辑佚书》600 余种；有专辑清人著述，着重亡阙的，如赵之谦辑刊的《仰视千七百二十九鹤斋丛书》38 种 74 卷，以及辑刻专著，着重实用的，如张炳翔辑刊的《许学丛书》14

种57卷。此外尚有记载地方人士遗文逸事的,有关方舆地志、中西交通来往以及辑刻诗文词曲的丛书。丛书发展到这个阶段,凡学术研究所需之文献,大都可从中找到。

一书是不是丛书,不能单纯按书名是否标明了"丛书"二字来判断。例如,唐代陆龟蒙撰的《笠泽丛书》,系个人笔记和阐发闲情逸致的作品,不能认为是丛书;相反,一书是群书的汇集,书名虽未标明"丛书"二字,实系丛书。例如,明代陆楫等辑刊的《古今说海》,就是包括135种书的一部汇集"古今野史外纪、丛说脞语、艺术怪录"的丛书。还有,书名称作丛刊、丛刻、丛钞、丛稿、丛谭、丛编、汇刻、汇钞、汇存、汇稿、秘书、志林等,常常也是丛书。怎样从丛书中查到古籍呢?主要是利用古籍丛书目录。古籍丛书目录有多种,最主要的一部是**中国丛书综录**。该书系上海图书馆编,中华书局1959至1962年出版,共3册。

第1册总目,即丛书总目。收录2797种丛书,包括38891种著作。全部丛书按汇编与类编编排。汇编又分杂纂、辑佚、郡邑、氏族、独撰5类;类编则分经、史、子、集4类。每种丛书著录丛书名称、编辑者、版本,并详列子目(即丛书所包括的著作),格式如下:

问影楼丛刻初编
(民国)胡思敬辑
　　清光绪至民国间新昌胡氏刊本排印本
钝吟集三卷(清)冯班撰　　光绪　三十四年排印
四溟山人诗集十卷　(明)谢榛撰　宣统元年排印
宣靖备史四卷　(明)陈霆撰　民国二年刊
后梁春秋二卷　(明)姚士粦撰　民国二年刊
崇祯五十宰相传一卷　(清)曹溶撰　民国四年刊
齐物论斋文集五卷　(清)董士锡撰　民国二年刊
退庐疏稿四卷　(民国)胡思敬撰　民国二年刊
王船山读通鉴论辨正二卷　(民国)胡思敬撰　民国二年刊
驴背集四卷　(民国)胡思敬撰　民国二年刊

书后附"全国主要图书馆收藏情况表",反映全国41所图书馆收藏丛书的有无全缺。"丛书书名索引",按四角号码检字法排列,格式如下:

第八章 古今图书的检索

7760_7 問

    11～琴阁丛书　587 1315

    21～经堂丛书　148 97

    50～青园集　559 1159

      ～青园集(龙泉师友遗稿合编)　868 2357

    60～影楼丛刻初编　225 273

      ～影楼舆丛书第一集　657 1630

前一个数字是《中国丛书综录》第1册中的页码,如在255页可查到《问影楼丛刻初编》收入了哪些古籍;后一数字表示"全国主要图书馆收藏情况表"所收丛书的顺序号,由此可查到该丛书收藏情况。

从表中即知《问影楼丛刻初编》,北大图书馆收有残本,上海图书馆收藏全书。

	书 名	辑撰者	版 本	藏 书 者									
				北京	首都	科学	北大	北师	清华	中医	上海	复旦	华师	上师
268	积学斋丛书	(民国)徐乃昌辑	清光绪中南陵徐氏刊本	○	○	○	○	○		○	○	○	○
269	邗斋丛书	(民国)徐乃昌辑	清光绪二十六年南陵徐氏刊本	○		○	○	○		○	○	○	○
270	怀豳杂俎	(民国)徐乃昌辑	清光绪宣统间南陵徐氏刊本				○				○		○
271	随盦徐氏丛书	(民国)徐乃昌辑	清光绪至民国间南陵徐氏刊本				×	○					
272	圣译楼丛书	(民国)李祖年辑	清光绪三十四年武进李氏刊本	○			○		○		○		
273	问影楼丛刻初编	(民国)胡思敬辑	清光绪至民国间新昌胡氏刊本排印本				×				○		

该册供查找丛书之用,可从类别或丛书名两方面查出某部丛书包括哪些古籍及哪些图书馆收藏这部丛书。

第2册子目,即子目分类目录。将《中国丛书综录》所收的全部古籍按经、史、子、集编排。每部古籍下注明在哪些丛书中收入了这部古籍,格式如下:

从史部·杂史类查到：

宣靖备史四卷
　（明）陈霆撰
　　豫恕堂丛书
　　问影楼丛刻初编

《宣靖备史》收在《豫恕堂丛书》《问影楼丛刻初编》两部丛书中。

该册供查找古籍所属丛书之用。可按类查出某部古籍及其收在哪一部或几部丛书内。然后通过第1册，获知这些丛书为哪些图书馆收藏，从而找到一部古籍。

第3册"索引"，包括"子目书名索引"与"子目著者索引"，均按四角号码排列。"子目书名索引"格式如下：

3010_6 宣
00 宣夜说　　　　　　　　867 右
05 宣靖备史　　　　　　　299 右
　 宣靖妖化录　　　　　　1059 左
10……宣平巷刘金儿复落娼　1670 左
　……………

"子目著者索引"格式如下：

7529_6 陈
　……………
10 陈霆（明）
　 宣靖备史　　　　　　　299 右
　 两山墨谈　　　　　　　994 左
　 水南集　　　　　　　 1339 左
　 渚山堂词话　　　　　 1718 左

两种索引均载明，在《中国丛书书综录》第2册第299页右栏可查到《宣靖备史》收在哪些丛书中。

此后，上海古籍出版社又陆续将该书3册再版，订正了原版的一些错误,增补了黑龙江省图书馆、广西壮族自治区第一和第二图书馆、青海省图书馆、宁夏回族自治区图书馆、中央民族学院图书馆收藏丛书的情况。

《中国丛书综录》是一部具有较高使用价值的工具书。但也要注意,其收书也有遗漏。《中国丛书综录》重印本虽然订正了一些错误,但书中疏漏之处仍然可见,可注意查《中国丛书综录补正》与《中国丛书目录及子目索引汇编》,以予补充。

中国丛书综录补正,阳海清编撰,蒋孝达校订,江苏广陵古籍刻印社,1981。该书着重考订与补正《中国丛书综录》的错漏之处。补充著录了丛书版本,核对了一些丛书的卷数,对版式、行款、序跋及版本原委均略有说明;增补了丛书异名,如《少室山房四集》,异名不仅有《少室山房类稿》,亦名《少室山房汇稿》《少室山房全稿》《少室山房全集》《少室山房四部》;订正同一丛书误认为两部丛书之误,如《黄氏逸书考》与《汉学堂丛书》系一部丛书而非两部;补足一些丛书缺漏的子目,如《最乐亭三种》,增补子目《医学绀珠》一卷;查核记录仅刻丛书封面而未有子目的丛书;增录了1958年以后重印、复印、影印及校点排印的新版丛书,甚至连书中引用人名、书名、时代所出现的错字、漏字,亦予以订正。此外,某些丛书的演变过程以及凡访知的丛书雕版收藏处所,也尽可能附笔记载。《补正》编排同《综录》。书后附"丛书异名索引",颇便参考。

中国丛书目录及子目索引汇编,施廷镛主编,严仲仪、倪友春分编,南京大学1982年印行。该书重在增补《中国丛书综录》漏收或未收丛书,计977种。其中包括一些西学丛书,如《西学启蒙十六种》《西学自强丛书》《西学大成十二编》《西学辑存六种》,以及台湾编印的丛书,如《中国边疆丛书》《中国名山胜迹志丛刊》《袁世凯史料汇编》。全书分丛书目录与子目索引两部分。丛书目录分综合汇刻与分类汇刻。综合汇刻再分为汇编、氏族、自著;分类汇刻再分为经学、哲学、宗教附堪舆、历算、农业、医学、历史传记金石附地志、政治军事、文字附韵学、文学、诗文、词曲、其他。书前附《丛书概述》,文中也综述了丛书目录的编纂简况。书后附"丛书书名索引"与"子目书名索引"。

还应该提及**丛书总目续编**,庄荣芳编,台北德浩书局,1974。该书实际是《中国丛书综录》第 1 册"总目"的续编，收录台湾出版的丛书 683 种，其中新编者 246 种，重印者 423 种，拟印者 14 种。只在新编丛书下列出子目。全书分汇编（下分杂纂、氏族、独撰 3 类）与类编（下分经、史、子、集 4 类）。可用以查考台湾 1974 年前的丛书编纂、出版与收藏情况。1999 年，湖北人民出版社出版了阴海清编撰**中国丛书广录**，收录包括台湾地区出版的新编丛书共 3207 种。

查阅古籍丛书时，另有三部丛书目录不可不注意查考：

四部丛刊书录，孙毓修编，商务印书馆，1922。初编的目录，按经、史、子、集四部编排。每书详载版本和收藏图记。

四部备要书目提要，中华书局 1936 年编印。该书是供查找《四部备要》子目之用的。按经、史、子、集四部编排，每书首列"著者小传"，然后照录"四库提要"或新编"本书述略"，简介内容，最后记载"卷目"。

丛书集成初编目录，商务印书馆编，中华书局 1983 年重印。该书供查找《丛书集成初编》所收丛书及其子目之用。《丛书集成初编目录》新本，既吸收了上海古籍书店重编本加工的成果，又作了若干订正。书前有百部丛书提要，简介丛书编者生平、丛书内容、特点及编辑概要。子目按总类、哲学、宗教、社会科学、语文学、自然科学、应用科学、艺术、文学、史地 10 类编排。已出版各书书名前冠以书号，未出各书注明"未出"。书后附"书名索引"与"未出书名索引"。1991 年，台湾新文丰出版公司编印**丛书集成续编总目索引**，1986 年该公司编印**丛书集成新编总目索引**。

四、古籍版本目录

自从雕版印刷书籍出现之后，才有"版本"这个名称。初时，"版本"仅仅是为了区别写本。随着雕版印刷事业的发展，古籍有了多种不同时期的刻本、印本；其中善本，更为珍贵。什么是善本？至今尚有不同的标准与说法。《中国古籍善本书目》编辑组规定，凡具有历史文物性、学术资料性、艺术代表性三方面之一、二的古籍，均可视为善本。这里所说的历史文物性，是指某种古籍版本具有历史文物的价值；学术资料性，是指某种古籍版本作者在学术研究上有独到的见解，又具有文献史料价值；艺术代表性，是指某种古籍版本能反映我国古代刻印技术的发展，如代表一定时期刻印工艺技术水平的各种活字印本、较精的插图刻本等。善本具有较高的使用价值，内容上有可取之处，刊本流传少，刻印有特点。

古籍版本对于使用古籍是很重要的，版本不同，内容往往有差异。利用古籍时，不可忽视查考版本目录、善本书目与善本提要。

常用的版本目录主要有：**(增订)四库简明目录标注**，清邵懿辰撰，邵章续录，上海古籍出版社1979年重印。该书是对《四库全书简明目录》中每一种古籍传世版本的标注。分标注、附录与续录三部分。标注是邵懿辰据其所见，对《四库全书简明目录》所收各书的版本记载。附录是邵友诚将邵懿辰的"标注"，据《四库书目邵注》手录本所记各家有关版本批注而进行的校补。续录则是邵章仿"标注"体例，专录清代咸丰以后嗣出各本，可补"标注"、"附录"所未记载的版本。书后附《善本书跋及其他》《四库未传本书目》《东国书目》(日本、朝鲜刻书书目)。《(增订)四库简明目录标注》是查古籍版本的基本书目之一。

邵亭知见传本书目，清莫友芝撰，莫绳孙编，上海扫叶山房，1923。该书收录古籍不限于《四库全书简明目录》，每书详载版本。近年又出**藏园订补邵亭知见传本书目**，傅增湘撰，中华书局，1993。此二书可与《(增订)四库简明目录标注》相互参阅。

四库目略，杨立诚编，浙江省立图书馆，1929。该书根据《四库全书简明目录》、《(增订)四库简明目录标注》与《邵亭知见传本书目》改编而成。全书按经、史、子、集编排，每书详载书名、卷数、著者、版本及内容提要。

查考古籍善本，最重要的工具书是**中国古籍善本书目**，上海古籍出版社1989—1996年。这是对现存古籍善本全国普存与总结的成果。共收录全国782处收藏单位珍藏的古籍善本6万多种，13万部，是一部查找现存古籍比较完备的书目。全书按经、史、子、集、丛五部编辑出版。"丛"指丛书部，但按编辑体例，只收录"汇刻群书"之丛书，而汇编同一部类之书的丛书，仍直接归入所属部类。全书的分类体系，大体依据四库分类法，但各部的类目根据现存古籍善本的实际情况有所增删修订。著录项目包括：书名、卷数、编著注释者、版本、批校题跋者、收藏单位代号。从内容上看，有关版本的著录比较科学准确，具有较高的学术水平。这不仅表现在对有年代可据或资料可考的版本，详细记载了刊刻年代、刻书地点或刻书人姓名，对有批校题跋的版本，均注明批校者，揭示版本的特殊价值，还表现在对有多种刻本的同一古籍，对其版本源流系统作出了清理归并。在《中国古籍善本书目》有关版本的简略著录中，蕴含着丰富的有关古籍版本断限、鉴别、源流考证等方面的研究成果。此外，该目录详细记载每一种古籍善本的收藏地点，为古籍善本的传播流布研究提供了基础资料。

尚可参考的古籍善本书目有：

北京图书馆善本书目 四部，即北京图书馆不同时期印行的《国立北平图书馆善本书目》（赵万里编，1933）、《国立北平图书馆善本书目乙编》及其《乙编续目》（赵孝孟编，1935年，1937年）、《北京图书馆善本书目》（该馆善本部编，中华书局，1959），共收该馆所藏宋、元、明刻本、精抄名本、传本稀少刊刻较精的刻本和精校抄本、批校本以及清康熙年间罕传的方志共19051种。

上海图书馆善本书目，上海图书馆1957年编印。全书5卷，收录1956年9月以前入藏的善本2470种，其中以明刻本为主，也有宋、元刻本，清代精刻本及抄本。该书按经、史、子、集、丛五部编排。

北京大学图书馆藏善本书目，北京大学图书馆1958年编印。全书2册，收录馆藏清代乾隆以前的精刻本、旧活字本、旧抄本、批校本、稿本、稀见本7800种，兼收朝鲜、日本的旧刻本、旧活字本、抄本。该书按经、史、子、集、丛书部编排。**北京大学图书馆藏李氏书目**，北京大学图书馆1956年编印。该书收录江西藏书家李盛铎（号木斋）所藏清代以前旧刊本、罕见本、佛经古刻本、明抄本、清抄本、校本、稿本9087种，兼收日本旧刻本、旧活字本及普通本。校本大多有李氏撰写的题跋。凡属善本，顶格排列，并有"□"符号，以别普通本。全书亦按经、史、子、集、丛五部编排。

天禄琳琅书目，于敏中、彭元瑞等编，清光绪年间长沙王氏校刊本。"天禄琳琅"即天赐秘籍之意，是清乾隆年间宫内收藏善本的昭仁殿的雅称。于敏中等编《天禄琳琅书目》前编 10 卷，收宋、金、元、明版及影宋抄本 427 部。嘉庆二年乾清宫遭火，昭仁殿善本被焚。乾清宫重建后，又收藏善本，由彭元瑞等编《天禄琳琅书目》后编 20 卷，收宋、辽、金、元、明版及影宋本、明抄本 663 部。今人施廷镛、张允亮分别编的《天禄琳琅查存书目》与《天禄琳琅现存书目》，是《天禄琳琅书目》后编实存的记录。

了解台湾所藏古籍善本情况，可查台湾"中央图书馆"特藏组编辑、1988 年 2 月该馆出版的《善本书目》（增订 2 版）。该书目著录善本书 15595 部 370659 卷，另卷轴 189 卷，图 681 幅。

善本书目只能提供今有哪些古籍善本及其收藏处所。要了解古籍善本书的内容特点，就必须善于利用古籍善本提要或善本序跋汇编之类的专书。

查善本提要，首先要使用**中国善本书提要**，王重民撰，上海古籍出版社，1983。该书收录古籍善本提要 4400 余篇，是作者根据北京图书馆、北京大学图书馆与美国国会图书馆所藏善本书写成的。每书记载书名、卷数、行款、板框，标明收藏地点。《提要》重在版本记述，所以多录校刻者或刻书故实。凡《四库全书总目》已作提要者，该书不再详作提要，但对《总目》中提要之错讹多有纠正。《提要》中对一书作者（编、校者）、出版者、刻工，有时也对一书的成书年代、篇目、内容、残缺、真伪，甚至流传情况讲行考辨，著录、摘引与附录大量原书序跋原文，并附记收藏印记。现举《提要》一例如下：

【武夷志略四卷】
　　四册（《四库总目》卷七十六）（国会）
　　明万历间刻本［九行二十字（20.7×13.2）］原题："武夷山人徐表然德望甫纂辑，邑人孙世昌登云甫厮梓。"卷末有牌记云："万历己未仲冬晋江陈衙发刻，崇安孙世昌梓行。"凡号码重复之叶，皆后来补版也。《提要》云："嘉靖中，表然尝结漱艺山房于武夷第三曲，因撰次是书。"按陈鸣华序称"高弟徐生"，序末钤"丙戌进士"一印。考《泉州府志》，鸣华为万历丙戌进士，表然于鸣华为后进，则《提要》"嘉靖中"宜作万历。
　　陈鸣华序
　　柴世诞序

彭维藩跋

全书编排按经、史、子、集四部分类法，但略有变更。书后附《书名索引》《撰校刊刻人名索引》《刻工人名索引》《刻书铺号索引》。

1991年，书目文献出版社又出版**中国善本书提要补编**，收录《提要》出版后新发现的提要遗稿，计有史部书提要770多篇，子部书提要10篇。

还可参考以下书目、序跋、题记汇编之类的专书：

《钱遵王读书敏求记校证》《爱日精庐藏书志》，中华书局，1990。**读书敏求记** 4卷，清钱曾撰，管庭芬、章钰校证。曾字遵王，号也是翁，江苏常熟人。生于明崇祯二年（1629），卒于清康熙四十年（1701）。著录各书，多系宋、元精刊或旧抄本，为钱氏藏书中之精萃。每书之下，标明次第完阙，古今异同，既叙版本，又兼考订。《四库全书总目》称其"述授受之源流，究缮刻之异同，见闻既博，辨别尤精。"《校证》补阙订讹数千条，四倍于钱氏原书。

爱日精庐藏书志 36卷、**续志** 4卷，清张金吾撰。金吾字慎旃，别字月霄。生于清乾隆五十二年（1787），卒于道光九年（1829）。嘉庆时曾编《爱日精庐书目》20卷、《爱日精庐藏书志》及《续志》40卷。前者系藏书总目，后者为善本书目。凡《四库全书总目》未曾著录者，辄撰提要，并附录有关序跋。顾广圻称此书"问聚书之门径"，"标读书之脉络"，"欲藏书、读书者，苟循是而求焉，不事半功倍欤。"

《善本书室藏书志》、《仪顾堂题跋、续跋》，中华书局，1990。**善本书室藏书志** 40卷，清丁丙撰。丙字嘉鱼，别字松生，晚号松存，浙江钱塘（今杭州）人。生于清道光十二年（1832），卒于光绪二十五年（1899）。专记先世丁凯八千卷楼所藏宋、元刊本、名钞校本及重要稿本，兼录明初以来的古籍及乡贤文献。每书皆有题解，叙述著者生平，各书内容、得失及版本情况，考证良多。另编《八千卷楼书目》20卷，为丁氏藏书总目。**仪顾堂题跋** 16卷、**续跋** 16卷，清陆心源撰。心源字刚甫，号存斋，晚号潜园老人，浙江归安（今吴兴）人。陆氏生平仰慕顾炎武，因名其室"仪顾堂"。《仪顾堂题跋》及《续跋》专记古籍及部分书画、金石题跋。

皕宋楼藏书志 120 卷、**皕宋楼藏书续志** 4 卷，清陆心源撰，中华书局，1990。收录宋、元精刊、名人手抄手校本，多系陆氏珍藏秘籍。《四库全书总目》及《四库未收书目提要》未曾撰写提要者，陆氏均逐一编撰解题，并选录诸书序跋，间加案语，"使一书原委，灿然具备"。

抱经楼藏书志，清沈德寿撰，中华书局，1990。德寿字药庵，浙江慈谿人。该书仿《爱日精庐藏书志》和《皕宋楼藏书志》而作。二志断于明朝，此志则延至清代。专载旧刊旧钞之流传罕见者，每书皆有解题，并兼收诸书序跋，登录前人手迹题识，校雠岁月，于考证古书源流足资参考。

士礼居藏书题跋记，清黄丕烈著，潘祖荫辑，周少川点校，书目文献出版社，1989。丕烈字绍武，号荛圃，江苏长洲（今苏州）人。生于清乾隆二十八年（1763），卒于道光五年（1825）。"士礼居"乃是他的室名之一。该书收黄氏题跋 341 篇，书中题记之书，集中于宋元旧刊及名校名抄，这些古籍是黄氏藏书之精华。题跋在追述古籍授受源流之同时，又记录了大批藏书家的情况与书林轶事，有助于了解清代私家藏书的发展过程和一些藏书家的生平。《题跋记》还转引了毛晋、毛扆、钱曾、何焯、钱大昕、孙星衍、鲍廷博、顾广圻、陈鳣等人的大量题跋，其中有些题跋不见于原作者文集、朴记，可补苴亡佚，更有价值。缪荃孙等辑**荛圃藏书题识**及王大隆辑**荛圃藏书题识续录**亦可参阅。

思适斋集 18 卷，清顾广圻撰，清道光年间上海徐氏刻本。广圻字千里，清元和人。生于清乾隆三十一年（1767），卒于道光十五年（1836）。该书收录顾氏帮助孙星衍、秦恩复、张敦仁等校刻古籍所写的序跋、札记。此外，王大隆辑的《思适斋书跋》，蒋祖诒、邹百耐辑的《思适斋集外集书跋辑存》，均为散见在《思适斋集》以外的校刻古籍的题记。

楹书隅录 5 卷、续编 4 卷，清杨绍和编，1912 年武进董康补刻本。该书根据清代聊城海源阁所藏善本编成。收书 260 余种，其中宋、元、明校本、抄本 74 种。其孙杨保彝辑《海源阁宋元秘本书目》亦可参考。

艺风堂藏书记 8 卷、续记 8 卷、再续记 7 卷，清缪荃孙撰，清光绪年间江阴缪氏刊本。荃孙字筱珊,号艺风,江苏江阴人。该书收善本书627种,每书录其题跋、印记。凡《四库全书总目》未著录之书,简介作者及书的内容。另有《艺风堂文存》,载有题记,亦可参阅。

铁琴铜剑楼藏书题跋集录 4卷,瞿良士辑,上海古籍出版社,1985。铁琴铜剑楼是清代常熟藏书家瞿镛藏书楼。良士,乃瞿镛之子。该书是良士从家藏古书中辑出的前人题跋380余种,有助于了解罕见书递藏源流与前人鉴别版本的见解。该书可与《铁琴铜剑楼藏书目录》和《铁琴铜剑楼宋金元本书影》参照使用。

木樨轩藏书题记及书录,李盛铎著,张玉范整理,北京大学出版社,1985。盛铎,号木斋,别号师庵居士。江西德化人。生于清咸丰九年(1859),卒于民国二十三年(1934)。《木樨轩藏书题记》辑自李氏藏书,共173篇,记述得书经过、书籍流传始末,考证版本源流,以及与它本文字异同,确定其优劣。《木樨轩藏书书录》是李盛铎的手稿,收书1464种,大都为记述原书序跋、抄校流传原委、前人题记、收藏印记和卷帙编次、行格字数、版心题字、刻工姓名、讳字、牌记等,详记了原书情况,使人读书录如见其书。《题记》重在考证版本优劣得失,《书录》则在具体细致描述图书,各有所长。

藏园群书经眼录,傅增湘撰,中华书局,1983。该书19卷,总目1卷。由傅熹年根据傅增湘阅书与藏书记录手稿,并参考其他撰述与札记整理而成。收书5000种,论及各书特点、渊源、优劣,对了解近代所存古籍善本概貌与流传佚失情况,提供了重要史料。

涉园序跋集录,张元济撰,顾廷龙编,上海古典文学出版社,1957。元济字筱斋,号菊生,浙江海盐人。生于清同治六年(1867),卒于1959年。张氏曾创建涵芬楼,广搜善本。作者据所藏所见,考订版本,校勘正误,分辨优劣,撰写题跋。该书汇录各书的序跋。

涵芬楼烬余书录,商务印书馆,1951。该书是张元济收藏幸免于"一·二八"上海战役的那一部分善本所写提要的汇编,计宋元明刻本、抄校本、稿本共547种。书后附《涵芬楼原存善本草目》。

著砚楼书跋,潘景郑撰,上海古典文学出版社,1957。该书系作者就所藏所见的宋元精刊,明清旧刻、抄本、校本、稿本所写题跋400余篇的汇编本。每篇或分辨版本异同、审定真伪,或述授受源流,记其款式、印记。

五、禁书目录

查考古代禁书，可查**中国禁书大观**，安平秋、章培恒主编，上海文化出版社，1990。该书由中国禁书简史、中国禁书解题、中国历代禁书目录三部分组成。其中分朝代介绍220种禁书所做的解题以及编者开列的《秦汉至汉初禁书目录》《魏晋南北朝隋唐禁书目录》《宋元明禁书目录》《清代禁书目录》，对于具体查考与了解中国禁书，尤具参考价值。

清代禁书知见录，孙殿起辑。该书与《清代禁毁书目（补遗）》（清人姚觐之撰）合为一书，由商务印书馆于1957年出版。在《清代禁书知见录》中，编者根据自己所见到的禁书，记其书名、卷数、作者和刊刻年代。同时将一部分不见于禁书书目而似在禁毁范围的古书，作为外编附于书后。该书录为查找清乾隆时查禁书中尚存的著作提供了线索。**清代禁毁书目（补遗）**，包括《全毁书目》《抽毁书目》《禁书总目》与《违碍书目》。该书目可查考清乾隆时的禁毁书籍。同时亦可查考《清代各省禁书汇考》（雷梦辰编，书目文献出版社，1989）与《四库采进书目》（吴慰祖校订，商务印书馆，1960）。

在古籍查阅中，还会碰到同书异名与同名异书、查考古籍与古书辨伪问题。

解决同书异名与同名异书问题，可查：

同书异名通检（增订本），杜信孚编，江苏人民出版社，1982。收同书异名6000余条。每条著录书名、卷数、著者、版本与异名。异名来源摘自原书序跋、目录、书评、报刊。

同名异书通检，杜信孚等编，江苏人民出版社，1982。收同名异书3500余条。每条同名书下注明各书的卷数、著者、版本。

古书同名异称举要，张雪庵编，山东人民出版社，1980。收录5600余种书名，均为比较重要与常见的，分同名异书、同书异名与附录三部分。附录是对书名与语词、书名与人名作简要分辨，对书名中生僻字、词注音。

辨别伪书，可参考：

古书真伪及其年代，梁启超著，中华书局，1955。1927年梁启超讲授此课，后由周传儒、姚名达、吴其昌根据听讲笔记整理而成。本书分为总论和分论两部分。总论阐述辨伪的必要，伪书的种类及来历，辨伪学的发展，辨伪的一般方法。分论依次探讨十三经的真伪，反映了梁氏读经的一些心得。

伪书通考（修订本），张心澂编撰，商务印书馆，1957。本书是汇集明宋濂《诸子辨》、胡应麟《四部正讹》及清人姚际恒《古今伪书考》而成，辨及著作1104部。以书名为纲，将前人的考辨文字全录或节录，列在其下，一一注明材料的出处，并以按语的方式，表示编者的意见。全书分经、史、子、集、通藏、佛藏六部。书后附书名及作者索引。

续伪书通考，郑良树编著，台湾学生书局，1984。精装上、下册。本书为张心澂《伪书通考》的续编，编排次第同张书。引用资料来自学报、学术刊物之辨伪论文；新刊古籍之序跋涉及辨伪者；专书内涉及辨伪之章节，已收入《古史辨》者；凡新旧版《伪书通考》未收者尽量收入。有些为原文，有些为节录，有些则列目（目录中加"＊"号表示）。所引资料篇幅均较长。书后有《伪书通考正续编考订古籍索引》、《伪书通考正续编征引资料索引》。

第二节 现代书目的利用

我国早在公元8世纪中叶就发明了印刷术，并先后传播到国外。欧洲采用雕版印刷书籍，比中国约晚700年。但新的印刷技术，却是19世纪初，从欧洲陆续传来。直至晚清我国才普遍采用铅印、石印等新技术印刷书报。查找现代出版的图书，要善于利用图书总目、丛书目录与禁书目录。

一、图书总目

民国时期是中国社会发生深刻变革的时期。是随着近代出版业的发展，西方印刷技术与制书工艺的引进，图书出版的数量大为增加。据不完全估计，整个民国时期，我国出版图书的总数约在15万种左右。从形式到内容也都留下了深深的时代烙印。

查考民国时期出版的图书,目前具有集大成性质的工具书是**民国时期总书目**,北京图书馆编,书目文献出版社,1986—1997。该书目的收录范围是:1911年至1949年9月间我国出版的中文图书,不包括线装书和少数民族文字图书。此间,我国社会政治剧烈变化,思想主张五花八门,许多图书直接反映了这种现象,表达了不同乃至对立的立场和观点。作为一部大型历史性回溯书目,《民国时期总书目》把全面记录这一时期出版的中文图书作为基本的收录原则,采取"有书即录"的方针,共收录各类中文图书124000余种,占民国时期出书总数的90%以上。可以说,它基本上反映了民国时期国内出版的中文图书的面貌。

《民国时期总书目》按学科分类,分册编辑出版。全书共分20大类,它们是:

1. 哲学・心理学(3450种)
2. 宗教(4617种)
3. 社会科学总类(3526种)
4. 政治(14697种)
5. 法律(4368种)
6. 军事(5563种)
7. 经济(16034种)
8. 文化科学(1585种)
9. 艺术(2825种)
10. 教育・体育(10269种)
11. 中小学教材(4055种)
12. 语言文字(3861种)
13. 中国文学(16619种)
14. 世界文学(4404种)
15. 历史地理(11029种)
16. 自然科学(3865种)
17. 医药卫生(3863种)
18. 农业科学(2455种)
19. 工业技术・交通运输(3480种)
20. 综合性图书(3479种)

册次的划分,根据不同类别收书的数量,有的一类一册或数册,有的数类合成一册。

各分册的正文,均采用分类编排法。分类体系参考《中国图书馆图书分类法》,兼顾所收图书的具体情况确定。卷首的分类目录,是一种分类检索途径。各分册卷末均附有按汉语拼音字母顺序编排的书名索引,是一条从书名入手的检索途径。

对所收图书的著录项目比较完备、规范,是《民国时期总书目》在内容上的突出特点。每一图书的著录项目包括流水号、书名、著者、出版、形态、**丛书**、提要附注、馆藏标记8项。例如:

02759

(重订分类)饮冰室文集全编(1—4册)　梁启超著

上海　会文堂新记书局　1924年5月初版,1928年12月12版,1932年4月15版　影印　4册　[[1132]页]　32开

分论著、学说、学术、政治、历史、传记、文苑、小说、杂著9类,共20卷。

封面书名为《(重订分类)饮冰室全集》。精装本分订为2册。　　(B.S.)

录自《民国时期总书目·中国文学》

其中,流水号是用于检索的顺序编号,每一学科单独排序。形态包括册数和页数、插图说明、开本、装帧等。馆藏标记分别以B、S、C代表北京图书馆、上海图书馆和重庆市图书馆。《民国时期总书目》所收的图书,主要以上述三所图书馆收藏的中文图书为主。绝大多数图书均有提要附注项。提要或概述图书内容,或摘录原书篇目,或作必要的说明,使书目具备了较高的学术参考价值。

《民国时期总书目》在收录的广泛性、著录的准确性、揭示的深入性及整体学术质量等各方面,都远远超越了在它以前出现的同类工具书,具有回溯性国家书目的性质。目前,它是查考民国图书的首选工具书。

此外,尚可参考的书目还有:

(生活)全国总书目,平心编,上海生活书店,1935。收录1911年至1935年间出版的书籍近2万种,以今人所撰写的新文化著作与当时正在发售的图书为主。凡属淫秽、宣传宗教、散布迷信、宣扬低级趣味的书,一概不收。书目按学科分类编排。从中可查到有关新文化、自然科学的著作,如英国达尔文所著《人类原始及类择》中译本等;30年代革命文艺作品,如胡也频创作的《一幕悲剧的写实》等;马列主义经典著作早期的中译本,如许德珩翻译的马克思著作《哲学的贫乏》(今译《哲学的贫困》)等;世界名著,如严复翻译的英国赫胥黎的著作《天演论》,以及各种不同的译本,如英国亚当·斯密斯著的《原富》,既收严复的译本,也收王亚南、刘光华的两种译本《国富论》。书目附主题、洲别国别、外国著者三种索引。

抗战时期出版图书书目(1937—1945),重庆市图书馆1957年至

1959年编辑刊行。该书2辑,收录1937年至1945年在重庆、上海、汉口、长沙、桂林、昆明等地出版的中文图书,凡属重庆市图书馆收藏者,在书名后标明"C"。从书目中可以查到从其他书目中不易查到的抗战时期出版的图书。例如,从中可查到《丁玲传》,陈彬荫著,战时读物编译社1938年出版;《丁玲——新中国的女战士》,里夫著,叶舟译,汉口光明书局1938年出版;另一译本《女战士丁玲》,英商每日译报社1938年编辑出版。

解放区根据地图书目录,中国人民大学图书馆编,中国人民大学出版社,1989。主要收录从抗战开始至中华人民共和国成立前解放区根据地出版的图书和国民党统治区出版的进步书籍,并反映该馆收藏情况。从中可查到不少极为珍贵的革命文献及马、恩、列、斯著作的各种版本。

查中华人民共和国成立以来出版的图书,可使用《全国总书目》《全国内部发行图书总目(1949—1986)》《全国新书目》《新华书目报》与《中国国家书目》。

全国总书目,原由中国版本图书馆编辑,中华书局出版。现由新闻出版署信息中心编辑出版。该书目均根据全国各出版单位缴送的样书编成,凡是公开出版发行或具有正式书号(ISBN)的图书,均收入其中,具有图书年鉴的性质。它比较全面、系统地记录了中华人民共和国成立以来每年出版的各类图书,反映了历年我国图书出版的概貌。1949年至1954年合订一册,从1955年每年出版一册。1966年至1969年停编。1970年恢复出版。

全国内部发行图书总目(1949—1986),中国版本图书馆编,中华书局,1988。该书目是根据版本图书馆征集的全国(未含台湾省)出版单位出版的内部发行图书的样本编成的。收录了从1949年10月至1986年12月出版的内部发行图书(包括1974年以前《全国总书目》未曾收录的"只限国内发行"图书),共计18301种,其中初版书17754种,改版书(不含重印书)547种。这一时期内部发行的用外国文字出版的图书、少数民族文字图书以及盲文书籍均收录在这部书目中。著录书名、著译者、出版地、出版者、出版年月、字数、开本、装帧及定价、丛书名、附注及版本说明。书目后附"书名索引",按书名汉字笔画、笔形(横、竖、撇、点、折)排列。这部书目可作为《全国总书目》的补充。

全国新书目，1950年创刊。原为版本图书馆编辑，现由新闻出版署信息中心主办，全国新书目杂志社编辑出版。该书目初为季刊，1952年改半年刊。1953年10月改为月刊。1959年改为旬刊。1961年改为半月刊。1966年停刊。1972年复刊，刊期仍为月刊。1996年7月改版，作了重大调整。除保留丰富的书目外，增设了"新书辑要""新书要览""新书快递""出版热线""精彩书摘""畅销书排行榜""文化观察""版权纪事""读书人语""书评"等栏目。尤其是北京市超星公司在这部书目刊物上推出的超星光盘图书馆，及时报道了各种电子出版物的信息。从1998年起，编者又对版面和栏目做了调整，增加了新颖的栏目，如"新书摘""新书选介""书与作家""百字导读"等。为了真正体现《全国新书目》之新，编者将各出版社图书在版编目(CIP)和新书发排预报情况汇编成"新书发排预报"，并作简要评介。《全国新书目》真正成为发布、查找现行图书信息的新型书目刊物。

查找现行新书信息还可参考由国家新闻出版总署主管，新华书店总店主办的**社科新书目**、**科技新书目**和**读者新书目**，由此可查到中央一级和北京以及全国其他地区出版社的各类图书、多媒体制品等最新出版信息。每月预告初、重版图书信息逾5000种，年近6万种。《读者新书目》也通过报纸版面，向广大读者推荐好书、新书；又为读者提供图书邮购和咨询服务。

二、国家书目

编辑国家书目以揭示与报道一个国家在一定时期内的出版物，这是当今世界各国普遍采用的方法。目前全世界已经有近百个国家编辑出版了国家书目。我国国家书目工作起步较晚。1985年，以手工方式编辑了**中国国家书目**(1985)，1987年公开出版。1988年，计算机中文文献数据库建立，从1990年9月开始，以计算机为手段编制每月2期的《中国国家书目》速报本。自1992年起，年度累积本的编制工作也实现了计算机化，并逐步开始了回溯本的编制工作。到目前为止,《中国国家书目》印刷版与光盘版并行,现行书目数据与回溯书目数据衔接,已经成为查考我国当代出版物权威性的检索工具。近年来,光盘版的发展速度明显快于印刷版。

《中国国家书目》全面、系统地揭示与报道中国的出版物。目前的收录范围包括汉语文普通图书、连续出版物、地图、乐谱、博士论文、技术标准、非书资料、书目索引、少数民族文字图书、盲文读物,以及中国出版的外国语文文献。年报道量约3万种。对文献的著录揭示,实现了标准化、规范化。按照《国际标准书目著录》(ISBD)和中华人民共和国文献著录标准进行著录;依据《汉语主题词表》《中国图书馆图书分类法》(第3版)和《中国科学院图书馆图书分类法》进行文献学科内容的标引。著录项目齐全、规范。例如:

G257　　　　　　　　　　　　　　　　　　010317
　　目录学发微/余嘉锡著.—成都:巴蜀书社,1991.5.—153页;肖像;20cm
　　　ISBN 7-80523-340-3:￥2.30
　　本书是近代目录学书籍中创作较早而又极有系统,颇有创见的一本书。其中对目录书籍发展的源流、各书体制的得失利病都有详细的论述。
　　Ⅰ.①目… Ⅱ.①余… Ⅲ.①古籍—目录学—研究—中国②目录学—古籍—研究—中国 Ⅳ.①G257②33.68
　　录自《中国国家书目》(1992)

印刷版《中国国家书目》按年度编辑出版。自1985年本问世以后,至1996年年底,已出1985—1987年本,1991—1994年本。每一年本包括正文和索引两部分。正文依《中国图书馆图书分类法》分类编排,同类出版物按题名的汉语拼音音序排列。索引包括题名索引和著者索引,均按汉语拼音字母顺序排列。

由于《中国国家书目》广泛的覆盖范围,丰富的书目数据,印刷版与已制作的光盘版相辅而行,它已经成了目前查考当代出版图书的首选检索工具。

三、丛书目录

查找近现代出版的图书,还可利用丛书。1902年少年中国学会编辑出版的《少年中国新丛书》就是近代出版较早的丛书之一。以后相继刊行,数量大,但成套出版发行者较少,大部分是先定丛书名称,然后陆续编印,不详子目,甚至有一套丛书只有一种书的现象。近现代出版的丛书中,不乏以提供史料,供学术研究参考用的丛书,如1936年开明书店编辑出版的《二十五史补编》。

查找近现代丛书,主要用**中国近代现代丛书目录**,上海图书馆,1979。该书为丛书书名目录,收录馆藏1902年至1949年各地出版的中文丛书5549种,包括各类图书30940种。全书按丛书名首字笔画为序,每一丛书注明主编、出版单位与出版时间,下列丛书子目。书后附《丛书出版系年表》。

1982年该馆又编印**中国近代现代丛书目录索引**,专供检索子目之用。《索引》分上下两册。上册为《子目书名索引》,可供查检子目及异书同名或同书异名(包括同一外文著作的不同译本),下册为《子目著者索引》,可供查检子目所署著、译、编、编著、编辑和选注者(包括校勘、批、校、标点)。《索引》后附《中国著者名、字、号、笔名录》与《外国著者中文译名异名表》。

从《商务印书馆图书目录》与《中华书局图书目录》中,也可查到不少丛书。

商务印书馆图书目录,商务印书馆,1981。全书分两册:1897—1949;1949—1980。从前者《丛书目录》中可查到260种丛书,涉及国学、史地、总类、文学诸类。从后者可查到重印丛书、新版或新编丛书,如《汉译世界学术名著丛书》(每书下有作者简介)、《严译名著丛刊》、《林译小说丛书》、《语文学习讲座丛书》等。

中华书局图书目录,中华书局编辑部编,中华书局,1981、1987。该书分一、二两编。第一编又分上(1949—1981)、下(1979—1986)两部分,收录解放后出版的古籍(包括研究著作和资料汇编)、古籍以外其他学科图书。第二编改名为《中华书局图书总目》,收录1912—1949年出版的图书。从中可查到中华书局自创办以来至1986年所出版的文学、语言文字、历史及综合性丛书。第一编(下)书后所载《中华书局香港分局图书目录》,提供了《中华通俗文库》、《中华文库》及《文学与历史》三部丛书及其子目。

四、禁书目录

在旧中国,革命的、进步的书刊,常遭查禁。北洋政府国民党政府及日伪曾将查禁的书刊,编成目录,密令书报检查机关予以查禁。进步的文化工作者,在当时或后来,也根据所知查禁的情况,编成目录,为后人研究文化史、现代史,查考进步书籍,辨识版本及文献真伪,提供一些资料线索。

可供查考的禁书目录资料主要有:

北洋政府查禁书籍、报刊、传单目录(1912.7—1928.3),张克明辑录,载《天津社会科学》1982 年第 5、6 期。

第二次国内革命战争时期国民党政府查禁书刊编目(1927.8—1937.6),张克明辑录,载《出版史料》第 3 辑(1984 年)。

抗日战争时期国民党政府查禁书刊目录(1938.3—1945.8),张克明辑,《出版史料》第 4 辑(1985 年)起连载。

中国现代出版史料,张静庐辑注,中华书局 1954—1959 年出版。该书分甲、乙、丙、丁四编。乙编刊载有《国民党反动派查禁普罗文艺密令》《国民党反动派查禁二百二十八种书刊目录》《国民党反动派查禁一百四十九种文艺书的经过》与《国民党反动派查禁六百七十六种社会科学书刊目录》。丙编刊载有《国民党反动派查禁文艺书目补遗》《"七七"事变前被国民党反动派查禁的报刊目录》与《国民党反动派查禁九百六十一种书刊目录》。丁编刊载有《国民党反动派查禁报刊目录》《国民党反动派查禁书刊补遗》《一九三六年国民党反动派查禁刊物目录及调查表》与《一九四八年国民党反动派摧残新闻事业罪行实录》。

又据《晦庵书话》所记,日本法西斯军人也通过汉奸之手,编印禁书目录。1938 年 7 月 1 日,在上海出版的《众生》半月刊第 5 号上,转载了《北平市政府警察局检扣书籍刊物一览表》,共计查禁书刊786 种。由新民会中央指导部调查科 1938 年编印的《禁止图书目录》,7 月出"抗日之部",9 月出"社会主义之部",两辑共查禁图书1941 种,几乎网罗了这一时期所有重要的书籍。

正如《晦庵书话》所指出的:"从禁书目录里,我们可以看出时代的动向,明白反动派的禁忌。"

查阅上述禁书目录时,要注意识别属于国民党内讧中的"反蒋"书刊、国家主义派与托派编辑出版的书刊,把这一部分书刊与革命文献、进步书刊区别清楚。

第三节 专科书目的利用

专科图书有时也可从综合性书目中查到,但如从专科、专门或专题书目中查找,则更为迅速、方便。查专科图书常常是与查专题论文联系在一起的。有些书目索引也是既收录图书,也收录论文的。为了叙述的系统和方便,我们把一部分收录图书、论文的书目索引放在第九章第一节中讲述,本节重点介绍的只是重要的专科书目或史料学方面的专著。

一、哲学、宗教

查找中国哲学史料,可查:**中国哲学史史料学初稿**,冯友兰编著,上海人民出版社,1962。**中国哲学史史料学**,张岱年著,三联书店,1982。前者以浅显通俗的文字,对历代哲学史史料作了概括的介绍;后者以严密的构思,讲述了先秦至近代哲学史史料,书后附《汉书·艺文志·六艺略》《汉书·艺文志·诸子略》《宋元学案·序录》《有关中国佛教的思想文献简明目录》《历史书目举要》《有关哲学史的丛书举要》与《历代思想家传记资料要目》。这些附录为研究中国哲学史提供了极为重要的资料线索。

中国哲学史教学资料选辑,北京大学哲学系中国哲学史教研室选注,中华书局,1981—1982。全书选注了历史上有代表性的和影响较大的哲学家或流派的著作。每一著作之前有史料简介,选文之后又有简要注释。**中国现代哲学史教学资料选辑**,北京大学哲学系现代中国哲学史教研室编,北京大学出版社,1989。辑录 1899 年至 1949 年间 60 多位思想家、政治家的文章论著 300 余篇。**马克思主义哲学史教学资料选编**,黄楠森、庄福龄主编,北京大学出版社,1984。全书辑录了马克思主义哲学的形成和发展、在俄国苏联的传播和发展(止于1953年)、在中国的传播和发展(止于1966年)的主要资料。

查考佛教典籍可查**中国佛教史籍概论**,陈垣撰,中华书局,1962。该书以丰富的史料,旁征博引,对佛教史籍进行了考订,并校正了《四库全书总目提要》中有关佛教史籍的错误记载,有重要的参考价值。《中华大藏经(汉文部分)》,任继愈主编,中华书局出版。《新编汉文大藏经目录》,吕澂编,齐鲁书社,1980。

查考道教典籍可查**道教经籍**,石衍丰、曾召南撰。载《道教基础知识》第四章,四川大学出版社,1988。该书目包括道教经典的起源和形成,道教经典的分类及其经目;历代《道藏》的编纂;道教主要经书介绍,著录道教经典要籍33种。**道藏书目提要**,潘雨廷著。上海古籍出版社,2003。作者择取《道藏》287种文献,编写提要,介绍每一文献的史实和内容,并阐明其意义。充分展现他对道教文化研究的成果,为道教研究者提供了大量有用的文献线索。

查考耶稣会士著译可查**在华耶稣会士列传及书目**(上、下册),(法)费赖之著,冯承钧译。此书系根据编著者1932—1934年在上海出版的《原中国传教区耶稣会士传记和书目提要》(2卷本)编成。**在华耶稣会士列传及书目补编**(上、下册),(法)荣振华著,耿昇译,中华书局,1995。**明清间耶稣会士著译提要**(10卷),徐宗泽撰,中华书局,1949。其中收有上海徐汇、巴黎、梵蒂冈图书馆书目及补遗。所收图书多为徐汇藏书楼藏书。国人信教者在耶稣会士指导下所编之书,亦收其中。

二、历史、考古

查找史学论著,可查**八十年来史学书目**,中国社会科学院历史研究所资料室编,中国社会科学出版社,1984。该书收录1900年至1980年中国作者著译的史学著作12400余种,分两编。上编分为史学理论和历史研究法、中国史、世界史、考古学和物质文化史、综合参考;下编分为各专史18类。全书涉及范围较广,是一部收录比较丰富的史学书目。

查找中国古代史籍介绍,可查:**史籍举要**,柴德赓著,北京出版社,1982。该书分上、下编,上编介绍纪传体史书,下编介绍编年体、纪事本末体史书及政书、传记、地理方面的要籍。全书着重阐明重要史籍的作者与著作时代、史料来源与编纂方法、优缺点及在史学上的地位、注解与版本。

中国古代史史料学,陈高华、陈智超等著,北京出版社,1983。该书以时代为序,评介甲骨文史料、考古资料、编年体史籍,以及政书、档案、传记、方志、牒谱、诗文集、笔记等史料,兼及外国史籍中关于中国的记载,以明史料来源及其价值与作用。

中国历史地理学论著索引,杜瑜、朱玲玲编,书目文献出版社,1986。收录1900—1982年间国内(包括台湾省和香港地区)和日本发表的有关中国历史地理学论文1.5万余篇,论著2600多种。分:通论,历史政治地理,历史经济地理,历史自然地理,历史民族、人口地理,历代中外关系,考古遗址与名胜古迹,历史地图学与地图学史,历史地名学,历史地理著作研究及地理学家传略,历代地理沿革与位置考释等11大类。

查找中国近代史料,可先阅读**中国近代史资料概述**,陈恭禄著,中华书局,1982。该书分别介绍了与中国近代史有关的公文档案、书札、日记、回忆录、笔记、诗歌、传记、报刊,并评论它们的价值,兼及纪传史、年谱、方志及典章制度。书中对怎样阅读和运用史料作了精辟的论述,写下了数十年研究的心得。还可查阅**中国近代史论著目录**(1949—1979),复旦大学历史系资料室编,上海人民出版社,1980。书中第三部分书目,收1200余种著作。中国史学会主编的**中国近代史资料丛刊**,已出《鸦片战争》(6册)、《太平天国》(8册)、《捻军》(6册)、《回民起义》(4册)、《第二次鸦片战争》(6册)、《洋务运动》(8册)、《中法战争》(7册)、《中日战争》(7册)、《戊戌变法》(4册)、《义和团运动》(4册)、《辛亥革命》(8册)等11种。其中所附的9种书目解题,详细地提供了查找近代史资料的线索。还可查阅:**中国近代史资料简编**,杨松、邓力群原编,荣孟源重编,三联书店,1954。该书选收中国近代史有代表性的资料91篇,每篇前有简要介绍。**研究太平天国史著述综目**,姜秉正编,书目文献出版社,1983;**辛亥革命书征**,张于英编(见《中国近代出版史料初编》),张静庐辑注,群联出版社,1953。

查找中国现代史资料,可查**中国现代史资料选编**,魏宏运主编,黑龙江人民出版社,1981。全书分5编。编选的资料主要是历史人物的文章、演讲,也有文件、电报与回忆录,兼顾政治、经济、军事、文化,力求反映中国现代史全貌。**中国现代革命史史料学**,张注洪编著,中共党史资料出版社,1987。该书介绍了中国现代革命史的研究状况,探讨了若干中国现代革命史史料学的专题,概述了中国现代革命史的文献资料,并附载了《文献资料书目举要》,比较全面系统地列举了中外有关研究中国现代革命史的文献资料。**北京图书馆馆藏革命历史文献简目**,北京图书馆善本组编,书目文献出版社,1984。该书所收录的文献,以当时出版的原件为主,具有较高的革命历史文献价值。

查找世界史资料,可查**世界通史资料选辑**。上古部分,林志纯主编,中古部分郭守田主编,近代部分,蒋湘泽主编,现代部分,齐世荣主编,商务印书馆,1962—1983。

查找考古学文献,可查**中国考古学文献目录**(1900—1949),北京大学考古系资料室编,文物出版社,1991;中国考古学文献目录(1949—1966),中国社会科学院考古研究所图书资料室编,文物出版社,1978;**文物考古学文献目录**(1925—1980),谢瑞琚等编,青海人民出版社,1981,按总类、甘肃、青海、宁夏回族自治区4类,选介了文物考古学文献。**五十年甲骨学论著目**,胡厚宣编,中华书局,1952。**金石书录目**,容媛辑,商务印书馆,1936。前者收录1899年至1949年间,中、日、英、法、德、俄各种文字的甲骨学专著书目与论文篇目共876种;后者收录有关古文字研究或资料性的著作977种。二书有助于研究古文字、古文物资料的检索与查阅。

三、文学、艺术

查找文学名著中的中国古典文学名著,可查**中国古典文学名著题解**,中国青年出版社,1980。该书选收了250多部先秦至近代影响大、流传广的文学作品,包括诗、词、赋、神话、小说、戏曲等各种文体的原著及其有关的选注本、今译本、汇编本。该书特点是重在介绍文学书，有别于文学史著作中对文学作品的讲述。

查找现代中国文学名著，可查**中国现代文学名著题解**，中国青年出版社，1993。该书选收120位作家的作品340余部。**中国现代文学总书目**，贾植芳、俞元桂主编，福建教育出版社，1993。该书收录1917年1月至1949年9月中国现代文学史上出版的文学书籍13500多种，分诗歌、散文、小说、戏剧、翻译文学5卷。该书目是迄今为止最完备翔实的中国现代文学总书目。

查找当代中国文学名著，可查**当代中国文学名著提要及评析**，胡若定等主编，南京大学出版社，1986。介绍建国以来42位作家所发表的44部（篇）名著，包括长篇、中篇、短篇小说，戏剧，散文，诗歌。每一作品均有内容提要、作家简介与作品评析三项内容。**中国当代文学作品辞典**，佘树森等主编，北京大学出版社，1990。收录1949年10月至1988年年底有代表性的小说、诗歌、话剧、散文、报告文学等1500余种，介绍主要内容与特点等。

查找外国文学名著，可查**外国文学名著题解**，中国青年出版社，1983。该书2册，介绍了四个地区（欧洲、美洲、拉丁美洲、澳大利亚）32个国家及古希腊、罗马的371名作家的726部作品。除俄罗斯、苏联部分是编写的以外，其余部分均以苏联中央书库出版社1960年出版的《西方文学名著题解》为底本编译。同时可参考的还有：《外国文学作品提要》，郑克鲁等编，上海文艺出版社1980年至1983年出版（计划出4册，已出3册）；《世界文学名著总解说》，黄舜英译，台北远流出版事业股份有限公司1981年出版（分上、下两册）。查找中外文学名著可查：**中外文学书目答问**，季羡林主编，乔默、江溶编，中国青年出版社，1986；《中外文学名著词典》，陆安湖主编，武汉大学出版社，1988。

查找外国古典文学翻译作品可查**1949—1979年翻译出版外国古典文学著作目录**，版本图书馆编，中华书局，1980。该书共收录五大洲47个国家276位作家的1250多种作品（包括不同译本和版本），较好地反映了30年间翻译出版外国古典文学作品的情况。

查找现代作家著译作品，可用**中国现代作家著译书目**及其**续编**，北京图书馆书目编辑组编，书目文献出版社，1982、1986。该书收录

"五四"至1981年年底178位作家著、译、编、校的图书6000多种。每位作家均附传记。此外，还可查阅作家个人著述书目，主要有：《鲁迅著译系年目录》，上海鲁迅纪念馆编，上海文艺出版社，1981；《鲁迅研究资料编目》，沈鹏年辑，上海文艺出版社，1958；《鲁迅研究资料索引》，北京图书馆、中国社会科学院文学研究所编，人民文学出版社，1982（该索引可作为前一部书目的补充）；《瞿秋白著译系年目录》，丁景唐编，上海人民出版社，1958；《郭沫若著译书目》，上海图书馆编，上海文艺出版社，1980；《茅盾著译年表》，孙中田编，载于《论茅盾的生活与创作》，百花文艺出版社，1980；《左联五烈士研究资料编目》，丁景唐、瞿光熙编，上海文艺出版社，1961；《胡适著译系年目录与分类索引》，华东师范大学图书馆编，上海人民出版社，1984。

此外，在现代文学作品总集**中国新文学大系**（1917—1927）、（1927—1937）、（1937—1949）中，有《史料·索引》集，其中"创作编目""翻译编目"两部分收录了重要作家的著译作品。在《中国当代文学研究资料丛书》中，也能较系统地查到许多作家的著译及评论。

查找古代小说，可参阅鲁迅撰写的《中国小说史略》《古小说钩沉》（从古类书中辑录36种隋以前的小说遗文）、《唐宋传奇集》与《小说旧闻钞》（辑录有关宋以后的41种小说及小说源流、评论、版本等方面的资料）。还可利用**古小说简目**，程毅中著，中华书局，1981。该书收录先秦至五代的古小说约450种。每一作品注明存、佚、残、缺。后附《存目辨证》《〈异闻集〉考》。**中国文言小说书目**，袁行霈、侯忠义编，北京大学出版社，1981。该书收录隋至清的古代文言小说2000余种（凡见于书目著录的，不论存佚均予收入），并附以必要的考证说明。

查找通俗小说，可先查**中国通俗小说总目提要**，江苏省社会科学院明清小说研究中心、文学研究所编，中国文联出版公司，1990。收录唐至清末的通俗白话小说1164部，不收传奇笔记体文言小说。亦可参考**中国通俗小说书目**，孙楷第编，作家出版社，1957。该书收录宋至清末语体旧小说800余种，基本上包括了编者1932年编撰的《日本东京所见小说书目》与《大连图书馆所见小说书目》中的资料。还可使用**伦敦所见小说书目提要**，柳存仁编，书目文献出版社，1983。

该书收134部小说,并有提要。

查找近代现代小说可查:**晚清小说目**,阿英编,见于《晚清戏曲小说目》,中华书局,1959。该书收录清光绪初年至宣统末年发表的小说1000余种,其中有创作的,也有翻译的;有单行本,也有刊于杂志的。**中国近代小说大系**,王继权等编,江西人民出版社,1988。选收1840年前至"五四"前夕有影响而有代表性的作品(包括各种题材、主题,不同流派的小说),特别是选收戊戌变法前后至辛亥革命时期的小说。已出6册。

首都图书馆藏中国小说书目初编,首都图书馆1960年编印。该书收录馆藏汉代至现代("五四"以前)的小说。后附《十五种小说期刊、小说总目》。**中国小说提要**(当代部分),郭启家、杨聪夙主编,百花洲文艺出版社,1990。该书介绍了建国以来至1978年底出版的长篇小说,并尽可能收录了台、港作家所写的作品。

查找古代戏曲剧目,可查**曲海总目提要**,清黄文旸原撰,董康辑补,人民文学出版社,1959。全书46卷,收元、明、清初古代戏曲684种。**曲海总目提要补编**,北婴编著,人民文学出版社,1959。该书辑录了《曲海总目提要》所遗漏或文字不同的剧目提要72篇。后附《曲海总目提要》和《补编》的综合索引。还可查傅惜华所著的**元代杂剧全目**,作家出版社,1958,收录元代杂剧737种;**明代杂剧全目**,作家出版社,1958,收录明代杂剧523种;**明代传奇全目**,人民文学出版社,1959,收录明代传奇950种;**清代杂剧全目**,人民文学出版社,1981,收录清代杂剧1300种。四部剧目均先列作家小传,后列作品。每一作品著录题名、存佚、版本、收藏单位。书后均附有《引用书籍解题》与《作家名号索引》。

中国近代传奇杂剧简目,梁淑安、姚柯夫编,载于《文献》第6、7辑。《简目》辑录1840—1919年间成书的传奇杂剧作品,按剧作者时代先后排列。每剧著录剧名、创作时间、版本或发表于何种报刊以及收藏单位,并附作者小传。**古典戏曲存目汇考**,庄一拂编著,上海古籍出版社,1982年出版,3册。该书收录从南宋至近代戏曲家创作的剧目,计戏文320种,杂剧1830种,传奇2590余种。

查晚清戏曲剧目,可查**晚清戏曲录**,阿英编,见于《晚清戏曲小说目》,收录戏曲、话剧剧本 161 种,除著录版本外,间有剧情介绍。

查找曲艺剧目,可查**弹词宝卷书目**,胡士莹编,上海古典文学出版社,1957。该书收录弹词 270 种,宝卷 270 余种。**弹词叙录**,谭正壁、谭寻编著,上海古籍出版社,1981。该书收录明清以来的弹词 200 种。**宝卷综录**,李世瑜编,中华书局,1961,收录宝卷 774 种。**子弟书总目**,傅惜华编,上海古典文学出版社,1957,收录子弟书 400 余种。**北京传统曲艺总录**,傅惜华编,中华书局,1962。该书收录元、明、清至建国前流行于北京地区的八角鼓、时调小曲、石派书、鼓词小段、莲花落等各种曲目约数千种。

查找地方戏曲剧目,可查**中国俗曲总目稿**(附补遗),刘复、李家瑞等合编,中央研究院历史语言研究所,1932。该书收录河北、江苏、广东、四川、福建、山东、河南、云南、湖北、安徽、江西等 11 省各种地方戏、曲艺剧目约 6000 种。

查找京剧剧目,可查**京剧剧目辞典**,曾白融主编,中国戏剧出版社,1989。收剧目 5300 余条,京剧传统剧目基本上收齐,也包括近 40 年来新编的历史剧和以近代、现代生活为题材的京剧。除剧情提要外,间或介绍剧作者及首演该剧的演员。全书按时代排列,时代不明及剧情不详者附后。另外可查**京剧剧目初探**(增补本),陶君起编,中国戏剧出版社,1963。该书收录传统与新编京剧剧目 1300 多个。

查找话剧、艺术影片,可查:**南京图书馆藏话剧书籍选目**,江苏省举办话剧运动 50 周年纪念工作委员会、南京图书馆合编,南京图书馆 1957 年印。收录创作与翻译剧本 451 种。**中国艺术影片编目**(1949—1979),中国电影资料馆、中国艺术研究院电影研究所编,文化艺术出版社,1981。收录我国摄制的艺术影片 1109 部,包括已发行和未发行的各类艺术影片。从中可查到片名、摄制时间、制片厂、导演、剧中人和扮演者,以及影片情节梗概。

查找书画,可查:**中国古代书画目录**,邱东联、王建宇编著,东方出版社,2000,收录宋、元、明、清 200 多位书画家的 900 多幅书画作品。**中国现代书画目录**,上、下两册,邱东联、王建宇编著,东方出版社,1999。收录 1950—1998 年 1200 多位书画家的 900 多幅作品,代表这一时期的时代特征和书画家的各自艺术风格。

至于要了解文学论著,可参考**二十世纪文学研究论著提要**,乔默主编,北京大学出版社,1994。本书收录 20 世纪(1900—1992)中国学者研究中国文学、外国文学、文艺理论、民间文学和少数民族文学的论著近 1200 种,并通过提要,着重介绍论著的基本内容、重要的学术观点,也适当说明作者运用的研究方法及其特点。

四、经济、法律

查找中国经济思想可阅读**披沙录**(一),赵乃抟编,北京大学出版社,1980。本书分上、下两集。上集记录我国各时代经世学者的人名;下集选辑有关经济思想的书籍。既可从人名录中查得若干论著,又可在文献要籍的简介中,了解到若干学者的经济思想。

查找经济学的论著,可查**经济学著作要目**,张泽厚、刘厚成主编,经济科学出版社,1987。该书收录 1949—1983 年间我国有关理论经济学和应用经济学的专著、论文集、教材、资料汇编、工具书共 7000 余种。**全国经济科学总书目**,辽宁大学图书馆 1986 年编印。该书汇集 1949 年 10 月至 1985 年 12 月全国公开出版的有关经济学理论、历史、现状以及国际国内研究方面的著作资料 16000 余种。**20 世纪外国经济学名著概览**,杨建文主编,河南人民出版社,1989。该书收录了近百年来 131 位外国著名经济学者的经济理论著作 182 部。全书分微观与宏观、发展与增长、管理与决策、建设与改革 4 类。

目前具有总结性的法律图书目录是**中国法律图书总目**,中国政法大学图书馆编,中国政法大学出版社,1991。收录中文法律图书 28000 余种。以 1911—1990 年间大陆公开出版发行的法律图书为主,还包括法律古籍 1900 余种,香港、台湾出版的法律图书 2900 余种。

查找法学、法律著作,还可查**中文法学和法律图书目录**(1912—1949),刘希昭、席延涛等编,陕西人民出版社,1985。收录了辛亥革命以后至中华人民共和国成立前出版的中文法学图书 6043 种,解放区出版的法律图书 20 种。**法学图书联合目录**,司法部所属政法院校馆际协作委员会 1985 年编印。收录中国政法大学等 5 所政法院校所藏近年出版的法学图书,其中包括港、台地区出版的法学著作。**中国法制史参考书目简介**,国务院法制局编,法律出版社,1957。选介了 932 部法制参考书,分为法家著作、法制史料、法律法令、则例章程、会要会典、检验证据、审理判决、监狱囚政、政牍公牍和其他著述 10 类。**中国法制史书目**,台北商务印书馆,1976。收录法学、法律图书 2300 余种,分规范、制度、理论、务实 4 大类。**世界十大著名法典评介**,曲可伸主编,湖北人民出版社,1990。选择世界上 10 部最为著名、最有代表性的法典予以系统评介。这 10 部法典是《汉穆拉比法典》《十二铜表法》《摩奴法典》《查士丁尼国法大全》《唐律》《古兰经》《法国民法典》《德国民法典》《苏俄民法典》、美国《统一商法典》,并附选段。

五、敦煌文献

查找敦煌文献可查**敦煌遗书总目索引**,商务印书馆 1962 年编辑出版,中华书局 1983 年新 1 版。本书收录国内外以汉文经卷为主的敦煌遗书两万余卷。敦煌遗书,即藏于甘肃敦煌鸣沙山第十七窟的经卷、书籍及其他珍贵的艺术品。1900 年始被发现。全书分总目与索引两部分。总目部分由四种目录组成:(1)《北京图书馆藏敦煌遗书简目》,著录该馆旧藏 8000 卷;(2)《斯坦因劫经录》,由刘铭恕统阅斯坦因劫走的 7000 卷的显微胶片编成;(3)《伯希和劫经录》,由王重民统阅伯希和劫走的 2500 卷编成;(4)《敦煌遗书散录》,有 19 种目录,共著录遗书约 3000 卷。

敦煌古籍叙录,王重民著,中华书局 1979 年新 1 版。本书汇集编者及其他学者为敦煌古籍所写的题记和论文,按原书所属经、史、子、集四部排列。先著录书名(或兼著篇名)、著者及原藏号码,再著录古籍之各种影印或排印本(无印本则记载北京图书馆和中国科学院图书馆所藏显微胶片),然后是题记、论文资料。台湾新文丰出版公司 1986 年出版黄永武新编**敦煌古籍叙录新编**,共 18 册,按王重民原体例,广录研究成果,并订正讹误。

敦煌学论著目录,西北师范学院敦煌学研究所刘进宝编,甘肃人民出版社,1985。本书收录的有关敦煌学文献,包括 1909 年至 1983 年大陆及台、港各报刊、高校研究集刊及个人著作中有关敦煌学的论文和专著。论文分 15 类,其中书目及序跋一类,提供了更多的资料线索。

敦煌学研究论著目录，邝士元撰，台北新文丰出版公司，1987。收录1899—1984年世界各国研究敦煌学之成果，分书目、经学、诸子、文学、宗教、文化、经济、科技、文物、文字、音韵、书评、西文著作共6000余篇。

六、方志及考录

1949年以前编修出版的方志，习惯上称为"旧方志"。我国出现较早的反映旧方志基本情况的综合性目录是**中国地方志综录**，朱士嘉编，商务印书馆，1935；1958年又出版增订本。该书反映了全国41所图书馆收藏的地方志7400多种。并附录《美国国会图书馆掠夺我国稀见方志目》收录馆藏我国方志约4000种。《中国地方志综录》的问世，为我国方志的整理、利用，为我国方志目录的编纂奠定了基础，开辟了道路。

目前，国内收录旧方志最多的方志目录是**中国地方志联合目录**，中国科学院北京天文台主编，中华书局，1985。此书以《中国地方志综录》（增订本）为蓝本，与有关单位收藏进行核实，并补充与编订。著录1949年以前编纂的通志、府志、州志、厅志、县志、乡土志、里镇志、卫志、所志、关志、岛屿志以及具有方志性质的志料、采访册、调查笔记等，共8200余种，反映190个图书馆、博物馆、文史馆、档案馆收藏方志的情况。每部方志著录项目有：书名、卷数、纂修者、版本、收藏单位等。台湾所藏方志依**台湾公藏方志联合目录**著录。由于旧方志在编者、卷数、版本等方面存在若干复杂的问题，有些还存在同书异名的情况，编者在著录时，核实原书，以按语、注语略作说明。特别是在书名前，编者还按方志纂修年代或记事所止时间加冠年号。著录格式如下：

［康熙］顺天府志八卷
　　（清）张吉午纂修
　　清康熙抄本
　　北京（存卷2—8）　上海（胶卷）

必要时，可查考国内各主要图书馆编印的馆藏方志目录，如**中国科学院馆藏方志目录**，(1956—1958年油印本)，著录方志4340种；馆藏古籍目录，如**北京大学图书馆藏善本书目**(北京大学出版社，1999)，其中收录馆藏方志善本1500余种；各省(市、自治区)图书馆或方志编辑室编印的本省方志目录，如江西省志编辑室编印的**江西省地方志综合目录**(1986年印本)，著录现存本省地市县历代方志860余种，江西方志残佚志和遗失的各类方志560种。

反映香港大学冯平山图书馆收藏的**中国地方志联合目录**，杨维坤编，1990。该目收录综合性方志1700余种，主要是线装古籍及民初印本，也包括善本(清嘉庆前刻本)、手抄本40种，缩微胶卷及胶片90余种。

日本国会图书馆1969年编辑出版的**中国地方志总合目录**，记载了日本14所图书馆和学术机关所收藏的中国地方志2900种。

查方志还应注意查考方志考录。所谓方志考录，即对方志纂修者、收本源流及其内容的考订与介绍。主要有：

方志考稿(甲集)，瞿宣颖著，北平天春书社，1930。本书主要取材于天津任凤苞天春园所藏方志600多种，是山东、河南、山西、辽宁、吉林、黑龙江、江苏、河北八省方志考录。每志编撰提要，辨其体例，评其得失，指出精华之所在，尤注意所含的特殊史料。

中国古方志考，张国淦撰，中华书局上海编辑所，1962。编者从《太平寰宇记》《舆地纪胜》《大元一统志》《大明一统志》《永乐大典》等书中辑录出旧方志佚文，与历代公私藏书志的记载细加比勘、考辨。本书著录古方志，从秦汉到元末，共计227种。不论存佚，一概收录。佚志详引各家考证及片断引文；现存方志则编录各家序文。它是一部相当完备具有总结性的古方志考录，对于研究我国地方志的发展过程、体例沿革，提供了珍贵的资料。

浙江方志考，洪焕椿编著，浙江人民出版社，1984。本书系在《浙江地方志考录》基础上补订重编而成。收录现存和已佚浙江各类方志约2000种。编者除系统考录浙江通志和各府志、县志外，还全面收录乡镇志、山水志、舆图志、海防志、游览志、风土志和文献志。现存方志详细著录版本流别，重要版本一一注明收藏单位。国外现藏稀见之本，亦附带提及。参考价值较大的方志，或略加提要，介绍内容与纂修者，或摘引序跋和后来学者的评论。此书对历史研究，特别是浙江地方史的研究，提供了极其珍贵的资料。

东北地方志考略，郝瑶甫著，辽宁人民出版社，1984。本书收录国内图书馆所藏辽宁、吉林、黑龙江三省通志、府厅州县志及乡土志267种。每志首列名称、卷数、版本、册数；次列修纂人员、编纂经过；最后列举目录，或及沿革与凡例。编者通过按语，阐述每志之己见，颇有参考价值。希见之本，注明收藏处于每志之末。书后附《东北研究史地文献参考图书选目》。

天一阁藏明代地方志考录，骆兆平编著，书目文献出版社，1982。天一阁是我国现存历史最久的明代藏书楼，也是著名的明代历史文献宝库，其中收藏的明代地方志，尤为珍贵。本书著录明代地方志435种；其见存者271种，散佚者164种。著录内容包括各方志的书名、卷数、纂修者、修志情况、卷目、版本、存佚、流传。方志中序跋凡例涉及修志实况或体例演变者亦无不选录。《考录》对于明代地方志的研究与查阅，具有较高的参考价值。

稀见方志提要，陈光贻编著。齐鲁书社，1987。卷首总志；卷1—15各省，提要稀见方志1000余种；卷末附纂修人姓名索引，《古今图书集成》方志辑目。

日本见藏稀见中国地方志书录，崔建英编。书目文献出版社，1986。著录现藏于日本各收藏单位的中国清乾隆以前的方志140种，其中多数为孤本。除2部为明代抄本外，其余均为刻本。著录项目为书名、卷数、纂修人、版本、收藏单位、卷目、内容提要及摘录的序跋等。

中国地方志总目提要，主编金恩辉、副主编胡述兆等。台北汉美图书有限公司印行，1996。本书收录1949年10月前全国各省、市、自治区公共、科研、高校图书馆、博物馆、档案馆、文史馆等单位所收藏的方志8577种，包括通志、府志、州志、厅志、县志、乡土志、里镇志、卫志、所志、关志、岛屿志以及具有方志稿性质志料、采访册、调查记，均予收录。山水、寺庙、名胜等志不予收录。每一方志提要包括书名（简称或别称），纂修者及其生平、纂修沿革、版本源流。内容简介等；名志还从方志理论、纂修方法、写作特别等方面予以评述。全书正文依现行省、市、自治区顺序排列。在每一省区前冠有一篇该地区方志遗产源流、现状、价值等内容的学术评述，以全面反映该地区方志概貌。本书收录范围参考了《中国地方志联合目录》，但《中国地方志联合目录》有载而未见原书者，一律不收；凡《中国地方志联合目录》无载而有书存在的，一律补收；凡现存原书与《中国地方志联合目录》的记载有出入的，一律依原书更改。显示了本书的特点，准确记载了现存方志的内容与概况。

1949年10月后，特别是20世纪70年代以来，编辑出版了大量方志，习惯上称为"新方志"，查考新方志有两部方志目录：

中国新编地方志目录，方志出版社，1999。本书收录20世纪70年代至1999年9月全国各地编辑的新方志3800多种。方志种类仅限于省（自治区、直辖市）志、市（地区、自治州、盟）志、县（县级市、自治县、旗、区）志三级志书。主要著录项目包括书名、册数、编纂单位、主编、副主编、出版单位、印数。

中国新方志目录，分三册。各册收录新方志的出版时间范围分别为：第1册1949年10月至1992年12月；第2册1993年1月至1996年12月；第3册1997年1月至本届修志结束。1993年已由书目文献出版社出版了第1册。该册收录的以省级（直辖市、自治区）、市级（地区、自治州、盟）、县级（县级市、旗、自治旗、特区）新方志为主，并收区志、街道志、镇志、乡志、村志、山水名胜志等专志和部门志，包括大量内部印发的，共计9500余种。著录项目有：书名、副书名、册数、编纂单位、主编、副主编、出版地、出版（或内部印）单位、出版时间、版次、印数、开本、正文页数和注释。该书所收各方志均依照中华人民共和国民政部编、中国地图出版社1992年出版的《中华人民共和国行政区划简册》的次序排列。书后附台湾省所编新方志。书末编有《中国新方志目录》索引。

七、中医学

查考中医图书，可利用**全国中医图书联合目录**，中国中医研究所图书馆编。中医古籍出版社，1991。本书收录全国113个图书馆截至 1980 年为止所藏建国前出版的中医药图书（含少数民族文字）12124 种；其中包括文史丛书中的中医书子目。按学科分类为主，兼顾中医古籍的体裁特征，分为医经、基础理论、伤寒全匮、诊法、针灸按摩、本草、方书、临证各科、养生、医案医话医论、医史、综合著作等 12 大类。并运用参见、互见、分析方法，反映与揭示图书的内容，扩大中医药图书的利用。书后附书名笔画、书名音序、著者笔画、著者音序四种索引。

查找古今图书要善于利用书目之书目，可查的有：

清代目录提要，主编来新夏，副主编朱天俊、罗友松，齐鲁书社，1997。

近三百年古籍目录举要，严佐之编，华东师范大学出版社，1994。

中国古代书目辞典，卢正言主编，广西教育出版社，1994。

查找古今图书还要注意掌握书目各自特点与功用，要正确判断与选用书目，减少或避免查找图书过程中的偶然性与盲目性。

第四节　马克思主义文献目录的利用

马克思主义文献，这里是指马克思、恩格斯、列宁、毛泽东所撰写的著作。

一、查找单篇著作

查马克思、恩格斯、列宁、毛泽东的单篇著作，一般可从本人的全集、选集、文选、文集、文稿中去查，但主要的还是从全集中去查找，因为全集收录著作比较完备。几乎包括他们一生所写的著作、演说、报告、书信；有些全集中还收录了著作的"准备材料"（如草案、提纲、要点、札记等）与"国务文件"（如电报、便条、批示、电文、谈话记录等）。由于收入全集的文献总是经过本人校阅或由专门编辑机构根据手稿等原始材料核对过，所以有较高的准确性。

怎样从全集中去查找一篇著作或书信呢？由于全集卷数多，所以要尽量利用全集篇名目录或篇名索引。主要有：

马克思恩格斯全集目录（1—39 卷），人民出版社 1976 年编辑出版。这部篇名目录是为查找《马克思恩格斯全集》中文版前 39 卷的著作而编辑的。《马克思恩格斯全集》中文版是根据中共中央的决定，由马恩列斯著作编译局根据《马克思恩格斯全集》俄文第 2 版译出，并参考了马克思、恩格斯原著的文字，从 1956 年开始编译出版，至 1974 年共出版 39 卷。后又出 11 卷，这是依照 1968 年开始出版的《马克思恩格斯全集》俄文第 2 版补卷译出的，中文版编为 40 卷至 50 卷，亦称之为补卷。《马克思恩格斯全集目录》只能用来查找《马克思恩格斯全集》第 1 卷至 39 卷中的每篇著作和书信。这部目录分为两部分：《马克思恩格斯全集目录》与《马克思恩格斯全集篇目索引》。后者又包括马克思和恩格斯的著作索引、马克思和恩格斯书信索引和马克思恩格斯全集附录索引。

查马克思、恩格斯著作按著作发表时间，或从著作篇名首字汉语拼音音序均可查到。利用后者，在查到著作的同时，还可查到马克思、恩格斯为该著作所写的序言、导言、前言、按语。例如在查到《共产党宣言》的同时，可查到马克思、恩格斯为这篇著作各种文本所写的序言：

共产党宣言（马克思和恩格斯　1847 年 12 月—1848 年 1 月）
　　　　　　　　　　　　　　　　　　　——4，461—504）

《共产党宣言》一八七二年德文版序言（马克思和恩格斯　1872 年 6 月 24 日）
　　　　　　　　　　　　　　　　　　　——18，104—105

《共产党宣言》俄文第二版序言（马克思和恩格斯　1882 年 1 月 21 日）
　　　　　　　　　　　　　　　　　　　——19，325—326

《共产党宣言》1883 年德文版序言（恩格斯　1883 年 6 月 28 日）
　　　　　　　　　　　　　　　　　　　——21，3—4

《共产党宣言》1888 年英文版序言（恩格斯　1888 年 1 月 30 日）
　　　　　　　　　　　　　　　　　　　——21，403—410

《共产党宣言》1890 年德文版序言（恩格斯　1890 年 5 月 1 日）
　　　　　　　　　　　　　　　　　　　——22，61—68

《共产党宣言》1892 年波兰文版序言（恩格斯　1892 年 2 月 10 日）
　　　　　　　　　　　　　　　　　　　——22，329—330

致意大利读者。《共产党宣言》1893 年意大利文版序言（恩格斯 1893 年 2 月 1 日）
　　　　　　　　　　　　　　　　　　　——22，429—431

当然，有篇名的序言，按序言篇名首字汉语拼音字母顺序也能查到。例如《马克思和洛贝尔图斯．卡尔·马克思〈哲学的贫困〉一书德文第一版序言》，既可从《哲学的贫困》一文下，也可按序言篇名的首字汉语拼音字母顺序查到它在《马克思恩格斯全集》第 21 卷第 205 页至 220 页。

查马克思、恩格斯的书信，根据通信对象分为三种情况：马克思、恩格斯之间的通信，可按写信的时间去查；马克思、恩格斯给其他人的书信，可按收信人姓氏首字的汉语拼音字母顺序去查；马克思、恩格斯写给机关团体的书信，则按信件篇名的汉语拼音字母顺序去查。

查《马克思恩格斯全集》附录，亦可按附录篇名首字汉语拼音字母顺序去查。《全集》不少卷内的附录中收有一些重要或珍贵的文献，具有历史文献的价值。例如《全集》第 16 卷收有马克思所写的《国际工人协会成立宣言》《协会临时章程》《关于接受工人组织加入国际工人协会的条件的决议草案》，该卷附录就收有与此相关的《国际工人协会章程和条例》等文献。

《全集》第 40 卷至 50 卷的文献，可用**马克思恩格斯全集目录说明，索引**，马恩列斯著作编译局马恩室编译，人民出版社，1988。

列宁全集目录（第 1—39 卷），人民出版社 1965 年编辑出版，1980 年重印。《列宁全集》中文版也是根据中共中央的决定，由马恩列斯著作编译局依照《列宁全集》俄文第 4 版译出的。从 1955 年开始陆续编译出版，至 1963 年共出版 39 卷。1 卷至 33 卷是著作卷；34 卷是书信卷；36 卷是补卷，是《列宁全集》俄文第 3 版刊载过但第 4 版未收的著作及第 4 版出版后新发表的著作，写于 1900 年至 1923 年间，包括书信、纲要、大纲、草稿、提纲及口授的文件，是列宁晚年的重要著作；37 卷是家书卷；38 卷至 39 卷是笔记卷，38 卷是哲学笔记，39 卷是关于帝国主义的笔记。1983 年马恩列斯著作编译局又根据中共中央决定，开始编译出版 60 卷本《列宁全集》。这一版是以苏联 1958 年至 1965 年出版的《列宁全集》俄文第 5 版为基础，并增收 1965 年以后新发表的文献。与 39 卷本相比，增加了 21 卷 6000 篇文献，译文更为准确，文字更为流畅。现有《列宁全集目录》只能查到《列宁全集》中文版 39 卷本的每篇著作、书信的出处。《目录》后附"篇目索引"，按所查著作篇名首字笔画可以查到列宁每篇著作、书信刊载于《列宁全集》的卷次、页次。

报刊所载毛泽东同志言论、著作、文电编目，人民出版社 1959、1962 年编辑出版，2 册。

本书收录毛泽东同志从 1949 年 10 月至 1961 年年底所发表的言论、著作和文电。材料来源主要是《新闻稿》《今日新闻》《外交公报》人民日报》与《新华月报》。

毛泽东著作、言论、文电目录，中国人民解放军政治学院训练部图书资料馆 1961 年编印。

本书提供了毛泽东同志 1917 年至 1960 年 8 月这一期间所发表的著作、言论、文电、题字和言论辑录的出处。据此还可查考同一著作在不同时期发表时所用的不同篇名。

由于查找毛泽东单篇著作可供使用的目录不多。因此，只有从选集、选读、文稿、文集中去查找。**毛泽东选集**(1—4 卷)，人民出版社，1991。这是选集的第二版，初版于 20 世纪 50 年代初，二版增加了《反对本本主义》。遵照著者意见，删去《农村调查》，节选《经济问题与财政问题》中的第一章(即《关于过去工作的基本总结》)。有些题解，作了少量史实和提法方面的修正，同时新写了几篇题解。选集内容更为完善。

毛泽东著作选读，有三种不同本子：新编本、甲种本与乙种本。新编本最为重要，由中共中央文献编辑委员会编辑，人民出版社，1986。该书编选了毛泽东自 1921 年至 1965 年期间最重要、最基本的著作 68 篇，分上、下两册。有些文章是第一次公开发表的。绝大部分著作是全收入，少数几篇是节选。《选读》甲种本，人民出版社，1964。收入 1927—1958 年写的著作 37 篇；乙种本，中国青年出版社，1965。收入 1926—1963 年写的著作 37 篇。

毛泽东文集(1—8 卷)，中共中央文献研究室编。人民出版社，1993。这是《毛泽东选集(1—4 卷)》以外的重要文稿，包括已经发表和没有发表的，起自 1921 年迄至 1976 年。编入本文集的著作，绝大部分是根据中央档案馆保存的毛泽东手稿、早期文本和纪录稿刊印。每篇文末,有所依据的版本或稿本的刊印说明。文集作有简要注释,排在每篇文稿后面。文集中有相当部分内容比较重要,对研究毛泽东思想很有价值。**毛泽东军事文集,中央文献出版社、军事科学出版社**,1983,7册。

毛泽东早期文稿,中共中央文献研究室、中共湖南省委《毛泽东早期文稿》编辑组编。本书收毛泽东1912年6月至1920年11月的文章、书信、诗词、读书批注、日记、纪事录、谈话、广告、报告、通告、启事、文电、章程、课堂笔记等151篇,其中39篇是首次公开发表;其余仅在当时刊物发表。正编包括作者手稿或作者个人署名的文稿,以及虽未署名但有根据确认是毛泽东撰写的著作,共132篇;副编包括用别名联名合署的文稿、别人记录的谈话,以及虽可判断但不能完全认定是作者写的著作,共19篇。正副编每篇文稿的末尾都注明刊印根据的稿本或版本,署名文章还注明所具名字。

建国以来毛泽东文稿,中共中央文献出版社。本文稿是供研究用的多卷本文献集。起自1949年9月至1976年7月,共13册。包括三类文稿:(一)手稿(文章、指示、批示、讲话提纲、批注、书信、诗词),在文件上成段加写的文字等;(二)经他审定用他名义发表的其他文稿;(三)经他审定过的讲话和谈话记录稿。凡文稿中史实不准确的,加注释说明。原无标题的文稿,由编者拟了标题。每册书末刊有编后记,介绍这一册的重要文稿的主要内容,并提供有关编辑工作的一些信息。

查找马列主义经典作家的单篇著作,按著作篇名进行检索时,篇名应是准确的,要按全集或选集的篇名去查。例如,列宁名著《怎么办?(我们运动中的迫切问题)》,旧译文为《做什么?(我们运动中的迫切问题)》,按旧译篇名查找就很费力,甚至查不到。

按著作写作或发表时间进行检索时,要掌握全集或选集中著作编排的情况与特点。例如《马克思恩格斯全集》中的著作,基本是按写作或发表时间顺序排列的,但也有例外,如23至26卷所包括的《资本论》与《剩余价值理论》,是将不同写作时间的同一内容的专著集中排列于一处。

全集或选集未收的著作,可注意查阅文稿。例如,《列宁文稿》,前 10 卷是《列宁全集》俄文第 5 版中的一些文献,后 7 卷是《列宁文集》俄文版中的一些文献,均为《列宁全集》俄文第 4 版所没有收入的著作、演讲、书信、电报、便条、笔记、札记、批注。它实际上是《列宁全集》中文 39 卷本的补充。

新发现、新发表著作的中文译本,可注意查阅《全国总书目》《全国新书目》《全国报刊索引》等。例如,查阅《全国报刊索引》1978 年第 2 期,就可发现毛泽东于 1966 年 3 月 12 日写过《关于农业机械化问题的一封信》,该文刊载在《红旗》1978 年第 1 期。

二、查考原著版本

查找建国前翻译出版的马克思、恩格斯、列宁著作中译文本,可查阅《中国出版史料补编》一书中张静庐所编的**马克思恩格斯著作中译本年表**(修订稿,1906—1949)、**列宁著作中译本年表**(修订稿,1920—1949)。每部年表均分别按年次著录了发表或出版的中译文本,记载书(篇)名、著者、译者、出版者或发表期刊卷期,并对著作中译文本作了简注。例如,1920 年郑次川译的恩格斯著作《科学的社会主义》,编者注明此著作译自《社会主义从空想到科学的发展》一书的后半部分,收在上海出版的《岫庐丛书》。1921 年李立所译列宁著作《劳农会的建设》,注明即《苏维埃政权的当前任务》,广州人民出版社出版。1929 年瞿秋白译的《列宁主义概论》,注明节译《论列宁主义基础》,载《新青年》不定期刊第 1 期。

查找中华人民共和国成立后翻译出版的马克思、恩格斯、列宁著作中译本,可查**马克思、恩格斯、列宁、斯大林著作中文本书目版本简介**(1950—1983)。该书由人民出版社马列著作编辑室编,人民出版社,1985。书中收录了人民出版社从 1950 年 12 月成立以来到 1983 年年底 30 多年间出版的(公开和内部发行的)马克思、恩格斯、列宁、斯大林著作中译本,也包括三联书店出版的马列著作,同时还酌收了若干种将要出书的重要马列著作。凡中译本的全集、选集、文稿、文选、文集、合集、单行本和马恩列斯文章的汇编本与论述的辑录本,一概收入,并就著作的写作或发表年月、背景、内容要点(包括序言、正文、注释、附录、索引、插图、字数等）、不同的译本或版本、译者或编者署名、翻译或编辑取材出处、出版年月及版次、装帧、开本和定价等，均作简要说明，揭示了每一种书中文本的特点。书后附录《全国其他出版社出版的马克思恩格斯列宁斯大林著作中文本书目》(1949.10—1983.12)。该书实际上是中华人民共和国成立30多年来马列主义经典著作中译本总目。书后附录的有关马列著作工具书书目（目录、说明、索引），也颇有参考价值。

查找马克思、恩格斯著作各种中译文本还可参考《马克思恩格斯著作中译文综录》与《马克思恩格斯著作在中国的传播》。

马克思恩格斯著作中译文综录，北京图书馆马列著作研究室编，书目文献出版社，1983。该书汇集了1980年以前出版的各种马克思恩格斯著作中译文本517种（包括少数民族语文译本），全书共5717条目，分为：马克思恩格斯著作篇目(1635条目)、马克思恩格斯书信篇目(3933条目)、马克思恩格斯著作汇编本目录(159条目)和马克思恩格斯著作中译本出版年表四部分。前三部分每一条目均按篇名首字汉语拼音字母顺序排列，并附有说明，简要介绍著作的写作情况和作者生前的出版情况，以及中译文的编译出版情况。书中对于中华人民共和国成立前出版的中译文本，不仅列出不同的译本，而且列出各个出版社出版的重印本；对于建国以来出版的中译文本，只列出不同的译本及同一译本的校订本。列入该书的各种马克思、恩格斯著作中译文本都注明了收藏单位（其中未标明的即为北京图书馆收藏）。第四部分是根据马克思、恩格斯著作中译文首次发表的时间排列的，在一定程度上反映了马克思、恩格斯著作在中国翻译、出版与传播的情况。联系到该书第一部分中的附录：《马克思恩格斯全集》第1—39卷、42卷中未有的著作篇目，该书实际上是一部反映马克思、恩格斯著作在中国翻译出版的历史记录，是至今查找马克思、恩格斯著作中译文本比较完整的总目。例如《共产党宣言》就著录了25种中译文本（包括最初发表的摘译）。现举一例，以说明该书对每一种中译文本的介绍是多么仔细，由此也可看出它对查考马克思、恩格斯著作版本的参考价值：

国际工人协会成立宣言，马克思写于1864年10月21日至27

日,原文是英文,首次发表在 1864 年 11 月 5 日《蜂房报》第 160 号,后载于 1864 年 11 月在伦敦出版的小册子《1864 年 9 月 28 日在伦敦郎一爱克街圣马丁室举行的公开大会上成立的国际工人协会的宣言和临时章程》。1864 年 12 月 21 日和 31 日,在《社会民主党人报》第 2、3 号发表了原作者的德译文。1866 年译成法文。1871 年俄译文在日内瓦问世。保存下来的成立宣言的两份手抄本是马克思夫人燕妮·马克思和他的女儿燕妮抄写的。

中译文有四种:一、郭大力译,载《新建设》第 5 卷第 3 期(1951 年 12 月版)第 43—48 页,篇名为《国际工人联合会成立宣言》,文前有编者说明,文后有译者注,文后还附有《国际工人联合会的共同规约》,即《协会临时章程》。二、集体翻译,唯真校订,载《马克思恩格斯文选》(两卷集)第 1 卷(1954 年)第 354—362 页。三、刘潇然译,载《马克思恩格斯论工会》(1958 年 11 月版)第 87—96 页。四、载《马克思恩格斯全集》第 16 卷(1964 年 2 月)第 5—14 页,又载《马克思恩格斯选集》第 2 卷第 126—135 页。

还可参考**马克思恩格斯著作在中国的传播**,中共中央马恩列斯著作编译局马恩室编,人民出版社,1983。该书分为两部分:第一部分为《马克思恩格斯著作翻译出版工作回忆》。第二部分为《马克思恩格斯著作在中国传播历史概述》。书后附有《马克思恩格斯著作中译本(文)第一版书目》。

本文还收在《马克思恩格斯全集》德文版第 16 卷第 5—13 页;俄文第 1 版第 13 卷(上)第 1—13 页,俄文第 2 版第 16 卷第 3—11 页;日文版第 16 卷 3—11 页。

查找毛泽东著作的版本,可查**学习毛主席著作书目**,北京图书馆 1958 年编印。该书收录了毛泽东自 1926 年以来各个历史时期的重要著作的各种版本 196 种,以及旧选集 12 种、诗词 2 种、少数民族译文本 163 种、俄译本 12 种、东欧国家的译本 40 种、其他外文译本 120 种,连同所收毛泽东思想论著 88 种、传记 25 中,总共收书 606 种。

60 年代以后出版的毛泽东著作,只能查考《全国新书目》与《全国总书目》。

三、查找专题论述

查找马列主义经典作家的专题论述,使用马列主义经典著作主题索引最为方便。

查找马克思、恩格斯的专题论述适用的主题索引主要有:

马克思恩格斯全集名目索引,中共中央马恩列斯著作编译局编译,人民出版社,1986。根据《马克思恩格斯全集》俄文第2版1—39卷索引编译。由《全集》中所提到的哲学、政治经济学、科学社会主义以及其他有关社会科学的专用名词、术语和短语2000多个条目构成。按条目汉语拼音排列。条目下再分若干小题及参见题,并注出《全集》中文版第1—39卷相应的卷次、页次。书后附笔画检字表。

查找列宁的专题论述,可用的主题索引主要有**列宁全集索引**(第1—35卷),中共中央马恩列斯著作编译局译,两册。人民出版社,上册,1963;下册,1984。该书根据《列宁全集》俄文第4版索引译出,亦由大、小题汇编而成。为了适合我国读者使用,译者进行了必要的编辑加工。上册是单纯的主题索引,按每一大题首字汉语拼音字母顺序排列,大、小题下注明的是《列宁全集》中文本卷次、页次,书后还附《关键词首字索引》。下册包括列宁著作索引,列宁的笔名,列宁引用和提到的马克思、恩格斯、列宁、斯大林著作索引,人名索引,期刊索引,地名索引,列宁使用和提到的文学著作和文学评论著作、谚语、俗语、成语索引,以及《列宁全集》分卷篇目索引。列宁著作索引和《列宁全集》分卷篇目索引按第1—39卷翻译和编辑,其余索引均照《列宁全集》俄文第4版索引(第1—35卷)第2册编译。这部索引具有主题索引和篇目索引两种作用。

查找毛泽东的专题论述,可用:

毛泽东选集索引,王世儒、王燕均等编,人民出版社,1994。该索引以人民出版社1991年6月出版的《毛泽东选集》(1—4卷)第2版为底本,以抽取书中关键词组成。关键词下按序列出原书的语句,语句之后的数字,系指该语句在书中的卷次、页次、行数;计算行数以正文始,文章篇名不计。索引按关键词的汉语拼音音序排列,并附有笔画检字表。例如,"没有调查就没有发言权",从"调查""发言权"均可查到这一论断的出处：

调查……
　　　没有调查就没有发言权　3/791/10
发言权
　　　没有调查就没有发言权　3/791/10

即见第 3 卷第 791 页第 10 行；再查对《毛泽东选集》第 3 卷，获知此句出自《〈农村调查〉的序言和跋》，写于 1941 年 3 月、4 月。

该索引中有些关键词构成主题词，如文化、社会主义、义和团、古今中外人名等，在其下可查到毛泽东有关这一专题论述的出处。

类似的主题索引，还有：

毛泽东、周恩来、刘少奇、朱德、邓小平著作主题集成，于成主编，辽宁大学出版社，1991。该书包括毛泽东、周恩来、刘少奇、朱德、邓小平著作主题索引、著作篇名目录和篇名索引、毛泽东周恩来书信篇名目录和篇名索引三部分。

邓小平文选（1—3 卷）索引，杨端志等编，山东人民出版社，1994。从中可查到文选中邓小平的理论观点、语言文句及其背景。

使用主题索引查找专题论述，要选用合适的主题索引，要正确判断所查专题应从哪一主题检索，还要注意所用主题索引依据的底本。例如，要查找列宁关于从资本主义到社会主义过渡时期，以及社会主义制度下商品经济的论述，可选用《列宁全集索引》（第 1—35 卷）上册，应从商品经济这一主题去检索，专题论述的出处是《列宁全集》中文本的卷次、页次。

　　　　shāng　pǐn　jīng　jì
　　　　商　品　经　济
简单商品经济
　　…………
资本主义商品经济
　　…………
从资本主义到社会主义过渡时期的以及社会主义制度下的 **27**：
310—312　**28**：291—292　**29**：139—141，142—143，164，330—331
30：88，89，463—464　**31**：96—97　**32**：205—209，224—226，282—284，

310—311,312—313,314—315,319—324,334—336,340—343,374—377,405—407 **33**:377—378,382—383

由此可知列宁有关此专题的全部论述的出处。

查主题索引只能提供专题论述的出处,不能立即看到专题论述的具体内容。如果查阅专题辑录,就能一翻即可见内容,比较方便。专题辑录有些是全文汇编,有些是语录摘编,有些是全文、摘录汇集。

如果善于查阅个人著作专集,如《毛泽东农村调查文集》(中共中央文献研究室编辑,人民出版社,1982)、《毛泽东新闻工作文选》(中共中央文献研究室和新华通讯社编辑,新华出版社,1983)、《毛泽东军事文选》(中国人民解放军军事科学院编,战士出版社,1981)等。则能迅速直接看到个人专题论述的内容。

第九章 报刊资料的检索

随着社会的发展,我国报刊也在不断地发生着巨大变化。目前,我国社会主义报刊事业空前繁荣。据《中国出版年鉴》(1996)所载,1995年全国出版报纸2089种,其中中央级205种,地方报纸1884种。出版期刊7583种,其中中央级1749种,地方期刊5834种。海外华文报刊自1874年《旧金山唐人街新闻报》在美国问世以来,虽然此生彼灭,低潮、高潮交替,但总体仍呈发展趋势。据1988年12月26日《人民日报》海外版载《海外华文期刊巡礼》一文统计,1988年有华侨报纸125家,分布在25个国家和地区,其中86家集中在华侨聚居的东南亚地区,占百分之七十。至1987年年初,海外华文报刊,增至369家,其中日报88家,这对维系中华民族传统和弘扬中华文化有着重要的作用。

第一节 报刊资料索引的利用

一个时期出版的报刊,是研究这个时期政治、经济、文化、思想的重要资料来源。要检索中文报刊论文资料,可注意利用报刊索引一类的工具书。

一、查找近现代报刊资料

查找我国近代期刊资料可用**中国近代期刊篇目汇录**,上海图书馆编,上海人民出版社,1965—1985。全书分3卷:第1卷,1857—1899年;第2卷,1900—1911年;第3卷,1912—1918年。收录了1857年至1918年出版的比较重要的、侧重于哲学社会科学方面的中文期刊495种。每种期刊都有简要的说明与介绍,注明收入卷期、创刊与停刊时间、出版地点、刊期、编纂者、发行者与期刊性质,并按每种期刊的卷期(注明收藏单位代号),分别汇录全部篇目。

中外纪闻 1895年12月16日(光绪二十年十一月初一日)创刊,在北京出版。两日刊,不编期号。此刊为北京《万国公报》所改组,由强学书局刊行,为维新派所创办的最早刊物之一。1896年1月20日(光绪二十一年十二月初六日)被查禁。共出18期。本书收录光绪二十一年十一月初五、初七、初九、十一、十五、十七、十九、二十一、二十九日及十二月初三日等10期。

辛亥革命时期期刊总目,上海图书馆,1961。该书只收录辛亥革命时期我国留日青年在东京编辑出版的20种期刊,分别注明每种期刊刊名、编者,并按收入的卷期及出版起讫年月,逐期抄录篇目。书后附作者索引,笔名亦注明。

中国近代出版史料,初编、二编,张静庐辑注,群联出版社,1953—1954。刊载了《辛亥革命杂志录》(张于英编)、《辛亥前海内外革命书报一览》(冯自由编)与《民国初期的重要报刊》(戈公振编),从中又可扩大检索辛亥革命时期报刊资料的线索。尤其是《辛亥革命杂志录》一文,对《辛亥革命时期期刊总目》中收录的《醒狮》《汉帜》《国民报》《游学译编》《浙江潮》《江苏》《河南》《四川》《洞庭波》等期刊,均有简略介绍。

五四运动时期期刊较多,查找其中有影响的期刊资料,可利用**五四时期期刊介绍**,中共中央马克思、恩格斯、列宁、斯大林著作编译局研究室编,人民出版社,1958—1959,1980年重印。该书分3集,收录与介绍五四时期期刊157种。第1集21种、第2集70种、第3集66种。每集分为两部分:第一部分详细评介每种期刊内容,并对期刊的编辑出版者、出版期数、创刊与停刊时期作了考订;第二部分是附录,其中包括所介绍期刊的发刊词、宣言,并逐期抄录篇目,为检索五四时期期刊资料,提供了线索。

查找20世纪20年代的期刊资料,可用**中文杂志索引**(岭南大学图书馆编印)。该索引编于1935年,只出了第1集上、下卷。书中收录清末至1929年冬出版的105种杂志上刊载的论文资料,按标题编排。

查找20世纪30年代至40年代的报刊资料,可用《最近杂志要目索引》《期刊索引》与《日报索引》。

最近杂志要目索引,上海《人文》编辑部编,创刊于1930年2月,附在《人文》杂志后,按期编辑刊出杂志要目。每期收录报刊种数不一,最多收到 500 种。从 1935 年 6 卷 6 期开始,又增收 7 种报纸的重要文章篇目。抗日战争爆发后,出至 8 卷,于 1937 年年底休刊。1947 年春复刊,1949 年 5 月再度休刊。后又复刊,出至新 3 卷 1 期停刊。索引按类编排。

期刊索引,南京中山文化教育馆编,中国图书服务社出版,创刊于 1933 年 11 月,月刊。该索引正式出版前,曾有 4 期附于《时事类编》之后;正式出版后,每年出版 2 卷,每卷 6 期。初收杂志 200 余种,从 1 卷 3 期起增收报纸,最多收录报刊 500 余种。由于当时征集报刊没有保证,同一杂志卷期时断时续,常有遗漏。从 3 卷 1 期起,另编《日报索引》,该索引不再收报纸资料。1937 年底出至 8 卷 4 期停刊。索引按类编排,后附著者索引;也有按篇目、著者、标题混合编排的。

日报索引,南京中山文化教育馆编。1934 年 5 月创刊,1937 年 7 月停刊,共出了 7 卷。1 至 6 卷每卷 6 期,第 7 卷只出了 2 期。该书收录当时有影响的日报 10 余种,如《申报》《大公报》《时事新报》《中央日报》《北平晨报》《武汉日报》《广州民国日报》《香港工商日报》等。书后附《分类索引》与《著者索引》。

查建国前的报刊资料,还要注意利用出版时间长而有影响的单种报刊索引或期刊总目,主要有:

申报索引,申报索引编辑委员会编,上海书店 1987 年起分册陆续出版。《申报》创刊于 1872 年 4 月,1949 年 5 月 27 日终刊,历时 77 年。上海书店 1983 年影印出版了《申报》,计 400 册。《申报索引》以年度为单位,逐年编制。新闻资料分政治、军事、外交、经济、文化、历史地理、社会生活、国际等大类,下再设子目。条目或用《申报》原标题,或在辨析资料内容的基础上重新标引,每条均注明著者、影印本编号、号码、版区等项。附有人名索引。年度本后另编有副刊《自由谈》的篇名目录和作者索引。

东方杂志总目,三联书店,1957。《东方杂志》是旧中国出版历史最久的一部大型综合性刊物,1904 年 3 月创刊于上海。杂志社曾迁至长沙、香港、重庆,1947 年 1 月返沪。该杂志 16 卷前是月刊,17 卷起改为半月刊。徐珂、杜亚泉、陶惺存、钱智修、胡愈之(化鲁)等先后任主编。初为文摘刊物,自1910年起刊载论文或译文。1932年、1937年、1941年三次停刊,1948年12月终刊,共出44卷。《东方杂志总目》按卷期次序照录44卷全部篇目。50卷的全部论文资料,亦可查《重印东方杂志全部旧刊索引》(王云五主编,台湾商务印书馆股份有限公司1976年发行)。

国闻周报总目,三联书店,1957。《国闻周报》资料比较丰富,1924年8月创刊,1937年12月停刊,共出14卷。《国闻周报总目》按卷期次序照录14卷全部篇目,注明著译者及刊载卷期。

新中华总目,三联书店,1957。《新中华》在旧中国有一定影响,1933年1月创刊,1949年5月停刊,共出42卷。《新中华总目》按卷期次序照录42卷全部篇目,注明著译者及刊载卷期。

查中华人民共和国成立前党报、党刊、革命报刊上的论文资料,从一般报刊资料索引中是查不到的,这必须从另一些索引中去查找。主要有:

十九种影印革命期刊索引,人民日报出版社,1959。从该书中可查到由人民出版社影印的《新青年》(月刊,1915年9月至1922年7月)、《每周评论》《共产党》《先驱》《向导》《新青年》(季刊,1923年6月至1924年12月)、《前锋》《中国工人》(1924年10月至1925年5月)、《新青年》(1925年4月至1926年7月)、《政治周报》《农民运动》《布尔什维克》《无产青年》《中国工人》(1928年12月至1929年5月)、《实话》《群众》《八路军军政杂志》《中国青年》《中国工人》(1940年2月至1941年3月)等19种革命期刊上登载的论文资料。书后附个人作者、译者索引,按姓氏笔画排列。

二十六种影印革命期刊索引,中国革命博物馆资料室编,人民出版社,1988。从该书中可查到由人民出版社等单位影印出版的《星期评论》《少年中国》《新社会》《北京大学学生周刊》《秦钟》《觉悟》《劳动界》《上海伙友》《共进》《新时代》《中国青年》《政治生活》《中国军人》《战士》《中国农民》《犁头》《人民周刊》《劳动》《全总通讯》《红旗周报》《斗争》《苏区工人》《解放》《中国妇女》《共产党人》《中国文化》等26种革命期刊的全部篇目。书中编有篇名分类索引和著、译者姓氏笔画查字表。

除上述两种索引外,还可补充查找**新民主主义革命时期影印革命期刊索引**(抗日战争时期),中共中央党校图书馆编,中共中央党校出版社,1987。该索引收录的革命期刊有9种,其中《文艺突击》是上述两种索引所未收的。这三种索引为比较全面系统地查找新民主主义革命时期中国共产党、共青团、军队、工会等政治组织的机关刊物上的革命文献和资料,提供了方便。

新中华报索引(1939年2月7日—1941年5月15日)

解放日报索引(1941年5月—1947年3月)

(晋冀鲁豫)人民日报索引(1946年5月15日—1948年6月14日)

人民日报索引(1948年下半年本、1949年本、1950年本)

上述4种索引,均为人民日报图书馆编辑,人民出版社1956年、1961年出版。

《新中华报》的前身为《红色中华》,1931年12月创刊于瑞金。1937年1月29日改名为《新中华报》,在延安出版,不久就成为中国共产党中央委员会机关报。1941年5月15日终刊,与延安《今日新闻》合并为《解放日报》,至1947年3月27日停刊。《(晋冀鲁豫)人民日报》,系中国共产党晋冀鲁豫边区中央局机关报,先后在河北邯郸、武安出版,创刊于1946年5月15日,1948年6月14日停刊。同年6月15日与《晋察冀日报》合并为《人民日报》,成为中共华北局机关报。不久,改为党中央机关报。这些党报在五六十年代出版过影印本。上述4种索引,都是为了配合影印本的出版而编制的。每种索引按分类编排,除《解放日报索引》外,后均附"人名索引",包括个人作者、译者、文章篇名与消息报道标题中的人名,或按汉语拼音字母,或按姓氏笔画排列。

《新华日报》1938年1月11日创刊于汉口,是中国共产党在国民党统治区公开出版的报纸。后迁往重庆,至1947年2月28日被迫停刊。1963年北京图书馆影印刊行,并编**新华日报索引**,体例同上。

二、查找中华人民共和国成立后报刊资料

查考中华人民共和国成立后的报刊论文资料,目前处于书本型的检索工具与计算机化检索工具并行的阶段。

中华人民共和国成立初至 20 世纪 50 年代中期之前,国内尚未编纂权威性的报刊论文资料索引,目前可以利用的主要有**报章杂志参考资料索引**(江苏省立教育学院研究部资料室编)和**全国主要期刊重要资料索引**(山东省图书馆编印)。前者 1949 年 10 月创刊,1950 年 6 月停刊,为半月刊。先后收录该院所藏报纸 10 多种,杂志 120 多种。后者 1951 年 4 月创刊,1955 年 6 月停刊,为季刊。收录范围为山东省图书馆所藏的全国主要期刊。

1955 年 3 月,上海图书馆开始编印**全国主要期刊资料索引**,双月刊。1956 年开始增收报纸资料,改名为**全国主要报刊资料索引**,并于同年 7 月改为月刊,公开发行。1959 年分为"哲学社会科学"和"自然技术科学"两册编辑出版。至 1966 年 10 月因"文革"停刊。1973 年 10 月复刊,更名为**全国报刊索引**。自 1980 年起,分"哲社版"与"科技版"编辑出版,一直延续至今。

《全国报刊索引》在选材范围上贯彻注重学术性、专业性、参考性,兼顾地区与民族特点的原则。一般来说,重要报刊全面系统收录;新兴学科、边缘学科及基础学科的期刊给以特别注意;数量充足的同类专业期刊则择优选用;内部刊物适当收录。目前,收录的报纸在 150 种以上,期刊 6700 多种。每月提供的报刊篇目在 2 万条左右。

《全国报刊索引》的正文采用分类编排。先后采用过《中国人民大学图书分类法》和自编的《报刊资料分类表》。自 1992 年 1 月起,改用《中国图书馆图书分类法》(第 3 版)。主要是按分类检索。1991 年 1 月开始,《全国报刊索引》按照 GB339—83《检索期刊条目著录规则》著录款目,实现了著录的标准化。同时,哲社版实现了电脑编排,增加了著者索引和题中人名分析索引,扩大了检索途径。

1993 年,《全国报刊索引》开始实施计算机化工程。目前,哲社版的电子版**中文社科报刊篇名数据库**已进入应用阶段,可以检索

1993年以后的报刊论文资料出处。该数据库年更新数据20多万条,具有关键词、分类号、责任者、文献题名、母体文献、卷期年月、题中人名等多种检索途径。电子版的出现,彻底改变了书本型索引检索入口少、检索速度慢的局面。

书本型的《全国报刊索引》及其前身,是我国建国后持续出版时间最长、涉及学科最广、信息资源最为丰富的报刊检索工具,《中文社科报刊篇名数据库》又是目前国内规模较大的中文社科报刊篇名数据库。它们是查考建国后报刊论文资料最基本的工具之一。

成立于1958年的中国人民大学书报资料中心,是国内最早搜集、整理、存储、提供社会科学、人文科学信息资料的学术信息机构。该中心编辑出版的两种信息产品——《复印报刊资料》系列和《报刊资料索引》系列,也是查考当前报刊论文资料基本的检索工具。

复印报刊资料分专题选录报刊论文资料的原文和篇目出处。目前选录的范围主要是国内公开出版发行的3000多种报刊。专题划分以《中国图书馆图书分类法》为基础加以适当调整,形成代号。数量已从1978年复刊时的十几个发展到2003年的140个(专题细目附后)。各专题按学科体系与专门问题,结合现实研究与工作需要汇集资料。有些专题具有相互交叉、补充的关系。

各专题出版周期不一,目前以月刊和双月刊为主。内容均包括两部分。一是全文复印部分,选辑各专题范围内的重要论文和重要动态。基本的选择标准是:含有新观点、新材料、新方法,或具有一定的代表性;反映学术研究或实际工作部门的现状、成就及其发展。二是篇目索引部分,全面汇集专题范围内一般报刊资料的篇目出处。

与同类型检索工具相比,《复印报刊资料》具有鲜明的特点。在内容上,偏重于选收学术性、理论性资料信息;在编辑形式上,一次文献和二次文献相结合,较为适应研究的需要。专题划分精细,具有较强的针对性。

报刊资料索引是以年度为单位,分类揭示报刊论文资料出处的索引。它和《复印报刊资料》关系密切,包括了其全年各期全文复印和仅列篇题出处的全部篇目。但又不完全等同。《索引》还收录了一些专题各期限于篇幅而未能反映的篇目。总的来看,《报刊资料索引》所揭示的篇目总数大于《复印报刊资料》年度各期篇目之和。在查考年度报刊论文资料出处时,《索引》具有更为全面和检索方便的优点。

该索引按学科、专题分为 7 册,另编著者索引 1 册,共 8 册。细目如下(1998 年):

第 1 分册:马列主义、毛泽东思想研究、哲学、社会科学总论类。

第 2 分册:政治、法律类。

第 3 分册:经济类。

第 4 分册:文化、教育、体育类。

第 5 分册:语言文字、文学、艺术类。

第 6 分册:历史、地理类。

第 7 分册:科技、生态环境、出版类。

第 8 分册:著者索引。

《复印报刊资料》和《报刊资料索引》目前已经全面实现了计算机化。

附:《复印报刊资料》专题细目(2003 年)

哲学政法刊

代号	刊物名称	刊期	代号	刊物名称	刊期
A1	马克思主义、列宁主义研究	月刊	C8	新思路	双月
A2	毛泽东思想	双月	D0	政治学	双月
A3	邓小平理论	月刊	W-D1	政治理论文摘卡	季刊
B1	哲学原理	月刊	D01	公共行政	双月
WB1	哲学文摘卡	季刊	D1	社会主义论丛	月刊
B2	科学技术哲学	月刊	D2	中国共产党	月刊
B3	逻辑	双月	D3	国际共产主义运动	季刊
B4	心理学	月刊	D4	中国政治	月刊
B5	中国哲学	月刊	D410	法理学、法史学	月刊
B6	外国哲学	月刊	W-D41	法学文摘卡	季刊
B7	美学	月刊	D411	宪法学、行政法学	双月
B8	伦理学	月刊	D412	民商法学	月刊
WB8	伦理学文摘卡	季刊	D413	经济法学、劳动法学	月刊

代号	刊物名称	刊期	代号	刊物名称	刊期
B9	宗　　教	双月	D414	刑事法学	月刊
C1	社会科学总论	季刊	D415	诉讼法学、司法制度	月刊
C3	管理科学	月刊	D416	国际法学	双月
WG3	管理学文摘卡	双月	D421	青少年导刊	双月
C4	社　会　学	月刊	D422	工会工作	双月
W-C4	社会学文摘卡	季刊	D423	妇女研究	双月
C41	社会保障制度	月刊	D5	民族问题研究	月刊
C5	人口学与计划生育	双月	D6	中国外交	月刊
C7	高新技术产业化	双月	D7	国际政治	月刊

经济管理刊

代号	刊物名称	刊期	代号	刊物名称	刊期
F10	国民经济管理	月刊	F31	工业企业管理	月刊
F101	财务与会计导刊	月刊	F51	商贸经济	月刊
W-F101	财会文摘卡	双月	F511	商界导刊	月刊
F102	人力资源开发与管理	月刊	F512	市场营销	月刊
F103	劳动经济与劳动关系	双月	W-F512	市场营销文摘卡	双月
F104	统计与精算	双月	F52	外贸经济、国际贸易	月刊
F107	城市经济、区域经济	月刊	W-F8	国际经济文摘卡	季刊
F11	理论经济学	月刊	F61	财政与税务	月刊
W-F1	经济学文摘卡	季刊	F62	金融与保险	月刊
F13	社会主义经济理论与实践	月刊	W-F6	财政金融文摘卡	双月
F14	特区经济与港澳台经济	月刊	F63	投资与证券	月刊
F2	农业经济导刊	月刊	F7	经　济　史	双月
F22	乡镇企业、民营经济	月刊	F8	世界经济导刊	月刊
F3	工业经济	月刊	F9	旅游管理	双月

教育、文史刊

代号	刊物名称	刊期	代号	刊物名称	刊期
G0	文化研究	月刊	H1	语言文字学	月刊
G1	教　育　学	月刊	J1	文艺理论	月刊

代号	刊物名称	刊期	代号	刊物名称	刊期
W-G1	教育学文摘卡	季刊	W-J1	文艺理论文摘卡	季刊
G2	思想政治教育	月刊	J2	中国古代、近代文学研究	月刊
G3	中小学教育	月刊	J3	中国现代、当代文学研究	月刊
G30	中小学学校管理	月刊	W-J3	现当代文学文摘卡	季刊
G31	中学语文教与学	月刊	J4	外国文学研究	月刊
G32	中学历史、地理教与学	月刊	J5	舞台艺术	双月
G35	中学数学教与学	月刊	J7	造型艺术	双月
G36	中学物理教与学	月刊	J8	影视艺术	双月
G37	中学化学教与学	月刊	K1	历　史　学	月刊
G381	中学外语教与学	月刊	K21	先秦、秦汉史	双月
G382	中学政治及其他各科教与学	月刊	K22	魏晋南北朝隋唐史	双月
G39	小学各科教与学	月刊	K23	宋辽金元史	季刊
G4	高等教育	月刊	K24	明　清　史	双月
G5	成人教育学刊	月刊	K3	中国近代史	月刊
G51	幼儿教育导读	月刊	K4	中国现代史	月刊
G53	职业技术教育	双月	K5	世　界　史	月刊
G6	新闻与传播	月刊	K9	地　　理	双月
G7	档　案　学	双月	N1	科技管理	月刊
G8	体　　育	月刊	N2	生态环境与保护	月刊
G9	图书馆学、信息科学、资料工作	月刊	Z1	出版工作	月刊

限国内发行刊

代号	刊物名称	刊期
MF1	体制改革	月刊
TD4	港澳特区行政与社会	月刊
TD41	海外法学	月刊
TF1	台、港、澳经济	月刊
TF102	海外劳动经济与人力资源管理	月刊
TF31	海外管理学	月刊
TF5	海外贸易	月刊
TF6	海外财政与金融	月刊

综合文萃系列刊

代号	刊物名称	刊期
*V1	当代文萃	月刊
V2	家庭教育导读	月刊
V3	审计文摘	月刊
V4	素质教育（中学版）	月刊
V5	都市文萃	月刊
V6	精神文明导刊	月刊
V7	素质教育（小学版）	月刊

杂志类

代号	刊物名称	刊期
L1	情报资料工作	双月
L2	清史研究	季刊

信息总汇刊

代号	刊物名称	刊期
X1	食品信息	月刊
X2	投资与理财	半月
X3	种植与养殖	半月
X4	环球工商	月刊
X5	经济政策信息	半月
X6	证券导刊	周刊
X7	中外经贸信息	半月
X8	企业家信息	月刊

查考建国后报刊论文资料的检索工具中，较有特色的还有：**内部资料索引**，上海社会科学院图书馆编印，双月刊。该索引收录29个省、市、自治区内部交流与内部发行的社会科学刊物五六百种，分哲学、政治、法律、经济、文学、社会学、历史（含党史）和文化教育等类。

中国社会科学文献题录，中国社会科学院文献信息中心编，社会科学文献出版社出版，1985年创刊。参加选题与编辑的单位有29个省、市、自治区社会科学院情报研究所或图书馆。《题录》主要搜集全国社会科学期刊（公开或内部）上发表的具有学术性、理论性、信息性的论文及对社会科学研究有参考价值的资料，为全国社会科学研究机构、科研及教学人员提供学术情报。《题录》分月刊、双月刊、季刊3种，8个分册:《马克思主义·哲学》、《社会科学总论》(含:人口学、社会学)、《政治·法律》《经济》《文化·科学·教育》(含:图书馆学、情报学)、《文学、艺术》《历史、考古》《语言》。每分册每期约收题录2000条，采用《中国图书馆图书分类法》A至K大类的类号和类名，各大类下属类目则按文献题录的特点设置。1986年起,《题录》不分册，每期分学科收录文献，定为双月刊。

高等院校编辑出版的社会科学学报，及时地反映了各校学术研究成果与学科发展动态。吉林大学社会科学学报编辑部编辑出版的**全国高等院校社会科学学报(年度)总目录**,是查找学术论文不可不加以利用的检索工具。已出版1906—1949、1950—1966年两本，从1980年起，每年出版一本。各本所收学报种数不等。按学科分类编排。检索论文时，凡属跨学科的论文，按其主要内容，到相应的学科去查找。

为了了解高等院校社会科学学报所载论文内容，可经常查阅**高等学校文科学报文摘**,上海师范大学刊行，创刊于1984年，季刊。该文摘集各高等院校文科学报之精华，推荐学术论文，传递学术信息，综述学术观点，提供学术资料，有助于吸收学术成果，促进学术研究。

查报刊所载要目，比较迅速的是查《新华月报总目录》与《新华文摘》及其所附《报刊文章篇目辑览》。

新华月报系选辑全国报刊重要文章的综合性刊物。主要刊登党和政府的重要文件、领导人的重要讲话和文章，国内外重大事件始末的报道，中央各地报刊的重要社论，以及阐述党和政府方针政策的重要文章、经验总结、调查报告和其他资料，保存了重要文献。《新华月报总目录》由新华月报社1963年编辑出版。书中著录了《新华月报》第1—194期(1949年11月至1960年12月)各期上的篇目，分上、下两编，按类编排。

新华文摘集国内报刊之精萃，每期附《报刊文章要目辑览》,所收文章较精，包括政治、经济、哲学、科学、文化教育、历史、文学等七个方面，从中可查到当前发表在国内主要报刊上较有学术水平或参考价值的论文资料。

各种日报索引,如每月出版的《人民日报索引》《光明日报索引》《解放军报索引》《文汇报索引》等,也是检索特定报纸资料常用的工具。如能注意利用单种报刊的光盘,则检索起来更为迅速、方便。如**人民日报五十年图文数据光盘**,收录了自 1946 年 5 月 15 日《(晋冀鲁豫)人民日报》创刊以来至 1995 年 12 月 31 日《人民日报》的全部图文信息,共 16 张盘。从 1996 年开始,则每年制作一张全文光盘。一张光盘可检索到该年全部资料。检索效果,远非手工检索该报索引所能比拟的。

三、查找专题报刊资料

查找论文,从综合性报刊资料索引中去检索,这是常用的办法,但颇为费时;如能利用专题文献索引,则会事半功倍。特别是需要系统地查找某一专题文献时,使用专题文献索引更为方便。

以下介绍检索哲学社会科学各科文献比较常用的专题文献索引。

1. 哲学、宗教 查找哲学论文可用**中国哲学论文索引**(1900—1980),南开大学图书馆、哲学系 1980 年编印。该书按收录论文年限分为 4 册:第 1 册 1900—1947;第 2 册 1949—1966;第 3 册 1967—1976;第 4 册 1977—1980;另收录台湾地区 1950—1970 年发表论文编为第 5 册。**《1900—1949 年全国主要报刊哲学论文资料索引、附解放后外国哲学史等专题论文资料索引(1949—1980)》**,四川大学哲学系等编,商务印书馆,1989。**哲学论文索引**(1980—1985),中国社会科学院哲学研究所资料室编,见于 1982—1986 年《中国哲学年鉴》每本附录。该索引收录总论、辩证唯物主义、历史唯物主义、自然辩证法、中国哲学史、外国哲学、逻辑学、伦理学、美学、心理学、无神论、宗教等 12 方面的论文。**全国报刊主要哲学论文索引**,附于《国内哲学动态》刊物之后,从 1979 年起每月一期。1980 年起改名为《全国报刊部分哲学论文目录索引》。**建国以来哲学问题讨论综述**,艾众、李唤编,吉林人民出版社,1983。分 6 部分 62 个专题分别综述各专题的学术讨论概况,有些专题后编有参考文章索引。**中国哲学史论文索引**,方克立等编,中华书局,1986。按收录论文年限分为 4 册:第

1册1900—1949;第2册:1950—1966;第3册1967—1976;第4册1977—1984;另附编台港1950—1980年发表的论文。

查找宗教论文资料,可查**二十二种大藏经通检**,童玮编。中华书局,1997。**现代佛教学术丛刊:目录索引——暨作者简介**,张曼涛主编。台北大乘文化出版社,1980。**解放后关于道家、道教、玄学部分论文索引**(1949—1982),和光编。《中国哲学》第11辑。人民出版社,1984。**当代道教学研究著作论文索引**(1900—1993),王子华编,载《中华道教大辞典》(胡孚琛主编)。中国社会科学出版社,1995。**基督教中文期刊论文索引**,台北,中华福音神学院图书馆编印,1982。**中文圣经论文索引大典**,(美)芳泰瑞编。台北,中华世界资料供应出版社,1997。

2. 史学、考古 查找中国史学论文,可用**中国史学论文索引**。全书分为两编,每编又分两册。第1编,中国科学院历史研究所第一、二所、北京大学历史系合编,科学出版社,1957。第2编,中国科学院历史研究所资料室编,中华书局,1979。两编分别收录清末至抗战前与抗战至建国前国内1960余种期刊上所发表的史学论文篇目6万余条,均按类编排。每编上册专载有关历史科学的论文,下册专载各种学科历史的论文,覆盖学科面较广。第1编还附以人名、地名、朝代名、书名、物名、族名及重要历史事件名称为标目组织起来的辅助索引,这样就可从类、主题两个角度查到所需要的史学论文。

1522种学术论文集史学论文分类索引,周迅等主编,书目文献出版社,1990。收录从辛亥革命至1986年我国出版的1522种学术论文集中的史学论文34146篇,按类编排。仅收单篇学术论文的结集,不收个人文集。

建国以来中国史学论文集篇目索引初稿,张海惠、王玉芝编,中华书局,1992。收录1949年10月至1984年年底所出版的中国史学论文集1000余种,揭示15000多篇论文篇目的出处。全书分三部分。上:论文集目录,包括论文集编年目录与分类目录;中:篇目分类索引;下:篇目著者索引。

查找中国古代史论文,可用**中国古代史论文资料索引**,复旦大学历史系资料室编,上海人民出版社,1985。该索引分上、下两册,收录

1949年10月至1979年9月国内报刊上发表的中国古代史论文资料共3万余条。

查找中国断代史论文,可用的索引主要有：

战国秦汉史论文索引,张传玺等编,北京大学出版社,1983。该索引收录1900年至1980年1240种中文报刊上的战国秦汉史论文篇目1万余条,并录港台报刊上的有关论文篇目,收录范围广,内容涉及考古、文物方面的资料。后于1992年又编辑出版《续编》,分上、下两编:上编收录1981—1990年的论文篇目;下编收录1900—1990年的专著。2002年出版《三编》,资料截止于2000年。

魏晋南北朝史论文索引,武汉大学图书馆1982年编印,分上、中、下3册。该索引以收录1900年至1981年年底公开发行或国内刊物上发表的研究魏晋南北朝史的专著及论文为主,酌收了一些内部印行的国外中文报刊上的有关论文,还兼收日文资料1000条。

隋唐五代史论著目录,中国社会科学院历史研究所隋唐史研究室编,江苏古籍出版社,1985。该书收录中国、日本自1900年至1981年所发表的隋唐五代史论文与著作。

宋史研究论文与书籍目录(增订本),宋晞编,台湾省中国文化大学出版社,1983。该书收录1905年至1981年发表的宋史论文与专著,其中所收台湾、香港学人所发表的论著较多。

辽史研究论文专著索引,辽宁社会科学院历史研究所,1982。该书收录清末至1981年国内外正式发表的辽史专著与论文,港台与国外论著中有译文的,亦予收入。

中国近八十年明史研究论著目录,中国社会科学院历史研究民明史研究室编,江苏人民出版社,1981。该书收录1900年至1978年国内所发表的有关明史的论文与著作,全书收论文9400篇,著作600部。

清史论文索引,中国社会科学院清史研究室、中国人民大学清史研究所合编,中华书局,1984。该书收录1903年至1981年6月我国报刊、论文集中发表的有关鸦片战争前的清史论文、史料篇目24000条左右,其中包括1949年10月以后港台发表的论文篇目。

查找中国近代史论文,可用**中国近代史论文资料索引**,徐立亭、熊炜编,中华书局,1983。该书收录1949年10月至1979年12月国内出版的主要报刊上发表的论文篇目。同时可参考**中国近代史论著目录**,复旦大学历史系资料室编,上海人民出版社,1980。该书主要收录1949年至1979年全国报刊与80多种论文集中的论文资料篇目,仅报刊论文就有1万余条,并著录有关中国近代史的著作1200余种。

这里应特别介绍一下**史学论文索引**,北京师范大学历史系资料室1982年编印。书中收录1979年至1981年的报刊论文篇目2万余条。所收录论文时限,中国古代史部分与《中国古代史论文资料索引》相衔接,中国近代史部分与《中国近代史论著目录》相衔接,很有实用价值。

查找中国现代史论文,可用**中国现代史论文著作目录索引**,荣天琳主编,北京大学出版社,1986、1990。全书两册,分别收录1949—1981年、1982—1987年国内发表和出版的有关从五四运动到中华人民共和国成立这一历史时期的论文、著作和史料共约6万条目。涉及国内各报刊、丛刊、专刊、研究资料、文史资料、革命史资料、地方史资料等1000余种。不论观点,尽量收录无遗。分为4编:第1编为概述论文,包括史学理论、政治史、社会史、经济史、文化教育史、军事史、中外关系史、民族史、地方史、华侨史等专门史及书评、史料、年表等。第2编为分期史论文,按五四运动和第一次国内革命战争时期、第二次国内革命战争时期、抗日战争时期和解放战争时期四个历史时期编排。第3编为历史人物论文及史料,包括各方面的人物1200余人,按列传与合传两部分编纂。第4编为历史著作,分史学理论、分期史和历史人物研究三部分。这是迄今为止收录有关中国现代史论文著作最完备的一部工具书。亦可参考**中国现代史论文书目索引**(1949.10—1984.12),李光一主编,河南大学出版社,1986。甲编为论文索引,乙编为著作书目,按专题与历史时期结合分类编排。此外还可查考**五十二种文史资料篇目分类索引**,复旦大学历史系资料室编,复旦大学出版社,1983。《文史资料选辑》是全国政协、各省市自治区政协、民盟北京市委与天津市委文史资料研究委员会编辑的,资料的撰写人都是近代现代历史事件的参与者或目击者,因此具有较大的史料价值。这部索引就是供查找1982年前上述单位所编52种《文史资料选辑》使用的。

1992年编辑出版的**全国各地政协文史资料篇目索引**(1960—1990),李永璞主编。中国文史出版社。分5册:一、政治、军事、外交篇;二、经济文化篇;三、社会、地理篇;四、人物上篇;五、人物下篇。书后附录包括文中资料说明(序跋、勘误、凡例、目录、书讯)与文史资料工作(组织工作、沿革、文史知识)。全书收录2300多种各地编辑出版的文史资料丛刊13000多辑(期)30万余条篇目。

查找中国历史地理学论文,可查**中国历史地理学论著索引**(1900—1982),杜瑜等编,书目文献出版社,1985。

查找边疆史地论文,可查的有**清代边疆史地论著索引**,中国人民大学清史研究所、中国社会科学院中国边疆史地研究中心编,中国人民大学出版社,1988。收录1900—1986年发表或出版的清代边疆史地论文8000余条,著作1200余种。涉及的地区限于云南、广西、台湾、海南岛以及东南海疆地区。论著按总论、政治、自然地理、历史地理、经济、科技文化、宗教、社会风俗、民族与民族关系、军事、对外关系、人物、书评、书目及资料14类编排。

查找华侨史论文,可用**华侨史论文资料索引**,中山大学东南亚历史研究所、图书馆合编,1981年印行。该书收录1895年至1980年间365种中文期刊上所发表的有关华侨问题的论文、译文、资料篇目。后附《华侨问题书目》、《英文期刊论文索引》。

查找中国古代科技史可用**中国古代科技史论文索引**,严敦杰主编,江苏科学技术出版社,1986。收录1900—1982年间发表的有关古代科技史论文。

查找世界史论文可用:

世界通史论文资料索引(三册),复旦大学资料室等编,复旦大学出版社,1988。该书收录1949—1988年间发表的有关世界史总论、世界古代史、中世纪史方面的论文资料篇目。

世界近代史论文资料索引,杭州大学历史系世界史教研组1973年编印。该书收录1949年10月至1972年12月全国报刊上发表的世界近代史论文资料篇目。

世界现代史报刊论文资料索引,华东师范大学历史系资料室1982年编印。该书收录1949年至1981年发表于300多种报刊上有关世界现代史方面的论文篇目16000余条。

查找文物考古论文资料可查**《文物》三五〇期总目索引**(1950.1—1985.7),《文物》编辑委员会编。文物出版社,1986。**《考古》二百期总目索引**(1955.1—1984.5)《考古》编辑部编。科学出版社,1984。**中国艺术考古论文索引**(1949—1966),陈锦波编。香港大学亚洲研究中心,1974。

3. 语言、文学　查找语言学论文,可用**中国语言学论文索引**。该书由中国科学院语言研究所编,分甲、乙编两册。甲编由科学出版社于1965年出版,收录1900年至1949年全国报刊、论文集中的语言学论文5000余篇。乙编由商务印书馆1983年出版增订本,收录1950年至1980年全国报刊、论文集中语言学论文12000余篇。甲、乙编均按语言与语言学、汉语、少数民族语言三大类编排。附著者姓名索引。亦可参考**语文教学篇目索引**,《中国语文》编辑部编,上海教育出版社,1982。该书收录1950—1980年报刊上所发表的语文教学论文约10000篇。

查找中国文学研究论文,主要利用:

文学论文索引,陈璧如等编,中华图书馆协会1932年至1936年印行。该书分初编、续编、三编3册,收录1905年至1935年国内575种报刊上发表的中外文学论文。

主要文学期刊目录索引,山东师范学院中文系编,1962年刊行。该书简介1937—1949年间出版的30种重要文学期刊,并抄录全部篇目。

全国报刊文学论文索引,中国科学院文学研究所图书资料室编,人民文学出版社,1965。该书以收录1960年至1965年报刊上的文学论文为主,酌收重要动态与资料,引用报刊288种,收录篇目4556条。其《续编》由中国人民大学书报资料社于1982年出版,收录1977年至1979年各省、市、自治区报刊与文学丛刊、辑刊、集刊上发表的论文资料。

查找中国古典文学论文,可用**中国古典文学研究论文索引**,中山大学中文系资料室编，广西人民出版社，1984。该书收录1949年至1980年全国报刊、高校学报、集刊上发表的中国古典文学研究的论文、资料篇目，酌收港台文学杂志上的论文资料篇目。所收论文兼及音韵、文字、版本校勘、古典文献等方面。亦可使用主要由中国社会科学院文学研究所图书资料室编辑、中华书局陆续出版的三部**中国古典文学研究论文索引**，书中所收论文的发表时间是相互衔接的：1949—1966.9本，1979年出版（增订本）；1966.7—1979.12本，1982年出版；1980.1—1981.12本，1985年出版。收录中央和省、市、自治区级报刊、高校学报、集刊上发表的中国古典文学研究论文篇目。

查考中国现、当代文学论文，可用**中国现代文学期刊目录汇编**，唐沅等编，天津人民出版社，1988。收录1915—1949年间在我国现代文学史上有影响、有代表性的期刊276种，内容包括期刊简介、目录汇编、作者索引、馆藏索引。具有篇目汇录与索引的双重功能。**中国现代当代文学研究论文索引**，天津师范学院中文系资料室编，南开大学出版社，1984。该书收录1949年至1966年5月与1979年至1982年国内700多种报刊上发表的有关中国现代、当代800多位作家的作品研究论文篇目。还可参考：**中国现代文学作家的作品评论资料索引**，福建师范学院中文系中国现代文学教研组、中文资料室编，福建人民教育出版社，1961、1963。全书分正、续编，收录1949年10月至1962年年底国内书刊中刊载的有关中国现代重要作家、作品评论文章篇目。**中国现代文学研究资料索引**，东北师范大学中文系、图书馆编辑，1986年印行。收录1976年10月至1985年发表的现代文学研究论文和专著1300余条，并另附港台论文专著条目。《中国当代文学研究资料丛书》中刊载的作家研究专集或合集中所附的《作家作品系年》与《评论文章目录索引》亦可注意查阅。

三十年代中国文艺杂志总目录索引，卫金蒙编，香港突破书屋，1971。同时可参考**主要左翼文艺刊物目录索引**，收录45种期刊的全部篇目。该索引附录在《三十年代左翼文艺资料选编》（马良麦等编，四川人民出版社，1980）。

抗战文艺报刊篇目汇编，王大明等编，四川省社会科学院出版社，1984。该书主要收录1937年至1945年出版的近60种文艺期刊与报纸副刊上发表的文章篇目,兼收抗战前与胜利后出版的文艺报刊上的篇目,其中大部分属于进步的报刊。

查找民间文学研究论文,可用**民间文学研究资料目录索引**(初稿),西南师范学院中文系1980年编辑印行,分上、中、下3编。上编收民间文学理论著述100多种,研究文章3500多篇;中编收民间文学作品400多种;下编收民间文学、民俗学、说唱文学期刊90种;附录部分收民俗学、通俗文学、少数民族文学理论著述20种,研究论文120篇。

查找中国少数民族文学研究资料,可用**中国少数民族作家作者文学作品目录索引**,中央民族学院图书馆1978年编辑印行。该书收录建国初至1977年报刊所载与中央民族学院图书馆所收藏的50多位少数民族作家作品的资料。

查找儿童文学论文,可用**儿童文学论文目录索引**,少年儿童出版社,1961。该书收录1911年2月至1960年12月所发表的儿童文学论文与著作。

查找外国文学研究论文,可用**外国文学研究资料索引**,河南师范大学中文系1979年编辑刊行。该书收录五四前后至1978年报刊上发表的外国文学研究论文、外国文学研究专著与外国文学作品中译本的前言、后记。**外国文学研究论文资料索引**,河北教育学院图书馆、上海教育学院图书馆合编,上海社会科学院出版社,1986。该书收录1978—1985年报刊上发表的有关外国文学研究的论文资料。

4. 经济、法学　查找经济学研究论文,可查:**经济科学研究报刊资料索引**(1982—1984),冯英利等编,山西人民出版社,1985。

查找经济信息,可查**中国报刊经济信息总汇**,中国人民大学书报资料中心编。汇辑8个专题信息,选自近千种报刊。信息量大,实用性强。这8个专题是:食品信息、日用工业品信息、种植与养殖、投资与合作、经济政策信息、中外经贸信息、证券市场信息、企业家信息。

查找城市、农业经济研究资料,可查**城市经济资料专题索引**,(1952—1983),辽宁财政学院1983年编印。**中国农业经济文献目录索引**(1900—1981),国务院农村发展研究中心研究所编,农业出版社,1988。

查找中国经济史研究资料,可用**中国古代经济史研究资料索引**,中山大学历史系资料室、中国古代史教研室合编,1982年印行。该书收录中华人民共和国成立初至1981年年底发表的上古至1840年前后有关中国经济史的学术论著与资料目录。附有港台学者著述。**中国古代社会经济史论文目录索引**,山西省社会科学研究所历史研究室1983年编印。收录20世纪初到1981年间的经济史论文篇目约2200条。

查找外国经济资料,可用**国外经济文献索引**,中国社会科学院世界经济与政治研究所世界经济资料中心编辑,中国人民大学书报资料社出版,创刊于1978年,半年刊。该书收录美、法、德、日、俄、西班牙六国经济刊物中的有关各国经济研究资料。同时可参考外国经济管理资料索引,附于《外国经济管理》刊物中,该刊由中国人民大学外国经济管理研究所编辑,中国人民大学出版社出版。

查找南洋研究资料,可用**南洋研究中文期刊资料索引**,南洋大学南洋研究所1968年编印。该书收录500多种期刊上发表的有关东南亚论文1万篇,以经济资料为主,也涉及社会、政治、文学艺术等方面的研究文献。

查找法学研究论文资料,可查:**法学论文目录集**(1949—1984),袁兆洪、吕雪梅编,浙江人民出版社,1986。收录1949年10月至1984年12月国内公开发行的400多种中文报刊上的法学论文。**法学资料索引**,兰州大学图书馆1982年编印。该书两辑,收录1950年至1981年底国内出版或报刊发表的法学论文与资料。**全国主要报刊法学资料索引**,西南政法学院图书馆1985年编印。全书4册,收录1950—1984年报刊法学资料2万余篇。**中文法律论文索引**,台湾东吴大学盛子良编,台湾三民书局,1972。后又由东吴大学图书馆陆续编辑出版。全书12册,汇集了1963—1984年间报刊所载法学论文32517篇。

5. 文化、教育 查找教育论文,可用:**教育论文索引**,邰爽秋等编,彭仁山增订,上海民政书局,1932。收录当时22种教育杂志上的教育论文。**教育论文索引**,北京师范大学教育系、图书馆1960年编印。收录1949—1960年教育论文。**中文报刊教育论文索引**,中央教育科学研究所图书资料室1982年编印。每季一期,内部印行。

查找高等教育研究论文,可用**高等教育资料索引**,兰州大学高等教育研究室、兰州大学图书馆合编,1980年、1983年印行。该书收录1977年至1982年报刊上所发表的高等教育科研论文。

查找图书馆学论文,可用**图书馆学论文索引**,两辑。第1辑李钟履编,第2辑南京图书馆编,商务印书馆,1959。该书收录清末至1957年年底发表的图书馆学论文篇目7000余条。查找中华人民共和国成立以来的图书馆学论文,可用另一种**图书馆学论文索引**,南京图书馆编辑,正、续编两册。正编由书目文献出版社1982年出版,收录1949年10月至1980年12月发表的图书馆学论文篇目。续编由江苏省图书馆学会1983年刊行,收录1981至1982年发表于图书馆学、档案学、情报学、出版工作专业刊物上的论文篇目。同时可参考**图书馆学情报学档案学论著目录**,华东师范大学图书馆学系、图书馆合编,上海人民出版社1984、1989年出版。已出两册:第1册选自1949—1980年100余种专业及相关学科期刊上的图书馆学、情报学、档案学论文11000余篇目。第2册选自1981—1985年226种专业及相关学科期刊上的图书馆学、情报学、档案学论文16000余篇目。每册还收录专业论文集、专著。查找台湾学人所撰述的图书馆学论文,可用**中文图书馆学暨目录学论著索引**,方仁编,1975年台北刊行。该书收录1945年至1975年台湾报刊上有关图书馆学、目录学的论文篇目4050条。

查找国学论文,可查**国学论文索引**(1—4编),北平图书馆索引组编。中华图书馆协会印行,1926—1936。又,国学论文索引(5编),2册,北京图书馆参考研究组编印,1955。

查找历代文集篇目,现在可查的有**全唐文篇目分类索引**,冯秉文主编。中华书局,2001。**元人文集篇目分类索引**,陆峻岭编。中华书局,1979。**清代文集篇目分类索引**,王重民、杨殿珣编。中华书局,1965。此外查阅唐代、清代文集的著作尚有**唐集叙录**,万曼著。中华书局,1980。**清人文集别录**,张舜徽著。中华书局,1980。

6. 其他学科　查找科学学论文,可用:**科学学与科技管理文献资料索引**,梁宝林编,科学普及出版社,1986。该书分"文选"和"索引"两部分。索引部分选自1985年上半年前各主要报刊上的论文5000余条。按下列11专题编排:关于科学及科学学、科技政策及其组织管理、科技人才及其管理、科研机构管理、科技成果管理、科研课题管理、技术管理、信息及科技情报、科学预测与决策、关于新技术革命、新知识、新学科。**科学学文摘索引**,中国科学院图书馆编辑刊行。创刊于1980年,原名《科学学文献索引》,自第4期增加文摘,改为现名。现为季刊,每期收录英、俄、日文科学学译文文摘与篇目。

查找人才学论文,可用**人才学研究资料目录**,韩静华、葛民编,江苏省图书馆学会1981年印行。该书收录46种报纸、15种期刊上发表的人才学论文篇目1468条。

查找人口学论文,可用**国内有关人口科学文献目录**,河北师范大学人口研究室1982年编印。收录1903年至1981年有关人口学研究的文献篇目2228条、专著77种,引用报刊、文集445种。

查找日本学的论文资料,可查**中国日本学论著索引**(1949—1988),李玉等编。北京大学出版社,1991。收录专著、论文8699条;译著、译文4089条。**中国日本学文献总目录**,北京日本学研究中心编。中国人事出版社,1995。收录截止1993年3月我国学人撰写的日本学研究著作、译作、论文、共3万多条。

以上从六个方面介绍了几十种专题报刊资料索引。如果要了解更多的此类索引,可注意参考**中国索引综录**,卢正言主编。上海辞书出版社,2000。

索引数量很多,使用起来要注意掌握每部索引的功用,收录论文资料的时限,编排的方法,以及它与其他索引的关系。一篇论文有时可从多种索引中查到,有时则只能从特定的索引中去查,有的专题文献则需利用索引,互为补充,才能查全。

第二节 报刊目录的利用

一、查考报纸收藏

目前,还没有一部反映全国图书馆收藏报纸的联合目录供人们查考。这里选介两部图书馆收藏报纸的联合目录：

解放前中文报纸联合目录草目（北京地区部分图书馆藏），全国图书联合目录编辑组1967年编印。该书收录北京图书馆、首都图书馆、中国科学院图书馆和中国人民大学、清华大学、北京师范大学、北京铁道学院、北京外交学院、北京政法学院图书馆入藏的中华人民共和国成立前国内外出版的中文报纸1000多种，分解放区、国统区、港澳及海外地区三部分，各按报名笔画排列。著录项目有：报名、出版地及编辑单位，创刊、停刊年月，注释，馆代号及馆藏年月。

上海各图书馆藏报调查录，由上海新闻图书馆于1950年广泛调查了上海市112所图书馆馆藏报纸情况，编成这本调查录。书中以馆为序，分别记载各馆收藏了哪些报纸。著录项目有报纸名称、存报年月、存报日期、备注四项。该书编辑年代较早，收录又限于上海一地，有些馆已经调整合并，因而有一定的局限性。但仍可提供查找今天不易见到的报纸的线索。例如，从书中可以获知上海新闻图书馆收藏了《淮海报》《江海报》《拂晓报》。书后附《新闻学图书目录》。

同时，应注意查找一馆收藏报纸的目录。此种馆藏报纸目录，还收录中华人民共和国成立以来创刊至今尚在发行的报纸。可查的有：

北京图书馆馆藏报纸目录，北京图书馆报纸期刊编目组编，书目文献出版社，1981。该书包括馆藏中文、外文报纸两部分。中文报纸部分收录中华人民共和国成立前解放区发行的报纸，按报名笔顺排列；中华人民共和国成立前各省报纸，按省市顺序排列，省市级以下报纸按报名笔顺排列；中华人民共和国成立后出版的报纸，按《中华人民共和国行政区划简册》上的省、市、自治区顺序排列。书中还收录了香港、澳门及各国华侨报纸，先按亚、非、拉、美地区，再按各国国名排列。各报单独出版的副刊，排在该报的后面。著录项目有报纸名称、出版地、馆藏年月、创刊与停刊年月、变动情况。例如：

烟台日报

1958：7—12

1959：1—1962：12

1963：1—2

1968：1—

创刊：1958，10，15。1962，4，改名"烟台大众"。停刊：1963，2，28。1968，1，改名"新烟台报"，1972，改现名。

书后附中华人民共和国成立前报纸索引和香港、澳门及各国华侨报纸索引。

上海图书馆馆藏建国前中文报纸目录，上海图书馆编，1984年印行。该书收录上海图书馆入藏的1862年至1949年国内外出版的中文报纸3500余种。每种报纸的名称、编者、出版地、卷期号均有详细著录，报纸沿革亦有说明。这是目前收编解放前旧报纸较多的一部馆藏报纸目录。

徐家汇藏书楼报纸目录初稿，上海图书馆编，1957年印行。该书收录中华人民共和国成立前出版的中文报纸225种，大多数是清朝同治、光绪、宣统年间和民国初年出版的报纸。这对查找出版早、收藏少而又完整保存下来的珍贵报纸是有用的。例如，从书中可以查到自清同治十一年就创刊，至1949年5月停刊的全份《申报》。

中文报纸目录，上海市报刊图书馆编，1958年印行。该书收录馆藏1861年至1958年出版发行的中文报纸2085种，其中包括少数民族文字的报纸。该书还将建国后港台及海外华侨出版的报纸25种附录于后。

馆藏中文报纸副刊目录（1898—1949），上海图书馆编辑，1985年印行。副刊是我国报纸的一大特色。它发轫于19世纪末，至20世纪30年代，《申报》《大公报》《益世报》等，都同时附有十几种副刊，除文艺副刊外，还有反映社会生活各个侧面的专门性副刊。其中有大量研究中国近现代社会的重要资料。该书收录建国前1000多种中文报纸上刊载的副刊7078种。考虑到各种类型读者检索的需要，副刊收录较宽，定期出版的专页、增刊、特辑、特刊等，均视其内容酌情收录，以保持报纸副刊的特点。书后附有分类、隶属报名等索引以及"副刊名首字汉语拼音检字表""副刊名首字笔画检字表"，以便从多种途径查找所需的副刊资料。

二、查考期刊收藏

查考期刊收藏情况,应先查(1833—1949)**全国中文期刊联合目录(增订本)**,书目文献出版社,1981。该书收录了全国 50 所图书馆在 1957 年年底以前所藏中华人民共和国成立前国内外出版的中文期刊近 2 万种。每种期刊著录项目是刊名、刊期、编辑者、出版地、出版者,创刊、停刊卷期与创刊、停刊时间,注释,总藏,馆藏卷期及馆名代号。

例一:

生活星期刊 邹韬奋主编,上海生活书店出版 1:1—28,1936.6—12(本刊原名为"生活日报星期增刊",在香港创刊,自 9 期起改名为"生活日报周刊",迁至上海出版。自 12 期起改用本名,同时在香港发行。)

总藏 1:12—28

1:12—28	1936	1,6, 143,511, 541,544,545
1:12—25,27	1936	851
1:12—22,24—28	1936	931
1:12—13,15—28	1936	7
1:12,14—17,19—20,22—28	1936	852
1:13,17—20,22—23,25	1936	782
1:14,17—18,22,25—27	1936	831
1:14,18—19,21,23—28	1936	651
1:15,19,26	1936	936
1:17—18,23—24,26—27	1936	921
1:22—28	1936	305
1:22—27	1936	63
1:22,28	1936	781

例二:

国是公论(旬刊)重庆国是公论旬刊社　1—37,1938.6—1940.7
总藏 1—37

1	1—36	1938—1940
6	1—20	1938
8	20—32	1938—1940
252	1—35	1938—1940
401	1—21,23,25—34	1938—1940
421	3—11,13—9,23—6	1938—1939
511	1—20	1938
541	25—6	1939
545	1—3,5—20,22—8,32,34—5	1938—1940
651	1—37	1938—1940
671	1—3,5—14,16—28,31—5,37	1938—1940
741	16—25,27—35	1938—1940
791	1,3,5—7,11—3,15—27,39—3,35	1938—1940
831	1—9	1938
851	1—26,32—5,37	1938—1940
852	1—26,28—9,32—6	1938—1940
861	1—22,24—5	1938—1939
905	1—22,24—6,32—4	1938—1940
911	9—26	1938—1939
931	1—20,27	1938—1939

　　注释:对刊物沿革的简略说明,诸如刊名、刊期的改变,出版他的变动,编辑出版机构的更换,以及出版情况的变化。

　　总藏:每一种期刊各馆所藏的全部卷期总数,由此可看出全国入藏该刊的全缺情况。

　　馆藏:各馆入藏一种期刊卷期的详细情况。

　　馆藏代号:查该书前附《参加单位名称代号和地址表》,就可知号码所代表的馆名。例如1,即北京图书馆。馆藏代号有两种排列:一种入藏卷期在前,馆名代号在后,例一即是;一种馆名代号在前,入藏卷期在后,例二即是。

　　该书1957年初版,未收录中国共产党在各个时期出版的党刊、抗日根据地和建国前各个解放区发行的期刊,以及国民党统治区发行的进步刊物,增订本则补充收入。凡属增收的期刊,刊名前均加星标,以示区别。

例三:

新文艺　广州新文艺社　　1—5,1946.6—1949.12
1　　　　　1946　　　　　　　　　　　　　　　　1
5　　　　　1949　　　　　　　　　　　　　　　921

★**新文艺**　太岳新文艺社　1—3,1946.？—8
3　　　　　1946　　　　　　　　　　　　　　　　1

新文艺　浙江慈北文艺研究会　1—2,1947.6—8
1—2　　　 1947　　　　　　　　　　　　　　　541
1　　　　　1947　　　　　　　　　　　　　　 7,63

新文艺(月刊)　上海新文艺月刊社,1—2:2,1929.9—1930.4,复1:1—3,1940.10—1941.1(本刊曾停刊,1940年10月复刊,卷期另起。)

　　　　　总藏　　　1—2:2;复1:1—3
1—2:2　　　　　1929—1930　 1,2,6,8,　　　　852
1—2:1　　　　　1929—1930　　　　　　　　7,545
1:　　　　　　　1929—1930　　　　　　　　9,731
1:1—5　　　　　1929—1930　　　　　　　593,911
1:1,3—4,6　　　1929—1930　　　　　　　　　541
1:1　　　　　　 1929　　　　　　　　　　　　721
1:2—4,6　　　　1929—1930　　　　　　　　　851
1:2　　　　　　 1929　　　　　　　　　　　　781
1:6　　　　　　 1930　　　　　　　　　　 511,671
2:1—2　　　　　1930　　　　　　　　　　 851,915
2:1　　　　　　 1930　　　　 63,252,421,541,781,911,931
复1:1—3　　　　1940—1941　　　　　　　　　541
复1:1　　　　　 1940　　　　　　　　　　　　　7
复1:3　　　　　 1941　　　　　　　　　　　　931

新文艺(月刊)　西安新文艺出版社　1:1—4,1947.3—6
1:1,3—4　　　　1947　　　　　　　　　　　　401

新文艺(半月刊)　上海新文艺社　1,1946.6
1　　　　　　　 1946　　　　　　 8,461,515,541,545,921

★**新文艺**(半月刊)　长春新文艺社　1,1946

| 1 | 1946 | 7 |

查考时,不要把同名期刊误认为一刊,要从编者与刊期上仔细加以区分。例三的期刊虽都以"新文艺"为刊名,实际却是7种不同的期刊。

后又出(1833—1949)**全国中文期刊联合目录(补编本)**,北京图书馆、上海图书馆编著,书目文献出版社,1994。补收清末至民国时期期刊16400种,其中包括珍藏革命刊物,国民党之党、政、军刊物,抗日战争时期伪满、伪华北、汪伪政权之军政机关刊物,中小学教育刊物、儿童刊物、文艺刊物等。增补本与增订本基本上反映了1833年至1949年我国中文期刊出版全貌及馆藏情况。**中文期刊大词典**,伍档主编,北京大学出版社,2000。收录期刊33025种。还可注意查阅:

地区期刊联合目录,如**武汉地区期刊联合目录**,武汉地区图书馆学会编,1956年印行。该书分3卷,收录武汉地区20所图书馆收藏的中外文期刊5962种,其中中文期刊以1955年前出版的为限。

地方期刊目录,如**建国前山东旧期刊目录**,山东大学历史系资料室洛洋编,1983年印行。该书收录56个省市级以上图书馆所藏清末至解放前山东地区出版的刊物650多种,包括政治、经济、军事、司法、文化、教育、卫生、妇女、宗教等方面的刊物,范围比较广泛。

专业期刊联合目录,如**全国中文体育期刊联合目录**,1982年刊行。该书收录国家、省市体委科研所及体育院系共12个单位所藏中文体育期刊320种,其中包括公开和内部发行的连续出版物。书后附(1922—1945)部分中文体育期刊。每种期刊还说明出版情况。**中国现代文学期刊目录**(初稿),上海文艺版社,1961。该书收录1902—1949年出版的文学期刊1594种,附国民党、敌伪等出版的各类文学刊物。**中国现代戏剧电影期刊目录**(初稿),刘华庭编,上海文艺出版社1962年出版。该书收录1919—1949年出版的戏剧电影周刊,并注明上海图书馆等14个单位的馆藏。

馆藏期刊目录,各馆编制较多,主要有:上海市报刊图书馆1957年编印的**中文期刊目录**(1881—1949),收录馆藏中文期刊8037种;

1956年编印的**中文期刊目录**(1949—1956),收录馆藏中文期刊1700余种。北京大学图书馆1956年编印的**北京大学图书馆中文旧期刊目录**,收录馆藏中文旧期刊9000余种。北京师范大学图书馆1982年编印的**中文期刊目录**,收录馆藏1949年至1980年国内外出版的中文期刊4300余种,其中包括1949年以前创刊,1949年后继续出版的刊物。东北师范大学图书馆1983年编印的**东北师范大学图书馆中文期刊目录**,收录馆藏1889年至1979年出版的中文期刊6105种,分中华人民共和国成立前、后两部分。广东省中山图书馆1956年编印的**广东省中山图书馆藏广东杂志目录**(1949年以前),收录1949年以前广东出版的杂志及部分华侨杂志约2300种,颇具特色。

三、查考报刊简介

报刊目录中有些是不反映馆藏的,但常常准确地记录了一个时期或一个地区出版发行了哪些报刊,有时还对报刊作些介绍。还有一些简介报刊的专书或报刊史的专著,对报刊进行或略或详的评介。掌握这些资料,对于查阅报刊资料,是很必要的。

介绍近现代报刊的有:

中国近代期刊篇目汇录,书中除汇录每一期刊篇目外,还简介期刊495种。例如:

甲寅杂志(The Tiger),1914年5月(民国三年五月)创刊,在日本东京出版。月刊。由甲寅杂志社发行。发行人渐生,编辑人秋桐(章士钊)。1915年10月(民国四年十月)停刊,共出10期。本书全部收录。

同时亦可参考(1833—1949)**全国中文期刊联合目录**(增订本)中有关《甲寅杂志》的注释:

本刊原在日本东京出版,5期起,迁至上海出版。自1925年6月起改名为《甲寅周刊》,卷期另起。

再查《甲寅周刊》注释:

本刊前身为《甲寅杂志》。原在北京出版,自37期起迁至天津出版。

从上述介绍中可以了解《甲寅杂志》的编辑出版沿革。

清季重要报刊目录,编者不详(载《中国近代出版史料》初编)。收录杂志24种、报纸266种,其中有些报刊还作了简介。例如:

清议报(1897)　戊戌政变失败后,梁启超逃日本,十月在横滨出版《清议报》。旬刊,每期40页,分论说、名家著述、新书译丛、外论汇译、群报撷华等。出版达三年,因火灾停刊。

晚清文艺报刊述略,阿英著,古典文学出版社,1958。该书在《晚清文学期刊述略》中,考订与介绍了24种晚清文学期刊;另载待访期刊5种。在《晚清小报录》中,收录晚清小报26种,反映了当时半殖民地都市的上海生活。这类报纸中也包含着丰富的民俗学材料。后附《中国画报发展之经过》,亦颇有参考价值。

晚清以来文学期刊目录简编(初稿),鲁深编(载于《中国现代出版史料》丁编下卷,张静庐辑注,中华书局,1959)。以收录1872年至1949年7月出版的纯文艺期刊为主,兼及章回体趣味性刊物,共988种。通过著录项目,提供了查考每种期刊的基本资料。

辛亥革命时期期刊介绍,丁守和主编,人民出版社陆续出版。该书收录期刊上起1900年,下至1918年,与《五四时期期刊介绍》正好衔接。从当时七八百种期刊中选出200多种比较重要的或有代表性的刊物,分别介绍它们的性质、主要言论和倾向、在重大政治事件和思想斗争中的态度、对中国社会的认识和有关文化的观点、对西方各种思想文化的看法与介绍,以及该刊在当时社会上的影响和作用等。同时对刊物编辑出版者、主要撰稿者、刊期、版式等,也尽可能作一些说明。全书分5集,已知出版2集:第1集介绍刊物41种,第2集介绍刊物42种。同时可参考**辛亥革命时期报刊史料**(1899—1912),中国社会科学院新闻研究所主编,中国展望出版社陆续分册出版。该书已出第1册,在所收100多种报刊及大量报人传记中,提供了不少珍贵的资料。

五四时期期刊介绍,较详地介绍了五四运动时期的期刊157种。书中所载的各种期刊发刊词、宣言,有助于了解各种期刊的性质与特点。

中国革命报刊简介,刘光良编。该文载于《中国新闻年鉴》(1984),中国社会科学院新闻研究所编,人民日报出版社,1985。该文记载1937年至1949年陕甘宁、晋察冀、晋冀鲁豫、晋绥、华中、山东各根据地,以及东北解放区出版的革命报刊300多种,简要地介绍了每种报刊的性质、沿革、出版、负责人、主编、创刊与停刊时期。举例如下：

江淮日报　中共中央华中局机关报
出版地：江苏盐城
社长：刘少奇（兼），编委会主任：钱俊瑞，副社长兼总编辑：王阑西，编辑部副主任：刘述周
1940年12月2日创刊，1941年7月20日停刊。

刊载在《中国现代出版史料》丁编、补编中的下列资料，如《一九三〇年全国革命报纸调查》《一九三一至一九三六年间上海出版的几种革命报刊简介》《抗日战争时期上海的革命报刊和进步报刊》《抗日战争时期中国共产党党报和主要进步报刊简介》《一九四六年各解放区出版的报纸》与《一九四八年各解放区出版的报纸》等，亦可提供不少现代报刊的情况。

介绍当代报刊的有：

中国报刊名录，中国报刊名录编辑部编辑，新华出版社，1985。该书收录了3806种现行报刊，并为部分报刊写了提要。书后附《港澳台报刊目录》，收编了香港报刊170种、台湾省报刊2394种、澳门报纸4种，可供参考。

中国当代期刊总览，黑龙江人民出版社，1987。收录正式注册1986年发行的期刊。每种期刊均详细著录其名称、出版地点、演变、主办者、出版者、创刊日期、代号、定价等20个项目。全部期刊先按地区再按内容分类排列。书后附分类索引、笔画索引。

最新中国期刊全览，辛期等编，现代出版社，1989。收录了截止1988年10月底经新闻出版署批准具有国内统一刊号的期刊。按地区再按类别排列。后附刊名笔画索引。

中国学报总汇，《中国学报总汇》编写组编，黑龙江人民出版社，1988。收各类高校学报及学术期刊2000余种。

中文核心期刊要目总览 2004版（第4版），戴龙基、蔡蓉华主编，北京大学出版社。2004。初版于1992年，由北京地区高等院校期刊工作研究会和北京大学图书馆主持，有北京40所高校及外地个别高

校参加。编者用文献计量学方法,从10331种中文期刊中,经过统计、分析,筛选出1578种为核心期刊,分属131个学科,覆盖文、理、医、农、工学科。对每一核心期刊著录其编辑单位、出版地、出版者、出版年、出版频率、《中图法》类号、国内统一刊号、国内邮政发行号、国际连续出版物统一刊号、国外发行号、编辑单位地址及邮政编码,并对期刊作简要介绍。书后附刊名索引。2004版收1798种核心期刊,占全国期刊总数的15%。

国外人文社会科学核心期刊总览(第3版),戴龙基、蔡蓉华主编。北京大学出版社。初版于1997年。本书是首次由我国人员对国外人文社会科学各领域的期刊,进行了较为全面的统计、分析所得到的研究成果。编者采用引文法、文摘法和专家审核法,发挥了定量和定性的两种筛选方法的优势,确定了16个一级学科。这16个学科是哲学、社会科学总论、管理、政治、经济、法律、军事、历史(含考古)、地理、信息与知识传播社会学、教育、体育科学、人文地理学、文学、艺术、语言学。16个一级学科各为1编,每编内容有核心期刊研究报告、核心期刊排序总表、核心期刊二级学科分类表、核心期刊简介四部分。全书总共筛选出核心期刊1406种,基本上反映了国外人文社会科学期刊的现状和分布情况。这也就图书馆外刊采购、合理布局、参考咨询和期刊优化管理;为学术成果的评估、读者向外刊投稿,提供了一部有价值的重要的参考工具书。书后附刊名字顺索引。1991年出版第2版。

国外科学技术核心期刊总览2004版(第2版),戴龙基、蔡蓉华主编,北京大学出版社。初版于2003年。本版分47个学科:综合性科学技术、自然科学总论、数学、力学、物理学、化学、地学总论、天文学、测绘学、地球物理学、大气科学(气象学)、地质学、海洋学、自然地理学、生物科学、医药卫生总论、预防医学卫生学、基础医学、临床医学、临床各科、药学、农业基础科学、农业工程、农学农作物、植物保护、园艺、林业、畜牧动物医学、水产渔业、一般工业技术、矿业工程、石油天然气工业、冶金工业、金属学与金属工艺、机械仪表工业、能源与动力工程、原子能技术、电工技术、无线电电子学电信技术、自动化技术计算机技术、化学工业、轻工业手工业、建筑科学、水利工程、交通运输、航空航天、环境科学安全科学。筛选出核心期刊2552种。

外国报刊目录，中国图书进出口公司编印，1995。书中收录汉、日、俄以及拉丁字母起首的期刊名称索引。

中国高等院校校报名录，胡兆明等编，上海交通大学出版社，1988。介绍全国711所高等院校校刊。

第十章　字词的查检

在学习和工作中,经常遇到生字难词的问题,解决这类问题的主要途径是查阅各种类型的字典、词典。

字、词方面的问题是复杂的。总的来说可分两大类:一是语文性的,即解释语言中字、词的形、音、义的问题,所用的主要是语文性字典、词典。另一类是知识性的,即解释各种学科的术语、概念,以及某些专名确切含义,所用的主要是知识性词典(也叫专科词典),还可以使用百科全书和名录。专科词语的查检见本书第十二章。本章介绍的重点是语文性词典。

第一节　普通字典、词典的利用

一、通代字典、词典

所谓"通代",意思是历代兼收,大都侧重于古,或者说是详古略今。通代词典是普通词典中的主干,具有容量大　用途广的特点,要注意充分利用。

康熙字典,清康熙间张玉书等奉敕编。康熙内府刊本;商务印书馆 1933 年影印本附王引之《字典考证》、四角号码索引,上海书店 1985 年重印;中华书局 1958、1980 年据同文书局本影印本;上海古籍出版社据道光七年(1827)内府刊本影印本,附四角号码索引。

本书初名《字典》,是古代字书向现代字典过渡的大型重要字书,在明梅膺祚《字汇》、张自烈《正字通》基础上增订编纂而成。沿用两书旧例,按 214 个部首编排,同部首的字以笔画为序。收 47035 字,连重文 1995 个,共 49030 字(最新统计,除去重文,实收 46964 字)。每字先注音后释义,有异读的字分别释义。注音并列《唐韵》《广韵》《集韵》《韵会》(元代黄公绍《古今韵会》)《正韵》(明《洪武正韵》)诸书反切,并加直音。释义先列本义,后以"又"字列举其他义项,以《说文》为主,兼采其他字书,引书证颇多;若有考辨,则加按语。全书前有《总目》《检字》《辨似》(区分字形相近者)、《等韵》,后有《补遗》(补正集未收之冷僻字)、《备考》(收不通用之字)。本书收字多,体例较以往有所改进,且以"御制"名义刊布,故影响极大。然此书错误很多,道光年间王引之奉敕撰《字典考证》,仅改正引文之误即达 2588 条。台湾高树藩吸取各家成果,编成《新修康熙字典》(台北启业书局,1979)。王力撰《康熙字典音读订误》(中华书局,1987),可以参考。张力伟等主编的《康熙字典通解》(时代文艺出版社,1997)是《字典》的点校注释本。

中华大字典,徐元诰、欧阳溥存等编。中华书局 1915 年初版,1932 年合印本;1958 年、1978 年重印。

本书是在《康熙字典》的基础上改编而成的,编纂方法作了一些改进:增收口语字、科技字 1000 多个,共收 48200 余字;一字多音或义不相属,分立字头;释义分项,另起行,眉目清晰。注音以《集韵》为主,除反切外加注直音,并标明平水韵韵目。但过于追求义项的详备,不免烦琐;每个义项只列一个书证,对《康熙字典》的引证删削过多;照抄原书,有的错误未加改正。

《辞源》和《辞海》是我国现代辞书史上划时代的词典,用途广,影响大,几经修订,版本复杂,故合并介绍。这两部书原本都是兼具语文性、知识性的辞书,但修订后却有明确分工,《辞海》保持原来特色,《辞源》则成为阅读古籍的专用词典。

辞源,陆尔奎、方毅等编。商务印书馆 1915 年出版正编;1931 年出版续编,1939 年出版正续编合订本,略有修订,增加四角号码索引;1958 年重印。本书正续编合计收 13000 多单字,10 万多条复词。全书以字统词,单字按 214 个部首排列,复词依字数多少为序。单字用反切注音,并注直音、平水韵韵目。反切根据清初所编《音韵阐微》,比较容易切出字音。《辞源》的主要缺点是书证材料多抄自类书,大都不标篇名。其次是只有断句,不用新式标点。

《辞源(修订本)》列入古汉语词典中加以介绍。

辞海,陆费逵、舒新城等编。中华书局 1936 年出版,2 册;1947

年出合订本，1958年、1981年重印。《辞海》收单字13000多个，复词10万余条，与《辞源》(旧版合订本)规模相当。所收科技名词术语比《辞源》多；编写体例也有改进，如引文多注篇名，采用新式标点等。但沿用旧资料并未认真核对，错误仍不少。《辞海》于1959年进行修订，根据分工原则，仍保持原来百科为主兼收语词的综合性特色。1962年先出版了按学科分编的试行本16个分册。修订后出版合订本《辞海(未定稿)》(上海辞海编辑所，1965)，采用新定的250个部首，收单字13587个，复词84336条。1972年重新修订后，在先后出版20个分册的基础上出版了1979年版。

辞海(1979年版)，上海辞书出版社1979年出版3卷本，1980年出版缩印合订本。另出版20个分册本。收单字14872个，复词91706条。所收词目以解决一般读者在学习、工作中"质疑问难"的需要为主，兼顾各学科的固有体系；释文主要介绍基本知识，简明扼要。为反映新的科学文化水平，《辞海》不断修订。1983年将《语词增补本》(1982)和《百科增补本》(1982)合编为《辞海·增补本》。1989年出版《辞海(1989年版)》，收单字16534个，复词约12万条，涵盖120个学科。1999年版收单字19485个(其中列为字头的17674个)，词目122835条。仍以250部首排列，另有笔画、汉语拼音和四角号码检字表及词目外文索引。

汉语大字典，徐中舒主编，四川辞书出版社、湖北辞书出版社1986—1990年出版；1992年出版缩印1卷本。

本书是一部全面解释汉字形、音、义的集大成的大型语文辞书。共收单字54678个，按200个部首排列。楷书字头之下，列举有代表性的甲骨文、金文、小篆和隶书各种形体，以示字形的演变历史，并酌情附解说。次引《说文》，或加按语。注音尽可能注出现代读音(用汉语拼音标注)、中古音(《广韵》、《集韵》的反切，标明声调、韵部、声类)和上古音(只标韵部)。释义全面，多引书证。并注意考释僻字僻义。第8卷是各种附录和全书检字表、补遗。缩印本对某些疏漏作了订正。另有《汉语大字典(简编本)》(湖北辞书出版社，1996)，收字21833个。

汉语大词典，罗竹风主编，上海辞书出版社1986年出版第1卷，

第 2 卷起由汉语大词典出版社出版，1994 年出齐。正文 12 卷，另有检索表及附录 1 卷。1997 年出版缩印本，3 卷。本书收录词目约 37.5 万条，其中单字条目 2.2 万条。在全面分析汉语资料的基础上，对汉语发展演变过程作了历史的科学总结。所收词目包括古今语词及习见常用的百科词语。单字按 200 个部首排列。用汉语拼音标注现代音，以反切标注中古音、近古音，并注明声调、韵部、声类。释义义项完备，解释确切，书证丰富。引书均注明时代、作者、书名、篇名或卷次章节；并按时代先后排列，以明发展线索。

汉语大词典编纂处和日本禅文化研究所合编**多功能汉语大词典索引**（汉语大词典出版社，1987）是使用《汉语大词典》的最佳工具书。该索引共含检索条目 72.8 万余条，包括三个部分：二字条目的正序、逆序索引（《大词典》中共有二字条目 28 万余条）；多字条目索引（《大词典》中多字条目有 6.6 万余条），依首字和条内所含词、语素检索；词组格式索引。

此外还有**新编古今汉语大词典**，胡裕树主编，上海辞书出版社，1995。本书收词古今并重，源流兼顾。共收单字 1.2 万个，复词 8 万多条。对古今词语标明词性，是其特色。

中华字海，冷玉龙等编，中华书局、中国友谊出版公司，1994。收字 85568 个。

正中形音义综合大字典，高树藩编撰，台北，正中书局增订本，1974。本书共收单字 9000 余，每字依形、音、义分别阐释之，并列辨正一项，以利辨识运用。字形方面：每字列举甲文、金文、小篆、隶书、草书、行书、楷书七种，缺者略之。

中文大辞典，张其昀监修，林尹、高明主编，台湾中国文化学院出版部 1968 年出版，40 册；1976 年出版修订普及本，10 册。本书收单字 49905 个，复词 371231 条。字头下列举各种字体。列举韵书的反切，用注音字母和国语罗马字注音。收列义项较多，书证丰富。

日本诸桥辙次主编《大汉和辞典》征引资料主要出自中国古籍，亦可作为汉语词典使用。详见本章第四节。

二、古汉语字典、词典和古文字字典

辞源(修订本),商务印书馆编辑部与广东、广西、湖南、河南《辞源》修订组合编,吴泽炎、刘叶秋、黄秋耘主编,商务印书馆 1979—1983 年出版;1988 年出版合订本。本书经过修订保留了释词溯源的特色,成为一部专供阅读古籍使用的古汉语词典。收单字 12890 个,词语、词组等 84134 条。全书使用繁体字,单字按 214 个部首排列;注音用汉语拼音、注音字母、《广韵》(或《集韵》)反切,标出声调、韵部、声纽;收词一般止于鸦片战争(1840),包括古书中的词语典故和有关古代名物典章制度等方面的词语;释义注意词语的出处和词义的发展演变;书证一律标明作者及时代、篇目、卷次。有些词目后略举参考书目。每卷后有该卷单字和复词的四角号码索引。1991 年出版了《辞源修订本索引(四卷本·四角号码)》。

王力古汉语字典,王力主编,中华书局,2000。参照《辞源》收古籍中通用汉字 12500 余个。以单字立条,酌收复字条(以联绵字为主)。注音注现代音、中古音、上古音。对字义加以分析,分立义项。另设部首总论、备考、辨、同源字、按 5 种栏目,是本书特色。因系多人分别撰稿,释文繁简不一。

古汉语常用字字典,商务印书馆,1979;1991 年修订本,收古代汉语常用字 3700 余个(不包括异体字)、双音词 2000 多个。注明现代读音,释义较细。附录《难字表》,收 2600 余字。

古代汉语词典,陈复华主编,商务印书馆,1998。收单字 1.4 万余个,复音词 2.4 万条,主要选自先秦两汉以正统书面语言写作的有代表性古籍。

上古汉语词典,许伟建编,吉林文史出版社,1998。选收甲骨文、金文和商周秦汉文献典籍中的词汇加以解释,共收单字条目 893 个、多字条目 710 个。

甲骨文字典,徐中舒主编,四川辞书出版社,1988。本书是切合实用的大型甲骨文字典。收录单字 1112 个,按《说文》部首编排(《说文》所无之字附于各部之后)。各字均分列义项释义,并举例证。书前有楷书字形笔画索引。还有**甲骨文简明词典**(赵诚编著,中华书局,1988)。

金文大字典,戴家祥主编,学林出版社,1995。本书是现有最完备的金文字典。共收金文可释字2661字,以实际字形结构为依据分隶285部。考释文字仅录为学界公认比较可从的最早的一家之说,其他有参考价值的也酌收备考。编者有不同意见或有所补正,则加按语。未释字列各引之后。图形文字暂不收入。还有**简明金文词典**(上海辞书出版社,1998),选收商周青铜器铭文中常用单字和复词1975条。

常用古文字字典,王延林编著,上海书画出版社,1978。本书收古文字1167个。每字并列楷、篆两个字头,先释义,引各家解说颇详备;后分行列举字形,依次为:甲、金、玺、汉印、汉金(汉代金文)。

为研究书法而编纂的形体字典还有《中国书法大字典》(林宏元主编,香港中外出版社,1976;光华出版社1980年影印)、《金石大字典》(汪仁寿编,求古斋书局,1914;天津古籍书店1982年影印)、《四体大字典》(陈和祥编,扫叶山房,1925;北京中国书店1982年影印)等。

三、现代汉语字典、词典

新华字典,新华辞书社编,魏建功主编,人民教育出版社1953年版;1957年改由商务印书馆出版,多次修订重印,2004年出版最新修订本。本书是普及性的小型语文工具书,对我国的文化教育事业有广泛深刻的影响。收字从初版6500字增加到1万余字(包括异体字、繁体字)。单字之外,兼收带注解的复音词3500多个。对字、词的正字、注音、释义都很细致、准确。

现代汉语词典,中国社会科学院语言研究所词典编辑室编,商务印书馆出版。1960年出版"试印本",吕叔湘主编;1965年出版"试用本",丁声树主编。1978年第1版,1983年第2版,1996年修订第3版;2002年增补本。本书是一部以记录普通话语汇为主,为推广普通话、促进汉语规范化服务的中型词典。初版收单字8700多个,另有繁体、异体字1200多个,加上复词、词组等共有5.6万余条。1988年出版《现代汉语词典补编》,增收了字、词、词组、成语等约2万条。

修订第 3 版共收词语 6.1 万条（删汰词语 4000 多条，增加词语 9000 多条）。各版词目均依汉语拼音字母顺序排列，字、词都以汉语拼音注音，释义力求精当贴切。本书体例完善，审辨明晰，是一部规范化词典。2002 年增补本增收新词新义 1200 条，补充常见的西文字母开头的词语，依照国家新近规定修订字形、词形，依据新近学术成果修订《历代纪元表》《计量单位表》。

当代汉语词典，莫衡等主编，上海辞书出版社，2000。收录范围仅限于语文性词语，以现代汉语词汇为主，兼收了一些习见的古代口语、早期白话及方言词语。共收单字 1 万余字，语词 4 万多条。

还有**新华词典**（商务印书馆，1980；2001 年修订本）、**四角号码新词典**（商务印书馆，1950 年初版，多次修订）等。

现代汉语词典中有一部出版较早，但至今仍有参考价值的，是：**国语辞典**，中国大辞典编纂处编，商务印书馆，1937—1945，8 册；1947 年重印，4 册。本书着重收录现代北京话词汇，也收一部分常用的古汉语词汇，共 10 万多条。单字按注音字母顺序排列。注音甚详，复词全部注音。旧入声字、尖音字、收 m 韵尾的字等，都用符号标出。释义简明。1981 年台湾商务印书馆出版修订本，何容主编，篇幅增加 50%，《汉语辞典》（商务印书馆，1957）是此书的简本。

四、字表、词表

在语言文字规范化方面，我国政府先后颁发了各项规定和标准，其中几种字表最为重要。语言文字的使用应以规范化辞书和字表为依据。确定用字的原则一般是，辞书与字表之间有矛盾，应以字表为准；字表之间有矛盾，以后出字表为准。现在常用的字表是：

简化字总表，中国文字改革委员会编。文字改革出版社 1964 年版，1986 年重印。中国文字改革委员会从 1956 年 2 月 1 日至 1959 年 7 月 15 日分四批公布了 517 个简化字，54 个简化偏旁，还有 28 个作为继续试用的简化字。经过修订，编成《简化字总表》于 1964 年出版。《总表》共收简化字 2236 个，另加 14 个简化偏旁。1986 年 10 月 10 日国家语言文字工作委员会重新公布时，调整了 5 个字（叠、覆、像、啰、瞭）。

现代汉语通用字表，国家语言文字工作委员会和新闻出版署1988年3月25日联合发布。语文出版社，1989。共7000个字。包括《现代汉语常用字表》中的3500个字。

印刷通用汉字字形表，汉字字形整理组编，文化部和文字改革委员会1965年1月30日联合发布。共收6196个字，确定了标准字形（笔画数、笔形和笔顺）。

第一批异体字整理表，中华人民共和国文化部、中国文字改革委员会1955年12月公布，1956年2月1日起实施。人民教育出版社，1956。本表共列异体字810组，1865字，其中废除异体字1055个。1988年，已淘汰的异体字中有15个被收入《现代汉语通用字表》，重新被确认为规范字（翦、邱、於、澹、骼、彷、菰、涠、徼、薰、黏、桉、愣、晖、凋）。

普通话异读词审音表，普通话审音委员会于1957年10月至1962年12月分三批公布《异读词审音表》(初稿)；1963年1月号《中国语文》公布《普通话异读词三次审音总表》(初稿)。1982年6月重建了普通话审音委员会，对《初稿》进行修订。国家语言文字工作委员会、国家教育委员会和广播电影电视部于1985年12月27日公布。文字改革出版社，1986。今后凡涉及普通话异读词的读音、标音，均以这次正式公布的为准。

信息交换用汉字编码字符集·基本集（国家标准 GB2312-80），国家标准总局颁布，技术标准出版社，1981。本标准规定了汉字信息交换用的基本图形字符及其二进制编码。收入图形符号共7445个，其中汉字6763个，分为两级。第一级汉字3755个。适用于一般汉字处理、汉字通信等系统之间的信息交换。

这些字表分别收入《语言文字规范手册(增订本)》(语文出版社，1997)、《语言文字应用国家标准》(语文出版社，1992)、《国家语言文字政策法规汇编》(语文出版社，1996)、《国家语言文字规范和标准选编》(中国标准出版社，1997)。

中华人民共和国教育部、国家语言文字工作委员会于2001年12月又颁布了**第一批异形词整理表**，自2002年3月底开始试行。

第二节　特种词典的利用

特种词典是与普通词典相对而言的。它是语文词典，但在收词范围、释文内容等方面有明显的特点，或只收某一类字词，或只解释字词的某一个方面，因而与普通词典有所区别。以下分7类来介绍。

一、断代词典、专书词典

近代汉语词典，高文达主编，知识出版社，1992。收晚唐、五代至清末出现的词语1.3万余条。大多是方言俚语，接近当时的口头语言，取材于禅宗语录、敦煌变文、小说戏曲、笔记杂著等。

近代汉语断代语言词典系列，刘坚、江蓝生主编，上海教育出版社1997年起出版。已出3种：**唐五代语言词典**（江蓝生等编著，1997）、**宋语言词典**（袁宾等编著，1997）、**元语言词典**（李崇实等编著，1998）。

专书词典是为一些重要的古代著作编纂的专门词典，或全面收录、解释该书中的字词，或兼及有关的知识。

诗经词典，向熹编，四川人民出版社，1986；修订本1997年版。收《诗经》使用的全部单字2826个，全部复词近1000个，注音并细释其义；还收录有关《诗经》研究的专门术语等。

汉赋辞典，费振刚、仇仲谦编，北京大学出版社，2002。收字、词、义项仅限现存汉赋作品中所见的，共收字6170余个，2万余词。

全唐诗大辞典，张涤华主编，山西人民出版社1990年起出版。本书以中华书局版《全唐诗》和《全唐诗外编》为底本，收录语词为主，亦收录成语典故、人名、地名、职官名及其他有关的文物典章制度名，常用句也作为惯用语立目。全书按部首排列，第一卷收至"口"部。

红楼梦大辞典，冯其庸、李希凡主编，文化艺术出版社，1990。解释《红楼梦》中的词语及与红学研究有关的词汇。注意利用所附的两种索引。

红楼梦语言词典，周定一等主编，商务印书馆，1996。分正、副编收录《红楼梦》（80回本）和后40回中的词语共2.45万余条。

还有《春秋左传词典》（杨伯峻、徐提编，中华书局，1985）、《吕氏春秋词典》(张双棣等编,山东教育出版社,1993)、《史记辞典》(仓修良主编,山东教育出版社,1989)、《世说新语辞典》(张永言主编,巴蜀书社,1992)、《世说新语词典》(张万起编,商务印书馆,1993)、《三国演义辞典》(沈伯俊、谭良啸编,巴蜀书社,1989)、《水浒词典》(胡竹安编,汉语大词典出版社,1989)、《金瓶梅词典》(王利器主编,吉林文史出版社,1988)、《聊斋志异辞典》(朱一玄等编,天津古籍出版社,1991)等。

二、方言词典

汉语方言大词典,中国复旦大学、日本京都外国语大学合作编纂,许宝华、宫田一郎主编,中华书局,1999。

兼收古今文献著作和现代汉语口语中的各类方言词语30多万条,归纳为21万个词条,引用古今语言文字类文献达1200多种。但不收纯属古代通语和现代汉语普通话的条目。全书采用简化字编排。

现代汉语方言大词典,李荣主编,江苏教育出版社1993—1998年版,41卷。此书是一部以实地调查为基础的大型汉语方言词典。选择有代表性的41个方言点编辑出版分地方言词典:哈尔滨、太原、忻州、万荣、西安、银川、西宁、乌鲁木齐、济南、牟平、徐州、扬州、南京、丹阳、苏州、上海、崇明、杭州、金华、宁波、温州、福州、建瓯、厦门、南昌、萍乡、于都、黎川、洛阳、武汉、长沙、娄底、广州、梅县、东莞、雷州、海口、成都、贵阳、柳州方言词典和南宁平话词典。待补充一些其他方言资料后,再编综合本。每个分卷都包括三部分:引论、正文、义类索引与条目首字笔画索引。每卷正文一般收七八千个条目,能充分反映当地方言特色。词典采用国际音标注音,用繁体字排印,词目下有释义,有的有用例。

另有《现代汉语方言音库》(侯精一主编,上海教育出版社,1996—1998),选收40个方言点语音资料,每点有录音带一盒、专书一本。

方言词典还有如《普通话闽南方言词典》(厦门大学汉语方言研究室主编,福建人民出版社,1982)、《北京方言词典》(陈刚编,商务印书馆,1985)、《北京话词语》(高艾军、傅民编,北京大学出版社,2001)、《吴方言词典》(吴连生等编,汉语大词典出版社,1992)等。

三、俗语词典、谚语词典、歇后语词典

俗语词典所收的词语是文献中出现的通俗易懂的口语、习语。汇释俗语常言的专书在明清时期就已出现,较著名的如清翟灏**通俗编**(商务印书馆,1958;附梁同书《直语补正》)、清钱大昕**恒言录**(商务印书馆,1958;与陈鳣《恒言广证》合印)和《迩言》。1959年商务印书馆将清钱大昕《迩言》、清平步清《释谚》、清胡式钰《语窦》、清郑志鸿《常语寻源》和罗振玉《俗说》合印为**迩言等五种**。这几种书都编有四角号码索引。日本长泽规矩也编的《明清俗语辞书集成》(汲古书院1974—1977年影印),共5辑,收书25种,其中有些书传本甚少。

中国俗语大辞典,温端政主编,上海辞书出版社,1989。收古今俗语1.5万余条,博采古今典籍中的用例。**俗语词典**,徐宗才等编,商务印书馆,1994。收古今常用俗语1.3万余条。**古今俗语集成**,山西省社科院语言研究所编,温端政主编,山西人民出版社,1989。共6卷,广收先秦古籍至当代名家文集中的俗语。

谚语、歇后语和俗语一样,都是熟语,即语言中的固定组合。收罗古代谚语较为宏富的是清杜文澜编**古谣谚**(中华书局,1958;1985年重印)。**二十五史谣谚通检**(尚恒元等编,山西人民出版社,1986)收录了二十五史中所引用的"谚"(古谚、鄙谚、地方谚等)和"时语",并酌加简释。在《中国谚语资料》(上海文艺出版社,1961)的基础上编成的**中国谚语总汇**,《汉族卷》分为《俗谚》和《农谚》两部分。《俗谚》(中国民间文艺出版社,1983)收入谚语4万多条,是重要的资料工具书。**古谚语辞典**,张鲁原、胡双宝编,北京出版社,1990。**中华谚语大辞典**,耿文辉编,辽宁人民出版社1991。收录谚语1.4万多条。**中华风土谚志**,武占神主编,中国经济出版社,1999。

查找歇后语的辞典主要有:**歇后语大辞典**,王陶宇编,四川辞书出版社,1988。共收歇后语1.6万多条。**中国歇后语大辞典**,欧阳若修主编,广西人民出版社,1990。共收歇后语12580条,包括一些少数民族歇后语。**歇后语大全**,中国民间文艺出版社资料室、北京大中文系资料室合编,中国民间文艺出版社,1987。以汇集资料为主,收录歇后语 6 万多条,不加解释。

四、文学作品中特殊语辞词典

"特殊语辞",是指古代文学作品中的口语词,在当时通俗易懂,后世却难以理解。这是这类词典同《通俗编》等俗语词典不同的地方。断代词典中收录这类语辞甚多,可参看。

诗词曲语辞汇释,张相编。中华书局;1953,多次重印。本书选诗、词、曲中比较难懂或容易误解的词语 537 个,有的词有几个意义,再分为若干条。全书共分 800 多条。每条下均广引书证,词义主要从大量例证中比较归纳得出,颇多新解。

续补之作有**诗词曲语辞例释**(王锳编著,中华书局,1980;1986 年增订本)、**诗词曲语辞集释**(王锳、曾明德编著,语文出版社,1991。附:张相《诗词曲语辞汇释》等 10 种著作笔画索引)。

唐宋笔记语辞汇释,王锳编著,中华书局,1990。从百余种唐宋笔记中辑录不见于典范古文中的语辞 337 条,加以阐释。

敦煌文献语言辞典,蒋礼鸿主编,杭州大学出版社,1994。本书是在《敦煌变文字义通释》(上海古籍出版社 1988 年增订本)的基础上对变文、诗词、券契等敦煌通俗文书的俗语词加以系统辑录和考释。共收 1526 个条目。

唐诗宋词大词典,中国社会科学院语言研究所编,人民中国出版社,1993。收词语达 5 万条。

元曲释词,顾学颉、王学奇著。中国社会科学出版社 1983 年起出版,4 册。本书主要收录元代杂剧(也包括散套、小令)中的词语约 3000 条,连同附目共 5000 多条。每条列出例证,加以解释。条目按汉语拼音音序排列,书末附笔画索引。

戏曲词语汇释,陆澹安编著,上海古籍出版社,1981。所收词语以见于院本、杂剧者为主,诸宫调亦予收入。共约 5000 条。简要释义,并引例证。末附《戏曲成语汇纂》,录 400 余条。

魏晋南北朝小说词语汇释,江蓝生编著,语文出版社,1988。

小说词语汇释,陆澹安编著,中华书局上海编辑所,1964。上海古籍出版社1979年新1版。所收词语采自清末以前流传较广的64种通俗小说。收词语8000多条,包括方言、俗语、黑话、行业专用语等。新版增加补遗129条。除引用小说中的例证外,也常引元明戏曲的曲文作旁证。后附《小说成语汇纂》,汇录成语2000多条,仅注书名和回数,不作解释。

宋元明清百种小说语词大辞典,周士勋、王东明主编,陕西人民教育出版社,1992。收词语3万余条。

五、类义词典

类义词典也称义类词典,是分类汇集词语并对同类词加以解释、辨析的词典。同义词词典和反义词词典都属于此类。

简明汉语义类词典,林杏光、菲白编,商务印书馆,1987。共收词目6万多条,包括单词、词组和少量语素。词目分为18大类、1730小类,按语义类聚集中,释义和例证都很简略。书后有全书词语索引。

现代汉语同义词词典,刘叔新主编,天津人民出版社,1987。收录较常用的同义词1640组,包括语词4600多个,重点辨析同义词在意味、色彩、用法上的特点与区别。

同义词词典,张清源等著,四川人民出版社,1994。收现代汉语同义词1700组。

反义词词典,林玉山编,黑龙江人民出版社,1988。共收反义词4039组,辨析反义词在意义上的区别。

六、联绵词、通假字、同源字字典

联绵词是双音节的单纯词,如彷徨、逍遥、伶俐、皎皎等。其中多数有双声、叠韵或重叠的关系。这种词往往有不同的写法或声音通转的关系。古代字书、类书已记录了联绵词(如《尔雅·释训》、明朱谋㙔《骈雅》、清代官修《骈字类编》等),但编成大型的词典则是《辞通》和《联绵字典》。

辞通,朱起凤著。开明书店1934年版;上海古籍出版社1982年重印,改正少数错字。这是一部古汉语联绵词通假字词典。收唐以前古籍中异形同义的双音词3万多条,按主条下字分编入106韵。

同一意义的词汇集为一组,运用"因声求义"的方法,细加分辨。常见者作为主条居前,异体列后,广引例证,详载书名、篇名,并加按语说明相通的原因。吴文祺主编**辞通续编**(上海古籍出版社,1991),新收词目数千条,并对原书中一些疏误有所补正。

联绵字典,符定一编著,京华印书局 1943 年版;中华书局 1954 年、1983 年重印。本书收录六朝以前古籍中的双音词,其中大多是联绵词。全书按词目首字的部首编排。每一词语分条释义,罗列古书用例和原书注文,间加按语说明。同一联绵词衍化出的异体写法也一一列举。收词及引例丰富。

古汉语通假字字典,马天祥、萧嘉祉编著,陕西人民出版社,1991。本书收通假字 2820 个,所通之正字 4660 个。所用资料止于唐代。

古汉语多用通假字典,张军等主编,东北师范大学出版社,1991。收古籍中常用通假字 1300 多个,以先秦两汉用字为主,适当选收汉以后乃至唐宋间用字。

古字通假会典,高亨纂著,董治安整理,齐鲁书社 1989。本书是中国古代文字通用例证的汇编,主要取材于先秦两汉时的古籍和旧注,魏晋以后的也有少量引用。包括经、史、子、集及各种小学著作。

同源字典,王力著,商务印书馆,1982。"同源字"指音义皆近、音近义同或义近音同的字(词),是从同一"词源"(根词)派生出来的。本书汇集了同源字 3200 多个,分组排列,以上古音韵部为纲,声纽为目。每字标注上古音的拟音,引用训诂资料说明同源之理。

七、虚词词典

虚词,也称虚字,是对实字(名、形、动)而言,主要指连词、介词、助词、语气词,有时也包括副词、指代词、数量词及一部分动词。

一般认为,元代卢以纬《语助》是最早的汇辑解释虚词的著作。清代康熙年间刘淇著**助字辨略**(章锡琛校注,开明书店,1939;中华书局 1953 年重印,附索引)收先秦至元代古书及俗语中的助字(虚词)476 个,加以辨析解释,对后来的虚词字书有较大影响。嘉庆年间王引之著**经传释词**(中华书局,1956;江苏古籍出版社 1985 年影印王氏家刻本),收先秦至西汉经部书中的虚词167个,广引经传本文及注疏,兼及诸子等书,对各虚词作了详密考释。中华书局本附有孙经世著《经传释词补》和《再补》。1984年岳麓书社出版整理本,书眉有黄侃、杨树达批语370余条。增补王引之书的还有**经传衍释**(清吴昌莹著,中华书局,1956)。我国第一部文言语法著作《马氏文通》问世以后,对汉语虚词的研究进入了新阶段,最先出现的虚词词典是:

词诠:杨树达著,商务印书馆1928年初版;中华书局1954年、1965年重印。本书收虚词469个,均注明读音,分项注明词性、释义、用法,并列举大量例句。

古书虚字集释,裴学海著,商务印书馆1934年版;中华书局1954年、1980年重印。本书以《经传释词》为基础,参考他书,共收周秦两汉古书中的虚字290个。

虚词诂林,俞敏监修,谢纪锋编纂,黑龙江人民出版社,1992。本书是十部书的汇录。前述五部虚词著作全录,《经籍纂诂》《说文解字注》《广雅疏证》《尔雅义疏》和《马氏文通》五书只录虚词。以单字为字头,共收639个单字,其下依次照录十书训释,不加按语。

古代汉语虚词词典,中国社会科学院语言研究所古代汉语研究室编,商务印书馆,1999。本书共收虚词1855条(包括单音虚词、复合虚词、惯用词组和固定格式,酌收部分近代汉语虚词)。每个虚词注明所属词类,广举例证说明其用法和意义,并力求反映虚词的历史变化。多加按语说明,并设"辨析"一栏。作者多为《古代汉语虚词通释》(何乐士等著,北京出版社,1985)的作者。

虚词词典尚有多种,如《文言文虚词大词典》(高树藩编著,台湾东欣文化图书公司,1988;湖北教育出版社1991年影印)、《古今汉语虚词大辞典》(张玉金主编,辽宁人民出版社,1996)、《古汉语虚词语典》(王海棻等编,北京大学出版社,1996)、《现代汉语虚词词典》(侯学超编,北京大学出版社,1998)等。

第三节 古代字书的利用

我国古代字书习惯上分为三类:一、文字书,以解释文字的形、音、义为主,按部首编排,《说文解字》是其代表。二、训诂书,以训释词义为主,多按分类编排,《尔雅》是其代表。三、音韵书,以审音为主,按韵部编排,《广韵》是其代表。现代一般读者查阅这类书籍会遇到不少困难,需要有一定的专业知识基础或查阅近人撰写的参考书,需要大致了解其类别和查阅方法。此外,近人编写的甲骨文、金文等古文字工具书,因性质与古代字书相近,也在本节一并介绍。

一、文字书

《说文解字》是以篆书为字头,分析汉字结构、阐明汉字本义的专著。《玉篇》以下则是以楷书为字头,解释文字形、音、义的书,与普通字典相近。近人编撰的古文字字表、字典,也是文字书的一部分。

1. 《说文解字》及相关著作

说文解字,东汉许慎著。中华书局1963年、1984年影印清陈昌治刊本,附新编《检字》。

汉代今文经学家依据隶书解说文字,穿凿附会,许慎乃以篆文为主,参考众说,写成我国第一部文字学巨著《说文解字》。建立540个部首,统摄9353字,另有重文1163个。每字先解释文字本义,再根据"六书"(指事、象形、形声、会意、转注、假借)来分析字形。这是我国文字学史上的经典著作,是研究古代汉语、阅读先秦文献的重要参考书。但原本已不可见,现在传本是宋初徐铉校定本,并加上唐孙愐《唐韵》的反切注音。《说文》的注本很多,重要的有以下四家:

说文解字注,清段玉裁著。上海古籍出版社1981年影印本附楷体《检字表》。这是《说文解字》的权威注本。

其他三家是:清桂馥**说文解字义证**(中华书局1987年影印),清王筠**说文句读**(上海古籍书店1983年影印)、**说文释例**(武汉市古籍书店1983年影印),清朱骏声**说文通训定声**(武汉古籍书店1983年影印;中华书局1984年断句影印本,附笔画索引)。

说文解字诂林(正续编),丁福保编。上海医学书局1928年、1932年先后影印出版;中华书局1988年影印。此书汇集前人研究著作,依《说文解字》次第剪贴影印。正编收182种,续编收46种。有笔画检字。有此一书则有关《说文》的论述基本上齐备。

说文解字集注，蒋人杰编纂，刘锐审订。上海古籍出版社，1996。以考订许书文字。阐明其文义为宗旨，辑录各家精当的注文，用较少的篇幅总括数百家的研究成果，便于利用。

2. 历代重要字书

字林，晋吕忱撰。为补《说文》而作，收 12824 字。原书久佚，今有辑本。

玉篇，南朝梁顾野王撰。收 16917 字，分 542 部，以楷书为字头，用反切注音，注文较详。原书 30 卷，今仅残存三卷半(《古逸丛书》本、《丛书集成初编》本)。今本经唐孙强增字减注，宋陈彭年等重修，名《大广益会玉篇》，收 22561 字。北京中国书店 1983 年影印泽存堂本，书名《宋本玉篇》。今人胡吉宣撰《玉篇校释》(上海古籍出版社，1989)。

类篇，宋司马光等撰。上海古籍出版社 1984 年影印汲古阁影宋抄本。此书据《集韵》改编，部首增为 543 部，收 31319 字，重文 21000 余，注音释义比较完备。

字说，宋王安石撰。以声旁有义，重新训释字义。原书久佚，胡双宝《王安石〈字说〉辑佚》，收字 654 个。

龙龛手鉴，辽释行均撰。《四部丛刊续编》、《续古逸丛书》均影印宋本，中华书局 1985 年影印高丽本。此书本名《龙龛手镜》，供僧人读经用，收 26433 字，建 242 部首，最后为无法归部的杂部。简化部首，对后世影响很大。部首按平上去入四声分为 4 卷，同部首的字亦按四声排次。每字广罗异体，对研究汉字字体有参考价值。

字汇，明梅膺祚撰。本书收 33179 字，建 214 个部首，分子、丑、寅、卯等 12 集。部首及各部的字都按笔画排列。其编写体例为《康熙字典》采用，影响深远。

正字通，明张自烈撰。为补正《字汇》而作，收 33549 字，引证繁富，注音只用一个反切。工人出版社 1996 年影印本。

3. 古文字字表及考释

甲骨文编，孙海波原编，燕京大学 1934 年石印本。中国科学院考古研究所重编增订本，中华书局 1965 年出版，1982 年重印。增订本根据 40 种甲骨书，收可识字 1723 个，依《说文》次序排列。《说文》

未收字附各部之后。合文单为1卷,收371个。"附录"收考释未定字2949个。每字编有顺序号,先列《说文》篆文,次列甲骨文各种写法,注明出处。书后附楷体笔画索引。金祥恒编《续甲骨文编》(台湾艺文印书馆,1959)。

甲骨文字诂林,于省吾主编,姚孝遂按语编纂,中华书局,1996,4册。本书汇集20世纪初至1989年底90年间共66种甲骨文字考释著作,对研究结果加以总结。

金文编,容庚编。正编,贻安堂1925年自写石印本;科学出版社1959年增订本;中华书局1985年再次增订本,由张振林完成。续编,商务印书馆1935年石印本;科学出版社1959年重印。本书正编收殷周金文,1985年增订本(张振林增订)采用铜器3902件,正文收可识字2420个,重文19357个;附录上编收图形文字,下编收形声字;共收不可识或存疑字1352个,重文1132个。书末有引用器目、楷书检字。续编收秦汉金文,采用秦器86件、汉器749件,收可识字951个,重文6084个;附录不可识字33个,重文14个。书末有引用器目、楷字检字。

金文诂林,周法高编。香港中文大学,1975。16册。本书以1959年增订本《金文编》为依据,采用铜器3128件,征引铭文原句约4万句。引用论著631种,编者加按语20余万字。末册收4种索引:通检,采用器目,引用书目、论文目,引用诸家索引。

金文诂林附录,李孝定、周法高、张日升编。香港中文大学,1977。根据《金文编》"附录"编写,并补入李孝定《甲骨文字集释》中所引用的诸家之说。

金文诂林补,周法高编。台湾历史语言研究所专刊第77种,1982年出版,8册。内容有:增录近30年出土铜器铭文700余件;增补《金文编》未收的300余字;译录日本学者的考释文字数十万言。第8册有索引10种。

殷周金文集成引得,张亚初编著,中华书局,2001。《殷周金文集成》(中国社会科学院考古研究所编,中华书局,1984—1994)共18册,汇集殷周铜器铭文拓本1.2万件。本书即是为《集成》所编的逐字索引,由集成释文、单字表、引得和附录四部分组成。

金文引得(殷商西周卷),华东师范大学中国文字研究与应用中心编,广西教育出版社,2001。本书包括三部分:青铜器铭文释文(包括 2001 年以前专书、杂志著录的殷商西周青铜器 9916 器、5758 篇铭文的隶定断句)、青铜器铭文释文引得(包括铭文中所有句子)、青铜器铭文释文引得检字。

以上两部引得是查考金文最详备的工具书。

古文字诂林 12 卷,本书编委会编,上海教育出版社 1999 年起出版。本书汇录历代学者关于古文字形音义的考释成果。古文字包括甲骨文、金文、古陶文、货币文、简牍文、帛书、玺印文和石刻文 8 种,时代起自殷商迄于秦汉。字头参照《说文》部首排列。首列隶定楷书字头,加注篆书,以下依次收录字形和考释文字。

古文字类编,高明编。中华书局,1980。本书只收已认识的古文字,分为古文字、合体文字和徽号文字三编。第一编分四栏:商周时代的甲骨文;商和两周时代的金文;春秋和战国时代的石刻、竹简、载书、符节、玺印、陶器及泉货等文字;秦篆。眉端标注楷体。共收单字 3056 个。单字的异体按时代先后顺序排列。每字下注明出处和时代。第二编无秦篆,只分三栏。第三编只有甲骨文、铜器铭文,分为两栏。书末附笔画检字索引和合文索引。

汉语古文字字形表,徐中舒主编。四川人民出版社,1981。本书是为编写《汉语大字典》提供字形材料而编的,共收甲骨、金文和战国时期的可识文字约 3000 个,同文异体字有 1 万多个。依《说文》次第排列。字体多从原拓本或原件照片中摹取,其中很多取自新出土文物。书后附有楷体检字表。

二、训诂书

训诂书以训释词义为主,主要有:

尔雅,晋郭璞注,宋邢昺疏,《十三经注疏》本;周祖谟《尔雅校笺》(江苏教育出版社,1984)影印宋刻本。这是我国第一部分类词典,约成书于战国至西汉年间。共 19 篇:释诂、释言、释训、释亲、释宫、释器、释乐、释天、释地、释丘、释山、释水、释草、释木、释虫、释鱼、释鸟、释兽、释畜。前 3 篇释一般词语,后 16 篇分类释名物词。词语的编排以意义相同或相近者汇为一条,每条再用一个通行词来解释。全书收词语 4300 多个,分为 2091 条。这些词采自先秦古书,较全面地反映了当时的语言词汇和名物制度,对研究上古文献具有重要意义。汉、晋间为《尔雅》作注者有 10 余家,今存者只有郭璞注。郭注大量引用群书和晋代口语方言,也具有很高的语言学价值。

清代研究《尔雅》的人很多,最重要的是邵晋涵**尔雅正义**(《清经解》本)和郝懿行**尔雅义疏**(《四部备要》本)。还有近人黄侃笺识、黄焯编次的**尔雅音训**(上海古籍出版社,1983);今人徐朝华撰**尔雅今注**(南开大学出版社,1987),后附《尔雅》词语笔画索引。

广雅,三国魏张揖撰,隋曹宪音释。《汉魏丛书》本,《丛书集成初编》本。清王念孙撰**广雅疏证**,又作**广雅疏证补正**,江苏古籍出版社 1984 年影印本,附《音释》《补正》及词目索引。《广雅》,一名《博雅》,是续补《尔雅》的书。亦分 19 类,收先秦两汉词语甚多,共补充解释了词语 2343 条。清代以前没有注本。王念孙撰《广雅疏证》,充分运用"就古音以求古义"的训诂学方法,是校勘学、训诂学的典范之作。疏解《广雅》、补正《疏证》者颇多,徐复主编**广雅诂林**,采辑 29 种著作,江苏古籍出版社 1992 年影印手写本,后附词语索引。

方言(全名《輶轩使者绝代语释别国方言》),汉扬雄著,晋郭璞注。《四部丛刊》影印宋刊本。这是我国第一部方言词汇。体例仿《尔雅》,类集古今各地同义词语,以当时的通语解释,于每组词语后分别说明其通行地区。原来不分类,明人陈与郊归纳为 16 类。今本共 669 条。《方言》创立了以方言释古语、以通语释方言的从时间和空间两方面研究语言的原则,所用材料主要来自实地调查。查检《方言》,可利用**方言校笺及通检**(周祖谟校笺,吴晓铃编通检,科学出版社 1956 年合印本)。校笺以《四部丛刊》本为底本,参校有关著作 33 种写成。通检是《方言》及郭璞注中词语的综合索引,按笔画排列。

释名,东汉刘熙撰,《四部丛刊》影印明嘉靖本。一名《逸雅》,体例仿《尔雅》,今本分 27 篇,共收词目 1502 条。这是一部以"声训"探求语源的词典,开创了"因声求义""音同义通"的训诂学方法。清代通行注本有毕沅**释名疏证**(《丛书集成初编》本)和王先谦**释名疏证补**(上海古籍出版社 1984 年影印本)。

历代仿《尔雅》的著作很多,书名中大都有一"雅"字。可参阅胡元玉编《雅学考》和周祖谟编《续雅学考拟目》(北京大学出版社 1986 年合印本)。

经籍纂诂,清阮元主编,嘉庆十七年(1812)阮氏刊本;中华书局 1982 年影印本,附笔画索引、同字异体表;上海古籍出版社 1989 年影印本,附校勘记、检字、四角号码索引。本书采唐以前经、史、子及《楚辞》、《文选》等书中传注和字书、韵书中训诂材料,分书辑录,不避重复,汇集于 13000 多个单字之下。一字数体的,依《集韵》归在一起。单字按《佩文韵府》106 韵排列,每韵为一卷。单字专训字义。字义排列先本义,后引申义、通假义,不同义项以"〇"隔开。各卷之末附有"补遗"。此书为古书训诂资料之总汇,亦具检索功能。

训诂书中还有"音义"一类,这类书的体例是引用旧注,为古书"摘字作注"。重要的有 3 种:(1)唐陆德明《经典释文》,所注书为儒家十二经(不包括《孟子》)和《老子》《庄子》。有《四部丛刊》本;中华书局 1980 年出版黄焯《经典释文汇校》。黄焯、郑仁甲编有《经典释文索引》(中华书局,1997)。(2)唐释玄应《一切经音义》,为 454 部佛经作注,清乾隆间孙星衍于《大藏经》中发现,与庄炘等校刊行世。商务印书馆 1935 年影印南宋《碛砂藏》本最佳。(3)唐释慧琳《一切经音义》,博采众书,为 1300 部佛经作注(玄应《一切经音义》全部收入)。丁福保医学书局 1924 年据日本翻刻本缩印,后附辽释希麟《续一切经音义》,并于 1926 年排印陈作霖编《一切经音义通检》。上海古籍出版社 1987 年影印日本刻本,名《正续一切经音义》,附录《通检》。

三、音韵书

可分为中古音、上古音、近代音、诗词用韵 4 类。

1. 中古音类

广韵(全名《大宋重修广韵》),宋陈彭年等编。《四部丛刊》影印宋刊巾箱本;《古逸丛书》覆刻宋本;康熙间张氏泽存堂重刊宋本,北京中国书店 1982 年影印本。另有元泰定年间刊简本系统。本书是增广重修隋代陆法言《切韵》(193 韵)及唐代王仁昫《刊谬补缺切韵》

(195韵)等而成。分206韵,但与《切韵》音系相同。共收26194字,全部收录了《说文》《字林》(已佚)、《玉篇》中的字,并有所增补。本书是现存最完整的反映隋唐音系的韵书,也是集唐以前字书之大成的字书。它在汉语史上的地位与《说文》《尔雅》并列;在音韵史上可以上推先秦汉魏六朝古音,下推宋元以来近代音以至现代方音。《广韵》的编制是:平声因字多分上、下2卷,上、去、入声各1卷。计平声57韵,上声55韵,去声60韵,入声34韵。每韵用一字标目,如:东、冬、钟、江等。每韵按声类分为若干组,组间用"○"分开。同声类的字即同音字,也叫"小韵";每组小韵注明字数,最后注出反切。

广韵校本,周祖谟校。商务印书馆1951年影印,中华书局1960年重印。以泽存堂本为底本,作了细致的校勘。

广韵声系,沈兼士主编。辅仁大学1945年写印本,文字改革出版社1960年重印,中华书局1982年重印。本书把《广韵》所收字按谐声系统重新排列。全书立主谐字(形声字的声旁)2593个,按41声类排列;同声旁的字汇集在一起,依笔画排列。每字下全录《广韵》的反切和解释。字的外侧加注其声、韵、呼、等(在等韵图中的位置)及拟音。书后有单字笔画索引。

《广韵》四声韵字今读表,周祖谟编。中华书局,1980。本书按宋人等韵图把《广韵》206韵各"小韵"的代表字及其反切一一标出现代普通话的读音。

古今字音对照手册,丁声树编录,李荣参订。科学出版社1958年版,中华书局1981年新1版。这是按普通话音系编的中古音字音索引。共收6000多常用字,先按普通话韵母排列,同韵母的字再按声母和声调排列。同音字按其在中古音系中的地位分条,于各条后注明《广韵》反切、摄、开合口、等、声调、韵部、声母。

集韵,宋丁度等编。上海古籍出版社1985年影印述古堂影宋抄本,后附单字索引。中华书局《古逸丛书三编》1986年影印南宋刊本。本书平声4卷,上、去、入声各2卷,共收字53525个,分206韵。本书特点是:(1)收异体字多,对研究古文献有用;(2)反切很多不同于《广韵》,反映了宋代的语音情况;(3)各韵中小韵的排列大致依声母为序。

2. 上古音类

周秦两汉的上古音系不同于中古音、近代音,这一认识发端于宋代,清人作了深入研究,反映这一研究过程的著作有:

诗二十二部古音表集说,清夏炘著,四川人民出版社 1957 年重印《音韵学丛书》本。此书上卷是宋郑庠、清顾炎武等六家上古音韵类分部的简单说明;下卷是《诗经》用韵,分为上古音二十二部的字表。

古音大字典(又名《古音纽韵谱》),杜学知编著,台湾商务印书馆,1982。本书是上古音字典。以《广韵声系》为基础,根据黄侃的学说先分古韵 28 部,每部再分古声 19 类,并根据黎锦 1942 年所拟《说文音母并部首今读及古纽韵表》注明音读。后附部首检字索引等。

上古韵部及常用字归部表 上古声母分类及常用字归类表,王力著。见所主编《古代汉语》第二分册附录。上古韵部分 30 部,上古声类分 28 类。又,王力著**诗经韵读**、**楚辞韵读**二书(上海古籍出版社,1980),可参看。

上古音手册,唐作藩编著。江苏人民出版社 1982 年写印本。这是一部单字索引。收先秦两汉古籍常用字约 8000 个,依现代汉语音序排列,上古音相同的合为一组,注明其韵部、声类、声调。本书上古韵部分 30 部,声类分 32 类,声调 4 个(平上去入)。

汉字古音手册,郭锡良编著,北京大学出版社,1986。逐字注明上古、中古音韵地位,并附上古音拟音。

3. 近代音类

中原音韵,元周德清编。中华书局 1978 年影印明讷庵本。这是元代北曲(元代杂剧)用韵的韵书,分 19 个韵部。平声分阴平、阳平;入声分到平、上、去三声中去。除保留收-m 韵尾的闭口韵外,其音系已很接近现代北京音系。

洪武正韵,明乐韶凤等编。明刊本。本书序称:"一以中原雅音为定",实际上全书分 76 韵,平、上、去声各 22 韵,入声 10 韵,并保留全浊声母,这些都反映了当时南方语音特点。此书是明代官书,也是南曲用韵的韵书。

4. 诗、词、曲韵类

音韵阐微,清李光地等编。雍正间内府刊本,光绪间淮南书局刊本。此书是平水韵系统的韵书，分为 106 韵，平声、上声各 30 韵，去声 29 韵，入声 17 韵。每韵先分开、齐、合、撮四呼，再按三十六字母排列。注音先注《广韵》、《集韵》的反切，再注"合声"反切。合声是反切的改良，二字合音快读即可切出字音（近似拼音）。这种反切比旧反切实用，为后来一些字书、词典所采用。

佩文诗韵，从《佩文韵府》中摘取字头编成，是清代科举考试的官定韵书。乾隆时周兆基重编为《佩文诗韵释要》（上海古籍出版社，1982），简明实用。另有清余照编《诗韵集成》（上海古籍出版社 1994 年影印本）。

词林正韵，清戈载编。上海古籍出版社 1981 年影印戈氏翠薇花馆刻本。此书是词韵，分 19 部。每部韵字依《集韵》韵目分开排列，阴声韵之后分列入声作平声、作上声、作去声的字。指出北宋以来词韵中入声可与平上去声字通押，这是有价值的。

第四节 汉语同少数民族语和外语对照词典的利用

少数民族语文和外国语文词典在建国以来的词典出版中占有重要地位。本节主要介绍若干种与汉语对照的综合性词典及重要的外语词典，以供学习和翻译其他语言时使用。这类词典数量较多，要注意选用近年出版的、收词量较多的品种。

一、汉语同少数民族语文对照词典

五体清文鉴，民族出版社 1957 年影印。3 册。本书是满、藏、蒙、维吾尔、汉五种文字对照的分类辞书，收词汇 1.8 万条左右。原藏于故宫博物院，大约成书于清乾隆年间。

藏汉大辞典，张怡荪主编，民族出版社 1985 年初版，1993 年修订版。3 卷。本书是以语词为主兼收百科的综合性词典，收词约 5.3 万条。附有《藏族历史年表》。

清史满语词典，商鸿逵等编，上海古籍出版社，1990。收录清代史籍中满名汉字译词 1400 余条，用拉丁字母注音。

新满汉大词典，胡增益主编，新疆人民出版社，1994。收满语词条 3.5 万条。还有《满汉大辞典》(史双成主编,辽宁民族出版社,1993)。

维汉词典,新疆大学中国语文系编,新疆人民出版社,1982。收维吾尔语词条 3 万余条。

汉维词典,彭宗禄、依不拉音·阿合买提主编,新疆人民出版社,1989。

汉蒙字典,内蒙古语文历史研究所语言研究室词典组编,内蒙古人民出版社,1987。

汉朝词典,北京大学朝鲜语教研室、延边大学朝鲜语教研室编,商务印书馆,1989。

此外,还可以利用民族语文版词典,如:《蒙古语详解词典》(释迦著,民族出版社,1994)、《维吾尔语详解辞典》(新疆民族语言文字工作委员会编,民族出版社,1990—1996)等。

二、外语词典和汉语—外语对照词典

英华大词典,郑易里、曹成修编,商务印书馆 1984 年修订第二版。收词 12 万余条。

新英汉词典(世纪版),本书编写组编,上海译文出版社,2000。原书初版于 1975 年,有 1985 年增补本。世纪版又进行了全面修订,收词增至 10 万余条。

英汉大词典,陆谷孙主编,上海译文出版社,1989—1991。这是我国第一部独立研编的大型英语词典。收词 20 万条。本书注重实用性、知识性,释义详尽,例证丰富。1999 年又出版《补编》1 册。

现代英汉综合大辞典,吴光华等编,上海科技文献出版社,1993。收录词目 23 万条,成语、习语 7 万条,专业词汇 40 万条。

汉英词典(修订版),危亚东主编,外语教学与研究出版社,1995。本书是《汉英词典》(吴景荣主编,商务印书馆 1978 年初版)的修订本,收词语条目近 6 万条。

新时代汉英大字典,吴景荣、程镇球主编,商务印书馆,2000。收词 12 万条。

汉英大词典,吴光华主编,上海交通大学出版社,1993。本书有精编本《汉英词典》(1997)。

牛津英语大词典(Oxford English Dictionary)，詹姆斯·默雷(James Murray)主编，牛津大学出版社 1933 年版。通常简称为 OED，共 13 卷。此书收词约 41.5 万条，几乎囊括了 12 世纪以来见诸文献的所有词语，每个词的释义按年代顺序排列，词义的每一种变化均有例证。由于搜罗完备、阐释详尽、引证丰富、体例严谨，本书被认为是权威性的英语语文词典。1972—1986 年出版了补编 4 卷。通常使用 OED 的缩印版(3 卷，1987 年出版)或简编本 Short Oxford English Dictionary on Historical Principles。1989 年又出版 OED 第 2 版，共 20 卷，收词 50 万条，原正编和补编的内容均已包括在内。1991 年已将第 2 版制成光盘。

韦氏第三版新国际英语词典(Webster's Third New International Dictionary of the English Language: unbridged)，戈夫(Philip B. Gove)主编，美国 G · & C. Merriam 公司 1961 年版。本书也是一部权威性的英语语文词典。第 2 版出版于 1934 年。第 3 版与第 2 版截然不同，经过重新设计、编写，成为一部指导思想不同的全新词典。收词从第 2 版 60 万条降为 45 万条，计删除 25 万条，又增补新词 10 万条，例证也改为主要摘引 20 世纪中期的著述。《韦氏三版》经过了几次修订，但基本内容无太大变化。另陆续出版了几次补编。通常使用的是《韦氏新大学词典》(Webster's New Collegiade Dictionary)。

大俄汉词典，黑龙江大学俄语系词典编辑室编，商务印书馆，1985。是在刘泽荣主编的《俄汉大辞典》(商务印书馆，1963)的基础上重新编辑的，共收词语 15.7 万条，释义简明、确切。

俄汉详解大词典，赵洵、李锡胤、潘国民主编，黑龙江人民出版社，1998。4 卷。这是目前收词最多、解释最详尽的俄汉双语词典。共收词 24.6 万个，采用多层次释义，特色明显。

大汉俄词典，马云骧、刘野主编，吉林人民出版社，1993。

俄语词典(Словарь русского языка)，苏联科学院语言研究所编，苏联俄语出版社 1981—1984 年第 2 版。4 卷。收词 8.3 万个，释义较详，重点在于说明现代俄语标准语的用法。

现代俄罗斯标准语词典（*Словарь современного русского литературного языка*），苏联科学院俄语研究所编，苏联科学出版社 1950—1965 年版。17 卷。本书是最具权威性的俄语详解词典。共收词 12 万个，主要是从 19 世纪初至 20 世纪中期的标准语通用词。对词义阐释详尽，例句丰富。

法汉词典，上海译文出版社，1978；2000 年修订本，改称《新法汉词典》。收词 6.5 万条。

汉法词典，北京大学西方语言文学系、北京第二外国语学院西欧语系合编，商务印书馆，1991。

拉鲁斯法语大词典（*Grand Larousse de la langue française*），拉鲁斯出版社 1971—1978 年版。7 卷。本书收词以近现代为主，收有大量科技词汇。本书缩编本为《来克西斯法语拉鲁斯词典》（*Larousse de la langue française：Lexis*），1979 年第 2 版收词 7.6 万条，以常用词为主。

新德汉词典，上海译文出版社，1999。本书是 1983 年版《德汉词典》的修订本，共收词 10 万多条。

新汉德词典，北京外国语学院德语系编，商务印书馆，1985。

现代汉德德汉词典（第三版），北京大学出版社，1999。收词 7 万余条。以当今中国和德国国家政治、经济、文化和日常生活词语为主，新和实用是本书的特点。

杜登德语大词典（*Duden-Das große Wörterbuch der deutschen Sprache*），G. 德罗斯多弗斯基主编，杜登辞书出版社 1976—1981 年出版。6 卷。本书是综合性现代德语词典。收词 52 万条。编者意在尽量反映现代德语的全貌，所收词汇包括各德语国家的通用语汇和特定语汇。

现代日汉大辞典，宋文军主编，商务印书馆，1987。收词 11 万余条。本书日本版由小学馆出版，作了重新改造加工。

日汉大辞典，陈涛主编，机械工业出版社，1991。收词汇 14 万条。编者另有《新版日汉辞典》(机械工业出版社，1995)。

新日汉辞典，大连外国语学院编，辽宁人民出版社 1997 年增订版。

新汉日辞典，尚永清主编，商务印书馆 1991 年版。本书与日本小学馆合作出版。

日本国语大辞典，小学馆1972—1976年版。20卷。本书是最大的一部日语辞典，收词50万条，例句200万条，基本上反映出中世纪以来日本语的全貌。1981年小学馆在此书的基础上加以精选，以现代日语为主，并增补新资料，编为一卷本《国语大辞典》，收词近25万条。

大汉和辞典，〔日〕诸桥辙次主编，大修馆1955—1960年版，12册，附索引1册。1966—1968年出版缩印本；1974年修订本；1984—1985年最新修订本。这是一部大型汉日词典。共收汉字48900字（连补遗为49964字），词语526500条，有插图2800幅。单字依《康熙字典》部首排列，注音有日文字母、汉语注音符号、拉丁字母拼音，标注声调和《集韵》等韵书反切及韵部。列有小篆、古文等字形。词语以字数多少为序，同字数的以日语五十音顺为序。此书征引资料广博，主要出自中国古籍，除经、史、子、集外，还包括古今字书、韵书、类书、词典等50余种。有四种索引：笔画索引，字音索引（依日文音序排列），字训索引（依日文字义排列）和四角号码索引。另有附录三种：补遗（收1062个字），当用汉字表和简化字表。

不同语种的双语词典还有很多，如《意汉词典》（北京外国语学院本书编写组编，商务印书馆，1985）、《汉语阿拉伯语词典》（北京大学阿拉伯－伊斯兰文化研究所、北京大学阿拉伯语言文化教研室编，商务印书馆，1989）《印地语汉语大词典》（马孟刚、殷洪元等编，北京大学出版社，2000）等，都可以利用。

第十一章 成语典故、诗文词句的查检

古人赋诗作文,爱引经据典,这是为了增强作品的说服力或形象性,或是使诗文更为典雅、含蓄。今人的诗文,也常有用典的。古今作家用典或援引前人诗文,往往不注明出处。今天阅读这类诗文,必须知道出处,了解原意,才能读懂作品,理解其深意。

要了解某作品的用典,首先要查一下前人是否已为该作品作过注,有哪几种笺注本,以便利用前人成果。要知道这方面的情况,可查阅各种书目。如果该作品前人没有做过注,可以利用工具书了解其中的成语典故。

常用来查找成语典故和诗文词句的工具书,主要有词典、类书、索引等,下文分别介绍。

第一节 成语典故辞典的利用

查成语典故和诗文词句的出处,可以利用成语词典、典故词典,也可以利用一些征引文献(书证)特别丰富的辞书,如《经籍籑诂》《联绵字典》《辞通》等。

中国成语大辞典,商务印书馆汉语工具书编辑室等编写,上海辞书出版社,1987。收成语18000余条,按汉语拼音音序排列,附笔画索引。引用书证丰富,重在说明成语含义、用法及其源流演变。

成语词典,常州市教育局编。江苏人民出版社,1981。收成语6800余条,按汉语拼音排列。援引书证,古今并重:除了比较注意追溯成语的最早出处,还从明清及现代名家的作品中选取例句。如解释"三思而行"这一成语时,既指出语出《论语·公冶长》,又从欧阳山《三家巷》中引了一个例句:"终身大事也应该三思而行。"

汉语成语大词典,湖北大学语言研究室编,朱祖延主编,河南人民出版社，1985。收成语约 17000 条，也包括少数古今常用的熟语和谚语。

古书典故辞典，杭州大学中文系本书编写组编，江西人民出版社，1984。所收典故，主要是指古代诗文和小说戏曲等经常引用的古代故事或有来历出处的词语。上起周秦，下至明清，共收典故 5400 余条，按笔画排列。各条目包括释义和来历出处两部分，有的还有用典例句。

常用典故词典，于石、王光汉、徐成志编。上海辞书出版社 1985。本书从古代诗文词曲、笔记小说中选收常用故事典故 600 余个，立词目 5000 余条。每个典故包括典故名称、典源、释义、词目和例证 5 部分。如"程门立雪"一典就收录了"立雪程门、程门度雪、程门飞雪、立程门雪、立雪"等词目。特别注意收录由典故发展变化或引申而产生的表现形式。全书依首字笔画排列，后附词目音序索引。

成语、典故词典还有很多，如：**中国典故辞典**（杨任之编著，北京出版社，1993。收录 7000 余条）、**中华成语辞海**（刘万国等主编，吉林大学出版社 1994 年版，收成语 40000 余条）、**中国成语分类大词典**（韩省之主编，新世界出版社 1996 年版，收成语 20000 余条）。

除了上述成语词典、典故词典以外，一些收词丰富的词典，如《辞源》《辞海》《汉语大词典》等，也可用来查成语典故。

此外，第十章介绍过的《经籍篹诂》《联绵字典》和《辞通》有一个共同特点：在字头或词目之下，不避繁复地引录古籍中包含该字或该词的句子，这就有可能为我们查找成语典故或诗文词句的出处提供线索。例如，要问"以其昏昏，使人昭昭"见于何书，从《辞通》中查"昏昏"或"昭昭"均可找到答案。

第二节 类书的利用

关于类书的基本知识，可参看第六章、第十二章。本节着重通过一些实例，谈谈类书在查找成语典故、诗文词句方面的功用。

艺文类聚、**太平御览**等类书，把群书中可供参考的文献资料辑录出来，分类排比，这就为查找成语典故提供了方便。

例如蔡元培1919年辞去北京大学校长时,曾以"杀君马者路傍儿"为喻,婉谢别人对他的挽留。此语的出处和含义,不见于新旧辞书。有人问刘叶秋,刘叶秋想到类书中的兽部"马"类可能提供线索,于是查《艺文类聚》93卷和《太平御览》897卷,果然找到答案。两书俱引汉应劭《风俗通》,而《太平御览》文字稍详。《辞源》修订本便据此补入"杀君马者路傍儿"一条。该条全文如下:

【杀君马者路傍儿】《太平御览》八九七引汉应劭《风俗通》:"又曰:杀君马者路傍儿也。语云长吏食重禄,刍藁丰美,马肥希出,路傍小儿观之,却惊致死。按长吏马肥,观者快马之走骤也,骑者驱驰不足,至于瘠死。"此言马本娇贵,偶出,以路傍儿围观惊死;观者誉马之驰,骑者因鞭策不止,使马力竭而毙;皆寓"爱之适以害之"之意。又传汉张敞走马章台街,时人鄙笑之,有"殴君马者路傍儿"之语。见《通志》四九《乐》一《走马引》。

以上是利用类书查找典故的一个生动事例。①

如果想要查找有关某事物的诗文词句,类书亦可提供方便。例如,要搜集唐人对牡丹的记载和描写牡丹的诗文,查《渊鉴类函》卷405"牡丹"目,可以找到段成式等关于牡丹的记载和王维、刘禹锡、元稹、白居易等歌咏牡丹的诗歌。

使用类书,有三个问题必须注意:

1. 要熟悉几部常用类书的编纂年代和收录文献资料的时限,否则,有时会徒劳无功。例如要从《艺文类聚》中查找唐代的资料,必然一无所得,因为这部类书是唐初编纂的,辑录的文献资料只能是唐以前的(今本《艺文类聚》中有苏味道、李峤、沈佺期、宋之问的诗,系宋人窜入)。查清代的文献资料,从《渊鉴类函》中是查不到的,因为此书编于康熙时,所辑文献止于明代嘉靖年间。

2. 类书引用古籍,常删改原文,或据他书转录,弄错出处。使用类书要审慎,凡原书尚存者,要查对原书,以免转引致误。

3. 要熟悉古代类书的类目编排及其含义。类书的编者由于受当时条件的限制,难免有分类不合理的地方。如《艺文类聚》把纸、

---

① 刘叶秋:《怎样理解和查找成语典故》,《文史知识》1984年第1期。

笔、砚列入"杂文部",把针列入"产业部"之类。还有,古人的分类概念、术语和我们今天不一样,例如,《古今图书集成》把农、医方面的文献资料归入"艺术典",许多人不理解。其实,古人所说的"艺术"是泛指各种技术,和我们今天所说的文学艺术范畴的"艺术"意义不同。有些类书有今人编的索引,应当充分利用。

常用的类书,将在第十二章列目介绍。除此以外,清代还有两部著名类书:《佩文韵府》和《骈字类编》,它们相辅相成,是用来查找成语典故和诗文词句的常用工具书,在这里分别介绍。

佩文韵府,清张玉书等奉敕编。康熙内府刊本。《万有文库》影印本精装7册,附四角号码索引、单字笔画索引,使用最便。上海古籍书店1983年影印万有文库本,精装4册。

本书编于康熙时,"佩文"是清帝的书斋名。以元初阴时夫《韵府群玉》、明凌稚隆《五车韵瑞》为蓝本增补而成。全书按平水韵106韵编排,收1万余字。所收之字,先注音释义,后列"韵藻"栏,辑录尾字和标目字相同的词语,依字数为序排列。在每一词语之后,排比包含这一词语的诗文句子(以经、史、子、集为序)。此后,是"对语"栏和"摘句"栏。

此书原是供写诗作赋的人采撷词藻、偶句和典故的,由于它资料丰富,可供查找成语典故和诗文词句的出处。例如有人问:"霜叶红于二月花"这句诗出自何处?我们可从中选择"霜叶"这个关键词,通过下列步骤从《佩文韵府》中查找:

a. 判断"霜叶"的"叶"字属何韵。如果对韵目不熟悉,可先查旧版《辞源》《辞海》或《初学检韵》一类书,知"叶"属入声十六叶韵。

b. 在叶韵"叶"字下找出"霜叶"一词,从含有"霜叶"的10余个诗句中找出"霜叶红于二月花"一句,得知它是杜牧的诗。但《佩文韵府》并未注明篇名。

c. 从《全唐诗》中杜牧诗或《樊川诗集注》中可以查出这是《山行》诗中的一句。当然,若有日本1972年出版的《杜牧诗索引》,查起来就更方便了。

如果手头的《佩文韵府》附有四角号码索引,那就不必通过韵目查找。四角号码索引是按词条首字编排的,如"霜叶"的"霜",四角号

码是 1096_3，在该号下的 44 号（"叶"字繁体的前两个角码）很快查得"霜叶"，知该词在万有文库本《佩文韵府》的 4179 页第二栏。

骈字类编，清张廷玉等奉敕编。雍正内府刊本，光绪间同文书局影印本；北京中国书店 1984 年影印本，平装 12 册。

本书康熙五十八年（1719）开始编写，雍正四年（1726）成书，专收两字合成的"骈字"，按首字归类。共分天地、时令、山水、居处、珍宝、数目、方隅、彩色、器物、草木、鸟兽、虫鱼 12 门，又补遗"人事"一门。一门之中，再分细目，如草木门分谷、米、稻、黍、稷等 300 多目，每一细目之中再分列词条，如"谷"下，列出谷米、谷稻、谷粟、谷菽、谷麦等条，每一词条之下，再排比包含这一词条的诗文（以经、史、子、集为次）。

杨家骆主编的**古典复音词汇辑林**（台北鼎文书局，1978）将《骈字类编》所收全部词目改按首字笔画重新编排，使用较为方便。

《骈字类编》和《佩文韵府》有所不同：

a.《韵府》按词条的尾字归韵，《类编》按首字分类。例如，同是"霜叶"，《韵府》查"叶"，《类编》查"霜"。要是从《类编》查找，先要确定"霜"属"天地门"（注意：是根据首字"霜"的意义归类，而不是根据"霜叶"的整体意义归类），然后从天地门"霜"目查得"霜叶"条下所罗列的材料：

……刘得仁寄雍陶先辈诗 尽落经——频阴欲雪天 杜牧山行诗 停车坐爱枫林晚——红於二月花……

b.《韵府》征引诗文往往不标篇名，而《类编》大都标出。如上例《韵府》只注出"杜牧诗"，《类编》则具体标明"杜牧山行诗"。

c.《韵府》于单字下注明音义，《类编》则无。

d.《类编》只收两字合成的"骈字"，而《韵府》兼收三字、四字构成的词语。

因此，《韵府》与《类编》确可"互为经纬，相辅而行"（《四库全书总目提要》语）。

第三节　索引及其他工具书的利用

查成语典故和诗文词句的出处,还可利用字词句索引。

一、字词索引的利用

字词索引可分为"周遍型"和"选择型"两大类。

周遍型字词索引,是把一部书中所有的字词都编为索引,如顾颉刚主编的《尚书通检》、周钟灵等编的《韩非子索引》等。

选择型词语索引则不同,它只是把书籍中对于语言研究有参考价值的词语选择出来,编为索引。如日本香坂顺一编的《水浒全传语汇索引》等。

从查找成语典故和诗文词句出处的角度考虑,自然是周遍型字词索引更适用。下面就举例介绍这种索引。

周遍型字词索引,又可细分为以下两种:

1. 取单字立目。即使是双音节的专有名词,也把它拆开,各目单独立目。如《尚书通检》就是这种类型。

2. 专取词语立目,包括单音节词、多音节词、词组。也就是说,立目的最小单位是词,不成词的字不单独立目,只作为被引见的字头处理。周钟灵等编的《韩非子索引》就是这种类型。

上述两种周遍型字词索引,都是查找词语出处的良好工具。例如:粗知"星火燎原"成语出于《尚书》,但不知见于何篇。用《尚书通检》先查"星"字,未查到;再查"火"字,可查到《尚书》中所有包蕴"火"字的句子,共10句。其中"若火之燎于原"虽一句就是要找的句子,出自《盘庚》篇。原来,"星火燎原"虽语出《尚书》,但《尚书》该句在字面上并未出现"星"字,改查其他三字则均可查到。所以说,字词索引为查找语句出处所提供的途径是多渠道的。

比较重要的周遍型字词索引有:**周易引得**(引得编纂处,1935)、**尚书通检**(顾颉刚主编,哈佛燕京学社,1936,书目文献出版社1982年影印)、**毛诗引得**(引得编纂处,1934)、**诗经索引**(陈宏天、吕岚编,书目文献出版社,1984)、**春秋经传引得**(引得编纂处,1937,上海古籍出版社1983年影印,新增四角号码与汉语拼音检字)、**孝经引得**(引得编纂处,1950)、**论语引得**(引得编纂处,1940)、**孟子引得**(引得编纂处,1941)、**尔雅引得**(引得编纂处,1941)、**荀子引得**(引得编纂处,1950)、**韩非子索引**(周钟灵等编,中华书局,1982)、**墨子引得**(引得编纂处,1948)、**白虎通索引**(〔日〕伊东伦厚等编,日本东京东丰书店,1979)、**世说新语索引**(〔日〕高桥清编,日本广岛大学文学部中国文学研究室,1959)、**老解老**(蔡廷幹编,编者1922年自刊。这是《老子》的逐字索引)、**庄子引得**(引得编纂处,1947)、**楚辞索引**(〔日〕竹治贞夫编,日本德岛大学1964年初版,1970年订正版,中文出版社1972年再版,又1979年版)、**文选索引**(〔日〕斯波六郎等编,日本京都大学人文科学研究所1959年版,全4册。京都中文出版社1971年出版简本,略去书前长篇论文《文选各种版本的研究》)、**谢宣城诗一字索引**(〔日〕盐见邦彦编,日本采华书林,1970)、**宋之问诗索引**(〔日〕松冈荣志编,东京大学东洋文化研究所,1985)、**孟浩然诗索引**(日本中国学术考究会编,青山宏校阅,汲古书院,1981)、**王维诗索引**(〔日〕都留春雄等编,日本京都大学中国语学中国文学研究室1952年版,采华书林1978年再版)、**李白歌诗索引**(〔日〕花房英树编,日本京都大学人文科学研究所1957年版,同朋舍1977年重印)、**杜诗引得**(引得编纂处,1940,上海古籍出版社1985年影印)、**李贺诗索引**(唐文、尤振中等编,齐鲁书社,1984)、**李商隐诗索引**(日本早稻田大学中国文学会本书编辑班编,龙溪书舍,1981。1984年出版**李商隐诗索引订讹**)等。

这类索引,还可以列举很多,可参考潘树广的**古籍索引概论**(书目文献出版社,1985)所附**古籍索引要目**。

中华书局1991年起出版**全唐诗索引**,也属周遍型字词索引,已出版王勃、杨炯、卢照邻、骆宾王卷,王维卷,孟浩然卷,岑参卷,高适卷,韩愈卷,刘禹锡卷,李贺卷,杜牧卷,李商隐卷。现代出版社1994年起续出白居易卷,陈子昂,张说卷,张籍卷,贾岛卷,温庭筠卷,李白卷,王建卷,柳宗元卷,孟郊卷,张九龄卷,沈佺期、宋之问卷,韩偓卷。天津古籍出版社1997年续出钱起卷,李益、卢伦卷,杜甫卷,韦庄卷,王昌龄卷,元稹卷。

前哈佛燕京学社引得编纂处和中法汉学研究所还编辑出版过不少综合性关键词语索引,如**说苑引得**、**吕氏春秋通检**等。这类索引,是把古籍中的人名、地名、书名、典章制度名、术语、事项等关键词语混合编成索引。它既不像周遍型字词索引那样有词必收,也不像专名索引那样只收某种专名,而是选择那些对于揭示古籍内容具有实质意义的关键词语。用这类索引也可以查找词语的出处,但是,假如要查找的词语,索引并没有立作关键词,便无法查出。

二、句子索引的利用

把一部或若干部书籍中的所有句子编为索引,称为"句子索引"。这种索引多数是按句子首字笔画为序编排。

十三经索引,叶绍钧编。开明书店 1934 年版,附《十三经经文》一册。中华书局 1957 年和 1959 年利用原纸型重印,不附经文。1983 年,中华书局修订和重新排印,在每条下加注《十三经注疏》(中华书局 1980 年影印本)的页码和栏次,并新增《四角号码检字》。

索引按句子首字笔画排列,句子下注明经名篇目的简称。如果一篇再分为若干节,则标明节次(根据《十三经经文》所标节数)。最后注明中华书局 1980 年版《十三经注疏》的页码和栏次。

从前,写文章援引"十三经",习惯于不注出处;旧辞书在引用"十三经"时,也往往只标书名,不标篇名。如要查这些句子的出处,使用《十三经索引》最为方便。例如,要查"文质彬彬"的出处,在四画"文"字部分可以查出:

  文质彬彬 论雍 18·二四七九上

以上表示:"文质彬彬"见于《论语·雍也》第 18 节,《十三经注疏》2479 页上栏。

汉诗大观索引,〔日〕佐久节编。井田书店 1936 年版,1943 年再版。凤出版社 1974 年版。

《汉诗大观》共 8 册,前 6 册是 15 种诗歌总集和别集的白文,最后两册是诗句索引(1974 年版共分 5 册,前 3 册是诗歌白文,后两册是索引,内容不变)。所收 15 种诗集是:《古诗源》(清沈德潜编)、

《古诗赏析》(清张玉编)、《陶渊明诗集》《玉台新咏》(陈徐陵编)、《唐诗选》(明李攀龙编)、《三体诗》(宋周弼编的唐诗选集)、《李太白诗集》《杜少陵诗集》《王右丞诗集》《韩昌黎诗集》《白乐天诗集》《苏东坡集》《黄山谷诗集》《陆放翁诗钞》(清周雪苍等编的陆游诗选本)、《宋诗别裁集》(清张景星等编)。可以看出,《汉诗大观》的编者是试图通过这15部诗集,反映先秦到唐宋诗歌创作的基本面貌。

《汉诗大观》的索引部分,把15部诗集中所有诗句按首字的笔画排列。例如欲知"此时无声胜有声"出自何处,查索引六画"此"字部分,其中有:

　　一时无声胜有声　　　1916,二

短线"一"是"此"字之省;"1916,二"表示此句在《汉诗大观》1916页第二行,即可查出此句出自白居易《琵琶引》(即《琵琶行》)。

上述两部句子索引,均按句子首字笔画编排。也有极少数是按句子末字编排的,如日本饭岛忠夫、福田福一郎编的《杜诗索引》(松云堂书店1953年版),便是把杜甫诗每句末字按日文五十音顺编成的索引。这种索引,便于查诗歌的韵脚用字。

唐宋名诗索引,孙公望编。湖南人民出版社,1985。本书选录唐宋名诗835首、选句130句(作者224人),编为4种索引:句首词索引,诗题索引,主题词、关键词索引,作者索引,互为补充,构成较完善的检索体系。利用本书可从多种途径检索。如只记得一句或某句开头两个字,可查句首词索引,即知诗题、作者和全诗;用诗题和作者姓名也可查出全诗;只知要查的诗属于某一类目,可利用主题词、关键词索引查找。除主题词、关键词索引按类编排外,其他三种索引均依笔画为序。又附《语词、作者、诗题差异汇录》等。

中国旧诗佳句韵编,王芸孙编。岳麓书社,1985。本书选录至近代为止七八百位诗人的佳句1万余条,按句尾韵脚编排。诗韵系以十三辙为主参照中原音韵,分为16韵。每韵以平声居前,仄声列后;每声内再按汉语拼音音序排列。不熟悉这种分韵的,可利用书后《韵脚字笔画索引》。同韵脚字的选句按字数多少排列。用本句可检索诗句出处及该句的上句或下句。附有《选句用字音读举例》。

20世纪80年代以来,类似的书出版了不少,如**警语名句词典**(李夏等编,长征出版社,1984)、**中国古代名句辞典**(陈光磊等编,上海辞书出版社,1986)、**引用语辞典**(朱祖延编著,四川辞书出版社,1994)、**诗词曲名句辞典**(赵传仁主编,山东教育出版社1988年初版,1995年重印)等。这类书所收诗文名句,或按笔画编排,或分类编排,注明出处,带有索引的性质,也要注意利用。例如,清代大学者阎若璩花了20多年才查到出处的"使功者不如使过"这句话,一查《警语名句词典》,立刻就知道是出于《后汉书·索卢放传》。

第十二章 专科词语和百科知识的查检

专科词语包括各种学科的名词术语和学术上相关的概念、原理以及人物、著作、流派、机构等等；某些专名也可归入此类。这些知识性条目的查检，主要通过三种途径：专科词典、百科全书、类书。

第一节 专科词典的利用

专科词典是知识性词典，有单学科和多学科两种。专科词典数量最多，基本上涵盖了各个学科。前面介绍过的《辞源》《辞海》以及某些大型语文性词典也有知识性条目可以查阅，这里就不再介绍了。

一、哲学类

哲学大辞典，冯契主编，上海辞书出版社 1985—1988 年分卷出版，1992 年出版汇编本；2001 年出版修订本。分卷本分马克思主义哲学、中国哲学史、外国哲学史、逻辑学、伦理学、美学 6 卷，共收 12400 余条词目，包括中外古今哲学上的术语、学说、学派、人物、著作、组织、事件、会议等。汇编本改为统一编排。修订本对初版中 5000 余条词条作了重大修改或重新撰写，其余词条亦加不同程度修订，并新增 2000 余条词目。

心理学大词典，朱智贤主编，北京师范大学出版社，1989。本书收词近万条，包括心理学的 18 个学科分支。释文注重心理学的基本知识、新的理论和科研成果。

宗教大辞典，任继愈主编，上海辞书出版社，1998。此书由《宗教词典》(1981)修订、扩充而成。收词目 11970 条，包括宗教学、佛教、基督教、伊斯兰教、道教、儒教、中国民间宗教、其他宗教等 16 类。按各类宗教体系介绍其教派组织、人物、教义、经籍著作、名词术语、教制、器物、节日、寺院及神名等。

还有**佛学大辞典**(丁福保编著,医学书局,1933;文物出版社1984年影印)、**中华道教大辞典**(胡孚琛等编著,中国社会科学出版社,1996)、**禅学大辞典**(日本大修馆,1977)、**(佛光大辞典)**(慈怡法师主编,高雄,佛光出版社,1988)等。

二、社会科学类

社会科学大词典,彭克宏主编,中国国际广播出版社,1989。本书按学科分类编排。每个学科的词目包括基础理论、学派、代表人物、机构、事件等。

社会科学新词典,汝信主编,重庆出版社,1988。主要收集第二次世界大战以后国内外哲学、社会科学领域新产生的词语(理论、定义、方法、假说等),共3375条。

社会学词典,章人英等编,上海辞书出版社,1992。

软科学大辞典,杨斌主编,中国社会科学出版社,1991。

三、政治、法律、经济类

政治学词典,胡福明主编,浙江教育出版社,1989。

世界知识大辞典(修订本),安国政等主编,世界知识出版社,1998。

法学大辞典,曾庆敏主编,上海辞书出版社,1998。以《法学词典》(1980)为蓝本重新编撰而成。收词10800余条,包括法的基础理论、法律思想史、法律制度史以及宪法、行政法、刑法、民法等门类中的术语、法规、学说、学派、人物、著作等。

军事大辞典,郑文翰主编,上海辞书出版社,1992。共收词目1.2万余条,涉及军事科学理论、军队组织建制、武器装备、古今中外战史等方面24个军事学科门类。

经济大辞典,于光远主编,上海辞书出版社,1983—1992年出版分卷本。共20卷。1992年出版汇编本,共收词目24900余条。

四、文化、教育类

中华文化辞典,丁守和主编,广东人民出版社,1989。对中华文化的各个方面作了较为全面系统的解说,注重历史知识的介绍。共收词目1万多条,按分类编排。

敦煌学大辞典,季羡林主编,上海辞书出版社,1998。本书选收敦煌艺术、敦煌遗书与敦煌学研究等方面60多个门类的词条,共6925条。半数以上的条目是其他工具书中查不到的,其他重要条目也更具深度和广度。

教育大辞典,顾明远主编,上海教育出版社1990—1992年分册出版,共12卷25个分册。细目为:教育学、课程和各科教学、中小学校、师范教育、幼儿教育、特殊教育、高等教育、职业技术教育、成人教育、军事教育、民族教育、华侨华文教育、港澳教育、教育心理学、教育哲学、教育经济学、教育社会学、教育边缘学科、教育技术学、教育统计与测量、教育管理学、中国古代教育史、中国近现代教育史、外国教育史、比较教育。共收词目3万余条。1998年出版增订合编本。

体育大辞典,陈安槐、陈荫生主编,上海辞书出版社,2000。本书在《体育词典》(1984)的基础上重新编纂而成。收词目8400条,分为体育学科、奥林匹克运动、体育运动项目、中国传统体育等11类,按类编排。

五、图书、文献类

文献学辞典,赵国璋、潘树广主编,江西教育出版社,1991。收录古典文献学和现代文献学有关词目4400余条,附目1600余条。

图书、文献类词典中以书名词典居多,以提要形式介绍各类图书或某一类图书,有些也涉及有关知识性内容。这类词典相当于提要书目,起到文献指南的作用。

四库大辞典,李学勤、吕文郁主编,吉林大学出版社,1996。本书收录范围很广,并不限于《四库全书》所收书,也包括20世纪30年代以前存世的古籍。是目前收录较完备的大型古籍辞典。

中华古文献大辞典,吴枫主编,吉林文史出版社1990年起分卷出版。本书拟收古籍 3.5 万种，分为文学(汪玢玲主编,1994)、历史、哲学、政法、宗教、地理(王兆明等主编,1991)、民族、科技、医药(庄树藩主编,1990)、综合等 10 卷。编者另有《简明中国古籍辞典》(吉林文史出版社,1987)。

还有**简明古籍辞典**(胡道静主编,齐鲁书社,1989)。

中国图书大辞典,宋木文、刘杲主编,湖北人民出版社,1998。由新闻出版署组织全国 540 余家出版社共同编纂,从 1949—1992 年期间我国出版的 80 多万种图书中选出 10 万种加以介绍。全书按学科分为 14 卷,各卷条目分类编排,第 15 卷为总索引。全书共 19 册。《中国图书年鉴》(杨牧之主编,湖北人民出版社,1999)与此书衔接。

大型的书名词典还有**二十世纪中国学术要籍大辞典**(方鸣等主编,中共中央党校出版社,1993)、**外国学术名著精华辞典**(林骧华编,上海人民出版社 1989 年起出版,4 卷)、**中国方志大辞典**(浙江人民出版社,1988)、**中国年谱辞典**(黄秀文等主编,上海百家出版社,1996)、**马克思恩格斯列宁斯大林毛泽东著作大辞典**(高狄主编,长春出版社,1991)等。

工具书词典数量最多。常用的有：

中国工具书大辞典,徐祖友、沈益编,福建人民出版社,1990。收录古代至 1986 年出版的工具书 1 万余种,按学科分类编排。此书《续编》(1996 年版)收录 1987—1994 年间出版的工具书 1.3 万余种。

文史工具书词典,祝鸿熹、洪湛侯主编,浙江古籍出版社,1990。收书 3000 多种,包括工具书和资料书,注重介绍每部书的内容要点及功用。

八千种中文辞书类编提要,曹先擢等主编,北京大学出版社,1992。收录北京大学图书馆藏中文辞书,截止到 1988 年 12 月。

六、语言、文学、艺术类

语言学百科词典,戚西村等主编,上海辞书出版社,1993。收词目 5000 余条,包括古今中外语言学的术语、理论、方法、学科、流派、人物、著作、事件及世界诸语言等。解释简明。

传统语言学辞典，许嘉璐主编，河北教育出版社，1990。传统语言学包括文字、音韵、训诂和语法。本书立术语（基本理论和学说）、人名、书名、主要学派四类词目，一般截止到1919年。

中国文学大辞典，马良春、李福田主编。天津人民出版社，1991。8册。全书约3.3万条词目，包括古今中国各民族文学，涉及作家、作品、流派、社团、事件、思潮及论争等。收罗完备，资料翔实。词目按笔画排列，亦可按分类索引和音序索引查找。

中国文学大辞典，钱仲联、傅璇琮等主编，上海辞书出版社1997年版；2000年修订重排本。收词目1.7万余条，按朝代分门类编排。

此外还可注意利用按文学作品体裁编纂的词典，如**中国诗学大辞典**（傅璇琮等主编，浙江教育出版社，1999）、**中国词学大辞典**（马兴荣等主编，浙江教育出版社，1996）、**中国曲学大辞典**（齐森华等主编，浙江教育出版社，1997）、**中国历代小说辞典**（侯忠义主编，云南人民出版社，1986—1993）、**中国神话传说词典**（袁珂编著，上海辞书出版社，1985）等；文学作品专书词典，如**红楼梦大辞典**（冯其庸、李希凡主编，文化艺术出版社，1990）、**聊斋志异辞典**（朱一玄等编著，天津古籍出版社，1991）等；以及古典文学"鉴赏"类辞书，如**唐诗鉴赏辞典**（萧涤非、程千帆等编著，上海辞书出版社，1983）等。

（新编）**二十世纪外国文学大词典**，王逢振等主编，译林出版社1998。本书收178个国家和地区的有关条目1.2万条。内容涉及作家、批评家、文学流派、文学团体、文学报刊及文学奖。

艺术类词典涉及面广，数量也不少，这里只能略举数种：**古代艺术词典**（温廷宽、王鲁豫主编，中国国际广播出版社，1989）、**现代艺术辞典**（邵大箴主编，中国国际广播出版社，1989）、**中华艺术文化辞典**（严云受主编，安徽文艺出版社，1995）、**中国美术词典**（沈柔坚主编，上海辞书出版社，1987）、**中国音乐词典**（缪天瑞等主编，人民音乐出版社，1984）及《续编》(1992)、**外国音乐词典**（汪启璋等编译，上海音乐出版社，1988）、**中国电影大辞典**（张骏祥、程季华主编，上海辞书出版社，1995）、**中国戏剧电影辞典**（马奕主编，北京广播学院出版社，1993）。

七、历史类

中国历史大辞典，上海辞书出版社 1983 年起分卷出版。按断代史和专史分为 14 卷：先秦史、秦汉史、魏晋南北朝史、隋唐五代史、宋史、辽夏金元史、明史、清史（上、下）、历史地理、思想史、史学史、科技史、民族史。各卷均按词目笔画编排。凡名词术语、古国朝代、历史人物、历史事件、人民起义、社团组织、史学论著、典章制度等方面词目都博采兼收。在分卷本的基础上又编纂出版了汇编本《中国历史大辞典》（郑天挺、英泽、杨志玖主编，上海辞书出版社，2000），上、下册。收词上起远古，下迄 1911 年辛亥革命，词目共 67154 条。书后附中国历史世系表，中国历史大事年表、中国历代户籍、人口、垦田总数表，中国历代度量衡演变表等及中国历史地图 24 幅。

断代史词典还有**中国现代史词典**（陈旭麓主编，上海辞书出版社，1991）、**中华民国史大辞典**（张宪文等主编，江苏古籍出版社，2001）等。

二十六史大辞典，戴逸主编，吉林人民出版社，1993。分为事件、典章制度、人物、表图索引四卷。

中国古代典章制度大辞典，唐嘉弘主编，中州古籍出版社，1998。本书收词约 1 万条，按职官、科举、礼制、封建、教育、法律、兵制、田制、货币、财经、宗教、乐舞、美术、中医、文档、版本、天文、宫室、体育等类编排。除文献资料外，还利用了大量出土文物资料。

中国古代职官大辞典，张政烺主编，河南人民出版社，1990。收鸦片战争前的词目 9966 条。

中国历史工具书指南，林铁森主编，北京出版社，1992。收录中外文中国历史工具书 2500 种，并简要介绍。

八、百科词典

中国百科大辞典，中国大百科全书出版社，1999，10 卷。全书收条目近 5.5 万条，包括哲学、社会科学、自然科学、工程技术、文学艺术等 60 余门学科，侧重人文学科各领域研究的新成果。全书按汉语拼音字顺编排条目，第 10 卷为索引。

百科知识词典,梅益主编,中国大百科全书出版社,1989。本书为普及型知识词典,收习见、常用的百科词汇1.4万条。

现代学科大辞典,孟宪鹏主编,海洋出版社,1990。介绍了各种学科1000多门,提供的各学科(尤其是新兴学科)参考资料比较系统。

当代中国百科大辞典,张锋主编,档案出版社,1991。本书介绍了当代中国各领域、各学科重要的事件、组织、学说和著名人物。词目按类编排。

第二节 百科全书的利用

百科全书与知识性词典相比,其特点是:更广泛地涉及各个知识领域的历史和现状,系统总结、阐述各学科的最新成果,能准确传播知识及查检所需知识内容和事实资料,并有比较完善的检索系统。

一、中文百科全书

中国大百科全书,中国大百科全书出版社1980—1993年版。这是我国第一部大型综合性百科全书。内容包括哲学、社会科学、文学艺术、文化教育、自然科学、工程技术等69个学科和知识门类。全书按学科分卷出版,共74卷(册),收条目77859个,计12568万字,插图约6万幅。全面系统介绍了我国历史文化遗产、国内外所得的科技成就和各学科研究的成果,并具有鲜明的中国特色。编有全书总索引。每一学科卷前有扼要综述本学科内容的专文,均由权威专家撰写。正文由长短不一的条目组成,按汉语拼音字母顺序排列。条头(标题)包括汉语拼音、汉字和外文。条目释文包括定性叙述、基本内容和参阅材料几部分,重要条目附有供深入研究的参考书目。正文后一般有该学科的大事年表。每个学科卷均有条目分类目录、条目汉字笔画索引、条目外文索引和内容索引。

以《中国大百科全书》为基础,经增补、改编、浓缩又编成**中国大百科全书(简明版)**(中国大百科全书出版社,1996)。全书12卷,共3.1万多个条目,字数约2000万字。除删、并原有条目外,增补了原书欠缺的一些总论性条目,补入了新知识,更新了某些资料和数据,突出了简明实用、以概述中外古今各学科、各领域一般知识为主的特点。重要资料收录到1996年。

1999年中国大百科全书出版社和北京东方鼎电子有限公司研制出版了《中国大百科全书》图文数据光盘。

为了充分反映世界科学文化的新成就、新发展,《中国大百科全书》即将修订重编。第二版将改为全书条目按汉语拼音顺序排列,篇幅减为32卷,约6万个条目。

综合性的百科全书还有:**中国小百科全书**,于光远主编,团结出版社,1994,8卷。收约10万个条目,按学科大类分卷。第8卷为附录及索引。**简明中华百科全书**,大百科全书出版社,1994,3卷。本书全面、系统、简明地介绍中国古今文化。正文约8000个条目。**简明华夏百科全书**,华夏出版社,1998,8卷。共收3.5万个条目。

简明不列颠百科全书,中国大百科全书出版社、美国不列颠百科全书公司合作编译出版,1985,10卷(第10卷为索引)。根据《不列颠百科全书》的《百科简编》,增加了《百科详编》的部分内容和增补更新的资料编译而成,其中有关中国的条目由中国学者重行撰写。全书共约7.1万个条目。1991年又出版第11卷,增补了新资料。

不列颠百科全书(国际中文版),中国大百科全书出版社、美国不列颠百科全书公司合作编译,中国大百科全书出版社,1999。共20卷。收81600余个条目。有关中国条目由中方编写。对《百科简编》的条目进行了全面修订,并译了《百科详编》的许多条目。正文按条目的英文标题排列,最后两卷为中文标题和内容索引。

我国台湾省也出版了一批综合性百科全书,如:**中华百科全书**(张其昀主编,台北,中国文化大学出版部,1981—1983,10卷)、**环华百科全书**(张之杰主编,台湾,彭园出版社,1984,20卷)、**世界百科全书**(台北,光复书局编辑出版,1986—1987),以及据《美国百科全书》编译的**大美百科全书**(台北,光复书局编译出版,1990,30卷)。

专业性百科全书阐释专业知识较综合性百科全书详尽、深入。数量很多,这里只略举几种:**社会科学百科全书**([英]亚当·库珀、杰西卡·库珀编,上海译文出版社,1989)、**美学百科全书**(本书编委会编,社会科学文献出版社,1990)、**中国经济百科全书**(陈岱孙主编,中国经济出版社,1987)、**中国古代小说百科全书**(中国大百科全书出版社,1998年修订本)。

二、外文百科全书

20世纪世界各国出版的大、中型综合性百科全书不下百余种。比较著名的是:

不列颠百科全书(*Encyclopaedia Britannica*),旧译《大英百科全书》,以学术性强著称。1768—1771年在苏格兰的爱丁堡初版。20世纪初该书版权归美国芝加哥大学。1929年出版的第14版,采用连续修订制,印行了40多年。其修订本24卷,约收4.5万个条目。1974年出版了面目全新的第15版,改称《新不列颠百科全书》。1985年新印本又进一步改进,变动较大。全书32卷,分为:索引,2卷;《百科类目》1卷,是一个知识体系总表,起全书分类指南的作用;《百科简编》12卷,共收8万余个短条目,可单独使用;《百科详编》17卷,收670余个长条目,都是关于重大主题的长文。此后,每年增补和修改部分条目,出一新版,同时出版《不列颠百科全书年鉴》一卷。此书现有多种外文版。

美国百科全书(*Encyclopedia Americana*),初版于1829—1833年,据《布罗克豪斯社交词典》第7版编译而成,13卷。20世纪初进行了彻底改编,1918—1920年出版,30卷,以后即采用连续修订制更新内容。最新版是1995年修订版,收约6万个条目。本书的特点是内容充实,有关美国和加拿大的资料尤为丰富,注重提供事实,叙述简洁明快。

布罗克豪斯百科全书(*Brockhaus Enzyklopädie*),原名《布罗克豪斯社交词典》,1796—1808年初版,是德国历史最悠久的百科全书,在欧洲有很大影响。1928—1935年经过较大的修订,改编为第15版,称《大布罗克豪斯百科全书》。1966—1974年第17版改为现名,20卷,收22.5万个条目。本书的特点是条目分得很细,查检方便,而且资料准确。20世纪90年代又增出1卷地图集、3卷德语词典和1卷英语词典作为附卷。

拉鲁斯大百科全书（*La Grande Encyclopádie Larousse*），以法国出版家拉鲁斯姓氏命名。他最先编成《19世纪万有大词典》15卷，1876年出齐。此后拉鲁斯出版社编出多种大、小型百科全书。1971—1976年出版《拉鲁斯大百科全书》22卷，收约8000个条目；1984—1985年减为15卷，成为拉鲁斯百科系列的主干。该书以文字流畅、插图精美和法国内容翔实著称。

钱伯斯百科全书（*Chamber's Encyclopaedia*），以英国出版家钱伯斯姓氏命名，1850—1868年初版。20世纪中期经过彻底改编。1973年出版第6版，15卷，收约2.8万个条目。该书注重学术性，特别强调内容的稳定性，有关英国的内容较多。

世界大百科事典，日本平凡社1955—1963年初版。1980年出版第3版修订重印本，35卷，收7万余条目。其特点是对日本和中国的介绍较为详尽，索引也编得很细致。

苏联在1969—1978年出版了**苏联大百科全书**（*Большая советская энциклопедия*）第3版，30卷，收10万个条目。俄罗斯至今尚未出版新的百科全书，仅在1991年出版了《大百科词典》，该书1998年第2版经彻底修订，收8万词条。

此外，如美国出版的《科利尔百科全书》(*Collier's Encyclopedia*，24卷)，德国出版的《迈耶百科词典》(*Meyers Enzyklopädisches Lexikon*，25卷)等也都是较有影响的百科全书。

20世纪80年代以来国外百科全书开始向电子出版物发展。1985年，《美国学术百科全书》(*American Academic Encyclopedia*)的光盘版问世；1989年，《康普顿百科全书》(*Compton's Encyclopedia*)的多媒体光盘版问世；1993年，美国微软公司推出《Encanta百科全书》，是以文本数据库和音像结合的计算机百科全书，随后又登上互联网；1994年，《不列颠百科全书》成为第一部因特网百科全书。由于计算机百科全书资料更新速度快，查阅快捷，因此得到广泛利用。

第三节　类书的利用

我国古代的类书具有知识总汇的性质,这和现代百科全书有些近似。但类书是以辑录原始文献为主,同百科全书的以释文来表述最新知识是不同的。关于类书的概述可参看第六章第四节。这里只概要介绍几种现存的重要类书:

艺文类聚,唐欧阳询等奉敕撰。中华书局上海编辑所1959年影印宋绍兴本,线装16册。1965年出版排印点校本,精装2册;上海古籍出版社1982年重印,附李剑雄等编《艺文类聚索引》,包括人名索引和书名篇名索引两部分。全书分46部,727目。各类目文献资料的编排,采取"事居其前,文列于后"(见该书序)的方式。"事"的部分,主要辑自经史诸子;"文"的部分,辑录诗、赋等各种体裁的作品。这种体例为后代类书所沿用。全书征引唐以前古籍达1431种,今存者不过十之一二。本书以其保存资料之多,历来为学者所重视。日本中津滨涉有《艺文类聚引书索引》(京都中文出版社,1974年改订版)。

初学记,唐徐坚等奉敕撰。中华书局1962年出版以古香斋本为底本的校点本,全3册。1980年重印,附许逸民编《初学记索引》一册,包括"事对索引"和"引书索引"。本书是为唐玄宗诸皇子初学作文时检寻事类而编,故名《初学记》。取材于群经诸子、诗赋及唐初诸家作品,分23部,313个子目,先为"叙事",次为"事对",然后摘引诗文,体例与《艺文类聚》相近。本书叙述简明,条理清楚,精华在"叙事"部分。

太平御览,宋李昉等奉敕撰。商务印书馆1935年影印宋刊本,收入《四部丛刊》三编。中华书局1960年据此本缩印,精装4册;1985年重印。本书编于太平兴国二年至八年(977—983)。分55部,再分为5363类(另附类63)。征引广博,引书多达2500余种,其中十之七八已失传,故本书保存五代以前文献尤多。有简化字横排本(夏剑钦等校点,河北教育出版社,2000)。燕京大学引得编纂处编《太平御览引得》(1935年版),分篇目引得和引书引得两部分。

册府元龟，宋王钦若、杨亿等奉敕撰。中华书局1960年影印明刊本，精装12册。书末有类目索引。1984年重印。本书撰于景德二年至大中祥符六年(1005—1013)。分31部，1104门。部有总序，门有小序，文笔极佳，自成特色。取材唐以前正史为主，唐五代则直接引用实录、国史，间及经子，不采说部。内容着重反映历代君臣事迹，收辑上古到唐五代的典章制度和其他资料颇为详备，故此书实具有通代"会要"的性质。前人以为《册府》所录多为常见之书，故不甚重视，其实所引均系北宋以前古本，有的已经散佚，故可用以校史，亦可以补史。但它引书不注书名，是一大缺点。陈垣为1960年影印本所作序，对此书的价值论述甚详。刘乃和主编《〈册府元龟〉新探》(中州书画社，1983)收论文14篇，可参考。

玉海，宋王应麟编撰。台湾华文书局1964年影印元庆元路儒学刊本；江苏古籍出版社、上海书店1987年影印清光绪九年(1883)浙江书局重刊本。本书是为当时应博学鸿词科考试的人而编的，所以，重点辑集有关典章制度的资料和吉祥善事，搜罗宏富，尤其宋代史事，多录自《实录》、《国史》、《日历》，文献价值很高。全书分21门，再分为240余类。类目下先撰提要，然后汇辑有关资料。1987年影印本附有王应麟的其他著述13种和张大昌撰王氏年谱。

永乐大典，明解缙、姚广孝等奉敕撰。是我国历史上最大的类书，按《洪武正韵》统摄词目，将明初所存古籍七八千种或整部、整篇、整段分别编入，总字数多达3.7亿字。编成后仅抄成正本一部，共22817卷，另凡例、目录60卷，装成11095册。嘉靖时又抄副本一部。明清之际，正本被毁；后将副本移存翰林院。乾隆时修《四库全书》，发现《大典》中保存了大批佚文秘籍，从中辑出佚书515种，但为时已晚，《大典》副本已散失2422卷，以后陆续被盗者不少。八国联军入侵北京，《大典》大部分被焚毁，一部分被侵略者掠去。民国以来，经过数十年的努力，征集到730卷，中华书局1960年影印出版。后又继续征集到67卷，影印出版。1984年中华书局将797卷缩印为16开本，并附《永乐大典目录》60卷。栾贵明《永乐大典索引》(作家出版社，1997)即据此影印本编成。

渊鉴类函，清张英等奉敕撰。康熙内府刊本；光绪间同文书局石印本,上海扫叶山房 1932 年影印,中国书店 1985 年影印。本书编于康熙年间,系扩充明人所编《唐类函》而成,分 45 门,2536 类。《唐类函》所录典故诗文至唐初为止,《渊鉴类函》则增其所无,详其所略,所录材料至明嘉靖年间止。

子史精华,清张廷玉等奉敕撰。雍正刊本;北京古籍出版社 1991 年据光绪十年(1884)同文书局石印本影印。本书撰于康熙年间,专门采集子书和史书中的名言要语,依类排比,分为 30 部。每部中的条目,以精要的词语标示,下面列出有关材料。在清代官修类书中,此书采择最精,引据谨严,受到好评。从中检索词藻典故,颇为方便。

古今图书集成,清康熙间陈梦雷等原辑,雍正间蒋廷锡等奉敕重辑。雍正间铜活字原印本,中华书局 1934 年影印,线装 800 册。中华书局、巴蜀书社 1986 年起联合影印中华本,精装 120 册,新编索引 1 册。

这是现存类书中规模最大的一部,实用价值很高。全书 1 万卷,另目录 40 卷,共约 1.6 亿字。全书分为 6 汇编、32 典:

(1) 历象汇编:包括乾象、岁功、历法、庶征 4 典;

(2) 方舆汇编:包括坤舆、职方、山川、边裔 4 典;

(3) 明伦汇编:包括皇极、宫闱、官常、家范、交谊、氏族、人事、闺媛 8 典;

(4) 博物汇编:包括艺术、神异、禽虫、草木 4 典;

(5) 理学汇编:包括经籍、学行、文学、字学 4 典;

(6) 经济汇编:包括选举、铨衡、食货、礼仪、乐律、戎政、祥刑、考工 8 典。

每典又分为若干部,共计 6117 部。每部先列汇考,记述大事,详其源流;次列总论、图表、列传、艺文、选句、纪事、杂录、外编等项(各部视情况收录),搜罗资料丰富。新编《古今图书集成·索引》(林仲湘等编)包括部名索引、图表索引、人物传记索引、职方典汇考索引和禽虫草木二典释名索引 5 种,从不同角度揭示全书内容,所注出处均包括旧版和新版的册次、页码。

20 世纪 80 年代末开始,借鉴古代类书的体例,采用科学分类方法，编纂了多种新型类书，其中有代表性的是：

中国历代文献精粹大典，门岿主编，学苑出版社，1990。本书精选辛亥革命以前历代有代表性的及对今天有应用价值的文献资料，采用层层分类、"以类聚事"的方法编排。分为政事、文艺、科技、经史、人物5卷。有分类总目录和条目笔画索引。

同类性质的还有《中华思想宝库》（吴枫主编，吉林人民出版社，1990)、《中华民族优秀传统汇典》（门岿主编，天津社会科学出版社，1991)等等。正在编纂中的新型类书**中华大典**是对汉文古籍进行的全面、系统、科学的分类整理和汇编总结，按学科分为22典，近百个分典；再分若干纬目。《文学典》、《医学典》、《历史地理典》等开始出版。

第十三章 人物资料的检索

查找人物资料,要注意两个方面:一是要熟悉人物资料在文献中的分布情况,二是要善于利用有关的工具书,两者不可偏颇。工具书有助于提高查找人物资料的效率,但并非所有人物资料都有相应的工具书可查。在相当多的情况下,需要直接查阅原始文献。本章第一节先介绍人物资料在文献中的分布,以下各节介绍查找人物资料的各种工具书。

第一节 人物资料在文献中的分布

历史,就是人类社会的发展过程。一切历史书籍,无不直接或间接地记载着人物的活动,从这个意义上说,人物资料在社科文献中几乎无所不在。但是,人物资料在文献中的分布是不平衡的:有些文献人物资料密集;有些则较少;有些看似与人物资料无关,其实却蕴藏着重要的人物资料。对这些情况了解得越具体,对检索人物资料越方便。下面作一简要介绍。

一、史部传记类书籍

传统的分类法中的史部传记类,是人物资料最密集的一个部类。

在传记类图书中,有记述一个人的事迹的,如宋人张栻撰《汉丞相诸葛武侯(亮)传》、吕大防撰《杜工部年谱》、程颐撰《程明道先生(颢)行状》等。行状,又称"状""行述",系记述死者世系、籍贯、生卒年月、生平行事的一种文体,常由死者门人、故吏或亲友撰述,供朝廷议谥参考或撰写墓志、史传者采择。这类著述往往多溢美之词,但所记事实毕竟是重要的原始资料。

传记类图书中的"宗谱",是记录世系和重要人物事迹的家族史,常与地方志并提,被誉为史料的两大巨流。我国宗谱数量很多,应注意利用。如在朱熹诞生地福建龙溪县发现的明刊本《紫阳朱氏建安谱》,不仅记载了世系,还汇编了有关朱熹的资料,有重要的参考价值。

"年谱"也是重要的传记类图书,目前已有较完备的目录可以利用。

在史部传记类图书中,还有汇集多人事迹的传纪资料集。如宋人朱熹的《名臣言行录》,元人辛文房的《唐才子传》,明人黄佐的《广州人物传》,清人阮元的《畴人传》等。至于"学案"一类书,则兼具学术思想史与思想家传略辞典的性质,如明末清初黄宗羲的《宋元学案》等。

在传记类图书中,还有日记。如元郭畀的《客杭日记》,逐日琐记交游见闻;清李慈铭的《越缦堂日记》,从 20 岁记到晚年,有读书札记、诗文信牍,亦涉及时事,保存了同时代人的不少重要资料。

二、正史和笔记野史

正史中的本纪、列传等部分有重要的人物资料,自不待言。"二十四史"和《清史稿》中共收录四五万人的传记资料。各史人名索引已出版 10 余种,为查找正史中的人物资料提供了很大的方便。但有许多人物的事迹,是正史不记或所记不实的,常赖笔记野史保存其史实。史学家谢国桢说过,他为了查考清初浙江山阴诗人金堉的事迹,遍查《两浙輶轩录》《绍兴府志》等书均无所获,后读清代山阴人平步青的笔记《霞外攟屑》,才得到了金堉家世的线索。又从金堉的笔记《不下带编》中,获知他的一些事迹。①

中华书局有计划地陆续出版《唐宋史料笔记丛刊》《元明史料笔记丛刊》《清代史料笔记丛刊》,上海古籍出版社陆续出版《宋元笔记丛书》《明清笔记丛书》,都是值得注意的重要资料。

三、书目提要中的传记资料

书目是揭示和报道图书的工具。有一部分书目,还能提供人物

---

① 谢国桢《关于〈不下带编〉》,《光明日报》1960.1.3。

资料。

　　提要式的书目,常包含珍贵的人物资料。如宋人晁公武的《郡斋读书志》、陈振孙的《直斋书录解题》,在作者名下,大多注明字号、籍贯、仕历等。傅璇琮等编《唐五代人物传记资料索引》,将这两部目录书采入其中,可谓有识。再如乾隆时纪昀等人撰写《四库全书总目提要》,不但对历代1万余种图书的内容得失、版本异同进行评论和考订,并且"先列作者之爵里以论世知人",对"人品学术之醇疵"亦时有论述(见《凡例》)。尤其清代的作者,为时不远,《提要》对他们的记载就更有史料价值。

　　封建统治者歧视、排斥戏曲和通俗小说,它们的作者多湮没无闻。近代以来,许多学者致力于戏曲小说的研究,并编纂目录,考订作者,成绩卓著。如傅惜华的《清代杂剧全目》,著录清代杂剧约1300种,其中作者姓名可考者550种,附有作者小传;又如庄一拂《古典戏曲存目汇考》,著录历代戏曲4750余种,对它们的作者,凡能考证其里居事迹者,皆略作介绍。小说方面,如孙楷第的《中国通俗小说书目》,凡作者姓名、字号、籍贯、简历可考者,一一注明。虽然简要,亦弥足珍贵。

四、诗文总集中的小传

　　古代的诗文总集,大多系以小传。例如唐人编选的唐诗总集《河岳英灵集》《国秀集》《中兴间气集》《极玄集》,载有所选作家的字号、籍贯、仕历,往往提供重要研究线索。例如《中兴间气集》说刘长卿"刚而犯上,两次迁谪",傅璇琮从中受到启发,结合其他材料,考证了刘长卿两次贬谪的时间和地点,纠正了《新唐书·艺文志》以来有关刘长卿事迹记载的错误。①

　　明清以来,各类诗文总集多如繁星。如沈德潜《国朝诗别裁集》、王昶《湖海诗传》、符葆森《国朝正雅集》这三部诗歌总集所载诗人小传,去其重复,可得3000人。民国间,徐世昌主编《晚晴簃诗汇》,收诗人6100余家,亦附作家小传。

---

　　① 见《刘长卿事迹考辨》,载《中华文史论丛》总第8辑。

清代与民国初年，还有大量的地方性总集。数以千万计的人物小传，在全国性总集中找不到，却可以在地方性总集中找到。地方性总集的收录范围，有相当于一个省的，如《江苏诗征》《江西诗征》；有以府、郡为范围的，如《四明清诗略》、《国朝杭郡诗辑》；有以一县为范围的，如《海虞诗苑》；有专收一地一姓之作的，如《桐城方氏诗辑》。如果以地方性总集收录作品的时限来划分，则又有"通代"与"断代"之分。"通代"如《江西诗征》、《梁溪诗钞》等；"断代"如《两浙輶轩录》和《两浙輶轩续录》，选录了浙江自清初至晚清9000多名诗人的小传和作品，数量相当可观。

五、别集中的人物资料

别集，即个人诗文集。我们要了解某人的传记资料，可以直接从此人的诗文集中寻觅，还可以查阅与此人有交往的人的诗文集。其中的碑传文、赠序、寿序、祭文等，是最值得注意的。但是，这些资料比较分散，如果能像陈乃乾编《清代碑传文通检》那样，把别集中的碑传文（兼及哀辞、祭文、记、序等）一一按碑传主姓名予以标引，那将为利用别集中的人物资料提供莫大方便。

六、方志中的人物资料

我国现存地方志八九千种，约占我国现存古籍总数的十分之一。方志中的传记资料，集中在"人物"门，其他门类，如"职官""杂记"等门，也有人物资料。

在方志中，常能查到其他文献失载的人物资料。如清史名著《东华录》的作者蒋良骐，[①]是乾隆时国史馆纂修。关于他的生平事迹，过去长期以为"文献失载"，后来在嘉庆续修广西《全州志》中发现了他的传记。中华书局1980年出版校点本《东华录》，便将此传附于书后。这是地方志保存人物资料的一个实例。

---

① 骐，一作骥。今据中华书局1980年校点本所附小传。

七、回忆录和各地《文史资料》中的人物资料

关于近代、现代人物,近年来编辑出版了不少传记资料集,如《戊戌变法人物传稿(增订本)》《民国人物传》《中共党史人物传》等;还有值得注意的是各种回忆录和《文史资料》。尤其是《文史资料》的编辑出版,已自成体系,逐步形成网络:全国性的,有《文史资料选辑》(全国政协编);各省、自治区、直辖市一级,也都编辑了《文史资料》;还有不少市、县也编有《文史资料》,如《大同文史资料》《常州文史资料》《宜兴文史资料》等。这些书,有丰富的人物资料,文献价值高,但检索颇费时。复旦大学历史系资料室编**五十二种文史资料篇目分类索引**(复旦大学出版社,1982),人物部分按姓氏笔画排列,查检方便。

八、年鉴中的人物资料

20世纪80年代以来,我国各种综合性年鉴和专业性年鉴如雨后春笋般涌现。年鉴在提供人物资料方面,有它独到之处:及时性、延续性和累积性。试举一例:要想了解文艺界80年代初对王蒙小说新作的反映,查《中国文学家辞典》现代第二分册"王蒙"条,所得不多。如果查《中国百科年鉴(1981)》书后的索引,可以得见:

王蒙　437a,437c(图)

据以翻阅437页左栏,我们看到"王蒙近作表现手法的讨论"条目,该条目介绍了部分报刊就王蒙旨在进行艺术创新的六篇小说展开讨论的情况。在《年鉴》437页右栏,还有王蒙的照片。

《中国百科年鉴》除在各栏目中编录了大量的在世人物资料以外,还有"逝世人物"专栏。1980年卷的"逝世人物"栏分两部分:第一部分介绍1979年内逝世的人物;第二部分介绍"四人帮"倒台之前逝世的人物。1981年卷"逝世人物"栏,从国内人物扩展到国外著名人物。显而易见,"逝世人物"栏逐年累积,将为查找当代已故的重要人物提供系统资料。

以上所举的是综合性年鉴的例子;在专业性年鉴中,亦不乏其例。例如《中国新闻年鉴(1983)》有专栏介绍新闻界名人,《中国电影

年鉴》有专栏介绍电影家,《唐代文学研究年鉴(1983)》有"专家简介",《中国比较文学年鉴(1986)》专栏介绍我国现代当代比较文学研究者。

除了上述各类书籍之外,在姓氏书中(如《元和姓纂》),在类书和政书中,在登科记、题名录一类书中,在职官类图书中,在档案中,以及在近代、现代的报刊中,尤其是百科全书中,也有丰富的人物资料,都应注意利用。

第二节 人名辞典与传记集的利用

近几年,编辑出版了不少人名辞典,加上旧有的人名辞典,数量相当可观。为了有效地利用各类人名辞典,需要理一理线索,并了解各自的特点。这样,在使用时便可提高检索效率。

使用各类人名辞典,至少应注意三个方面的问题:

1. 收录时限。是一本辞典收录的人物所处的年代起讫。例如商务版《中国人名大辞典》所收人物的时间下限为清末,如果从中查找民国时期的人物,便劳而无功。又如《现代外国人名辞典》(唐敬杲等编,商务印书馆1933年版)的所谓"现代",是立足于30年代初。

2. 收录对象。是专业性的,还是综合性的?《中国艺术家辞典》《日本的中国学家》属前者;《中国人名大辞典》《当代国际人物词典》属后者。两类人名辞典在收录时限上常常是交叉重叠的,可以互通有无或互相补充。有的人名在综合性人名辞典中查不到,却可以在专业性人名辞典中查到。例如在戏曲史上有个叫"阿丑"的人物(明朝人),在《中国人名大辞典》中查不到,在《中国音乐舞蹈戏曲人名词典》中则可查到。又如,东汉杰出的科学家张衡,具有多方面的才能,在综合性和专业性的人名辞典中都收录,但侧重面不同:《中国人名大辞典》对张衡的一生经历作了简略的介绍,提到他创作《二京赋》、发明地动仪等事;《中国文学家辞典》着重介绍他的文学成就,而《唐前画家人名辞典》则谈到他绘画方面的事。

3. 体例特点。第一,从编排序列看,有以人物活动时代先后为序的,有以姓氏笔画、四角号码或汉语拼音为序的。不少人名辞典,多是以一种排检法为主,附其他索引。如谭正璧《中国文学家大辞典》以时代先后为序,附以笔画索引;《中国人名大辞典》以姓氏笔画为序,后来又增附四角号码索引;《日本的中国学家》则以姓氏汉字的汉语拼音字母为序,书末附"分类索引",等等。第二,从词条编写体例来看。人名辞典多数不注明材料出处,但也有一些是注明出处的(如《唐前画家人名辞典》《唐宋画家人名辞典》《中华民国史资料丛稿·民国人物传》等)。注明材料出处的人名辞典,便于读者追溯原始文献,兼有索引的部分功能。

除了上述三个方面以外,还应注意观点与材料方面的问题。有些辞典观点陈旧、反动,有些辞典资料多误。因此,在使用人名辞典时,要注意分析鉴别,并尽可能查对原始文献。

下面介绍一些常用的人名辞典和传记集。

一、查中国古代人物

先介绍综合性的人名辞典和传记集。

中国人名大辞典,臧励龢等编。商务印书馆1921年初版,1949年第9版,1958年新印本,上海书店1980年影印本。所收人名,上起太古,下迄清末,共约4万人。书末有《补遗》《姓氏考略》和《异名表》。

中国历代人名大辞典,张㧑之、沈起炜、刘德重主编。上海古籍出版社1999。所收人名,上起原始社会,下迄辛亥革命,共约54500人。全书按姓名笔画排列,末附四角号码人名索引。条目释文一般包括生卒年、姓名异文、朝代籍贯、字号别名、亲属关系、科举仕历、主要事迹、思想学说、封赠谥号、主要著作等。释文之末括注所据主要文献资料来源。

古今同姓名大辞典,彭作桢编。好望书店1936年版,上海书店1983年影印。

我国历来同名同姓的人很多,如果不区分清楚,就会出差错。这部辞典,在前人所编同类辞书的基础上增补修订,共收上古至20世纪30年代前期同名同姓者56000余人。在每一姓名上冠以数字,表示同姓名者有几人,并注明材料来源。

清代人物传稿,戴逸等主编。中华书局1984年起出版。本书分上、下两编,各包含若干卷,计划一共出版20卷。所收人物,起于努尔哈赤在东北兴起,迄于辛亥革命、清朝覆亡,共2000人左右。上编收1840年以前的清代人物,下编收鸦片战争至清末人物。

此外,还有**中国历史人物辞典**(吴海林等编,黑龙江人民出版社,1983)、**中国历代名人辞典**(南京大学历史系本书编写组编,江西人民出版社,1982)、**中国少数民族历史人物志**(谢启晃等编,民族出版社,1983年起陆续出版)、**湖北历史人物辞典**(皮明庥等主编,湖北人民出版社,1984)。

以下介绍专业性的人名辞典和传记集。

中国佛教人名大辞典,震华法师遗稿,王新等校补。上海辞书出版社,1999。本辞典由震华法师撰于20世纪30—40年代,至1947年圆寂时尚未完稿,稿藏上海玉佛寺。20世纪80—90年代,由王新等校补完稿。辞典收录自佛教传入中国以来与中国佛教有关的人物词目凡16973条(含近现代佛教人物)。其中以中国汉传佛教人物为主,兼及藏传、南传佛教人物,至于国外高僧大德,只限与我国汉传佛教有交流记载者。人物凡有生卒年可考者,均括注公元纪年。释文之末,大多标明资料出处。书后附方广锠编《中国佛教大事年表(公元前486—公元1911)》。

中国文学家大辞典,谭正璧编。上海光明书局1934年版,上海书店1981年影印本。本书收录春秋战国至1929年的文学家6800余人(收录较宽,其实很多并非文学家)。依时代先后为次,所引材料注明出处。

中国文学家大辞典,中华书局1992年起陆续出版。这是多卷本的文学家辞典,收录时限上起先秦,下迄"五四"。分为"先秦汉魏晋南北朝卷""唐五代卷""宋代卷""辽金元卷""明代卷""清代卷""近代卷",共约1000万字。这套辞典以求全、求实为宗旨。收录文学家数量大(如"唐五代卷"收录近4000人,"清代卷"收录3000余人),重视文献考辨,各条目均注明资料来源。

中国历代著名文学家评传,山东大学文史哲研究所主编,山东教育出版社1983年版至1985年版,全六卷。此书由原教育部列为高等院校文科教学参考书。书中评介先秦至"五四"前159名作家,每篇评传附主要参考书目。

中国古代著名哲学家评传,辛冠洁等主编。齐鲁书社1980—1981年版。全书共分3卷4册。第1卷为先秦部分,收12人;第2卷为两汉魏晋南北朝隋唐部分,收14人;第3卷(分上、下两册)为宋元明清(鸦片战争前)部分,收19人。各分册均附"人名索引"和"名词索引"(书中提到的重要词语),全书最后附《中国哲学家生卒年表》。1982年出版《续编》4册,收先秦至明清哲学家46人。体例同前。

中国古代语言学家评传,吉常宏、王佩增编,山东教育出版社,1992。收录80篇文稿,评述84位古代语言学家。

中国美术家人名辞典,俞剑华编。上海人民美术出版社,1980。本书收历代书家、画家、篆刻家、建筑家、雕塑家以及各种工艺美术家,其中书画篆刻家人数最多。各条目均注明资料来源。人名按姓氏笔画排列,附字号异名索引。此书前身系俞剑华、黄宾虹、孙馥公合编的《中国画家人名大辞典》(神州国光社1934年版)。解放后,俞剑华反复增补修订,增补了近年来去世的知名美术家100余人,又补充了全国美术家协会会员的简历。比较重要的古代画家人名辞典还有**唐前画家人名辞典**(朱铸禹编,人民美术出版社,1961)、**唐宋画家人名辞典**(朱铸禹编,中国古典艺术出版社,1958)等。

中国音乐舞蹈戏曲人名辞典,曹惆生编。商务印书馆,1959。这部词典所收人物,包括善歌者、善舞者、善奏弄乐器者、洞晓音律乐理者、曾撰歌曲者、曾撰传奇杂剧及各种剧本者、造作乐器以及各剧种艺人及杂技艺人,共5200人,均注明材料来源。所采人名,断于清代。

二、查中国近现代人物

上文介绍的查古代人物的辞典、传记集,其中有少数时间下限延至近现代。

可供查考近百年人物的辞典和传记集没有古代人名辞典那样多。这一情况已逐渐引起人们的注意,近年出版了若干种近百年人物的辞典和传记集,比较重要的有以下各种。

戊戌变法人物传稿(增订本),汤志钧著。中华书局,1982,全二册。本书初版于1961年，1982年增订本作了很多补充、修订。增订本收录80人。有《公车上书题名》《戊戌变法大事表》等15种附录。

民国人物传（《中华民国史资料丛稿》），李新、孙思白等主编。中华书局1978年起陆续分卷出版。此书选录自1905年同盟会创立起至1949年南京国民党政府覆灭止，共45年间的著名人物。中国共产党党员并在党内有相当影响者，另列专书，本书不收入。预计写大约1000人的传记，传记后注明主要参考资料。

美国包华德曾主编《民国名人传记辞典》，4卷，另索引1卷，哥伦比亚大学出版处1967—1979年出版，收入我国辛亥革命以后各方面名人传记595篇。中华书局从1979年起，选取约400人译出，分12册陆续印出，作为《中华民国史料丛稿·译稿》的一种，供内部参考。

民国人物大辞典，徐友春主编，河北人民出版社，1991。收1912年至1949年间的人物1.2万余人。

五四时期的历史人物，胡华主编。中国青年出版社，1979。本书介绍了陈独秀、李大钊、蔡元培、鲁迅、毛泽东、周恩来、恽代英、邓中夏、方志敏、瞿秋白和胡适等11位具有代表性的人物在"五四"时期的思想和活动。

中共党史人物传，中共党史人物研究会编。陕西人民出版社1980年起陆续出版。

中国当代社会科学家，北京图书馆《文献》丛刊编辑部、吉林省图书馆学会会刊编辑部编。书目文献出版社1982年起陆续出版。这是一套传记丛刊，较系统地介绍我国当代社会科学家的生平、学术思想、治学方法、治学精神和研究成果。学科范围是：哲学、经济学、法学、政治学、社会学、教育学、军事学、语言文字学、文学、艺术学、历史学、图书馆学及其他有关学科。

中国现代社会科学家传略，晋阳学刊编辑部编，山西人民出版社1982年起陆续出版。本书性质与上书相近，但时间跨度较大：从"五四"至当今。至1985年9月，已出7辑。凡健在学者多采用自传体。

中国现代社会科学家大辞典，高增德主编，上海出版社1994。收录五四至当代中国大陆和港、澳、台地区社会科学家约4000人，附外籍华人社会科学家 500 余人。

中国科学家辞典（现代部分），山东科技出版社 1982 年起陆续出版。本书收录我国在科学技术上有影响有论著或在某一方面有建树的现代科学家（包括台湾省、香港、澳门地区以及海外侨胞中的科学家），各分册按姓氏笔画编排，附音序目录。

中国文学家辞典（现代 1—4 分册），四川人民出版社 1979—1985 年版。所收现代文学家，起自"五四"，迄于当今。共 2262 人，包括作家、诗人、文学评论家、文学史家和文学翻译家等。各分册词条按姓氏笔画排列，并有汉语拼音音序索引。第 4 分册附全书词条笔画索引。

中国现代作家传略，四川人民出版社 1981—1983 年版，全 2 册，共收 249 人。所收传略，凡在世的作家，一般由本人撰写自传，个别的由编者辑录或委托他人代写；已故者，或录用本人生前自传，或由其亲属、专门研究者撰写。

中国艺术家辞典，湖南人民出版社 1981 年起陆续出版。所收现代艺术家，起自"五四"，迄于当今。凡在我国现代艺术史上某一时期有影响、有成就的各族艺术家（包括戏剧、戏曲、电影、音乐、曲艺、舞蹈、美术、雕塑、书法、摄影、杂技、民间艺术等），均予收录。港、澳同胞及海外侨胞中的一些艺术家，也一并收录。分类排列，同类之中再以姓氏笔画为序，附汉语拼音音序索引。

可供查考中国现代人物的专业性人名辞典、传记集还有很多，如**中国电影家列传**（中国电影家协会电影史研究部编，中国电影出版社 1982 年起陆续出版）、**中国现代语言学家**（共 4 册，河北人民出版社，2004）等。

三、查外国人物

收录外国人名的辞典，我国在解放前和解放初曾出版过一些。如潘念之、金溟若编译的**世界人名大辞典**（世界书局，1936），收外国古今人名；唐敬杲等编撰的**现代外国人名辞典**（商务印书馆，1933），收卒于 1930 年以后的外国名人。刘炳藜等编的**中外人名辞典**（中华书局，1940）和何求编的**近代中外人名辞典**（春明书店，1951），兼收中外人名,前者收古代至近代,后者专收近现代。

以下介绍20世纪60年代以来我国出版的几种外国人名辞典和传记集。

外国历史名人传,朱庭光主编。中国社会科学出版社、重庆出版社1982—1984年版。全书7个分册,古代部分两个分册,近代部分3个分册,现代部分两个分册,共收载著名人物约600名,介绍他们的生平事迹、思想观点和主要著述。

与此性质相近的,还有**世界历史人物小传**(丁建弘等主编,浙江人民出版社,1980)、**世界近代史人物传**(姜德昌等主编,吉林人民出版社1982—1983年版,全2册)等。

近代现代外国哲学社会科学人名资料汇编,商务印书馆编辑。1965年5月初版,1978年5月重印。本书共收人名资料约7500条,收录范围以近代现代外国哲学、社会科学方面的思想家和学者为主,同时酌收政治人物和社会活动家,以及少数和我国近代、现代史有关的资本主义国家的军人、外交人员和传教士等。条目按人物的姓名的拉丁字母次序排列。资料全部译自苏联、英国、美国、日本的百科全书或传记性工具书。所收人物以卒于1870年及以后者为限,大体上及整个19世纪,下迄当代。

近代来华外国人名辞典,中国社会科学院近代史研究所编。中国社会科学出版社,1982。本书收入1840—1949年间来华的外国人名2000余条,每条均列出来华人士的原名、国别、生卒年、汉名、官方译名或习惯译名、规范译名,以及在华的主要活动和所编著有关中国的书籍等。

外国人名辞典,上海辞书出版社,1988。收1万余人,不收在世人物。

当代国际人物词典,新华社国际资料编辑室编。上海辞书出版社1989年第2版。本书收当代国际人物词目7000条,包括政治、外交、经济、军事、学术、文化界知名人士,绝大多数是在世人物。此书可与《外国人名辞典》配套使用。

外国名作家传,张英伦等编。中国社会科学出版社1979—1980年版,全3册。本书收外国名作家小传400余篇。所收作家,主要是革命作家、在各国文学史上占有重要地位或具有显著艺术特色的古典作家,也选了当代其他流派的一部分代表人物,以帮助读者全面了解外国文学的现状。作家条目按汉译名的汉语拼音字母顺序排列。

张英伦等又编有**外国名作家大词典**(漓江出版社,1989),收录104个国家和地区的1534名作家。

查外国人物,还可利用**西方著名哲学家评传**(汝信等主编,山东人民出版社1984年起陆续出版)、**诺贝尔奖金获得者传**(湖南科学技术出版社1981年起陆续出版)、**苏联人物**(三联书店,1980,全3册)等,不一一列举。

第三节　别名索引的利用

古人和一部分近代人物,除了本名之外,还有字、号、室名等。如宋代诗人陆游,字务观,号放翁。又如近代学者梁启超,字卓如,号任公,室名为"饮冰室",自署"饮冰室主人"。现代作家发表文章常使用笔名,如鲁迅原名周树人,字豫才,"鲁迅"是他在1918年5月发表《狂人日记》时开始用的笔名,他的笔名有一百几十个。

我们在阅读古籍或现代报刊时,常会遇到各种字、号、室名、笔名。如果想得知其本名,就要善于使用各种别名索引。

室名别号索引(增订本),陈乃乾编,丁宁、何文广、雷梦水补编。中华书局,1982。陈乃乾的《室名别号索引》,1957年由中华书局出版。所收室名别号,按笔画编排,室名别号之后列出时代、籍贯、姓名。从先秦至近代,共17000余条。增订本增至34000条。此书对两个字至20余字的室名均收,而别号只收3个字以上的,不收表字。

古今人物别名索引,陈德芸编。广州岭南大学图书馆,1937年版,上海书店1982年影印,又有长春古籍书店影印本。此书兼收人物的表字、别号、斋舍名、谥号以及通行称呼的职官、封侯名。共计收7万余条,比陈乃乾《室名别号索引》所收多得多。但在别名之后,一般只注明姓名与时代,不注明籍贯。仅在遇有同时代同姓名的人物时才注明籍贯。索引所收别名,用陈德芸自编的笔顺法排列。书后附笔画检字、补遗、续补遗。

中国历代书画篆刻家字号索引，商承祚、黄华编。人民美术出版社，1960，精装上、下两卷。本索引专供检索历代书画篆刻家的字号（不包括室名）。所收人物字号，自秦代至于民国。上卷是从书画篆刻家之字号，求知其姓名、籍贯、年代、技能及其他资料（如生卒年，或出身，或父子关系、师友渊源，或曾任官职等）。下卷是从书画篆刻家之姓名，求知其字号。

唐人行第录（外三种），岑仲勉著。中华书局1962年第1版，1963年重印。唐代习惯于按同曾祖或同祖父辈依长幼排行，人们常以行第相称，或排行与官职连称。如白居易《与元九书》，"元九"即元稹；白居易有时被称为"白二十二舍人"。《唐人行第录》专供查考唐人行第之用。以姓的笔画为序，同姓者以排行次第为先后，注明本名和材料来源。

邓子勉**宋人行第考录**（中华书局，2001）即仿此书之例，将可考宋人行第汇录成编。

清人室名别称字号索引，杨廷福、杨同甫编，上海古籍出版社1988年第1版。全2册，上册从室名、别称、字号查本名，下册从本名查室名、别称、字号。共收3.6万余人，10.3万余条。2002年出版增补本。

中国近现代人物名号大辞典，陈玉堂编著，浙江古籍出版社，1993。收录主要活动于1840—1949年间的近代人物的名号7万余条。分两部分编排，正文为人物小传，计10112人，按姓氏笔画为序；名号索引以名号首字四角号码为序，一一标示对应本名。本书所录名号，包括本名、小名、字号、别号、室名、笔名、化名，以及爵里、谥号、世称、外号、史书中的影射名号等。此书2002年出版续编。正续编共计收录近现代人物14204人。

中共党史人物别名录（字号、笔名、化名），陈玉堂编，红旗出版社，1985。本书收录192人，略作人物简介，列出字号、笔名、化名，附索引。为了参考的需要，也酌录若干反面人物。此外，还有几名与中共党史有关的共产国际代表及其他人物。

中国现代文学作者笔名录，徐迺翔、钦鸿编，湖南文艺出版社，1988。收录1917—1949年间从事创作、理论、翻译等写作工作的

6000余位作者的笔名3万余个,包括港澳台地区作者和部分海外华人的笔名。分笔名录和笔名索引两部分,前者以本名笔画为序编排,后者以笔名为目。附录"本人提供过材料(或作过审核补正)的作者名单"。

在《中国现代作家作品研究资料丛书》和《中国当代文学研究资料丛书》这两套丛书的作家研究资料专集中,往往附有该作家的笔名录,要注意利用。

第四节 传记资料索引的利用

传记资料索引以人名为检索对象,揭示人物传记资料的出处,是查找人物资料的重要工具。根据所揭示的资料的范围和深度的不同,可分为不同的类型。

一、专史人名索引

这类索引,标引一朝或一部正史中的人名。不仅收录有专传和附传的人名,连散见的人名也一一收录,十分细密。

中华书局和上海古籍出版社从1977年起,陆续出版二十四史的各史人名索引,如《史记人名索引》《汉书人名索引》等等,就是专史人名索引。现以《史记人名索引》为例,说明这类索引的特点和功用。

史记人名索引,钟华编。中华书局1977年版。1982年重印,署名吴树平。本索引根据中华书局1959年点校本《史记》编制,以姓名或常用的称谓作主目,其他称谓如别名、字、号、封号、谥号、绰号等附注于后。主目后面附注的所有异称,一律另立参见条目。

凡有正传、附传的人物,其正传、附传首见的卷页以星号*标识,排在最前列,无星标者,系散见的卷页,如:

司马相如(司马长卿、犬子)
  117/2999* 30/1420 112/2965 116/2994

以上表示:司马相如传在《史记》117卷2999页,司马相如的名字又散见于30卷1420页、112卷2965页、116卷2994页。

索引按四角号码检字法编排，书后附笔画检字。

这种专史人名索引的主要功用是帮助读者迅速而全面地查得一部史书中的人物传记资料。按照我国历代正史的惯例，帝王、名臣和其他重要人物是立有专传的，但他们的事迹还散见于相关人物的传记中或"表""志"中。例如《史记》对刘邦的记载，除《高祖本纪》外，还散见于 280 余处。如果没有索引的详细揭示，逐页查找，不知要耗费多少时间。再说，有些人物并无专传，要了解其事迹，专史人名索引的作用尤其突出。如《项羽本纪》中护卫刘邦逃离鸿门的人中有个叫靳彊的，此人在《史记》中并无专传，欲知其简历，查《史记人名索引》，可知此人在《史记》中共出现两次。除《项羽本纪》外，(《高祖功臣侯者年表》)记靳彊主要事迹以及后来被封为汾阳侯的年月。

《汉书》《后汉书》《三国志》《晋书》《隋书》《南朝五史》《北朝四史》《新旧唐书》《新旧五代史》《宋史》《辽史》《金史》《元史》《明史》各史人名索引均已出版。

上列专史人名索引，都注明原书卷次和 1959—1977 年中华书局出版的二十四史点校本的页码。

20 世纪 90 年代末，中华书局将《史记》至《明史》各史人名索引汇集在一起，缩印精装，总名**二十四史人名索引**，16 开 2 册，检索极便。

二、群史人名索引

这类索引，把多种纪传体史书中立有专传和附传的人名按一定的排检法编排，注明出处。如清人汪辉祖的**《史姓韵编》**(乾隆间萧山汪氏刊)、梁启雄的**二十四史传目引得**(中华书局，1936)。这类索引中以下列两种最为实用。

二十五史人名索引，二十五史刊行委员会编。开明书店，1935，中华书局 1956 年、1964 年重印。

"二十五史"，指"二十四史"加上《新元史》。本索引收录有专传的人名，对没有专传而只是附见的，也多收入。按四角号码编排，人名之后注出书名略号、卷数和开明书店 1935 年版《二十五史》的页码和栏数。

二十四史纪传人名索引，张忱石、吴树平编。中华书局1980。本索引根据中华书局出版的"二十四史"点校本编制，收录有纪传（包括附传及有完整事迹的附见人物）的人名。对于《史记》中的"世家"，收录其有专载的人名。诸史中的"四夷传""吐蕃传""外国传"等，则收录其首领及主要臣属的人名。本索引在各人名之下，依次列出史书名（全称或简称）、点校本的册次、卷次、页码。如：

    祖冲之
        南齐　3/52/903
        南史　6/72/1773

以上表示，祖冲之传见于点校本《南齐书》第3册，52卷，903页；又见于点校本《南史》第6册，72卷，1773页。

凡一人分见于两部或两部以上史书，而所记人名又有异文异名，则选定其中一个作为主目，将异文异名括注于主目之后。异文异名另立参见条目。处理方式，与专史人名索引同。

索引按四角号码检字法编排，书后附笔画检字。

当粗知某一历史人物的活动时代，而又一时难以准确判断什么史书载有该人物的传记时，群史人名索引的功用尤其显著。例如，粗知数学家祖冲之是南朝宋、齐时人，但一时难以判断其传记见于《宋书》还是《南齐书》，查《二十四史纪传人名索引》，即可知其传记见于何书。

又，各史书人名索引：**史记人名索引**，钟华编，中华书局，1977。**汉书人名索引**，魏连科编，中华书局，1979。**后汉书人名索引**，李裕民编，中华书局，1979。**三国志人名索引**，高秀芳、杨济安编，中华书局，1980。**晋书人名索引**，张忱石编，中华书局，1977。**南朝五史人名索引**，张忱石编，中华书局，1977。**北朝四史人名索引**，陈仲安、谭两宜编，中华书局，1988。**隋书人名索引**，邓经元编，中华书局，1979。**新旧唐书人名索引**，张万起编，上海古籍出版社，1986。**新旧五代史人名索引**，张万起编，上海古籍出版社，1986。**辽史人名索引**，曾贻芬、崔文印编，中华书局，1982。**金史人名索引**，崔文印编，中华书局，

1980。**元史人名索引**,姚景安编,中华书局,1982。**明史人名索引**,李裕民编,中华书局,1985。

三、传记资料综合索引

以上介绍的专史人名索引和群史人名索引,都是以正史为索取范围;而"传记资料综合索引",则是广泛搜罗正史、别史、杂史、姓氏书、题名碑录、传记集、书目提要、诗文总集、书画书、地方志等书籍中的传记资料,以人名为目,综合编排而成。这种综合索引,一般是断代的。

唐五代人物传记资料综合索引,傅璇琮等编,中华书局,1982。本索引采用图书83种,收录唐五代各类人物近3万人。分字号索引和人名索引两大部分,后者是主体。按姓名或常用称谓立目,其他称谓如别名、字、号、小字、别号、绰号、谥号等括注于后。条目按四角号码编排。例如,要查唐代诗人沈亚之的传记资料,在 3411_2 查到"沈",再在10("亚"字的前两角号码)查到:

10	沈亚之(下贤)	
	7 新志	5/60/1607
	8 全文	734/1A
	11 全诗	8/493/5578
		12/879/9951
	17 纪事	下/51/774
	18 才子	6/100
	25 登科	18/10A
		19/9A
	27 郡斋	4 中/5A
	28 直斋	16/24B

以上,"7新志"是本索引用书的编号和书名简称,即《新唐书·艺文志》。右侧三层数码,第一层是册数,第二层是卷数,第三层是页数。"5/60/1607"即中华书局点校本《新唐书》第5册60卷1607页。右侧如果是二层数码,则第一层是卷数,第二层是页数,A和B分别表示线装书叶的上面和下面。以下书名依次为《全唐文》《全唐诗》《唐

诗纪事》《唐才子传》《唐登科记考》《郡斋读书志》《直斋书录解题》)。

四十七种宋代传记综合引得,燕京大学引得编纂处 1939 年编印。中华书局 1959 年影印,上海古籍出版社 1986 年影印。本索引采用图书 47 种,包括字号索引和姓名索引。采用"中国字庋撷"法编排,书前附有笔画检字。例如要查朱敦儒的传记资料的出处,在六画中可以查知"朱"的号码是 1/25600,然后查得:

朱敦儒,希真　1/445/13a；　2/171/17a；　4/25/7b；
　　　　　　　38/7/9b, 8/5b；　47/819

以上 1、2、4、38、47 分别表示《宋史》《宋史新编》《南宋书》《南宋馆阁录》《宋人轶事汇编》。斜线后的数字表示卷、页,如 1/445/13a 表示《宋史》445 卷 13 页的上面。

宋人传记索引,日本"宋史提要编纂协力委员会"编。东洋文库,1968。本索引是对《四十七种宋代传记综合引得》的补充,搜集资料的范围扩大到文集、金石文、方志(参考了朱士嘉的《宋元方志传记索引》)、家谱等方面,收录 8000 余人。以姓名笔画为序,用表格形式列出各人的姓名、字、籍贯、生卒年、三代(曾祖、祖、父)、题名、资料出处。

宋人传记资料索引,昌彼得、王德毅等编。台北鼎文书局 1974—1976 年初版,1977—1980 年出版增订本。中华书局 1988 年据增订版影印,全 6 册。本索引是在《四十七种宋代传记综合引得》和日本《宋人传记索引》的基础上订正、增补而成。资料搜罗面更广,仅宋人文集就有 342 种。所收人物共 15,000 人,凡有较完整事迹者,附以小传。

辽金元传记三十种综合引得,引得编纂处 1940 年编印。中华书局 1959 年影印,上海古籍出版社 1986 年影印。本索引采用图书 30 种,体例与《四十七种宋代传记综合引得》大体相同。

辽金元人传记索引,(日)梅原郁、衣川强编。日本京都大学人文科学研究所,1972。本书从 130 种辽金元人的文集中收录了大约 3200 人的传记资料。

元人传记资料索引,王德毅等编,台北新文丰出版公司 1979—1982 年版,中华书局 1987 年影印,全 5 册。引书约 800 种,编录元代人物 16,000 余人。

八十九种明代传记综合引得,田继综编,引得编纂处 1935 年版,中华书局 1959 年校订重印,全三册。上海古籍出版社 1986 年影印。本索引采用图书 89 种。第 1 册是字号索引,第 2—3 册是姓名索引,体例同《四十七种宋代传记综合引得》。

古今图书集成中明人传记索引,章群编。香港中文大学新亚书院明人传记编纂委员会 1963 年印行。收录 20000 条明人传记资料。

明人传记资料索引,昌彼得等编,台北 1965—1966 年版,全 2 册;1978 年再版。中华书局 1987 年用再版本影印,全 1 册。本索引采录明清人文集 528 种,史传及笔记类典籍 65 种,单行的年谱、事状、别传或期刊论文若干。除列举资料出处外,还附有小传。本索引与《八十九种明代传记综合引得》采用的书籍互有异同,故应配合使用。

明代传记丛刊索引,周骏富编,台北明文书局,1991。这是为明文书局《明代传记丛刊》编纂的索引。《明代传记丛刊》收传记类书籍 147 种,精装 160 册。

三十三种清代传记综合引得,杜联喆、房兆楹编,引得编纂处 1932 年版,中华书局 1959 年影印,上海古籍出版社 1986 年影印。本索引采用图书 33 种,体例与《四十七种宋代传记综合引得》大体相仿,但只录本名,不列字号。

清代传记丛刊索引,周骏富编,台北明文书局,1986。这是为明文书局《清代传记丛刊》编纂的索引。《清代传记丛刊》收传记类书籍 150 种,精装 202 册。

清代碑传文通检,陈乃乾编。中华书局,1959。本书把 1,025 种清人文集中的碑传文(兼及哀辞、祭文、记、序等可供参考者)一一揭示,按传主姓名笔画排列。在传主名下列出字号、籍贯、生卒年、碑传文作者及所载书名、卷数。比如要查音韵学家江永的碑传文,在六画查到:

姓名	字号	籍贯	生　　卒	出　　处
江永	慎修	安徽婺源	康二〇——乾二七 (1681—1762)	事略状（戴震：戴东原集一二） 传（钱大昕：潜研堂文集三九） 传（刘大櫆：海峰文集六） 传（余廷灿：存吾文稿三） 墓志铭（王昶：春融堂集五五）

上表表明,戴震撰有江永的事略状,见《戴东原集》卷12。钱大昕、刘大櫆、余廷灿写过江永的传,王昶撰有江永的墓志铭,分别见于所注文集、卷次。本书收录面较宽,凡明人卒于1644年以后及近人生于1911年以前见于清人文集者,一律收入,共约13000人。

哈佛燕京学社引得,哈佛燕京学社引得编纂处编,1932—1941年陆续出版。除《四十七种宋代传记综合引得》《辽金元传记三十种综合引得》《八十九种明代传记综合引得》及《三十三种清代传记综合引得》四种之外,尚有:《全上古三代秦汉三国六朝文作者引得》,(又,《全上古三代秦汉三国六朝文篇名及作者索引》,1965,北京中华书局);《全汉三国晋南北朝诗作者引得》;《新唐书宰相世系表引得》;《唐诗纪事著者引得》;《宋诗纪事著者引得》;《元诗纪事著者引得》;《增校清朝进士题名碑录附引得》;《清画传辑佚三种附引得》;《清代书画字家号引得》;《琬琰集删存附引得》;《历代同姓名录》;《藏书记事诗引得》。

辛亥以来人物传记资料索引,复旦大学历史系资料室编,王明根主编。上海辞书出版社,1990。收录主要活动于1911—1949年间各界人物1.8万余人的8万余条传记资料。资料取材于1900—1985年我国(含港台地区)出版的图书千余种,报刊千余种。部分资料的截止时间下延至1986年。

四、方志人名索引

方志人名索引,将面广量大的地方志中的人物传记资料,按人名的字顺编排。我国较早编印的方志人名索引是《吴县志列传人名索引》。该索引由江苏省立图书馆编纂委员会编,1939年铅印,1943年重印,收入《江苏文献史料馆丛刊》。索引根据曹允源等纂修的《吴县志》(1938年刊,共80卷)编纂,收录立有专传的人名,包括"名宦""列传""列女""艺术""流寓""释道"等,计5000余人。

解放后编辑出版的方志人名索引主要有:

宋元方志传记索引,朱士嘉编。中华书局,1963。本索引据33种宋元方志中的人物传记编纂而成,共收录3949人(方志"人物"门以外,如"职官""选举""杂录""拾遗"诸门间附传记者一并收录)。以姓氏笔画为序,姓名下注明:别姓、别名、字、号、别号、引用方志简称、卷数、页数(有卷无页者举卷数,仅有一卷者举页数)。书末附《本书人名四角号码索引》。

天一阁藏明代方志选刊人物传记资料索引,华东师范大学图书馆编,上海书店,1996。本索引据上海古籍书店1981—1983年合印精装本《天一阁藏明代方志选刊》(收107种明代方志)编纂,收录秦汉至明代各类人物。条目达11万,其中明人条目约8万。

北京天津地方志人物传记索引,高秀芳等编著。北京大学出版社,1987。本书是北京、天津两市及属县地方志人物传记索引的合刊本。北京部分征引方志50种,收录人物8347名;天津部分征引方志23种,收录人物6261名。索引条目除姓名、别名、字、号、异称外,还有时代、里籍,对其中有疑问者作了必要的考证、说明。

国外也有编纂我国方志人名索引的,如日本山根幸夫等编**日本现存明代地方志传记索引稿**(日本东洋文库明代史研究室,1964),采录明代方志299种。

第五节 年谱、疑年录及其他

一、年谱

如果想知道某某人物有无年谱或有多少种年谱,要善于利用年谱目录。

中国历代人物年谱集目,杭州大学图书馆1962年编印。本目收录先秦到现代人物的年谱,凡单刻本、附刻本及丛书、期刊中的年谱均收录,无"年谱"之名而有年谱之实者亦收入,共收1,800余种。年谱略依谱主生年先后排列,注明谱主姓名及生卒年,并加注公元(生卒年不详者,列入附录)。按语说明年谱为谱主之直系亲属或门人所编以及其他有关情况。凡已知之稿本、传抄本,则注明出处或藏家。

中国历代年谱总录(增订本),杨殿珣编。书目文献出版社,1996。本目所著录的,除年谱外,也收按年谱体例编写的编年或述略等等;著述编年可供研究者参考,亦一并入录。本书初版于1980年,所收年谱止于1979年所见者。增订本所收年谱下延至20世纪90年代初,著录年谱4450种,参考文献645条,反映谱主2396人。

中国历代人物年谱考录,谢巍编撰,中华书局,1992。本书著录1983年之前出现的年谱6259种(存佚兼收),反映谱主4010人。各谱著录谱主、编者、版本、备注、备考诸项,对谱主姓氏字号、生平仕履、版本源流、存佚情况、史料价值等均酌情摘录介绍,稀见之本加注收藏,体现既"录"又"考"的特点。

近三百年人物年谱知见录,来新夏编。上海人民出版社,1983。本书著录近三百年人物年谱800余种,所收人物包括:1.生于明卒于清者,但虽卒于清政权建立后而未直接生活于清政权之下,或流亡于国外者不收;2.生于清卒于清者;3.生于清卒于辛亥革命以后者。本书有提要,或对年谱进行考订,或摘引年谱中的重要史料。附录"知而未见录"与谱主索引、谱名索引。

二、疑年录及其他

"疑年",指寻求、推算古人的年岁,典出《左传·襄公三十年》。疑年录,是专门记载、考核历代人物生卒年的工具书,即生卒年表。

清人钱大昕的**疑年录**,是我国最早的一部生卒年表。其后,吴修、钱椒、张鸣珂、陆心源等人均有续补之作。20世纪20年代,张惟骧合编各家疑年录之作,成**疑年录汇编**(小双寂庵丛书本)。余嘉锡有《疑年录稽疑》,匡正前人疑年录疏误之处。

当前较实用的疑年录和与之性质相近的工具书有:

释氏疑年录,陈垣撰。中华书局,1964。共考订晋代至清初僧人2800人,注明所据材料,引书达700余种,提供了很多重要的资料线索。

历代人物年里碑传综表,姜亮夫编。中华书局,1959。本书可供查考人物生卒年,并能提供人物传记资料的线索。收录自孔丘至卒于1919年的历代人物约12,000人。生卒年可考者,按生年先后排列;生年不可考者,以卒年排列。著录项目有姓名、字号、籍贯、岁数、生卒年、备考。备考项注明传记资料出处及生卒年异说等。书末附有人名索引。

中国历史人物生卒年表,吴海林等编。黑龙江人民出版社,1981。本年表上起西周共和行政,下迄清末,共收录中国历史人物6600余人。编录项目有:姓名、别名(字或号)、籍贯、生年、卒年。按生卒年先后编排。

此外,进士题名碑录也是考证人物生平的重要文献。与此相关的代表性工具书是:

明清进士题名碑录索引,朱保炯等编。上海古籍出版社,1980,全三册。明清两代举行过进士考试201科,取中进士51,624人。"进士题名碑录"反映每个进士的考中年份及其籍贯,供读者循此查考同时代人的记载;又可据其籍贯,向相应的地方志等文献中追索传记。但"碑录"是按科年、甲第排列的,欲从中查找某人,颇费翻检之劳。本索引按进士姓名四角号码排列,其籍贯、科年、甲第、名次注于姓名之下。如:

    童文 应天府上元 明永乐 13/3/90

这表示:童文的籍贯为应天府上元县(今南京市江宁县),在明永乐十三年录取为第三甲、第九十名。本索引附录姓氏笔画检字、姓氏拼音检字,最后还附有《历科进士题名录》,按科年、名次排列。对记载有出入的,则就所考知者分别加注说明。

第十四章　地名资料的查检

世界上所有的国家、城市、山谷、原野、江河、海洋、岛屿、道路、航线等等,都有各自的名称。我国历史悠久,幅员辽阔,由于历代封建王朝的兴衰更替,行政区划的分合变迁,以致从古到今,出现了许多同地异名、同名异地、一地古今名称不同的复杂现象。据不完全统计,在 80 年代初全国普查现今的地名,即在 1000 万个以上。[①] 要了解一个地方的地名的来源、变化,区域的沿革,环境的演变,以及一个地区的政治、经济、交通、文化等方面的资料,常常要利用工具书和一些地理专书。

第一节　历史地名、历代疆域的查考

自《汉书》首创《地理志》一体,历代正史多有地理志、州郡志(或称郡国志、地形志、职方志等),有些无地理志的史书,后人亦有补作(见《二十五史补编》)。这些地理志前后承接,是研究历代地理沿革的重要资料。本节要介绍常用的地理专书和工具书。

一、历史地名辞典的利用

查找历史地名,比较方便的是查地名辞典。《辞海·地理分册》只能查到一些重要地名,因此有必要使用各种专门的地名辞典。长期以来主要使用的是**中国地名大辞典**(刘钧仁编,北平研究院,1930)和**中国古今地名大辞典**(臧励龢等编,商务印书馆 1931 年初版,1959年重印,加四角号码索引)。前书收地名 2 万多条,后书收地名 4 万多条,对历代地名的建置沿革叙述都较清晰,曾为中国地理学和其他学科的研究,发挥了很大作用。但是由于二书都采用 20 年代通行的

---

① 见张效禹《地名词典编纂随记》,《辞书研究》1983 年第 3 期。

行政区域地名,使用时需与当前的地理工具书相对照。80年代以后,各种地名辞典纷纷编纂出版。在前人研究的基础上,历史地名辞典的编写逐渐更为全面和精确。

中国历史地名大辞典,魏嵩山主编。广东教育出版社,1995。本书所收历史地名9万余条,分列6万余目。上起远古,下迄1949年中华人民共和国成立,凡历史文献所涉及的县级以上政区,包括唐代方镇、明代卫所以及重要的山川岛屿、城镇堡寨、关津桥梁、道路驿站、乡村墟集、街市坊巷、宫苑园囿、亭榭台阁、寺观陵墓、水利工程和矿冶遗址等,都广泛收录。注明方位,简要叙其沿革、兴废和改制时代。释文中今地以1990年行政区划为准。

如果要进一步查考历代地名沿革变迁,还可利用一些书籍和简表,有**历代地理志韵编今释**20卷(清李兆洛编,四部备要本),**历代沿革表**3卷(清段长基编,四部备要本),和**历代地理沿革表**47卷(清阵芳绩编,丛书集成本),**历代舆地沿革图**(杨守敬编,1904—1911年朱墨套印)。查清代地名可利用**清代地理沿革表**(赵泉澄编,中华书局,1955),该书附有四角号码编排的省、府、厅、州县名索引。

另有各地陆续编印的历史地名录,如**山西历史地名录**(刘纬毅编,山西省图书馆1977年印行)、**河南地名漫录**(尚景熙编著,中州古籍出版社1984)、**广西地理沿革简编**(龙兆佛,莫凤欣编,广西人民出版社1983)、**四川历代政区治地今释简表**(蒲孝荣编,四川省哲学社会科学研究所1978年印行)等。这些书可以利用来查考一个地区地名的沿革,比较详细准确。

查检外国历史地名,可以使用:

世界历史地名辞典,孙文范编著。吉林文史出版社,1990。本书选收了对世界历史有较大影响的历史地名9035条。上自远古,下迄1945年第二次世界大战结束,凡世界历史著述中较常见和与人类文明发展较为密切的地名均在选录范围。每条介绍的内容涉及地理方位、名称演变、历史沿革、经济发展、重大史事、名胜古迹及在当代的政治地位等方面。词目后一般附注外文,前苏联及亚、非一些国家的地名则按其语音的拉丁字母对音标注。译名原则上以中国地名委员会主持制定的《外国地名译名手册》为依据,比较常见的旧译、异译、别译名称,酌列参见词目。书前有以汉字词目笔画为序的词目表,书末附"汉语拼音词目索引"和"词目外文与汉文对照索引"。

二、历史地图的利用

地图是直观地描绘地理情况的,可以借助它迅速查检到有关的地理知识,地图有弥补文字叙述不足的功用。

两千多年前,地图已应用于我国的行政、经济、司法以及军事和外交等方面。长沙马王堆三号汉墓出土的《长沙国南部舆地图》是西汉初年的地图,为我国现存最早的地图实物。自汉至明,历代均有地图绘制。清代吸取了欧洲测绘地图的优点,使我国地图测绘工作有了巨大进展,先后进行实测绘制的全国性地图有康熙《皇舆全图》(沈阳故宫博物院1921年石印本,取名为《清内府一统舆地秘图》)、乾隆《大清一统舆图》。乾隆时还参考了俄、蒙文献,汇编成《皇舆全览图》(北京故宫博物院1932年印行,取名为《清乾隆内府舆图》),这是当时最完备的亚洲全图。其后,魏源编纂了《海国图志》100卷,这是中国人自己编纂的第一部世界性地图集。

地图中还有一种历史地理沿革图。早在唐代,贾耽就创造了用朱墨两色表示地理沿革的方法。宋代的税安礼和清初的顾祖禹在这方面也有所贡献。清末,集其大成的是杨守敬编的《历代舆地图》,线装34册,朱墨套印。书中首列"历代舆地沿革险要图"71幅,其次为春秋至明"历代舆地图"44幅,隋代以前各幅地图多附有序或札记。1931年上海日新舆地学社增订出版苏甲荣编《中国地理沿革图》比《历代舆地图》简明易查,且增加了清代和民国的地图。目前查考历代疆域和古今地名较好的地图是:

中国历史地图集,谭其骧主编,地图出版社1982年起陆续出版,全8册。本书是在中国地图学社1975年版内部发行本基础上修改增补而成的。有图304幅(不另占篇幅的插图不计在内),分24个图组,所收地名约计7万左右。这些图反映了1840年以前我国各历史时期的政区设置和部族分布的基本概貌。全书分8册:原始社会、夏、商、西周、春秋战国时期,秦、西汉、东汉时期,三国、西晋时期,东晋十六国、南北朝时期,隋、唐、五代十国时期,宋、辽、金时期,元、明时期,清时期。对历史上各政区的设置和部族分布,选择其中某一年或某一时期的情况进行编绘,重要地名采用古今对照的标示方法,今图的国内行政区划以1980年的建置为准。每一册前都列有该册各个时期所绘各图的编例。地图彩色套印,古今地名对照清晰,有些图后还列有无考的历史地名及附表。每册后附地名索引,只收古地名,注明历史时期、图幅页码以及在图中的坐标。**中国历史地图**,日本箭内亘编,和田清增补,台北,九思出版社,1977。

有些历史地图集侧重于反映我国历史上某些方面的史实,如:**中国史稿地图集**(上册)(地图出版社,1979)、**中国历史、文化地理图册**(陈正祥编著,日本原书房,1982)、**中国人民革命战争地图选**(1927—1949)(中国人民革命军事博物馆编辑,地图出版社1981年绘制出版)等。

世界历史地图集著名的有:

(泰晤士)世界历史地图集,(英)杰弗里·巴勒克拉夫主编,伦敦泰晤士图书公司初版;中文版编辑邓蜀生,三联书店1982。本书约有600幅彩色地图,反映了从人类起源到1975年的人类历史的运动和发展。另有127篇文字论述,分别由80位西方历史学家执笔,它们既是有关地图的说明,又是人类历史重大主题的高度概括。文中还有一些文物图录和历史图录。图集卷首是世界历史大事年表,用对照形式,选列从公元前9000年至公元1975年(个别到1976年)世界各大地区的重大历史事件和文化、科技成就。书后附有专名汇编,共有1600多个条目,是对图集正文中提及的重大历史事件和历史人物的简明介绍,另有索引8000余条。本书在一定程度上改变了过去以欧洲为中心阐述历史的旧观点,并从宏观历史的角度来阐述人类历史的形成和发展,避免了堆砌事件和割裂历史的现象。书中有明显的错误,使用时都应该注意。

(钱伯斯)世界历史地图,杨慧玫根据爱丁堡钱伯斯公司1975年新版1977年重印本译,三联书店,1981。本书反映年代从公元前3000年早期文明的地理分布起,至20世纪60年代末,共有彩色地图108幅。图面清晰、简明扼要,力图说明人类历史的进步、世界各国的兴衰、国际关系的发展和文化与宗教的演变,然而带有"欧洲中心论"的痕迹,对中国及其他一些国家疆界的画法和注记有严重错误。书后附有7000多条索引,包括国名、地名、历史事件和军事扩张等条目。这是一本使用比较方便的小型世界历史地图集。

三、总志与地方志的利用

查考古今地名沿革和历代疆域版图,正史地理志及其补志、古代地理总志和有关专著都是直接的资料。

元和郡县图志,唐李吉甫撰,中华书局,1983。本书成于唐宪宗元和八年(813),因以为名,并非元和时所辖疆域地志。原有图,南宋时亡佚,故亦称《元和郡县志》。今本缺19、20、23、24、35、36等卷和目录。这是一部现存最早而内容较完备的地理总志。文中详述唐代十道、四十七镇(藩镇)及所属府、州、县之区域、沿革、形势、户口、贡赋、盐铁、军事设施、兵马配备及古迹等,体例比较完善,对后世编纂总志及地方志影响颇大。新版本后面附有地名索引。

太平寰宇记,原200卷,目录2卷,北宋乐史撰。金陵书局光绪间刊本。成书于宋太宗太平兴国年间(976—984),所记内容以中国为主,附及外国。行政建置以当时所分十三道为准,大体承袭了《元和郡县图志》的体例,又增加人物姓氏、风俗、土产、艺文等内容,着重于经济、文化方面的记述,丰富了我国地理志著作的内容,为后来地方志所仿效。原书200卷,《四库全书》著录缺7卷(实缺8卷,即:第4卷和第113—119卷),清末杨守敬随黎庶昌出使日本期间访得5卷半,刊入《古逸丛书》,至此,尚缺第4卷、第114卷后半、第119卷共两卷半。

元一统志,元孛兰肹等撰,赵万里校辑,中华书局,1966。全称《大元大一统志》,初修于元世祖至元年间,续修成书于大德七年(1303),共1300卷。明代散佚。今本以《元史·地理志》为纲,汇辑本书残帙而成,10卷。原书体例仿《元和郡县图志》,以路和行省直辖的府、州为纲,分为建置沿革、坊郭乡镇、里至山川、土产、风俗形势、古迹、宦迹、人物、仙释等门类。所引资料,江南各行省大半取材于《舆地纪胜》和宋、元旧志;北方诸省多取材于《元和郡县图志》《太平寰宇记》和金、元旧志。

明一统志，明李贤等奉敕撰，四库全书本，日本古典研究会1978年出版和刻本（影印明天顺五年本）。原称《大明一统志》，天顺五年(1461)成书。以当时南、北两京十三布政司所统之府为分卷标准，有建置沿革、郡名、学校、关梁、形胜、古迹、人物等目，末2卷为外国。此书成于众手，错误疏漏颇多。

读史方舆纪要，清顾祖禹编撰，中华书局，1955。卷一至卷九为《历代州域形势》，按朝代顺序，记自唐虞至明代的道、省、州、郡、县等行政区划和沿革，以及有关史事。卷10至卷123分述各省的山川及所属的府、州、县、关、卫、山、川等方位和原委。卷124至129为"川渎"，采录历代地理书及古人对江、河、川、海的记载论述。卷130为"分野"，列历代史志有关星宿分野之说。书后附《舆图要览》4卷，列有国内各省、边疆、河海、漕运及"藩夷"等图、表。本书的资料主要是从各种古籍里收集而来，考证较严谨，言郡县变迁、山川险易、古今用兵战守攻取之宜甚为详备，是研究我国古代军事、地理的重要参考书。日人青山定雄编有《读史方舆纪要索引（中国历代地名要览）》（日本东方文化学院研究所1932年初版，东京省心书房1974年再版）。

清一统志，清代官修，四部丛刊续编本据清史馆藏进呈写本影印，名为《嘉庆重修一统志》。清代沿袭元、明《一统志》的体例，康熙年间开始纂修，乾隆八年(1743)成书，有342卷。乾隆二十九年(1764)又重加修订，四十九年成书，共500卷。第三次于嘉庆十六年(1811)修订，至道光二十二年(1842)成书，共560卷。增辑的材料以嘉庆二十五年(1820)为下限，所以称为《嘉庆重修一统志》。本书以省为单位，每省先冠以图、表，并总叙一省大要，然后以府、直隶厅、州分卷，有疆域、分野、建置沿革、形势、风俗、城池、学校、户口、田赋、税课、职官、山川、古迹、关隘、津梁、堤堰、陵墓、祠庙、寺观、名宦、人物、流寓、列女、仙释、土产等目。资料丰富、体例严谨。附有四角号码索引。中华书局，1986年影印《嘉庆重修一统志》。

著名的地理总志还有唐李泰、萧德言等撰**括地志**；宋王存等奉敕撰**元丰九域志**（有中华书局1984年点校本）；宋欧阳忞撰**舆地广记**；宋王象之撰**舆地纪胜**；宋祝穆撰**方舆胜览**；清顾炎武撰**天下郡国利病**

书等。①

要详细查考某一地方的地理沿革、区域范围以及有关的地理资料,最好利用地方志。要了解记载某地的地方志有哪些,这些地方志收藏在什么地方,可查**中国地方志联合目录**(中国科学院北京天文台主编,中华书局,1985)、**日本主要图书馆研究所藏中国地方志总合目录**(日本国会图书馆参考书志部编印,1969)、**日本现存明代地方志目录**(〔日〕山田幸夫编,东洋文库,1971年增补本)。

如果要查某一种地方志中的资料,最好先了解一下是否有索引。商务印书馆30年代影印出版的《畿辅通志》《山东通志》《浙江通志》《湖北通志》《湖南通志》《广东通志》各附有综合性的关键词索引,可以查找有关沿革、晷度表、疆域、建置、山川、形胜、城池、学校、公署、关梁、古迹、水利、海塘、寺观、陵墓等地理资料和人物资料等。

四、古籍地名索引的利用

古籍地名索引是帮助检索地名的又一类型的工具书,已出版的有:

三国志地名索引,王天良编,中华书局,1980。本书是根据中华书局1959年出版的《三国志》校点本编制。收取范围除属于政区的州、郡、郡国、属国、县、城邑、乡、里、亭等外,对于山川陂泽、津渡关隘、地区道路,以至宫、台、门、馆、陵、苑、桥、仓,均一概收录,裴松之注中的地名亦予收入。

黄福銮编的《史记索引》等书有"地理部",地名以首字笔画顺序排列,地名后注有今地名。燕京大学哈佛燕京学社引得编纂处编印的《史记及注释综合引得》等书都列有地名条目,也可利用来检索这些"正史"中所提到的地名。〔参看第十六章第一节〕

水经注通检今释,赵永复编,复旦大学出版社,1985。本书将《水经注》所述及的水道不论大小,一一按书中次序排列,注明见于科学

---

① 中华书局1980年起编辑出版《中国古代地理总志丛刊》,《括地志辑校》是其中的第一种。又,台湾文海出版社1962—1963年影印出版《宋代地理书四种》,收《太平寰宇记》《元丰九域志》《舆地广记》《舆地纪胜》。

出版社出版的杨守敬《水经注疏》和中华书局四部备要本王先谦《王氏合校水经注》二书中的卷、页数；又根据古今人研究的成果，将其中一部分水道地望明确者一一予以今释。书末附以水名的笔画笔顺索引。

日本编制的古籍地名索引还有**资治通鉴胡注地名索引**（〔日〕荒木敏一、米田贤次郎编，京都人文科学研究所1967年版，以中华书局1956年版《资治通鉴》为底本）等。

第二节　现代地名资料的查找

一、地名辞典与政区沿革资料的利用

查找现代地名，可利用地名词典，如：

中华人民共和国地名词典，商务印书馆出版。本书是一部大型标准化地名词典，共30卷。首卷"江苏卷"，单树模主编，于1987年出版。该卷是在全省地名普查的基础上进行的。包括政区、自然、水利、电力设施、交通、纪念地、名胜古迹、地域名、简名和旧名等九类4800余条。重视对地名的由来、含义和历史沿革的考证。具有显著的地方特色。**中华人民共和国地名大词典**，崔乃夫主编，商务印书馆，1998—2002，5版。**中华人民共和国地名录**，中国社会科学出版社1994。

中华人民共和国政区沿革(1949—1979)，史为乐编，江苏人民出版社，1981。本书根据建国以来有关政区变化的档案资料，并参照历年的《行政区划简册》编写而成，可以帮助我们了解建国后30年间县级以上各行政区划沿革的情况。书后附地名索引。

中华人民共和国行政区划简册，中华人民共和国民政部等编。自1954年起先后由人民出版社、法律出版社、地图出版社出版。本书基本上是每年出一册。内容是根据国务院批准、截至上年底全国县级以上行政区划资料汇编而成，以表格形式表示，当年地名有变动的，在表格之下加注说明。

中国政区大典，《中国政区大典》编委会编著。浙江人民出版社

1999。本书有 5 大册，收录 1997 年年底的中国乡级以上行政区条目，其中一级条目 34 个，为省、自治区、直辖市、特别行政区等，二级条目 332 个，包括自治州、地级市、地区、盟等，三级条目 2862 个，包括县、自治县、县级市、市辖区、旗、特区、林区等，四级条目 5 万余条，按国家行政区划的排列顺序编排。每个行政区作为一个条目，主要内容一般有条目定义词，区域位置，行政建置，政区沿革，自然条件，交通运输，经济概况，教育、科技、医疗卫生等，名胜古迹、纪念地、旅游地，其他（如重大历史事件、著名人物、省部级以上表彰命名的称号等）10 个方面。一些重点条目还配有插图。

世界地名词典，中国科学院地理研究所等编。上海辞书出版社，1981。本书选收中国以外的地名 10000 条，按笔画排列，译名经中国地名委员会审定。收词范围包括大洲、大洋，世界各国家、地区及其首都，各国大行政区、城市以及历史上发生重大事件的地名，主要山脉、河流、湖泊、港湾、岛屿。中国与外国共有的山、河、湖泊，部分古国名、古地名，世界名胜古迹、著名建筑物亦酌予收录。资料收至 1979 年年底。

外国地名词典，陆景宇编，台北，维新书局 1966 年初版，1982 年再版。收录外国地名 15,000 多条，按笔画排列。

日本地名词典，陈达夫等编，商务印书馆 1983。本书提供了村庄以上行政区划和山河湖海等 26000 条地名的音读、日本汉字和拉丁字拼法，以及其地理位置和简单情况。

二、中外地图册的利用

中华人民共和国地图集，总参谋部测绘局编。星球地图出版社，2000。本图集由序图、省区图、附录三部分组成。序图主要反映我国自然及政区地理概貌。省区图为本集主体，有省区略图、文字说明、省区地理图、大中城市平面图，重点表示了该省区的行政区划、居民地分布、交通、旅游资源、水系地貌等。附录为中国地理信息资料。县级行政区划资料截至 2001 年 3 月，序图及文字说明中资料据 1999 年版《中国统计年鉴》，人口数采用 2000 年第五次全国人口普查数据。

世界地图集，总参谋部测绘局编制。星球地图出版社 2000 年版。本图集有序图、世界图、洲图、洋图、地区图、分国图、城市图以及文字说明等。每图后有文字说明，简要介绍各国和地区的概况，居民、自然环境、资源、经济概况、重要城市等项内容。

三、地名录的利用

地名录是一定的地理区域内的标准地名目录。这方面的工具书主要有：

中国地名录——中华人民共和国地图集地名索引，国家测绘局测绘科学研究所地名研究室编，地图出版社，1983。本书选取了地图出版社 1997 年版《中华人民共和国地图集》中"中国地形"幅及省区图幅上的地名 32000 余条，图集上少量地名由于行政区划和其他原因的变动，本书已作了相应的订正。地名按汉语拼音音序排列，每条地名都注明所在省、直辖市、自治区和经纬度，并标出其所在图幅和坐标网格。行政区划资料截至 1982 年年底。本书可与《中华人民共和国地图集》配合使用，也可以单独使用，是地名汉字和汉语拼音拼写的规范。

我国近几年来，在全国地名普查的基础上，各地分别编辑出版了标准地名目录。例如**江苏省南京市地名录**、**浙江省嘉兴市地名志**等。书中对本地所属行政区划、居民点、街巷、企业、名胜古迹等都有介绍。这些地名录均为该市(县)地名委员会编写。

世界地名录，中国大百科全书出版社 1984 年编辑出版，精装 2 册。本书收录中外地名近 30 万条。正文分外国地名和中国地名两部分。外国地名部分收录了中国地名委员会编辑的《外国地名译名手册》和《泰晤士世界地图集》(1981 年版)中全部外国地名词条。地图出版社出版的非洲分国地图，美国国家地名出版局出版的亚洲、美洲分国地名录和《不列颠百科全书》(简编)中重要地名，也酌量选入。同时，还有部分重要的历史朝代名。外国地名条目不分国家和地区，不论有否附加符号，一律按罗马字母顺序混合排列。每一条目一般包括罗马字母拼写、中文译名、所在地域和地理坐标等四项内容。其中中国地名条目按汉语拼音字母顺序排列，列汉语拼音、汉字名、地理坐标。本书资料截止于1983年12月。

日本地名手册,徐菊芳、俞凯容编,中国社会科学出版社,1983。本书收录日本地名14000余条,每条列假名的拉丁字母拼写(黑本式)、日本汉字、所在的行政区域或方位(河流一般注其发源地),而无经纬度。

亚洲十二城市街巷名称录,严扬帆编,群众出版社,1982。全2册。本书上册包括香港、澳门、东京;下册包括新加坡、吉隆坡、槟城、马尼拉、曼谷、仰光、雅加达、西贡和堤岸。每个城市的街巷名称分中、外两部分排列对照,东京的例外,是分别按中文、罗马字和日文三种文字顺序排列对照的。

第十五章　不同历法年、月、日的查考

各个民族在不同的历史时期，使用不同的符号表示时间，记录时间的方法也有差异。马克思有一篇《路易·波拿巴的雾月十八日》，"雾月"是怎么一回事，这一天是公历的何月何日？宋代诗人苏轼（东坡）的生年，各种工具书和传记有公元1036年和1037年两种说法，哪一种正确？这就需要查阅年表和历表。

第一节　历法和纪年法

历法是推算年月日的时间长度和它们之间的关系，制定时间序列的法则。纪年法是记录年月日的方法，包括在历法之内。古今中外，人类使用过各种不同的历法和纪年法。使用年表、历表一类工具书，应先掌握有关历法和纪年法的基本知识。

一、历法

我国古代历法产生很早。《尚书·尧典》和《史记·五帝本纪》均有尧时创历法的记载。《春秋》中对年月日和朔闰的记载已很明确。彝族学者刘尧汉等在凉山地区发掘出湮没5000年的"十月太阳历"，是已知的最古老的完整历法。（陈久金、卢央、刘尧汉：《彝族天文学史》，云南人民出版社，1984）几千年来，我国的历法又不断得到改进、充实和完善。

世界上各民族使用过许多种历法。各种历法都根据地球、太阳、月亮三者的运动规律及其相互关系来确定计算时间的标准，制定历法的主要依据是回归年和朔望月。回归年是地球绕太阳运行一周的时间，为365.2422日。朔望月是月亮绕地球运行一周的时间，约为29.5306日。依此，各种历法归纳为阳历、阴历、阴阳历三类。历法中的年、月、日并不准确地等于时间单位的回归年、朔望月和真太阳日（长度不断变化），所以通常称为"历年""历月""历日"。

1. 阳历（太阳历）

阳历是以回归年为单位的历法。历年的日数平均约等于回归年，但一年中的月数和月的日数则是人为规定的。历史上的古埃及历、古罗马历、玛雅历、法兰西共和国革命历，我国的彝族十月太阳历和太平天国的天历，都是阳历。世界上通行的公历是阳历的代表。

公历由古罗马历发展而来，经历了旧历（儒略历）和新历（格雷果里历）两个阶段。公元前46年，罗马统帅儒略·恺撒借鉴古埃及历改革历法，平均历年长度为365.25日。为求得整日数，规定每隔三年置一闰年，平年365日，闰年366日。每年设12个月，逢单为大月31天，逢双为小月30天（但2月只有29天，闰年为30天）。新历法从罗马纪元709年（前45）1月1日开始实行，这一天相当于我国汉元帝初元三年十一月二十九日。公元前9年，罗马帝国统治者奥古斯都为改正置闰错误，宣布从公元前8年至公元4年不再设置闰年，从公元8年开始仍按原定每隔三年置一闰年。又把8月改用他的名字命名，改为大月。10月和12月随之成为大月，9月和11月成为小月，并将2月减去1天。公元325年起儒略历在基督教国家中被普遍采用。

由于儒略历的历年比回归年长0.0078日，到16世纪累积误差已多出10日。1582年罗马教皇格雷果里十三世改革了历法，通称格雷果里历，即现行公历。新历将1582年10月5日这一天改为10月15日，去掉了10天，但星期序号仍是连续的。又规定将每4年一闰改为每400年中置97个闰年。公元年数能被4整除的就是闰年，但"世纪年"（如1600，1700）则须能被400整除的才是闰年。从1582年起各国陆续改用新历。例如，苏联于1918年改用格雷果里历，而十月革命发生于俄历（即儒略历）1917年10月25日，经换算就成了11月7日。我国从中华民国元年（1912）1月1日开始使用公历。

各国改用格雷果里历时间

国　　家	使用儒略历最后一天日期	使用格雷果里历第一天日期
意大利、西班牙、葡萄牙、波兰	1582.10.4	1582.10.15
法国	1582.10.9	1582.10.20
卢森堡、荷兰、比利时	1582.12.21	1583.1.1
奥地利	1584.1.6	1584.1.17
瑞士	1584.1.11	1584.1.22
匈牙利	1587.10.21	1587.11.1
普鲁士	1610.8.22	1610.9.2
德国、挪威、丹麦	1700.2.18	1700.3.1
英国（包括美洲殖民地）	1752.9.2	1752.9.14
瑞典、芬兰	1753.2.17	1753.3.1
日本		1873.1.1
保加利亚	1916.3.18	1916.4.1
苏联	1918.1.31	1918.2.14
塞尔维亚、罗马尼亚	1919.1.18	1919.2.1
希腊		1924.3.23
土耳其	1926.12.18	1927.1.1
埃及		1928.10.1

现在通行的公元纪年，是以传说的耶稣基督诞生之年为起点，公元532年由罗马教士狄奥尼西推算出来并建议采用。"公元"常写作 A. D.（拉丁文 Anno Domini），"公元前"写作 B. C.（英文 Before Christ）。1949年9月27日我国宣布"中华人民共和国的纪年采用公元"。

2. 阴历（太阴历）

阴历是以朔望月为单位的历法，是根据月亮圆缺周期制定的。月的日数平均约等于朔望月，年的月数则是人为规定的。上古时代一些文明古国都曾使用过阴历。现在只有信奉伊斯兰教的国家和地区使用阴历（伊斯兰教教历，通称为回历）。

回历原称"希吉拉历"。公元639年第二代哈里发欧麦尔为纪念伊斯兰教创始人穆罕默德由麦加迁徙到麦地那，规定以迁徙那一年阿拉伯太阴年的岁首为希吉拉历元年元旦。这一天是公元 622 年 7 月 16 日,相当于我国唐高祖武德五年六月初三日。

回历以 12 个月为一年,单月 30 天,双月 29 天,全年 354 天。30 年中置 11 个闰年(逢第 2、5、7、10、13、16、18、21、24、26、29 为闰年),闰年在 12 月末加一日,全年为 355 天。回历历年比回归年约少 11 日,故每年岁首都提前,积 32.6 年即与公历相差一年。回历每日的开始从日落时算起。

回历对我国从元代至清代的历法有一定的影响。元代至元年间设回回司天鉴,并逐年颁行回回历书。明初曾沿袭此制。至今回历仍在民族地区使用。

3. 阴阳历

阴阳历是以朔望月和回归年并列为基本单位的历法。月的日数等于朔望月,年的日数又平均等于回归年,年的月数不固定,实际上是阴历月阳历年式的阴阳合历。其代表是我国的夏历(农历)。

夏历(农历)以日月合朔之日为月首(初一),有的月 30 天,称月大;有的月 29 天,称月小。大小月不固定,根据推算确定。以 12 个月为一年,共 354 或 355 日,比回归年少 10 日或 11 日。因此,19 年中设置 7 个闰月,使 19 个夏历年的长度相等于 19 个回归年的长度,闰年为 13 个月。

古代在商、周时期已用置闰之法,闰月置于年末,称为"十三月"。春秋时代确定了"十九年七闰"法。秦以十月为岁首,闰月称"后九月"。汉武帝太初元年(前 104)改行"太初历",把闰月分插在一年中各月之后。

后来历法逐步精确,根据"二十四节气"置闰。《淮南子·天文训》对二十四节气已有完整的记载。二十四节气是一个回归年的 24 等分,其阳历日期是固定的。其中,在阳历上半月的立春、惊蛰、清明、立夏、芒种、小暑、立秋、白露、寒露、立冬、大雪、小寒称为"节气",在阳历下半月的雨水、春分、谷雨、小满、夏至、大暑、处暑、秋分、霜降、小雪、冬至、大寒称为"中气"。农历规定每个月一定要包含中气,只含节气而不含中气的月份即定为上一个月的闰月,称"闰某月"。并进一步规定五年二闰、七年三闰、十九年七闰。

此外，还要注意岁首。夏历以正月（建寅之月）为岁首，殷历以十二月（建丑之月）为岁首，周历以十一月（建子之月）为岁首，称为"三正"。秦代又以十月（建亥之月）为岁首，汉武帝太初改历，又用夏历。除了王莽和魏明帝时一度改用殷正，唐武后和肃宗时一度改用周正，夏历一直沿用至今。不注意岁首会引起误解。如《史记·秦汉之际月表》记载陈涉于秦二世元年七月起兵，至二世二年十二月死。依秦历，二世元年只到九月，十月起已是二世二年，所以陈胜（陈涉）起义只延续了六个月。

由于各种历法的历年长短不一，岁首不同，每月天数不等，置闰也各异，再加上改变历法等情况，查考历史上的年、月、日都必须查核年表和历表。

二、中国古代的纪年法

中国古代的纪年方法较为复杂。殷商和西周时代以王公在位的年次纪年。通常认为西周共和元年（前841）起始有准确的年代记载。春秋时代诸侯国各以诸侯在位年次纪年，比较混乱。于是在春秋战国之交出现了以天象为基础的纪年法——岁星纪年。以后又出现了其他纪年方法。

1. 岁星纪年法和太岁纪年法

岁星就是木星。木星在天空中运行一周的周期是11.8622年。古人发现，大约每12年木星会出现在星空的同一区域。于是把周天分为12等分，称为"十二次"。十二次的名称自西向东依次是：星纪、玄枵、娵訾、降娄、大梁、实沈、鹑首、鹑火、鹑尾、寿星、大火、析木。木星每年行经一个星次，就依此纪年，如"岁在降娄"、"岁在大火"等。这就是岁星纪年法，见于《左传》和《国语》。

古人又有"十二辰"的概念，即将周天的12等分由东向西配以子丑寅卯等十二支，其方向和顺序与十二次正好相反。因为使用不便，就设想出一个假岁星，称为"太岁"，依十二辰运行，与真岁星"背道而驰"，并用于纪年，如太岁在寅（析木），岁星则在星纪，称为太岁纪年法。

十二辰用于纪年时，不用十二支作为年名，而是取了一些别名作为太岁年名，称为岁阴。下表据《尔雅·释天》列出岁阴名称，《史记》、

第十五章 不同历法年、月、日的查考

《淮南子》等书的记载略有不同(如大荒落作大荒骆,协洽作叶洽,作噩作作鄂,阉茂作淹茂)。表中同时列出十二辰和十二次的对应关系。

岁阴 (太岁年名)	十二辰 (太岁所在)	十二次 (岁星所在)
摄提格	寅(析木)	星纪
单阏	卯(大火)	玄枵
执徐	辰(寿星)	娵訾
大荒落	巳(鹑尾)	降娄
敦牂	午(鹑火)	大梁
协洽	未(鹑首)	实沈
涒滩	申(实沈)	鹑首
作噩	酉(大梁)	鹑火
阉茂	戌(降娄)	鹑尾
大渊献	亥(娵訾)	寿星
困敦	子(玄枵)	大火
赤奋若	丑(星纪)	析木

后来又取了十个名称与十干对应,称为岁阳。岁阳和岁阴组合为 60 个年名,从阏逢摄提格(甲寅)开始,至昭阳赤奋若(癸丑)止,60 年周而复始。各书所记岁阳名称不同,见下表:

十支	《尔雅·释天》	《史记·历书》
甲	阏逢	焉逢
乙	旃蒙	端蒙
丙	柔兆	游兆
丁	强圉	疆梧
戊	著雍	徒维
己	屠维	祝犁
庚	上章	商横
辛	重光	昭阳
壬	玄黓	横艾
癸	昭阳	上章

《史记·历书》自太初元年(前 104)开始,就用岁阳岁阴组合的年名纪年。也有单用岁阴的,如西汉贾谊《鵩鸟赋》:"单阏之

岁兮,四月孟夏。"(卯年四月)宋司马光《资治通鉴》也使用这些古年名纪年,如卷1"周纪一,起著雍摄提格尽玄黓困敦,凡三十五年"。即自戊寅至壬子。从西汉初年实际上已开始使用干支纪年了,西汉以前的干支则是由后人逆推而加上的。

·2. 干支纪年法

干支是天干(十干)和地支(十二支)的合称。天干和地支依次相配,由甲子至癸亥,共60组,也称为"六十甲子",用于表示年、月、日的顺序,周而复始,循环不断。

1 甲子	2 乙丑	3 丙寅	4 丁卯	5 戊辰	6 己巳	7 庚午	8 辛未	9 壬申	10 癸酉
11 甲戌	12 乙亥	13 丙子	14 丁丑	15 戊寅	16 己卯	17 庚辰	18 辛巳	19 壬午	20 癸未
21 甲申	22 乙酉	23 丙戌	24 丁亥	25 戊子	26 己丑	27 庚寅	28 辛卯	29 壬辰	30 癸巳
31 甲午	32 乙未	33 丙申	34 丁酉	35 戊戌	36 己亥	37 庚子	38 辛丑	39 壬寅	40 癸卯
41 甲辰	42 乙巳	43 丙午	44 丁未	45 戊申	46 己酉	47 庚戌	48 辛亥	49 壬子	50 癸丑
51 甲寅	52 乙卯	53 丙辰	54 丁巳	55 戊午	56 己未	57 庚申	58 辛酉	59<e>壬戌	60 癸亥

《淮南子·天文训》中已有"淮南元年太乙在丙子"的记载。东汉光武帝建武三十年(54)开始,史书用干支纪年。章帝元和二年(85)下诏改行四分历,一般认为是正式使用干支纪年之始,这一年是乙酉。干支纪年延续使用,至今未曾间断。

3. 年号纪年法

古代以王公在位的年次纪年。如《尚书·商书·伊训》:"惟元祀十有二月乙丑,伊尹祠于先王。"元祀即元年,指太甲元年。后世史书纪年时在年次前加王公名号以区别,周代起所加名号为谥号。汉初仍沿用,但因使用不便,汉武帝改用年号配合年次纪年。

年号是帝王在位时专用于纪年的名号。通常认为始自汉武帝建元元年(前140)。但正式见诸记载的是元封元年(前110),诏以十月为元封元年。此前的年号均是追建的。以后历代帝王均用年号纪年,农民起义和封建割据政权也建立年号,至清末宣统为止大约共有800多个年号。由于存在一个帝王使用多个年号和同一年号先后有多人使用,以及数个政权并存、使用不同年号的混乱情况,后人用年号纪年时往往加上朝代名称和帝王的谥号、庙号等以资区别。谥号是帝王死后由礼官议定对其一生事迹给予褒贬的称号。庙号是帝王死后在太庙立室奉祀时特立的名号。使用年号纪年时,大体上由汉至隋加用谥号,唐至元加用庙号,明清两代一帝只用一个年号,即不再加其他名号。年号后以数字或干支表示年次,例如"唐太宗贞观十八年"或"唐太宗贞观甲辰"。

年号纪年在我国用到清宣统三年(1911),1912年改用中华民国国号纪年。1905年以后革命党人还曾使用黄帝纪年(各报刊所用不同,多以《民报》所用为准),孙中山就任临时大总统时,通电以黄帝纪年四六〇九年十二月十三日(1912年1月1日)为中华民国元年元旦。

受中国文化影响的朝鲜、日本、越南等国家,历史上都曾用过年号纪年,日本国还沿用至今,2001年是平成十三年。

4. 生肖纪年法

干支纪年传入民间后,演变为生肖纪年,即以12种动物代表十二支用以纪年。十二生肖是:鼠(子)、牛(丑)、虎(寅)、兔(卯)、龙(辰)、蛇(巳)、马(午)、羊(未)、猴(申)、鸡(酉)、狗(戌)、猪(亥)。云梦秦简《盗者》中已记载有十二肖名。东汉王充《论衡》中提到"十二辰禽",与今天所用完全相同。敦煌文献中也见到马年、兔年等生肖纪年。元代曾使用生肖纪年,史料中记有"泰定鼠儿年"(泰定元年甲子,公元1324年)等。

生肖纪年法也流传到我国一些兄弟民族中,所用12种动物有的略有变化(如傣族以象代鼠,以蚁代羊;维族以鱼代龙)。藏历至今仍使用十二生肖配以十干来纪年,如2000年是阳金龙年,2001年是阴金蛇年。

三、纪月、纪日法

历史上记载月、日,通常用数字为序,也用干支和一些别称。

1. 纪月法

古人纪月最早是以数字次序,从一月到十二月。岁首的月份称正月,秦避始皇讳,改称端月,但不以端月为岁首。

后又以十二辰配十二月,称"月建"。冬至所在之月配子,称建子之月,周历即以此月为岁首。汉代改用夏历,夏历以建寅之月为岁首,后即以寅月作为一月的别称,以下依次以十二支代各月,至丑月(十二月)。再配十干,就发展为干支纪月。

月 名 别 称

月份	四季	月建	《尔雅·释天》	十二乐律	《易经》卦名	花木《淮南子》	花木 其他	时令及其他
一月	孟春	寅月	陬	太簇	泰月	杨月		首春、献春、三阳、首阳、孟阳、孟陬、正月、征月、端月、元月、正岁、华岁
二月	仲春	卯月	如	夹钟	大壮	杏月		酣春、仲阳、花月、丽月
三月	季春	辰月	痫	姑洗	夬月	李月	桃月	暮春、杪春、晚春、蚕月、楔月、樱笋时
四月	孟夏	巳月	余	仲吕	乾月	桃月	槐月、梅月	初夏、首夏、维夏、正阳、清和、麦秋、阴月、乏月、荒月
五月	仲夏	午月	皋	蕤宾	姤月	榆月	榴月、蒲月	南火月、恶月、毒月、小刑、天中
六月	季夏	未月	且	林钟	遁月	梓月	荷月	暮夏、长夏、精阳、伏月、暑月、徂暑、焦月
七月	孟秋	申月	相	夷则	否月	楝月	桐月、兰月	初秋、首秋、肇秋、兰秋、巧月、霜月、瓜时、初商
八月	仲秋	酉月	壮	南吕	观月	柘月	桂月	正秋、桂秋、仲商、获月
九月	季秋	戌月	玄	无射	剥月	槐月	菊月	暮秋、杪秋、凉秋、季商、朽月、青女月
十月	孟冬	亥月	阳	应钟	坤月	檀月		初冬、小春、良月、正阴月
十一月	仲冬	子月	辜	黄钟	复月	枣月	葭月	正冬、冬月、畅月、龙潜月
十二月	季冬	丑月	涂	大吕	临月	栎月		暮冬、杪冬、腊月、除月、冰月、嘉平月、穷纪、穷稔、岁杪

注:表中花木代称首据《淮南子·时则》,其他为民间流传的别名。

《尔雅·释天》记有每个月的特定名称,如正月为陬,二月为如等;还有十个月阳名,与十干对应:毕、橘、修、圉、厉、则、窒、塞、终、极。如正月为甲子,就是毕陬,余以此类推。

此外,还以十二乐律、《易经》卦名、花木等代月名。详见月名别称表。

2. 纪日法

古人最初用干支纪日,殷商甲骨文中已见有完整的六十甲子,用以纪日。至迟从春秋时鲁隐公三年(前720)二月己巳日起即连续使用干支纪日,直至清末,未曾错乱。汉代已通行用数字次序纪日,但历代史书纪日仍用干支。偶也见只用天干或地支纪日。

古代还用月相作为纪日的特定名称。初一日为朔,初三日为朏,十五日(月大则为十六日)为望,每月最后一日(二十九或三十日)为晦。后来以十五日为望,十六日为既望。

近代因为电报通讯的需要,用平水韵的韵目代替日期(参见第七章第三节)。用韵目代日时,二十八日用"俭",三十一日用"世、引"。电报中也用地支代月,但与月建不同,一月为子,二月为丑,以下类推。如"子皓"即1月19日。

第二节 年代对照

查考历史年代主要是把历史上错综复杂的各种纪年相互对照,并转换成公元纪年,以便准确地查对与事件和人物有关的年份。除了掌握历史上的纪年方法外,还要学会使用纪年表。利用纪年表可以直接查出相对应的年代。

一、年号纪年的换算

纪年表以公元纪年与中国历史纪年逐年对照,醒目易查。历史记载中大多使用年号纪年,利用年号索引或直接查表都可转换成公元年份。常用的纪年表有:

中国历史纪年表,方诗铭编,上海辞书出版社,1980。是《辞海(1979年版)》附表的单行本,增编了年号索引。纪年起自西周共和元年(前841),迄于1949年,按朝代分为15个纪年表。

表中分栏记载公元纪年、干支纪年和年号纪年（列出帝王谥号或庙号、姓名、年号）。

公元	干支		清		
1716	丙申	㊅㊅		康熙 55	
1717	丁酉	㊅㊈		56	
1718	戊戌	㊅㊉		57	
1719	己亥	㊅㊃		58	
1720	庚子	㊅㊁		59	
1721	辛丑	㊅㊁		60	朱一贵〔永和〕㊃ 1㊅
1722	壬寅	㊅㊃		61 （世宗⑪）	
1723	癸卯	㊅㊄	世宗（爱新觉罗胤禛）雍正	1	
1724	甲辰	㊅㊅		2	
1725	乙巳	㊅㊆		3	
1726	丙午	㊅㊈		4	
1727	丁未	㊅㊀		5	
1728	戊申	㊅一		6	
1729	己酉	㊅㊁		7	
1730	庚戌	㊅㊂		8	
1731	辛亥	㊅㊂		9	
1732	壬子	㊅㊃		10	
1733	癸丑	㊅㊄		11	
1734	甲寅	㊅㊆		12	
1735	乙卯	㊅㊇		13 （高宗㊇）	
1736	丙辰	㊅卌	高宗（—弘历）乾隆	1	
1737	丁巳	㊅㊀		2	
1738	戊午	㊅㊁		3	
1739	己未	㊅一		4	
1740	庚申	㊅㊁		5	

重要的并建立年号的封建割据、少数民族政权，以及农民起义和农民战争，亦尽量在表中罗列。从秦代开始，注明帝王即位、建年号、改年号以及覆灭的中历月份，各加圆圈标志。农民革命政权的建立、年号更改和失败的中历月份也同样加以注明。从公元1年开始，在年号纪年栏左侧用两个圆圈加注与每年西历12月31日相当的中历月

日,以解决中历和西历的年代交叉问题,得以准确地换算年份。

例如,本章开头提到苏轼的生年。苏轼生于宋仁宗景祐三年十二月十九日。查对年表,景祐三年是公元1036年,但该年两个圆圈内注明"十二·十一",由此可推算出上述日期是公元1037年1月8日。苏轼的生年应是1037年。利用下节介绍的历表也可解决这类问题。

中国历史纪年表,万国鼎编,万斯年、陈梦家订补,商务印书馆,1956。中华书局1978年再版。全书分上、下两编。上编主要是公元甲子纪年表,始于公元前841年,至1949年止。下编包括各朝代年表和中日对照年表等附表。

中国历史纪年,荣孟源编,三联书店,1957。全书分三编:历代建元谱、历代纪年表、年号通检。《历代纪年表》起公元前841年,止于1949年。《历代建元谱》供检查帝王名号及年数。起于汉高祖元年(前206),按朝代分段,记载历代帝王庙号、尊号、谥号、姓名、世系、即位年、在位年数、卒年、改元次数,并标明所用年号,年号下列出元年的干支和公元及使用年数。如:

> 文宗协天翊运执中垂谟懋德振武圣孝渊恭端仁宽敏显帝奕詝,宣宗子。庚戌(1850)嗣立,逾年改元。在位十一年,辛酉(1861)死。改元一。咸丰 辛亥(1851)。

各朝代发生的农民起义和割地称王的年号,以及各兄弟民族政权的年号附于该段之后。历代年号有不同记载的,都经过考订。

查考年号还可以利用**中国历代年号考**(李崇智编,中华书局,2001年修订本)。

亚洲一些国家也使用过年号纪年,查考时可利用:

中国日本朝鲜越南四国历史年代对照表,山西省图书馆1979年编印。本书从日本神武天皇元年(前660)开始,逐年对照列出中、日、朝、越四国的历史纪年以及相应的公元和干支纪年,至1918年止。所附年号索引,注明了年号的国别。

二、干支纪年的推算

由公元年代查找干支纪年,可直接利用上述各种年表。由干支纪年推算公元年份,如确知朝代、帝王名号或所用年号,也可用纪年表查找,方法同前述。如只有干支纪年而不知朝代、年号的,则必须先通过其他途径确定一个时间范围。例如,苏轼悼念亡妻的《江城子》词,注明"乙卯正月二十日夜记梦"。乙卯是哪一年?只要查出苏轼的生卒年是公元1037—1101年,利用纪年表查这一段时间的干支,就可知道乙卯是宋神宗熙宁八年,公元1075年。

推算干支,可以利用:

公元干支推算表,汤有恩编,文物出版社,1961。包括《公元推算干支表》和《干支推算公元表》,附有《历代年号通检》,使用方便。

也可以利用简表推算,如《公元甲子互检表》和《中国历史纪年表》(万国鼎编)所附的《公元甲子检查表》。

公元甲子互检表

公元的千、百位	0 3 6 9 12 15 18	1 4 7 10 13 16 19	2 5 8 11 14 17 20	0	1	2	3	4	5	6	7	8	9	个公元位的
				辛 庚	庚 辛	己 壬	戊 癸	丁 甲	丙 乙	乙 丙	甲 丁	癸 戊	壬 己	天干
公元的十位	0,6	2,8	4	酉 申	申 酉	未 戌	午 亥	巳 子	辰 丑	卯 寅	寅 卯	丑 辰	子 巳	地支 公元前的甲子查宋体字 公元后的甲子查黑体字
	1,7	3,9	5	亥 午	戌 未	酉 申	申 酉	未 戌	午 亥	巳 子	辰 丑	卯 寅	寅 卯	
	2,8	4	0,6	丑 辰	子 巳	亥 午	戌 未	酉 申	申 酉	未 戌	午 亥	巳 子	辰 丑	
	3,9	5	1,7	卯 寅	寅 卯	丑 辰	子 巳	亥 午	戌 未	酉 申	申 酉	未 戌	午 亥	
	4	0,6	2,8	巳 子	辰 丑	卯 寅	寅 卯	丑 辰	子 巳	亥 午	戌 未	酉 申	申 酉	
	5	1,7	3,9	未 戌	午 亥	巳 子	辰 丑	卯 寅	寅 卯	丑 辰	子 巳	亥 午	戌 未	

由公元查干支,先在左上角找出要查的公元年份的千、百位数,再在这一直行下面找出要查的公元年份的十位数,在十位数的这一横行同右上角要查的公元年份的个位数相交的一点,就是公元年份的干支(粗黑线以上是天干,以下各格是地支)。

例如要查公元424年的干支,先在左上角第二直线找出4(百位),然后在这一行下面的第一横行里找出2(十位),由这一行同右栏第五行4(个位)相交的一点,即为干支:甲子。

由干支查公元将上法倒转即可。

太岁纪年和生肖纪年也可以按干支纪年换算。例如,鲁迅《祭书神文》作于"上章困顿之岁"。查《太岁纪年表》,上章困顿为庚子,按鲁迅的生卒年(1881—1936年)查纪年表,庚子是清光绪二十六年(1900)。再如,《泰山岳庙圣旨碑》题"泰定鼠儿年十月二十三日"。鼠儿年即子年,按年查纪年表为元泰定元年甲子(泰定年号只用了4年),即公元1324年。

第三节 历日换算

中外历法不同,纪月、纪日的方法也有多种,因此在学习与研究中遇有不同历法历日的记载,需要查考与换算,就要使用历表。历表除载有年代的对照外,主要列出不同历法月、日的对照,由于繁、简不同,可以直接查考或据以换算。

一、中历、西历历日对照

历表的编制,以中历(农历)、西历(公历)两种历法的历日对照为主。因编制的目的不同,或以中历为主,或以西历为主,相互对照。一般采用逐日对照的方法,有些历表使用时则需要推算。常用的历表有:

中国史历日和中西历日对照表,方诗铭、方小芬编著,上海辞书出版社,1987。本书分上、下编及附编。上编起西周共和元年(前841),迄西汉哀帝元寿二年(前1);下编起西汉平帝元始元年(1),迄中华民国三十八年(1949)。附编为殷盘庚十五年(前1384)至周厉王三十七年(前842)的殷、西周历日表和1949—2000年历日表等。各编都按中国历史纪年编排,每年一表,分为12格(中历十二个月,闰月并入上月格内)。每格只列出该月三旬的第一日,公元前部分月日与纪日干支对照,公元后部分增加西历月日对照。

唐懿宗咸通九年戊子(868—869)

月·日	干支	日期	月·日	干支	日期	月·日	干支	日期	月·日	干支	日期
一·一	丙申	1.29	二·一	乙丑	2.27	三·一	乙未	3.28	四·一	乙丑	4.27
一·十一	丙午	2.8	二·十一	乙亥	3.8	三·十一	乙巳	4.7	四·十一	乙亥	5.7
一·二十一	丙辰	2.18	二·二十一	乙酉	3.18	三·二十一	乙卯	4.17	四·二十一	乙酉	5.17
五·一	甲午	5.26	六·一	癸亥	6.24	七·一	癸巳	7.23	八·一	壬戌	8.22
五·十一	甲辰	6.5	六·十一	癸酉	7.4	七·十一	癸卯	8.2	八·十一	壬申	9.1
五·二十一	甲寅	6.15	六·二十一	癸未	7.14	七·二十一	癸丑	8.12	八·二十一	壬午	9.11
九·一	辛卯	9.20	十·一	辛酉	10.20	十一·一	庚寅	11.18	闰十二·一	庚申 12.18	
九·十一	辛丑	9.30	十·十一	辛未	10.30	十一·十一	庚子	11.28	闰十二·十一	庚午 12.28	
九·二十一	辛亥	10.10	十·二十一	辛巳	11.9	十一·二十一	庚戌	12.8	闰十二·二十一	庚辰 1.7	闰十二·二十六 庚戌 2.6

唐懿宗咸通十年己丑(869—870)

月·日	干支	日期	月·日	干支	日期	月·日	干支	日期	月·日	干支	日期
一·一	己未	2.15	二·一	己丑	3.17	三·一	己未	4.16	四·一	戊子	5.15
一·十一	己巳	2.25	二·十一	己亥	3.27	三·十一	己巳	4.26	四·十一	戊戌	5.25
一·二十一	己卯	3.7	二·二十一	己酉	4.6	三·二十一	己卯	5.6	四·二十一	戊申	6.4
五·一	戊午	6.14	六·一	丁亥	7.13	七·一	丁巳	8.12	八·一	丙戌	9.10
五·十一	戊辰	6.24	六·十一	丁酉	7.23	七·十一	丁卯	8.22	八·十一	丙申	9.20
五·二十一	戊寅	7.4	六·二十一	丁未	8.2	七·二十一	丁丑	9.1	八·二十一	丙午	9.30
九·一	乙卯	10.9	十·一	乙酉	11.8	十一·一	甲寅	12.7	十二·一	甲申	1.6
九·十一	乙丑	10.19	十·十一	乙未	11.18	十一·十一	甲子	12.17	十二·十一	甲午	1.16
九·二十一	乙亥	10.29	十·二十一	乙巳	11.28	十一·二十一	甲戌	12.27	十二·二十一	甲辰	1.26

例如,在敦煌发现的《金刚般若波罗蜜经》卷末有"咸通九年四月十五日王玠为二亲敬造普施"字样,是现存最早的雕版印刷品,对研究印刷术的起源有重要参考价值。由本书年号索引查知"咸通"为唐懿宗年号,唐懿宗咸通九年为公元868年。据该年四月格内列出的三旬首日的月日对照,可以很容易地推算出四月十五日是阳历5月11日,纪日干支己卯。用此表换算干支纪日更为方便,如咸通十年十二月戊戌,据该年十二月格内的干支纪日可以推算出戊戌是十二月十五日,为公元870年1月20日。

使用本书时应注意:(1)从汉代开始,注明帝王即位、建元、改元以及覆灭的中历月份,但凡在正月者一概不注。需查时,可用该作者的《中国历史纪年表》。(2)公元前部分未对照西历月日,可另查《新编中国三千年历日检索表》。(3)本书未注星期,可利用《五千年间星期检查表》(见荣孟源编《中国近代史历表》)。

两千年中西历对照表,薛仲山、欧阳颐编,三联书店,1956。本书逐日对照公元1—2000年中历和西历的历日。以中历(阴历)年、月、日列为表格,填入西历年、月、日,可以直接检出,更为简便。星期及纪日干支则需另行推算(以阴历日序与星期或干支栏的数字相加即得)。附有各朝代朔闰表等18个表,与正文配合使用。

中国年历总谱,董作宾编撰,香港大学出版社,1960。本书分上、下两编。上编从黄帝元年(公元前2674年)到汉哀帝元寿二年(前1)。其中,盘庚十五年以前只记世系和历史纪年,盘庚十五年(前1384)起始记历日,仅列出每月朔日的中、西历对照。下编从公元元年至2000年,也仅列每月朔日的对照,系据《中西回史日历》等书改编。另有简编本《中国年历简谱》(台北,艺文印书馆,1974)。

中国先秦史历表,张培瑜编,齐鲁书社,1987。本书包括两部分:"冬至合朔时日表"列出公元前1500年至公元前104年(汉武帝太初元年)每年冬至日的干支,每月合朔的西历月日时分和纪日干支;"史日朔闰表"列出公元前722年至公元前105年用复原的历法及古六历推算得出的各月朔日干支和闰月位置,可据以推算中西历日。

张培瑜另编有**三千五百年历日天象**(河南教育出版社,1990),列出从公元前1500年起每月朔日的中、西历对照,推算较为准确。这两部历表对于查对公元前的史日及与西历对照都具有较高参考价值,可补《中国史历日和中西历日对照表》等历表的不足。

近世中西史日对照表,郑鹤声编,商务印书馆,1936;中华书局1980年重印。本书以日历形式将明正德十一年(1516)至1941年的中、西历日逐日对照,查检最便。

此外还可以利用**清代中西历表**(1573—1840)(中国人民大学清史研究所资料室编,中国人民大学出版社,1980)、**中国近代史历表**(荣孟源编,三联书店,1953;中华书局1977年重印)和**新编万年历**(1840—2050)(中国科学院紫金山天文台编,科学普及出版社,1984)等。各表编排方法不同,使用时需先看说明。

二、中历和多种历法的历日对照

除了中、西历历日对照,研究中国史和世界史还需要对照其他历法的历日。伊斯兰教在唐代初年(公元7世纪中叶)经西域传入我国。元代在上都设有"回回司天鉴",颁行回历历书。明代改为司天监,设"回回历科",至清康熙八年(1669)始废弃不用。回历在我国通行时间很长,但文献中的记载较为混乱,需要核对。研究世界史还会遇到日本和历、俄国的俄历(即儒略历)、法国共和历等历法的对照问题。这都需利用多种历法历日对照的历表。这样的历表有:

新编中国三千年历日检索表,徐锡祺编,人民教育出版社,1992。本书主要采用朔闰表形式,列出公元前1500年至公元2050年间阳历(公历)、阴历(回历)和阴阳历(农历)三种历法的对照,以便换算。"历日检索表"是全书主体,自公元前1500年起按朔闰(每月朔日及闰月)对照农历和公历月日,自公元445年起加入日本和历与农历对照(只列出不同的朔闰),自公元622年起加入回历与公历、农历对照。表中除中国历史纪年外,还详细列出了日本、朝鲜、越南的历史纪年(朝鲜、越南历法与中国农历相同,不再另列)。并有表列出太平天国天历、法兰西共和国革命历各年月首的公历日期。

第十五章 不同历法年、月、日的查考

纪年		历种	农历正月	二月	三月	农历四月 公历	和历五月 回历	六月	七月	八月 对照	九月 +3日为格历	十月	十一月	十二月	日本	新罗	朝鲜 高句丽	百济
丁丑	隋 大业13年 恭帝1年(十一) 义宁1年(十一)	农和回	壬子 **617.** 2.11.	壬午 3.13.	辛亥 4.11.	辛巳 5.11.	庚戌 6.9.	庚辰 7.9.	己酉 8.7.	己卯 9.6.	戊申 10.5. 戊寅 10.6.	戊寅 11.4.	戊申 12.4.	丁丑 **618.** 1.2.	推古女皇 25年	真平 39年	婴阳王 28年	武王 18年
戊寅	唐 高祖(五) 武德1年(五) 2年(四、七)	农和回	丁未 **618.** 2.1.	丙子 3.2.	丙午 4.1.	乙亥 4.30.	乙巳 5.30.	甲戌 6.28.	甲辰 7.28.	癸酉 8.26.	癸卯 9.25.	壬申 10.24.	壬寅 11.23.	辛未 12.22.	26年	40年	19年	
己卯	2年	农和回	辛丑 **619.** 1.21.	辛未辛丑 2.20.3.22. 庚午庚子 2.19.3.21.	庚午 4.20.	己亥 5.19.	己巳 6.18. 戊辰 6.17.	戊戌 7.17.	丁卯 8.16. 丙申 8.15.	丁酉 9.14.	丙寅 10.13. 丙申 10.14.	丙寅 11.12.	丙寅 12.12.	丙申 **620.**1.11. 乙丑 1.10.	27年	41年	20年	
庚辰	武德3年	农和回	乙未 ▲**620.** 2.9.	乙丑 3.10. 甲子 3.9.	甲午 4.8.	甲子 5.8. 癸巳 5.7.	癸亥 6.6.	壬辰 7.5.	壬戌 8.4	辛卯 9.2. 辛酉 9.3.	辛卯 10.2.	庚申 10.31. 庚寅 11.1.	庚申 11.30.	己丑 12.29. 庚寅 12.30.	28年	42年	21年	
辛巳	4年	农和回	己未 **621.** 1.28.	己丑 2.27.	己未 3.28.	戊子 4.27.	丁巳 5.26. 戊午 5.27.	丁亥 6.25.	丁巳 7.24.	丙戌 8.23.	乙卯 9.21. 乙酉 10.21.11.20. 丙戌 10.22.	甲寅 11.19.	甲申 12.19.	己丑 12.28.	29年	43年	22年	
壬午	5年	农和回	癸未 **622.** 2.16.	癸丑 3.18.	壬午 4.16.	壬子 5.16.	辛亥 6.14. 壬子 6.15. 辛巳 6.14.	辛巳 7.14.	庚戌 8.12.	庚辰 9.11.	己酉 10.10.	己卯 11.9.	戊申 12.8.	戊寅 **622.**1.7. 戊申 1.7.	30年	44年	23年	
癸未	6年	农和回	丁丑 **623.** 2.5.	丁未 3.7.	丙子 4.6.	丙午 5.5.	乙亥 6.4.	乙巳 7.3.	乙亥 8.2.	甲辰 8.31.	甲戌 9.30.	癸卯 10.29.	癸酉 11.28.	壬寅 12.27.	31年	45年	24年	
甲申	7年	农和回	壬午 ▲**624.** 1.26. ⑪1.28.	⑫2.8. ⑫2.26.	⑫3.9. ⑫3.27.	⑫5.7. ⑫4.25.	⑫5.25. ⑫5.23.	3 ⑫6.24. ⑫6.6.	⑫7.5. 己亥 7.21.8.20. ⑫8.4.	⑫9.2. ⑫9.21.	⑫10.2. 戊戌 10.18. ⑪10.31. ⑪10.19.	丁卯 11.16. ⑪11.30.	丁酉 12.16. ⑫12.18.	丙寅 **625.** 1.14. ⑧1.17.	32年	46年	25年	

历日检索表使用方便,尤便于查对中国特有的干支纪日。例如,史书记载,隋大业十四年(按:即义宁二年)三月乙卯隋炀帝杨广被杀于江都;义宁二年五月,隋恭帝杨侑禅位,五月甲子李渊称帝,改国号唐,建元武德,定都长安。这就是大唐帝国的开端,李渊庙号为唐高祖。如要查对这两个日期,只要在表中"唐高祖武德 1 年·隋恭帝义宁 2 年"一行中找出三月和五月两格(格内是当月朔日即初一日的纪日干支和对应的阴历日期)。三月初一是丙午,则乙卯是三月十日,阳历日期是公元 618 年 4 月 10 日。五月初一是乙巳,则甲子是五月二十日,阳历日期是公元 618 年 6 月 18 日。又如,本章开头提到的"雾月十八日"是法国共和历(即法兰西共和国革命历,公元 1793 年至 1805 年使用)的一个日期,是共和历 7 年(1799)拿破仑·波拿巴发动政变(史称"雾月政变")的日子。查此书"历日检索表"部分的《法兰西共和国革命历各年月首的公历日期》和所附与公历对照表,可知"雾月"是共和历的二月,"雾月十八日"是公历 11 月 9 日。

"列国纪年表"是对主表的补充,包括西周十二诸侯年表、春秋诸侯纪年表、战国纪年表、十六国纪年表、柔然纪年表、高昌纪年表,以及渤海、南诏、吐蕃、大理、北辽、西辽纪年表和十国纪年表等十余表,较一般中国历史纪年表为详。"参考资料"部分包括 14 种表,颇为实用。书末附年号索引,包括日、朝、越等国年号。

本书是迄今最完备的一部历表,收罗详备且使用方便。

中西回史日历,陈垣撰,北京大学研究所国学门 1926 年印行,中华书局 1962 年修订本。本书对照公元 1—2000 年中历、西历、回历三种历法的年、月、日,对考订回历用力尤多,是多种历法对照历表的开创之作。主体部分是"日序表",每四年为一单元,直行逐日排列西历月日,行右加注中历每月初一日以便推算。自公元 622 年(回历元年)起加注回历每月初一日。在表中查任意一天均可推算出三种历法的日期。另与"日曜表"和"甲子表"配合,可查检星期及纪日干支。

二十史朔闰表,陈垣撰,北京大学研究所国学门 1925 年印行,中华书局 1962 年修订本。是《中西回史日历》的姊妹篇,作用相同,但此书以中历为主,对照汉高祖元年(前 206)至公元 2000 年间中、西、回三种历法的日期。仅记载每月朔日(初一日)和闰月朔日与西历的对照及回历每年元旦日与中历的对照,推算较为复杂。根据出土的古历书,本书所记汉初的历日有误差。

此外,可用的历表还有**中西回俄历表**(1821—1950)(纪大椿编,新疆人民出版社,1979)。

最后要说一下太平天国天历的换算。天历从太平天国壬子二年(1852)开始实行。天历一年为366日,不置闰;单月为大月,31日;双月为小月,30日。每月初一为节气(将清明改为"菁明"),中气在月中。以立春为岁首。使用干支纪日、纪年,但把地支中的丑改为"好"、卯改为"荣"、亥改为"开"。又以7天为一礼拜。但要注意的是干支纪日和星期都提前了一天。天历使用到戊辰十八年(1868)太平军失败为止。查对天历主要利用:

天历考及天历与阴阳历日对照表,罗尔纲著,三联书店,1955。本书除考证外还列出太平天国壬子二年(1852)至戊辰十八年(1868)天历与中历、公历的逐日对照。

换算天历,还可以利用《中国史历日和中西历日对照表》中的《太平天国历日表》和《新编中国三千年历日检索表》中的《太平天国天历》。

第十六章 历史事件、当代大事的查找

查历史事件和当代大事的途径很多,比较简便的方法是查综合性或专科性辞典。例如可以利用《辞海》查古今中外大事;利用《中国历史大辞典·宋史》(上海辞书出版社1984年版)查宋代史事;利用《中国近代史词典》(上海辞书出版社1982年版)查近代史事;利用《国际时事辞典》(上海辞书出版社1981年版)查二次大战以后至1980年初的国际事件;等等。但是,辞典对事件的记载一般较为简略,有时不能满足需要,要通过史籍、大事记和年鉴才能获得具体的了解。

第一节 古代史书的利用

从古代史书中查找历史事件,可以直接浏览,也可以利用索引。无论采用何种方法,都首先要熟悉我国古代史书的体裁。

一、史书体裁

记载历史,离不开时间、地点、人物、事件诸要素。古人编撰史书,侧重点和组织史料的方式可以有所不同,这便形成了不同的"体":

1. 以时间为线索的是编年体史书,如《春秋左氏传》《资治通鉴》等。
2. 以地域为界限的是国别体史书,如《国语》《战国策》等。
3. 以人物为中心的是纪传体史书,如《史记》《汉书》等。
4. 以事件为纲目的是纪事本末体史书,如《通鉴纪事本末》《宋史纪事本末》等。

在上述各体中,国别体的产生与当时诸侯割据的形势有关。秦统一后,这种体裁没有得到广泛的发展。纪传体、编年体和纪事本末体则生命力很强。

二、纪传体史书

纪传体的史书,以人物传记为记载的中心。这种体裁,是司马迁创造的。他的《史记》用五种方式记载近3000年的史实:

本纪,记帝王之事和重大事件;

表,用表格的形式排列错综复杂的史事;

书,分门别类地记载典章制度的原委;

世家,记王侯开国承家,世代相传的情况或重臣事迹;

列传,主要是人物传记。

历代正史,基本上是仿效《史记》。当然,并非每部正史都由上述五大部分构成,但本纪和列传总是有的,因为本纪、列传是纪传体史书的核心,没有它们,便不成其为纪传体史书了。

如果想从纪传体史书中查找某一历史事件,而事件发生的时间是已知条件,可以首先查其中的本纪部分,因为本纪通常是以时间为顺序记叙帝王生平和社会上重大事件的。如果已知某一历史事件的核心人物是谁,则可从世家、列传中查该人的传记。此外,从表、书(志)中也可以查到事件资料。

三、编年体史书

编年体的史书,按照年月的顺序记载史事。如果想查考某一时期内发生了哪些大事,以及事件之间的联系,使用这种体裁的史书较为方便。常用的编年体史书有:

左传,东周左丘明撰。记载春秋时期的重要史实。纪事编年起自鲁隐公元年(前722),与《春秋》同;迄于鲁悼公四年(前464),比《春秋》多17年,而叙事实际到悼公十四年(前454)为止。晋代杜预的《春秋经传集解》,是对《经》和《传》的注解,有助于阅读。1977年,上海人民出版社据《四部丛刊》影印该书的宋刻本点校出版,更名为《春秋左传集解》,全5册,附《春秋左传人名索引》。杨伯峻有《春秋左传注》(中华书局,1981,全4册);沈玉成有《左传译文》(中华书局,1981);杨伯峻另编《春秋左传词典》(中华书局,1986),收词10,000多条,依首字笔画排列。三部书互相配合,是一个整体。

资治通鉴，北宋司马光撰。记载战国周威烈王二十三年（前403）至五代周世宗显德六年（959）共计1362年史事。宋末元初胡三省为之作注。1956年，古籍出版社据清胡克家翻刻元刊胡三省注本校勘标点排印。以后曾多次重印，并改正了一些标点上的错误。现通行中华书局排印本。刘乃和、宋衍申主编的《〈资治通鉴〉论丛》（河南人民出版社1985年版），收论文17篇，可参考。

续资治通鉴长编，宋李焘撰。原书980卷，记北宋九朝168年间史事。此书遵循司马光用"长编法"撰写《通鉴》的方法，内容详赡，征引浩博，考证精当，是堪与《通鉴》媲美的史学名著。但传世宋刻本仅存太祖至英宗五朝本，内容较简略。《四库全书》本是从《永乐大典》中辑出，已缺徽、钦两朝，神、哲两朝亦有残缺，馆臣重编为520卷。张金吾据四库本以木活字排印。光绪间黄以周等以文澜阁四库本校张本，并参考宋刻五朝本及其他史料，雕版印行，是为浙江书局本，并据宋杨仲良《通鉴长编纪事本末》等书辑成《续通鉴长编拾补》60卷。这是比较完善的本子。中华书局1979年起陆续出版《续资治通鉴长编》标点排印本。上海古籍出版社1986年出版影印本，据浙本《长编》和《拾补》影印，精装5册。

续资治通鉴，清毕沅撰。记载宋、辽、金、元400余年史事，上与《资治通鉴》衔接。古籍出版社1957年出版校点本。现通行中华书局排印本。

明纪，清陈鹤撰（陈鹤只写成52卷，后8卷由其孙克家续成）。这是明代的编年史，习惯上把它作为毕沅《续资治通鉴》的后接部分。叙事过简，史料价值不及谈迁的《国榷》。有江苏书局同治十年刊本，四部备要本。

明通鉴，清夏燮撰。这也是明代的编年史，繁简比较适中，且有"考异"分注正文之下，便于参考。1959年，中华书局据湖北刻本标点排印，精装4册。1980年重印，平装8册。

十一朝东华录，清王先谦等撰。这是清代的编年体史料长编，包括天命、天聪、崇德、顺治、康熙、雍正、乾隆、嘉庆、道光、咸丰、同治十一朝（清太宗皇太极有天聪、崇德两朝）。有光绪间铅印本。按，乾隆间蒋良骐在东华门国史馆根据《清实录》及其他文献，摘抄天命、天聪、崇德、顺治、康熙、雍正六朝史料,成《东华录》32卷,其后王先谦等陆续增补,成《十一朝东华录》。

光绪朝东华录,清朱寿朋编校。又名《东华续录》,宣统元年(1909)铅字排印本。中华书局1958年出版张静庐等校点本,全5册。体例同上书。

清通鉴,戴逸、李文海主编,山西人民出版社,2000,全22册。记事自明万历十一年(1583)至清宣统退位(1912)。附主要人名索引、主要地名索引、主要记事内容及常见专用名词索引。

以上介绍了几种较为重要而又容易借得的编年体史书。通过使用,不难体会这种体裁的史书便于"按年索事",但如果从中查阅一些跨越数年的事件,就不那么方便了。

四、纪事本末体史书

纪事本末体的史书,以记载事件为中心。这种体裁的优点,是便于查阅历史上重要事件的始末。南宋袁枢的《通鉴纪事本末》42卷,是最早用这种体裁纪事的大型史书。它把《通鉴》所记1300多年间发生的大事,归纳成239个题目(从"三家分晋"到"世宗征淮南"),每件大事的来龙去脉记叙得比较清楚。纪事本末体裁的创造,在史学史上有一定地位。

明清两代,有不少学者仿编本末体史书,于是,纪事本末体的史书便贯通古今,自成系统了。今择其要者,列表介绍如下:

书　名	卷　数	编　者	附　注
左传纪事本末	53卷	(清)高士奇	在南宋章冲《春秋左氏传事类始末》的基础上加工而成。有南昌局本。中华书局1979年校点本。
左传事纬	12卷 附录8卷	(清)马骕	有自刻本
通鉴纪事本末	42卷	(宋)袁枢	四部丛刊影宋本。国学基本丛书本。中华书局1964年校点本。1979年重印。

续表

书　名	卷数	编者	附注
通鉴长编纪事本末	150卷	（宋）杨仲良	据李焘《续资治通鉴长编》编纂，可补今本李书之缺。清光绪十九年（1893）广雅书局校刻本，中缺数卷。台北文海出版社1967年据广雅书局本影印。
续通鉴纪事本末	110卷	（清）李铭汉	据毕沅《续资治通鉴》编纂，分一百十事，上接袁书。古籍出版社1957年据李氏刻本印行，线装全二十五册。
宋史纪事本末	109卷	（明）陈邦瞻等	有28卷本，10卷本，109卷本等。国学基本丛书本。中华书局1977年以江西书局109卷本校点整理重新出版。
辽史纪事本末	40卷	（清）李有棠	广州局本。上海文盛书局本。中华书局1983年校点本。
金史纪事本末	52卷	同上	广州局本。上海文盛书局本。中华书局1980年校点本。
西夏纪事本末	36卷，卷首附图表2卷	（清）张鉴	苏州局本。杭州局本。台北文海出版社据半厂丛书本影印。
元史纪事本末	27卷	（明）陈邦瞻等	国学基本丛书本。中华书局1955年用国学基本丛书原版重印。中华书局1979年校点本。
明史纪事本末	80卷	（清）谷应泰	成书于清代官修《明史》以前，某些记述较《明史》详细，且有异同。有丛书集成本，国学基本丛书本，中华书局1977年点校本。
清史纪事本末	80卷	（近代）黄鸿寿	上海文明书局1915年版，上海书店1986年据以影印。

以上分别介绍了纪传体、编年体和纪事本末体的史书。当然，史书不止上述三种体裁，只不过这三种是最常用的罢了。

五、利用索引从史书中查事件

上文谈了直接从各体史书中查历史事件的问题,以下介绍利用索引从史书中查事件的方法。现分两类介绍。

1. 用关键词法编制的史书索引,如**史记及注释综合引得**(引得编纂处,1947)、**汉书及补注综合引得**(引得编纂处,1940)、**后汉书及注释综合引得**(引得编纂处,1949)、**三国志及裴注综合引得**(引得编纂处,1938)。

上述4种索引,编录史书正文和注释中的关键词(重要人名、地点、书名、事项名等)。可以通过关键词查找史书中记载的事件。

试举一例:欲知《史记》何卷何页记载楚汉以鸿沟为界事,从《史记及注释综合引得》中查关键词"鸿沟",可以得见:

鸿沟(洪渠),楚汉以,为界 7/28a;8/25b;18/29b;22/2a
——,秦始皇引河水灌大梁谓之,7/28a 注
—通江淮之间 29/2a
……

由上得知,楚汉以鸿沟为界事,见于《史记》卷7第28页上面,卷8第25页下面,卷18第29页下面,卷22第2页上面(页码据光绪癸卯上海五洲同文书局石印二十四史本)。

2. 用分类法编制的史书索引,如:**史记索引**(黄福銮编,香港,中文大学崇基书院远东学术研究所,1963;李晓光等主编,中国广播出版社,2001)**汉书索引**(黄福銮编,香港中文大学崇基书院远东学术研究所,1966;李波等主编,中国广播出版社,2001)、**后汉书索引**(黄福銮编,香港中文大学崇基书院远东学术研究所1971年版;李波等主编,中国广播出版社,2001)、**三国志索引**(黄福銮编,香港现代教育研究社1973年版,李波等主编,中国广播出版社,2001)。

现以《三国志索引》为例。该索引以四部备要本和四部丛刊本《三国志》为底本,以书中的名词、重要事项及词句为检索对象,款目分类大体按《太平御览》,分为25部。试举一例:欲知《三国志》何卷何页记载刮骨去毒一事,先判断此事当属医疗类,查《三国志索引》中

的病疗部医疗类,得见:

病 疗	注 释	备 要 本			丛 刊 本		
		卷	页	行	卷	页	行
		医 疗					
五禽之戏		A29	5	6	A29	6	11
……		……			……		
刮骨去毒		B6	2	16			
……					B6	3	1
		……					

由上得知,刮骨去毒事见四部备要本《三国志·蜀书》6卷2页16行,四部丛刊本《三国志·蜀书》6卷3页1行。A、B、C分别代表《魏书》《蜀书》《吴书》。

第二节 大事记、年表的利用

大事记和年表,分综合性和专题性两类。前者兼记各学科、各专题的大事,后者专记某学科、某专题或某一方面的史事。

一、综合性大事记与年表

中外历史年表(公元前4500—公元1918年),翦伯赞主编,齐思和等合编。三联书店1958年版,中华书局1961年新1版,1981年重印。本书按年编录国内外大事,每年分中国和外国两部分。中国部分,首列干支纪年、帝王年号,后列该年大事;外国部分,分国纪事(先东方后西方)。纪事的重点是:生产力的发展,经济政治制度,阶级斗争,重大科学发明,国际间民族间的关系,著名人物生卒年等。

中外历史年表(公元1919—1957年)(三联书店1959年版,中华书局1963年再版),是上书之续。

中国历史大事年表(古代卷),沈起炜编著。上海辞书出版社,1983。记事上起远古,下迄清道光十九年(1839)。

中国历史大事年表(近代卷),沈渭滨主编。上海辞书出版社,1999。记事上起清道光二十年(1840),下迄1919年5月。附人名索引。

中国历史大事年表(现代卷),唐培吉主编。上海辞书出版社,1997年版。记事始于1919年"五四"运动,止于1994年。附人名索引。

中华人民共和国四十年大事记,中共中央宣传部宣传局编,光明日报出版社,1989。本书逐年记录1949年10月至1989年2月大事,对国民经济和社会发展大事记载较详。附录1949—1988年国民经济主要指标等。

世界史便览(公元前9000—公元1975年的世界),《泰晤士世界历史地图集》中文版翻译组编。三联书店,1983。本书将《泰晤士世界历史地图集》中的文字部分选译编写而成,主要内容有:《世界史大事年表》《中国历史年代简表》《公元前9000—公元1975年的世界》(这是本书主体部分)、《小辞汇》、《世界史英文简明参考书目》等。

世界七千年大事总览,[美]伯纳德·格伦主编,雷自学等选译,东方出版社,1990。以分类表格形式记载公元前5000年到公元1978年世界重大事件。

世界现代史大事记(1917—1959),吴成平编著。知识出版社,1984。本书记事,着重于政治、军事、国际关系和经济等方面。有关我国的历史事件,因已有该社出版的《中国近现代史大事记》一书收载,故除特别重大者以外,一般从略。

还有一些地方性的综合大事记,如**北京历史纪年**(北京出版社,1984)、**湖南近百年大事记述**(《湖南省志》第一卷)(湖南省志编纂委员会编,湖南人民出版社,1962)、**西藏大事记**(1949—1959)(郭兹文编,民族出版社,1959)等等。

二、专题性大事记与年表

近年来,专题性大事记与年表的品种增长很快。有些以单行本形式出现,更多的是附于各种书籍之中。对后者,人们往往忽略。现将单行的和附见的一并选录若干种,略加分类。

1. 政治、军事

中国共产党历史大事记(1919年5月—1990年12月),中共中央党史研究室编,人民出版社,1991。

中国人民解放军六十年大事记(1927—1987),中国人民解放军军事科学院编。军事科学出版社,1988。

第三次国内革命战争大事月表(1945年7月至1949年10月),人民出版社编辑部编。人民出版社1983年第2版(修订本)。

共产国际和中国革命关系记事(1919—1943),杨云若编,中国社会科学出版社,1983。

2. 经济

马克思恩格斯经济学创建纪略(1841—1895),李善明主编,河北人民出版社,1984。本书用编年体形式,概括地记叙马克思和恩格斯共同创建无产阶级政治经济学说的历史过程和基本情况,并就他们的论著在政治经济学史上的地位进行说明和论述。附"主要名目索引"。

世界经济大事记(1945—1977)附见《世界经济年鉴(1979)》。

中华人民共和国经济大事记(1949年10月—1984年9月),北京出版社,1985。本书按时间顺序分为5个部分,每一部分冠以"本时期大事提要"。全书记述了中华人民共和国成立35年来重大的和典型的经济大事上千件。

3. 文化、教育、体育

中国文化史年表,虞云国等编,上海辞书出版社,1990。记远古至1949年文化各个方面的大事,附人名索引。

出版大事年表(1862—1949),1862—1918年部分,见《中国近代出版史料二编》(中华书局,1957);1918—1949年部分,见《中国出版史料补编》(中华书局,1957)。

出版工作大事年表(1948—1978),子厚辑,附见《中国出版年鉴(1980)》。

中国近代教育大事记,陈学恂主编,上海教育出版社1981年版。

中华人民共和国教育大事记(1949—1982),中央教育科学研究所编。教育科学出版社,1983。附索引。

中国武术史年表(黄帝时代—1974),[日]松田隆智编,吕彦、阎海译。附见《中国武术史略》(四川科学技术出版社,1984)。

4. 文学、艺术

中国文学史大事年表（上、中、下三册），吴文治著。黄山书社1987年、1993年版。记事自春秋至1919年。

中国现代文学大事记，李凤吾等编。吉林大学社会科学丛刊1981年第4集。

新中国文学纪事和重要著作年表（1949—1966），仲呈祥编，四川省社会科学院出版社，1984。每年度先按月记叙文学界大事，然后列出该年重要著作。书后附索引。

中国美术年表，傅抱石著。商务印书馆，1935。记事自上古至清末。

中国新兴版画五十年大事记（1931—1981），附见《中国新兴版画五十年选集》（上海人民出版社，1981）。

5. 历史

文物考古工作三十年记事（1949—1979），附见《文物考古工作三十年》（文物出版社，1979）。

楚文化考古大事记，楚文化研究会编。文物出版社，1984。考古学中的楚文化，指一种主要由楚人创造的、有自身特征的文化遗存。本书记事，起自所见最早的历史记载，止于1982年底。附索引。

匈奴历史年表，林幹编。中华书局，1984。

科学文化史年表，〔日〕汤浅光朝编，张利华译。科学普及出版社，1984。本书用解说和年表相结合的形式，介绍史前至20世纪科学文化史，分西方、日本、中国近代三个部分，附索引。

美国两百年大事记，〔美〕加尔文·D.林顿编著，谢延光等译。上海译文出版社1984年版。记事自1776年1月起，至1975年3月美国建国二百周年纪念活动正式开始时止。书前有《美国立国前的历史（1492—1775）》，书后附《美国1975—1981年大事记》和索引。

像这类专题性大事记和年表，还有很多。读者可以根据自己的专业方向，掌握常用的若干种，以便需要时查阅。

第三节 年鉴的利用

查当代大事,有一部分可以通过大事记查找。但已经出版的大事记,总来不及反映不断涌现的大事,这就要求助于年鉴。

要查找当代某一大事,而大体知其发生的时间,便可"按年索事",从相应的综合性或专业性年鉴中查找。

现将中华人民共和国成立以来编辑、出版的综合性年鉴和哲学社会科学类年鉴选择若干种,略加分类,间附注语,著录于下。

一、综合

中国百科年鉴,中国大百科全书出版社1980年起出版。本书逐年反映中国和世界的重大事件和各学科的新情况、新成果、新知识、新资料。全书主要分三大部分:(1)概况,综述国内外基本情况;(2)百科,这是全书的重点,分门别类地介绍我国政治、经济、科学、文化等方面的进展情况,兼及国外动态;(3)附录,有表格、名录等各种参考资料。书末有关键词索引。

中国年鉴,新华出版社等单位1981年起联合出版。这是分别以中、英两种文字同时出版的大型综合性年鉴,逐年反映中国各方面的新情况,发行对象以海外为主。

世界知识年鉴,世界知识出版社出版,原名《世界知识手册》,1953年开始出版,1958年改今名。1966年停刊,1982年复刊。

二、哲学、政治、法律

中国哲学年鉴,中国社会科学院哲学研究所编,中国大百科全书出版社1982年起出版。栏目有:特载、专文、研究状况和进展、新书选介、论文选介、哲学界概况、哲学界动态、国外哲学见闻等。

国际形势年鉴,上海国际问题研究所编,中国大百科全书出版社1982年起出版。

中国法律年鉴,法律出版社,1987年起出版。

中国国际法年刊,中国国际法学会编,中国对外翻译公司1982

年起出版。栏目有论文、述评、国际事件、学术组织与学术活动、书评、文件资料等。

三、经济

世界经济年鉴,中国社会科学院世界经济与政治研究所年鉴编辑部编,中国社会科学出版社1980年起出版。

中国经济年鉴,薛暮桥主编。经济管理杂志社1981年起出版。

中国对外经济贸易年鉴,中国对外经济贸易出版社1984年起出版。

中国城市经济社会年鉴,中国城市经济社会出版社1985年起出版。主要刊载全国各城市经济、社会等方面的新资料、新情况。

中国经济特区年鉴,香港《中国经济特区年鉴》出版社1983年起出版。1983年创刊号以介绍粤闽4个经济特区的创建过程为重点,1984年版是"开放号"。

中国统计年鉴,国家统计局编,中国统计出版社1982年起出版。

四、文化教育

中国精神文明建设年鉴(2000年卷),中央文明办组织编写,学习出版社,2001。全书系统汇集我国精神文明建设的重要文献,选编有关法规和政策文件,记述群众性精神文明创建活动。附有电子版CD-ROM光盘。

中国新闻年鉴,中国社会科学院新闻研究所编,中国社会科学出版社1982年起出版。

中国广播电视年鉴,中国广播电视出版社1985年起出版。

中国出版年鉴,中国出版工作者协会编,商务印书馆1980年起出版。

中国印刷年鉴,中国印刷技术协会编,印刷工业出版社1984年起出版。

中国教育年鉴,中国大百科全书出版社1984年起出版。创刊号收入1949—1981年教育工作基本情况、基本文献和基本统计,并有1982年的部分资料。

中国体育年鉴,人民体育出版社1964年起出版,创刊号收入

1949—1962年的资料。

五、文学艺术

中国文艺年鉴,中国文艺年鉴社编,文化艺术出版社1982年起出版。

中国文学研究年鉴,中国社会科学院文学研究所本书编委会编,中国社会科学出版社1982年起出版。

唐代文学研究年鉴,中国唐代文学学会主办,陕西师范大学中文系编,陕西人民出版社1984年起出版。

中国版画年鉴,辽宁美术出版社1983年起出版。

中国戏剧年鉴,中国戏剧出版社1981年起出版。

中国电影年鉴,中国电影家协会编,中国电影出版社1982年起出版。

六、历史

中国历史学年鉴,中国史学会本书编辑部编,三联书店1980年起出版。1981年改由人民出版社出版。

中国考古学年鉴,中国考古学会编,文物出版社1984年起出版。

自1981年以来,还涌现了许多地方性年鉴,如**北京文艺年鉴**、**上海服装年鉴**、**广州年鉴**、**安徽经济年鉴**等。

利用年鉴查事件,还要注意两个问题:

1. 除了查阅书前的目录以外,还要注意书后是否有索引。利用索引,可提高检索效率。

2. 年鉴的创刊号,往往有回溯性、累积性的内容,尤以回溯性大事记最为常见,要注意利用。例如《中国哲学年鉴(1982)》附有《哲学大事记(1949—1980)》,《中国电影年鉴(1981)》附有《中国电影大事年表(1949—1976)》和《中国电影纪事(1976.10—1980.12)》。

本章着重介绍了利用史籍、大事记、年表、年鉴查古今大事的途径。除上述途径外,还可利用百科全书、手册、地方志、类书、专题史料汇编等。

第十七章　典章制度和图录的查考

我国古代,有名目繁多的典章制度,诸如礼乐兵刑、官爵秩禄、宗法姓氏、田赋贡税、科举学校、考古律令等等。要查考古代典章制度,主要依靠前人的文字记载,而大量的文物图录,能帮助我们直观地了解古代器物的形制;一些名人图像、生产风俗图绘以及有关的历史图录,也可为我们了解历代的政治、经济、文化、科技、风俗等提供直观材料。

第一节　典章制度的查考

典章制度是历代统治阶级为了巩固和强化其统治,在政治、经济、文化等方面制定的法规章程,随着朝代的更替盛衰、社会的发展变化,有所因袭沿革。对此,我国古代史家十分重视。纪传体史书中的"书""志"和典章制度的专史"十通""会要"等就记载着这方面的极其丰富的资料。

一、历代史志及其补志的利用

正史中详记典章制度的体例是司马迁开创的。他在《史记》中列有八书,记载了汉武帝以前的典章制度,还包括了天文、地理、文学、艺术等方面的内容。班固的《汉书》扩大为十志,为我们提供了西汉一代的典章制度概况。从大多数正史的"志"中可查到该朝代的典章制度,有些还上溯到以前几朝,如《宋书》的"志",就包括三代、秦、汉,对魏、晋记载尤详,可补《三国志》无"志"之不足。《隋书》的"志",则为梁、陈、北齐、北周、隋"五代史志"。这样,正史中《三国志》《梁书》《陈书》《北齐书》《周书》《南史》《北史》虽然无"志",而历代的典章制度基本上能从正史"志"中反映出来。如要查阅各史"食货志"中的有关资料,则可利用:

食货志十五种综合引得，引得编纂处编，哈佛燕京学社1938年版，中华书局1960年重印。本书可以帮助检索《史记·平准书》和《汉书》《晋书》《魏书》《隋书》《旧唐书》《新唐书》《旧五代史》《宋史》《辽史》《金史》《元史》《新元史》《明史》《清史稿》中的"食货志"里的经济资料和有关典章制度。

正史中的"志"现在有一些新的校注本，应加以利用。如：**唐书兵志笺正**（唐长孺著，科学出版社，1957）、**明史食货志校注**（李洵著，中华书局，1982）、**历代食货志注释**（第一册）（王雷鸣著，农业出版社，1984）、**汉书艺文志注释汇编**（陈国庆著，中华书局，1983）、**宋书乐志校注**（苏晋仁、萧炼子著，齐鲁书社，1983）、**汉书刑法志注释**（辛子牛著，群众出版社，1984），等。

除了正史的"志"外，还有后世学者所撰的"补志"。这些"补志"大都收入：

二十五史补编，二十五史刊行委员会编辑，上海开明书店1936年至1937年版，中华书局1955年重印，精装6册。本书是古今学者对历代正史所增补或订正的"表""志"的汇编本，共收入补表补志245种。

此外，关于补表、补志，可参考陈乃乾编《二十四史注补表谱考证书籍简目》〔见《中国历史文献研究集刊》第四集〕，收录参考书620多种。

利用地理总志和地方志则可查考某一地区有关典章制度的资料。各种方志中一般都有"职官""封爵""武备""刑律""田赋""漕运""榷税""钱法""选举"等类别，可提供有关的资料。

正史的"志"及其"补志"，还有地方志，虽然记载历代或一地区的典章制度，但是因材料比较分散而不易查找，或者找到的材料不够完备、系统。所以常要利用"十通""会要""会典"，以及其他各种有关的工具书，资料书。

二、"十通"的利用

通典，唐杜佑撰，商务印书馆1935—1937年影印精装《十通》本。

中华书局1985年重印商务本。①

本书记载上古至唐天宝年间典章制度的沿革(肃宗、代宗时事，注内间有附载)。共分食货、选举、职官、礼、乐、兵刑、州郡、边防8门②，每一门下又分若干子目。如食货分田制、乡党、赋税等。资料大多采自经史和文集，以及有价值的奏疏等。按朝代分类编纂，对唐代的记述尤详。资料丰富、体例严谨。

通志，宋郑樵撰，有《十通》本。本书分本纪、年谱(仿《史记》诸表)、略、世家、列传5部分。"纪传"自上古至隋，为抄撮诸史旧文而成，价值不大。"二十略"专记上古至唐的典章制度之沿革，还包括了自然和社会多方面的知识，为全书精华。二十略为：氏族、六书、七音、天文、地理、都邑、礼、谥、器服、乐、职官、选举、刑法、食货、艺文、校雠、图谱、金石、灾祥、昆虫草木。取材比较丰富，有独到见解，但也不乏粗疏武断之处。二十略有单行本，名《通志略》，共52卷。

文献通考，元马端临编撰，有《十通》本。本书记载自上古至宋嘉定末年的政治、经济、文化等方面的沿革，分24考：田赋、钱币、户口、职役、征榷、市籴、土贡、国用、选举、学校、职官、郊社、宗庙、王礼、乐、兵、刑、经籍、帝系、封建、象纬、物异、舆地、四裔。每考之下再分子目，分门别类，条理明晰。各考都有小序，以阐述著述的成规和考订新意，按语也精辟概括。取材除因袭《通典》之外，还采录经史、会要、传记、奏疏、议论及其他文献。对宋代典章制度的叙述最为详备，宋以前的历代典章制度收录得也比较集中。所以后世学者对《文献通考》的评价较高。

以上三种书合称为"三通"。清乾隆间官修了**续通典、续通志、续文献通考**，体例都分别与"三通"基本相同，略有改变，年代承续至明末(《续通志》中"纪传"部分记自唐初至元末)。以后在乾隆间又官修了**清朝通典、清朝通志、清朝文献通考**，但《清朝通志》仅有二十略。

---

① 日本汲古书院1980—1981年影印日本宫内厅书陵部所藏北宋刊孤本《通典》，文字与通行本有很多不同，有很高学术价值。全书8册，附录1册。

② 《通典》原序中言分有8门，而"兵刑"一门，以"兵制"附"刑典"之后，清代汇刻"九通"，把《通典》"兵刑"门析为"兵""刑"二门，以求和《续通典》《清朝通典》一致。

它们记载了清初至乾隆间的典章制度,细目因古今制度不同而略有删改。民国间刘锦藻编撰了**清朝续文献通考**,记载乾隆五十一年(1786)至宣统三年(1911)的典章制度,门类在以前26考的基础上增加了"外交""邮传""实业""宪政"4考。

以上十种书合称为"十通"。"十通"既有多种各自独立的刊本,也有汇合刊印本。把"十通"合编起来,即是一部反映历代典章制度的专史。由于内容浩博,查检比较困难,商务印书馆1935—1937年出版的精装本"十通",备有《十通索引》。

十通索引,全书分两部分:第一部分是"四角号码检字索引",实际上是把《十通》中的关键词语按首字的四角号码编排,具有主题索引性质,另附笔画检字。第二部分是"分类详细目录",分三编:第一编为混合三通典之详细目录,第二编为混合三通志之详细目录,第三编为混合四通考之详细目录。三通典、三通志、四通考三编的页码各自起讫。这本索引只适用于查检商务本的《十通》。试举一例:要查找古代"举孝廉"制度的沿革资料,可先用四角号码检字法从本书中查"举孝廉"条,未获,改查"孝廉"条,得见:

```
4440₇ 孝
  00 —廉                            考 264 上
                                    考 319 上
     —廉                      (续)考 3175 上
     —廉方正                        考 8469 上
     —廉方正                  (清)考 5351 上
```

以上表示,有关"孝廉"的条目,见于商务本《十通》下列各页:

孝廉 "四通考"264页上栏(经查正文,知道这是《文献通考》卷28 选举考一);319页上栏(《文献通考》卷34 选举考七);3175页上栏(《续文献通考》卷38 选举考)。

孝廉方正 "四通考"8469页上栏(经查正文,知道这是《清朝续文献通考》卷88 选举考五);5351页上栏(《清朝文献通考》卷53 选举考七)。

在以上地方可查阅到比较详细的古代"举孝廉"制度的沿革资料。

三、会要、会典的利用

"十通"是通记历代典章制度的书,而会要、会典则是专记一代政典故实的书。现将历代会要、会典,以及同类性质的书,作简要介绍:

唐会要,宋王溥撰,中华书局,1955。本书是现存会要最早的一种,共分541目,目下分条记载史实。细琐典故编为杂录,附于各条之后。内容与《通典》有许多相近之处。但对唐代制度的沿革记载更为完备,有许多新、旧《唐书》所未载的史实。原本已残,今本为根据乾隆间整理本重印。

其他按所记时代先后的书有**春秋会要**(清姚彦渠撰,中华书局,1955)、**七国考**(明董说撰,中华书局,1956)、**秦会要订补**(修订本)(清孙楷著,徐复订补,中华书局,1959)、**西汉会要**(宋徐天麟撰,中华书局,1955年版,1977年再版)、**东汉会要**(宋徐天麟撰,中华书局,1955年版,1978年再版)、**三国会要**(清杨晨撰,中华书局,1956年)、**南朝宋会要、南朝齐会要、南朝梁会要、南朝陈会要**(清朱盘铭撰,上海古籍出版社,1984)、**五代会要**(宋王溥撰,中华书局1955年、上海古籍出版社1978年版)、**宋会要辑稿**(清徐松原辑,中华书局,1957年影印)、**明会要**(清龙文彬撰,中华书局,1956)。会要多为私人纂辑,以类分编,而会典则为官修,以记载一代政典事例,其体裁出于《周礼》,大抵以职官制度为纲,以事物、名数、仪文、等级为目。例如:

大明会典,明代官修,商务印书馆万有文库本,台湾新文丰公司1976年影印万历间刻本。本书为明弘治间官修,正德、嘉靖间续修,万历时又重修。体例以吏、户、礼、兵、刑、工六部为纲,详述其职掌及事例,而以宗人府置六部之前,诸文职、武职置于六部之后,以见其职守沿革。凡明代典章制度、法令仪文,史志所未详,都具列始末,可供考证。书中关于九边形势、冠服礼仪等还附有插图。

清代官修的**大清会典**100卷,**大清会典事例**有"事例"1220卷,图270卷,卷首1卷,将"会典"和"事例"分别纂辑,体例仿照《大明会典》,商务印书馆1908—1911年影印,台北中文书局有缩印本,会典精装5册,事例精装24册。此书卷帙浩繁,不便查检。

除上述两种会典外,同类的书还有**大唐六典**(唐玄宗时官修,李林甫等注,《古逸丛书三编》本,中华书局1985年影印),**大元圣政国朝典章**(简称《元典章》,元代官修,古籍出版社1957年版,中国书店1982年重印清光绪间沈家刻本),**六典通考**(清阎镇珩著,清光绪二十九年家刻本),**北周六典**(王仲荦著,中华书局,1979)等。如要查考古代法制史料,除了利用以上介绍的书籍外,可以查阅**唐律疏议**(唐长孙无忌等撰,中华书局1983年版点校本)、**宋刑统**(宋窦仪等撰,中华书局1984年版点校本),以及**中国法制史料**(岛田正郎主编,台北鼎文书局1979年印行)等。

四、职官表和官制辞典的利用

我国古代很早就建立了系统的官吏制度,由于历朝屡经变动,呈现出非常复杂的情况。我国史学家很早就注意记载历朝官制。正史的志书或者《十通》、会要中的"职官"部分,以及各种会典,都为我们提供了这方面丰富的材料。此外,各种职官表和职官年表,以及官制辞典,也可供利用。

历代职官表,清乾隆间官修,《四部备要》本,《国学基本丛书》本,《丛书集成》本。本书以清代所设职官为纲,按机构分列67个类目。每类先列表,表中都以清代职官放在首栏,下列历代相当的职官,以资对照。然后是叙述清代(乾隆以前)各种职官的品级、员额、职掌及建置沿革。另外,还按照朝代的顺序,广引群书,以考证历代该部门的机构和职官的建置情况,并指出与清代的建置、职掌的异同。列表时因把历代职官名目都附于清代类似职官之下,这样常常有牵强附会的地方。此书没有索引,查检很不方便。

历代职官表(新印本),清黄本骥原编,中华书局上海编辑所1965年整理出版,上海古籍出版社1980年重印。

黄本骥将官修本删去释文,由72卷缩编为6卷。中华书局上海编辑所以黄编本为底本,改正某些讹误,采用新式标点,使其眉目清楚,条理明晰。并将瞿蜕园撰写的《历代官制概述》冠于表前,以便对历代职官有个概括的了解。表后有瞿蜕园的《历代职官简释》。书末附有《历代职官表及简释综合索引》,查找很方便。本书"职官表"部分仍沿袭官修本,以清代乾隆以前职官与历代职官列表对照,以致历史上曾设而清代不设的职官无法在表中体现。乾隆以后增设裁并的职官则没有反映,许多品级低的职官也没有列出,它只是反映了历代职官的大概情况。

上述的《历代职官表》反映历代职官,只到清乾隆朝为止。清代后期,统治机构发生了很大的变动。要了解清代后期和民国初期的职官设置、变动,甚至人事更替的情况,则可以查检:

清代职官年表,钱实甫编,中华书局,1980。精装4册。编者曾编有《清季重要职官年表》和《清季新设职官年表》,由中华书局分别在1959年和1961年出版。本书沿用此二年表体例,作了一些改进和补充,并纠正其中的错误。全书是根据清代顺治至光绪九朝实录和宣统政纪的记载,并参考其他文献,对重要职官的设立、裁撤、合并、分置等变化情况和职官的任免升降,制成49种表。有些职位的变化较多,情况复杂,如内阁、部院组织、各省布政使、各地驻防将军等,就其重要变化制成"概况"和"简图"两种,附于相应的年表之后。书末还附有人名录、别号索引、谥号索引、籍贯索引等,从各种不同的角度提供参考。

民国职官年表,刘寿林等编,中华书局,1995。本书所列时限为1912年元旦南京临时政府成立至1949年10月国民党在中国大陆统治结束。为区别民国政府机构分属北洋军阀和国民党两个不同的历史时期,各分列于上下编。上编:中央之部有17个表(另有附表1个)和10个姓名录(另有1个姓名录附),附记有伪洪宪政府和张勋复辟时表3个。地方之部有表30个。下编:中央之部有表9个。地方之部有表58个。附记有伪中华民国临时政府、伪中华民国维新政府、汪伪国民政府、伪满洲国、伪蒙古军政府等伪政权表13个。书后有"人名录"与"字号索引"以便检索。

中国官制大辞典,俞鹿年编著,黑龙江人民出版社,1992。本书主要由正文与历代官制表析两部分组成。正文按历代设官的情况,诠释各种官职、机构的名称、建置、职掌的沿革及有关制度的变迁,共收词目13000余条,时间起自原始社会末期,止于中华人民共和国建立,分为官制起源、皇帝与皇室机构、中枢机构、中央行政各部门、地方行政机构、司法与监察机构、军事机构、职官考选制度、职官管理制度九部分。有的部分又分成若干类,类下为词目。表析部分是以表的形式把每一朝代官制的概貌体现出来,共列有 32 个表。这样,读者可以利用正文和表析从纵横两个方面了解中国职官制度发展的脉络。

中国历代官制大辞典,吕宗力主编,北京出版社,1994。本书收词目 21000 余条,上自先秦,下迄清末,包括历代中央、地方的官名、官署名(以及主要的别称、俗称、简称、合称等)和与官制有关的各项制度(如选举、考核、封爵、俸禄、服饰、印信、文书等)中的主要词汇、常见的官场用语。对历代农民政权和周边各族政权的官名、官署名亦择要收录。书末附有"历代职官品位表""历代中央机构简表"。

第二节 文物、历史图录的查找

图录是以图形反映事物的一种文献资料。它很直观,能提供文字难以表述的图像。图录和文字资料互相补充、互相印证,可以帮助读者加深理解。

我国古代很重视图录,所谓"为学有要:置图于左,置书于右,索象于图,索理于书,故人易为学,学易为功"(郑樵《通志·图谱略》)。由于图录不易描摹,所以古代的许多图录都失传了,有些只保留了文字部分。在宋代,兴起了一门新的学科——金石学。一些学者对金石器物进行了搜访、著录和研究,有的还绘出图形、摹拓款识[①],附有释文并记录其尺寸大小、重量容量等。当时印刷术已很发达,故图录在文献中被广泛运用。到明代后期,版画技术达到了极高水平,书商在书籍中往往附有大量插图来吸引读者。其中有配合故事情节的连环画;有历代的圣贤名人图像;有描绘山川的形胜图;也有反映政治、生产、科技、民俗的图绘。到清代乾隆、嘉庆间,考据之学鼎盛,学者多以金石资料来证经订史。他们除了钟鼎、碑志以外,诸如印章、封泥、砖瓦、钱币等等都在收集范围之内,有些还摹拓、刊刻成集,流播

---

① 款识是指古代鼎彝上的文字,阴文凹入者称为款,阳文凸出者称为识。也有把刻铸在青铜器外部的文字称为款,内部的文字称为识。

于世。他们甚至还根据古代文字记载,加上自己的研究,模拟出古代失传的器物,如《**考工记图**》(清戴震著,商务印书馆,1935)。

古代的图录中,占数量最多的是地图和器物图。关于地图,已在第十四章作了介绍。器物图录在近现代随着文物的大量出土和研究的深入,更是层出不穷。另外,为了配合历史教学,编辑出版了许多历史参考图谱,这些图谱是综合性的,有人物、遗迹、器物、绘画、地图、图表等,以时代、专题编排,有文字加以说明,为教学提供了直观、形象的资料。

一、人物图像

明清时期,肖像画技术渐臻成熟。一些画家绘制古代的人物画像,大多是出于想象。而对于同时代或时代较近的人物,由于参考材料易得,有些甚至是直接写生,所以这些画像就比较真实可信。明代以来描摹历代名人图像而绘刻较精的有《历代古人像赞》(明中叶木刻本,古典文学出版社1958年影印)、《无双谱》(清金古良绘,中华书局1961年影印。上二书均收入郑振铎编的《中国古代版画丛刊》)、《晚笑堂画传》(清上官周编撰,人民美术出版社,1959)、《吴郡名贤图传赞》〔清顾沅编绘,道光九年(1829)长洲顾氏刻本〕、《清代学者像传》(有二集,第一集,清叶兰台撰绘,商务印书馆1930年影印;第二集,叶恭绰编绘,1953年影印)以及《明清人物肖像画选》(南京博物院供稿,上海人民美术出版社1982年编辑出版)等。搜集历代人物图像较多的工具书有:

中国历代名人图鉴,苏州大学图书馆编著,瞿冠群、华人德执笔,上海书画出版社,1989。精装2册。本书选收上古至清末的历史人物1133人的图像1165幅,书前为彩色图像32幅,这些人物另有不同的黑白图像列于后。少数卒于民国以后而主要活动期在清代的人物也收入,如康有为、严复等;主要活动期属民国的人物不收,如孙文、梁启超。图像类型有画像、塑像、木刻、石刻以及近代照相。部分古代人想象绘制或艺术创作的图像亦收入以资参考。民国以来所绘制者基本不收,少数已被社会承认而经常引用者酌收以补空缺。荒诞不经的图像不收。每幅图像下均附简要说明,列人物姓名、生卒年或时代、字号、籍贯、身份等项。图像按人物年代先后排列。与本书相配合使用的有《中国历代人物图像索引》。

中国历代人物图像索引，瞿冠群、华人德主编，江苏教育出版社，1994。本索引收录历代人物4353人，收录的时代、图像类型、标准、人物简要说明及排列方式都与《中国历代名人图鉴》相同。一人传世的图像，均尽量予以收录。所收图像，著录是全身还是半身、图像类型（如画像、木刻像、照像等）、引用书名及其卷、册或页数，有些属著名画家所绘者加括注。同书名不同版本者亦予注明区别之。同一图像见于不同书刊者，均著录于同一项下。《中国历代名人图鉴》中每一幅图像的出处来源，在本索引中均有反映。索引所引用载有人物图像的书刊共663种，附有《引用书刊表》，按书刊名首字笔画顺序排列，举出书刊名、版本、收藏单位（者），画像图书另著录编绘者。由于历代文献在地域分布上的不均匀性，所以搜集的人物偏重于华东地区。

中华各姓祖先像传集，马小林、鲍国强主编，民族出版社，1999。精装10册。本书是北京图书馆（现国家图书馆）所藏家谱中精选各姓族史文献、祖先画像及其传记等原始资料编纂而成的大型像传专辑。共收入164个姓氏，723种家谱，有7511人的画像及其赞语和传记。全书列有总目、正文和传主索引等。正文人物先按家谱姓氏的笔画笔形排列，同姓内再按家谱的编纂时代为序，原谱中人物图像顺序不变。由于所收家谱大多为清代、民国时编纂，有少数为明代所编。中古以前的祖先图像，往往都是凭想象追写，容貌、服饰并不可靠，甚至有二人之像完全相同者。还有一些家谱绘工、刻工手艺拙劣，人像面容怪诞简陋。凡画像和照片像都是用复印件影印，十分模糊。利用时略可参考。

二、文物、历史图录

这方面的图录数量多，门类广。这里只介绍其中的一部分。

中国古代史参考图录，中国历史博物馆编，上海教育出版社1989—1991年版。本图录9册，分：原始社会、奴隶社会、战国、秦汉、三国两晋南北朝、隋唐、宋元、明、清（至鸦片战争前为止），各一册。共选收古代历史文物和遗址照片7000余幅,内容包括政治、经济、军事、文化、艺术、民族、中外交流等各个方面。

中国近代史参考图录(1840—1919),中国历史博物馆编,上海教育出版社,1986。精装1册。本图录是在北京历史博物馆编辑的《中国近代史参考图片集》(上海教育出版社,1957)基础上修订而成,先出版平装本上、中、下3册,再略加修订合为精装1册。收录了鸦片战争,太平天国,中国的近代工业,中法战争,甲午中日战争,戊戌变法,义和团,辛亥革命,新的曙光等7个部分的大量有关图片。

中国文物定级图典,马自树主编,上海辞书出版社,1999。本书试图以国家标准为依据,运用实际鉴定工作的成果,区别不同文物的特殊性,概述各级文物的标准,并举例每一级别中不同种类、不同时代、不同特点的具有典型性的文物藏品,阐述其定级原因,简明扼要地说明该文物的价值所在。选取了各地通过鉴定的,具有代表性并可作为定级参考的馆藏一级、二级、三级品文物3000余件,一物一图一文,分别编为一级品上、下卷,二级品卷,三级品卷,共4卷。所收文物按其质地、性质分类,有陶器、玉器等14类。各类文物一般按朝代、年代先后排列,青铜器则以同器型的时代先后顺序排列。辞目释文一般包括文物的品名、年代、尺寸、重量、出土时间地点、收藏单位、形制与纹饰特征,以及文物艺术、科学、历史价值的揭示等内容。每一类篇之前都有概述,书后附有"文物藏品定级标准"和各级"文物定级标准举例"。

中国古代度量衡图集,国家计量局主编,文物出版社1981年版、1984年修订版。本书从新出土和传世的度量衡器物中选择了240件,分度、量、衡三部分,每部分又以时代先后为序编排。凡是科学发掘和出土地点可靠的器物尽量收录;传世和征集的器物选录;能够说明一时代量制的记容、记重器物,酌情选收,列为附录。所列数据,绝大多数是编者实测所得;个别是从有关资料中转引,凡转引的数据,均注明出处。有彩色图版11幅,单色图版240幅,附录图版14幅。每幅图版有实物照片、拓片或摹绘图录,且有说明。附有《中国古代度量衡》器物一览表,表列器物名称、时代、长度(或重量、容量),合今长度(或重量、容量),出土时间地点和收藏单位等项。修订版改8开本为16开本，编排作了适当改进，文字也有删改和订正，无彩色图版。

中国古代服饰研究，沈从文编著，香港商务印书馆，1981。本书精选了殷周至明清3000多年间出土和传世的文物图像资料700幅（其中100幅为彩色），并有文章174篇，对我国历史上不同时代、不同阶层服饰制度的发展、沿革，以及和当时社会物质生活、意识形态的种种关联，作了深入的探讨。

中国历代服饰，上海市戏曲学校中国服装史研究组编著，学林出版社，1984。本书有图834幅，其中彩色图346幅，概述及图片说明有16万字。以文献记载为依据，结合各种实物及画迹，将历代服饰沿革、服饰特点和服饰制度作综合的比较，以典型的样式、色彩、纹样进行复原，从而使读者对我国历代服饰的演变有一个清晰的了解。

中国历代货币大系，马飞海总主编，上海人民出版社等1988年起陆续出版。全书分为：先秦货币、秦汉三国两晋南北朝货币、隋唐五代十国货币、宋辽西夏金货币、元明货币、清钱币、清纸币、清民国银两银元铜元、民国国家银行地方银行纸币、民国商业银行纸币、新民主主义革命时期人民货币、钱币学录厌胜钱外国古钱币等12卷，每卷一大册。各卷内容包括三部分：一是总论，是对这一时期货币的发展过程、特点以及其他有关情况，结合实物，所作总的论述。二是图录，是这一时期各种货币拓片或照片的汇总，为本书的主体部分。图下注有编码、收藏或提供者、货币等级等项。三是资料，收录这一时期货币的研究资料，有大事记和各种表格。有些卷还有"专论"部分，是对一些比较重要的问题，从一个地区或一个侧面，进行较深入、系统的介绍和研究。本书的编纂，力求联系各个时代的历史背景，对历代货币的制度、体系、币材、形制和结构的变化，以及货币的分布、流通规律等进行科学的分析。

中国版刻图录，北京图书馆编，文物出版社1961年增订版。本书汇辑了我国历代善本书及版画的书影，共550种724幅。内容包括刻板、活字本、版画三部分。其中刻版收唐至清善本书460种，有图598幅；活字本收明至清活字本书40种，有图50幅；"版画"收宋至清50种，有图76幅。为研究古代版本和版刻艺术提供了珍贵资料。

1900年在甘肃敦煌鸣沙山莫高窟发现一秘密的藏经室，里面有数万件手写的卷轴、刻印的典籍,还有绘画、雕塑等文物。这些文书是4世纪中叶至11世纪初用汉文、梵文、藏文、粟特文、回纥文、于阗文所书写或刻印。在此前后,新疆吐鲁番和塔里木盆地的库车、和阗、尼雅、楼兰等地,也发现了大量的古代遗书,其出土地域与敦煌相近,文书的年代、内容、形态与敦煌文书相似,可以互相联系、印证。从而促使敦煌吐鲁番学这门国际性学科的形成和不断发展。现在这批文献除主要分藏于英、法、中三国国家图书馆和俄罗斯科学院东方研究所圣彼得堡分所四处外,还有许多散布在中外公私藏家处。为了便于开展研究,充分发挥这些珍贵文献的学术效应,由魏同贤等策划,辑集汇印了敦煌吐鲁番文献集成,以求达到:一、相对完备。使其成为一部总汇式的集成文献。二、力求存真。因为这些文献具有文献和文物双重价值,印制必须逼真,其大小、长短、形状、色彩、字迹、残损,以及纸质、卷轴、包封等都通过图版尽可能真实反映。三、定名准确。在数代学者考订研究的基础上,尽可能地给文献准确定名。四、编排合理。文字部分如前言、编例、叙录、分类目录、年表、索引等,均属说明性质。图版部分则按序排列,重在实用,兼及欣赏。《集成》中已出版的图书有:**上海博物馆藏敦煌吐鲁番文献**2册(上海古籍出版社、上海博物馆编,上海古籍出版社,1993),**上海图书馆藏敦煌吐鲁番文献**3册(上海图书馆、上海古籍出版社编,上海古籍出版社,1999),**北京大学图书馆藏敦煌文献**2册(北京大学图书馆、上海古籍出版社编,上海古籍出版社,1995),**天津市艺术博物馆藏敦煌文献**7册(上海古籍出版社、天津市艺术博物馆编,上海古籍出版社,1996),**法藏敦煌西域文献**13册(上海古籍出版社、法国国家图书馆编,上海古籍出版社,1995),**俄藏敦煌文献**15册(俄罗斯科学院东方研究所圣彼得堡分所等编,上海古籍出版社,1992),此外还有**英藏敦煌文献**(汉文佛经以外部分)15册(中国社会科学院历史研究所等编,四川人民出版社,1990),**俄藏黑水城文献**11册(俄罗斯科学院东方研究所圣彼得堡分所等编,上海古籍出版社,1996)等可与《敦煌吐鲁番文献集成》相配套。相同类型的书还在陆续出版。

第三节　艺术图录的查找

随着我国经济建设的不断发展，人们对艺术欣赏的要求也越来越高。美术教育是现代教育的一个重要方面，它对开发人的智力和潜能，陶冶情操，提高人的综合素质都能起到有益的作用。除了一些搞专门研究的学者和从事创作的艺术家要广泛掌握各种所需的艺术资料和了解中国乃至世界的文化艺术发展史外，一般的艺术爱好者和青年学生，也应熟悉或知道各艺术门类的优秀作品。因各类艺术画册和图录的数量极多，举不胜举，仅介绍较系统完备、印刷精良、有一定权威性者。

中国古代书画图目，中国古代书画鉴定组编，文物出版社1986年起陆续出版。1983年6月由文化部文物局成立了中国古代书画鉴定组，在全国范围内对现存古代书画进行全面的系统考查、鉴定。鉴定的对象除各单位藏品外，还有"文革"被抄的私人藏品。按随鉴定随编目随出版的办法，以鉴定时间为次序，以收存书画的机构为单元，每一单元中所存的书画又以作者的时代为先后，分册出版大型图目，已出版至20多册。

所收作品概以原作照相制版。每件作品的图版之下，标注该作品的编号，可在本页下端依编号查阅作品时代、名称及作者。每册书后附相应的《中国古代书画目录》（以下简称《目录》），因《中国古代书画图目》（以下简称《图目》）中的图录为选收《目录》中之佳作，已收入《图目》的作品，均在《目录》备注栏中加"△"标出。《目录》还反映每件作品的作者、形式、质地、墨色、创作年代和尺寸，以及提供的单位。少数鉴定组意见不一致的作品，《目录》备注栏中用"▲"标出，或用①②③等符号标识，在本页下端列出各人的意见，以备进一步探讨。这是查检国内存世的中国古代书画作品最完备的一套图录。将来鉴定工作完毕，各册目录编齐，然后出版统一综编索引，以便检查。

中国美术全集（古代部分），中国美术全集编辑委员会编。人民美术出版社等1986—1989年版，60册。全集分五大编（类），按年代和专题相结合的体例，有绘画编（包括卷轴画、壁画、石刻画、版画等）

21册,雕塑编(包括石窟雕塑、寺观雕塑、墓葬雕塑等)13册,工艺美术编(包括陶瓷、青铜器、玉器、漆器、印染织绣等)12册,建筑艺术编6册,书法篆刻编7册,总目录1册。入选有15000余幅图版,都是经过慎重鉴别,学术界确认的第一流精品,并务求从原作直接拍摄。每卷由担任主编的专家撰写主题论文,概述本卷专题的历史发展,对重要作者和作品加以分析评介。每册书后附有图版说明,由专家对每件作品的年代、作者、收藏地、大小和表现内容、艺术特色详加著录描述。总目录中有"全集总目录""分卷目录""各卷作品分期索引"和"中国古代美术年表(新石器时代至1911年)"以及附图"中国原始社会文化遗址分布图"等8幅。

另有**中国美术分类全集**,分绘画、雕塑、工艺美术、书法篆刻、建筑艺术五大类,大多由各全集编辑委员会编,已出版的有**中国现代美术全集**(天津人民美术出版社等1997—1998年版。本全集既是《中国美术分类全集》的重要组成部分,也是《中国美术全集》60卷古代部分的后续延伸)、**中国玉器全集**(河北美术出版社,1993)、**中国陶瓷全集**(上海人民美术出版社,1999)、**中国画像石全集**(山东美术出版社、河南美术出版社,2000)、**中国玺印篆刻全集**(上海书画出版社1999)、**中国石窟雕塑全集**(重庆出版社2000—2001年版)和**中国绘画全集**(中国古代书画鉴定组编,文物出版社、浙江人民美术出版社,1997)等。每册内容大致都由概述和专论,图版,图版说明三个部分组成。预计要出300册左右,是《中国美术全集》的扩展。

中国书法全集,刘正成主编,荣宝斋出版社1991年起陆续出版。本全集拟出100卷,从商代甲骨文开始,一直到现代已故的名家。体例大致分两种类型:即"断代卷"和"名家卷",都是以作品和书家为研究中心。主体部分是书法作品图版。书前有绪论或评传,以及相关论文。书后有作品考释、年表、分布图或行迹图等。

一些收藏古代法书名迹较多的大型博物馆也都编辑出版了精美图册。如《中国书迹大观》已出版了第一至五卷,分别为"故宫博物院(上)、(下)","南京博物院","辽宁省博物馆(上)、(下)"。均由本博物院(馆)编,文物出版社、(日本)株式会社讲谈社1992—1993年版。(台湾)故宫博物院也曾将其藏品分人、分代、分辑,按时代先后依次影印，其总名为《故宫法书》〔（台湾）故宫博物院编辑出版，1962 年初版〕。每辑以印一家之作品为原则，重要题跋也印入。每件作品后有详细著录，如释文、质地、色泽、尺寸、篇幅、行字数、印鉴、题跋等。另印行有《故宫名画三百种》《故宫藏瓷》等其他类别艺术品的画册图录。

印刷精美的大型综合性图册还有**中国艺术全鉴**（邹文等主编，人民美术出版社 2000）。

反映外国艺术经典作品的则有：

世界艺术全鉴，邹文主编。人民美术出版社，2000。这是与《中国艺术全鉴》相配合的另一系列图册，编印形式和体例均相同。分"外国绘画经典（上下）"、"外国雕塑经典""外国建筑经典""外国工艺美术经典"和"民间诸艺经典（包括中国）"6 大册。以图为主，各图之下配有名称、作者、时期、规格材料、存藏处，以及所反映的内容与艺术史上的地位等。从远古至当代，按时间先后为序，而将类型、地区、作者、流派等专题相对集中。共计有图片 6500 余幅，附文 100 余万字。

第十八章 法规、条约和统计资料的查找

本章谈两个方面的问题。第一是有关法规、条约的查找，第二是有关统计资料的查找。法规是法律、法令、条例、规则、章程等的总称；条约是国家与国家之间在政治、经济、军事、文化等方面规定其相互间权利和义务的各种协议之总称，它包括条约以及协定、议定书、换文、联合声明、联合公报等文件。统计资料是反映大量现象的特征和规律性的数字资料。这些文献资料，对帮助我们学习和研究我国历史上各个时期，尤其是当代的政治、经济、法律等方面，以及国际形势，都有着重要的意义。

第一节 法规、条约的查找

法规条约，在我国古代属于"典章"的范畴，关于查找方法，在第十七章已大部分涉及了。至于近、现代法规与条约的查找，主要是利用法规汇编、条约集，也可以通过法规目录和各种年鉴、索引去查找。

一、法规汇编的利用

中华人民共和国成立以来的法规汇编主要有：

中央人民政府法令汇编（1949.10—1954.9），中央人民政府法制委员会编，人民出版社、法律出版社1952年至1955年出版，法律出版社1982年重印，5册。这是中华人民共和国成立初期政策法令的汇编，主要收编1949年10月—1954年9月中央人民政府和中央人民政府政务院发布的法律、条例、命令、指示、决定等文件，以及政务院所属政法、财经、文教、监察等委员会发布的重要法令。同时还择要辑入中央人民政府各部、会、院、署、行和省级以上地方人民政府发布的法令，以及中国人民政治协商会议通过的重要法令。所辑法令

分六类编排：总类、政治法律、财政经济、文化教育、监察、人事编制。每类中又以法令通过、批准或发布的日期先后为序。

中华人民共和国法规汇编(1954.9—1963.12)，中华人民共和国法规汇编编辑委员会编，法律出版社1956年至1964年出版，共13册。1981年起陆续重印。本书汇集了1954年9月至1963年12月我国的重要法令，包括法律、法令和各项行政法规，并选载其他有关的重要文件。先按法规的性质分类，各册的类别视所辑法规的具体情况而增减，各类法规一般按其通过或发布的时间先后排列。

本书自1964年起中断，后又由国务院办公厅法制局编辑，法律出版社1986年起陆续出版，从1979年的法规汇编开始，逐年1册。自1986年的汇编改为国务院法制局编，1990年改为中国法制出版社出版。

中华人民共和国法律全书，王怀安等主编，吉林人民出版社1989年起陆续出版。这是一部中国现行法律大型工具书，每册大致分宪法编(或国家法编)、刑法编、刑事诉讼法编、民法编、民事诉讼法编、婚姻法编、经济法编、行政法编、行政诉讼法编和国际法编十大部分。各编内部排列顺序为：法律、法规和规章、法律规范性解释。第1册所收年限为1949年10月1日中华人民共和国成立起至1985年止，第二册年限为1986年至1989年。在编入这二册书中的法规里，有的正文中指出要适用某法规，而被指出适用的某法规已被新法规所代替，故只收入取代某法规的新法规。第3册年限为1990年至1992年，第4册至第10册为1993年至1999年逐年1册，第11册为2000年1月至6月，第12册为2000年7月至12月。为便于查阅和从纵的方面了解我国法制建设的全貌，书后均附有时间索引，第1至9册的书后还附有英文目录。

中华人民共和国新法规汇编(2000)，国务院法制办公室编，中国法制出版社，2001。本汇编每年出版4辑，每季度1辑，收集的法规包括：当年本季度内由全国人大或全国人大常委会通过的法律和关于法律问题的决定；国务院发布和国务院批准、部门发布的行政法规以及法规性文件。此外，还选收了国务院各部门发表的规章，部分省、自治区、直辖市人大或者其常委会公布的地方性法规和人民政府发布的规章。所收法规按法律、行政法规和法规性文件,国务院部门规章,地方性法规和地方政府规章分类编排。全国性的法规按公布或发布的时间顺序排列,地方性的法规先按行政区域再按时间先后排列。由于本汇编按季度编辑出版的,可以查阅到最新发布的法规。

有关某一方面、某一地区的法规汇编有:**中华人民共和国经济法规选编**(中国社会科学院法学研究所编,中国财政经济出版社,1980,上、下册),**中华人民共和国交通法规汇编**(中华人民共和国交通部编,人民交通出版社1992年起陆续出版,每年度1册),**中华人民共和国现行新闻出版法规汇编**(1991—1996)(中华人民共和国新闻出版署政策法规司编,人民出版社,1997),**中华人民共和国涉外法规汇编**(1949—1990)(中华人民共和国国务院法制局编,中国法制出版社,1991),**中国税收基本法规汇编**(1949.10—1999.9)(国家税务总局编,中国财政经济出版社,1999),**北京市房地产法规汇编**(1994.8—1996.4)(北京市房屋土地管理局编,北京大学出版社,1996),**中华人民共和国香港特别行政区基本法**(中国人民代表大会常务委员会法制工作委员会编,法律出版社1997)等。随着我国法制建设不断完善,这方面的书越来越多。

查中华人民共和国成立前的法规,可以利用:**中国新民主主义革命时期根据地法制文献选编**,韩延龙、常兆儒编,中国社会科学出版社1981年起出版。本书共分5卷,收入新民主主义革命时期各根据地颁行的主要法制文件,包括法律、法令、条例、章程,以及有关决议、指示、训令等。选收文件按其内容性质,分别不同时期和根据地加以编排。原文照录,某些经过删节的文件,均以(节录)字样注于篇名之后。

国民党政府的法规则可查:**中华民国法规大全**(徐百齐编,商务印书馆,1936)、**中华民国法规汇编**(附索引)(立法院编译处编,中华书局,1934)、**中华民国法规辑要**(1941)等。

20世纪三四十年代曾多次编纂出版过**六法全书**,这是当时国民党政府的宪法、民法、商法、刑法、民事诉讼法、刑事诉讼法六方面法规的汇编。此书曾数次出增订本。

当时关于某一方面、某一地区的法规汇编为数更多,如《外交法规汇编》《教育法令汇编》《北平市市政法规汇编》等等。

利用《中国法制史参考书目简介》(参见第八章)中的"法制史料类"和"法律法令类"所列的书目,可以检索近代(至建国前夕)政府的公报和法律、法令。

国外的法规汇编中译本较少,目前可以利用的有:**世界各国宪法汇编**(中国科学院法学研究所编,法律出版社,1964),**外国经济立法选**(中国社会科学院法学研究所民法研究室编,中国社会科学出版社1982年起陆续出版),**外国行政程序法汇编**(应松年主编,中国法制出版社,1999)等。

二、条约集的利用

中华人民共和国条约集,中华人民共和国外交部编,法律出版社、人民出版社、世界知识出版社等1957年起陆续出版,至1997年已出至第44集。本书逐年汇集中华人民共和国成立以来我国同外国签订的条约、联合公报、联合声明、协定、协议、议定书、换文、会谈纪要等。所收条约按性质分类,如政治类、经济类、文化类等。在每一类中,与同一国家签订的条约编在一起,按缔约时间先后排列,国家的先后次序按国名汉字首字的笔画顺序排列。随着与我国建交和友好往来的国家越来越多,自第32集(1985)以后,改按亚、非、欧、美、大洋洲、国际组织的顺序编排,在同一洲别中按对方国名的汉字笔画顺序排列。一部分未收入正文的条约性文件,仅开列条约名称,作为附录。自第42集(1995)起,又分为双边条约和多边条约两部分。

中外旧约章汇编,王铁崖编,三联书店1957年至1962年出版,1984年重印。全3册。本书收录了自1689年中国开始对外订立条约起,至1949年中华人民共和国成立前中国对外订立的所有条约、协定,还包括与外国企业、公司等订立的各种章程、合同。中国参加的国际公约在内容的性质上与中外约章不同,未加收录。本书收录的条约或协定,只是给研究中国对外关系史,特别是研究帝国主义侵华史提供参考资料。

本书中每一个约章都有一个附注,除说明有关约章的出处、使用文字、签约日期、地点外,必要时还说明约章的名称、交换批准的日期。全书编排依约章订立的时间先后为序。为便于查阅某一个国家的约章,每一册之后附有详细的约章分国表,按国家分类。我国与两个以上国家缔结的约章另立一类,称为"各国",这类约章仍按订立的时间先后排列。因此,我们既可以从约章签订的时间上来查找,又可以从约章签订国的途径来查找。例如,我们要查《中俄瑷珲条约》的内容,如果已知道确切的立约时间是 1858 年 5 月 28 日,那么很快就可以根据立约时间从目录上查出来;如果不知立约时间,也可以从各册后所附的《旧约章分国表》的"俄国"项目内,得知《瑷珲城和约》(原名)见该书第一册第 85 页。

国际条约集,1917 年至 1957 年 8 集,由世界知识出版社 1961 年至 1962 年编辑出版;1958 年至 1971 年 5 集,由商务印书馆 1974 年至 1980 年出版;1648 年至 1916 年 2 集,又由世界知识出版社 1984 年至 1986 年出版。本书选录编译了 1648 年威斯特伐利亚条约以来至 1971 年国际间的重要条约。我国和外国缔结的双边条约,因已编入《中华人民共和国条约集》和《中外旧约章汇编》,故不再列入。但我国参加的多边条约,仍予收入。

本书所收的条约按签字日期先后排列。条约来源在每个条约的后面注明。有些条约内容基本相同,为避免重复,只选其中一个条约为例,其余在附注中加以说明。条约附件仅选重要的译出。条约所附的地图或其他图画,均未复制。有些集子将所收条约编了"国别索引",以便查找。一般按签订的时间即可找到有关条约。例如:要查苏维埃俄国为了退出帝国主义战争而缔结的布列斯特和约,可以先利用《辞海》查出条约缔结时间在 1918 年,然后在 1917—1923 年的《国际条约集》中找到布列斯特和约全文。

第二节 统计资料的查找

在学习、工作和研究中,常需要掌握某一方面的统计数字。下面介绍几种反映国内建设的统计资料和国外的经济统计资料汇编。

中国统计年鉴,国家统计局编,中国统计出版社出版。本书

1982年8月首次出版,书名作《中国统计年鉴—1981》,以后逐年出版。编入1981年中国经济建设和社会发展的各项统计资料,还列有建国以来逐年的或重要年份的主要统计指标。书末附有《主要统计指标解释》,对主要统计指标的含义、统计范围和计算方法,以及历史上的变动情况,作了简要说明。内容分为综合、人口和劳动力、农业、工业、运输邮电、基本建设、商业、对外贸易和旅游、财政金融、物价、人民生活、教育科学文化、体育卫生等13个部分。台湾省主要经济指标,由于指标含义、统计方法不同,除另有注明的以外,暂未计入全国性统计数字。附录有《台湾省主要经济指标》《我国主要经济指标同国外比较》。本年鉴的统计数字带有权威性,以前发表过的数字,凡是与本书有出入的,均以本书为准。目前已出至1999年本,内容增至22个部分,收录了全国和各省、自治区、直辖市1998年经济和社会各方面大量的统计数据,以及历史上重要年份和近十年的全国主要统计数据。本年鉴内容和编排逐年都有充实和改进。

中国经济年鉴,薛暮桥主编,经济管理杂志社(后改为经济管理出版社、中国经济年鉴社)1981年起逐年出版。1981年本是首次刊行,除重点介绍1980年的经济情况外,还简要概述了中华人民共和国成立以来30年的经济发展。全书内容分8个部分,其中一个部分是"中国经济统计资料",从中可以查到经国家统计局核实订正的,1949年至1979年期间各项重要的统计数字。1982年本的经济统计资料部分除有"中国经济统计资料选编"外,还有"世界经济统计资料选编"。1983年本增加了更多的统计资料,但从此本起,不再选编"世界经济统计资料"。1984年本开始,各本都有"国民经济统计资料"部分。在各类专题论述中,也都附有有关图表与数字。目前已出至1998年刊。

另外还有一些专门的统计资料,如:**中国人口统计年鉴**(1988—)(国家统计局人口统计司编,中国展望出版社1988年起逐年出版,已出至1997卷)、**中国农村统计年鉴**(国家统计局农业统计司编,中国统计出版社1986年起陆续出版)、**中国物价统计年鉴**(1988—1994)(国家统计局城市社会经济调查总队编,中国统计出版社1988年起逐年出版)、**中国物价及城镇居民家庭收支调查统计年**

鉴(1999)(国家统计局城市社会经济调查总队编,中国统计出版社,1999),**中国证券期货统计年鉴**(1999)(中国证券监督管理委员会编,中国财政经济出版社1999),**中外经济数据信息大全**(潘金生主编,改革出版社,1995)等。

许多省、市、地区也编辑出版了本行政区划范围的经济、统计年鉴,如《上海统计年鉴》《江苏统计年鉴》《辽宁经济统计年鉴》《广州经济年鉴》等。

有关我国古代户口、田地、田赋统计资料的查找,可利用:

中国历代户口、田地、田赋统计,梁方仲编著,上海人民出版社,1980。本书根据二十五史、历代政书、部分地方志、文集,以及今人所编的有关统计资料,将西汉至清末2100多年间历代户口、田地、田赋统计数字,经过考核测算,分门别类,综合编辑为215份表格。每表下均指出资料来源。对于数字的核对、史实的考异以及专名诠释、版本校勘等,也都于附注中记明。书末附录有《中国历代度量衡之变迁及其时代特征》和《中国历代度量衡变迁表》。本书为研究我国经济、土地、人口的历史提供了重要数据,有很高的学术价值。

查阅外国的统计资料,可利用:

国际统计年鉴,1995年卷、1996年卷由张塞主编,1997年卷至1999年卷由刘洪主编。中国统计出版社1996年起陆续出版。这是一部综合性国际经济、社会统计资料书,收录了世界160个国家和地区的统计资料,对其中40多个国家的经济和社会发展状况以及世界主要企业的情况又作了详细的介绍。1999卷共分"世界概要""自然资源和环境保护""人口和人均主要经济指标"等17个部分。资料来源主要是各国际组织的年报、月报和各国统计年鉴、月报。每张表均附有资料来源。其中中国数据均以《中国统计年鉴》为准,所列国际组织有关中国的统计数据仅供参考。很多国家的最新资料主要是初步数和估计数。

世界经济年鉴,中国社会科学院世界经济与政治研究所世界经济年鉴编辑部编(后改为世界经济年鉴编辑委员会编辑)。中国社会科学出版社1980年起陆续出版。本年鉴创刊于1979年,先后编纂出版了1979年、1981年、1982年、1983—1984年、1988年至1997年

(每年1册)共14卷。1997年卷系1996年卷截稿以后的资料。这是一部反映世界各国和地区经济概况、考察世界经济发展动向、追踪世界上各经济部门的发展状况、介绍中外企业经营情况的大型工具书。资料来源具有权威性,主要采用联合国和世界银行有关机构的出版物、各国政府的有关经济报告和官方统计资料、各国报刊、年鉴等。每册均有"世界经济统计汇编"部分,统计资料一般截止于前一至二年。主要资料都注明来源,便于引用时与原资料核对。创刊号有不少回溯性的内容,用途颇广。

第十九章 计算机文献检索概说

当我们具体接触计算机文献检索时,先要了解相关的知识,如:计算机文献检索的必备条件,机读数据库及其类型,单机检索与联机检索,检索系统与数据库的选择方法等。

第一节 计算机检索与机读数据库

一、计算机文献检索的必备条件

计算机文献检索有三个必备条件:(1)硬件,即计算机主机及配套使用的各种外围设备。(2)软件,包括系统软件和应用软件。(3)数据库。

数据库(DB),又叫机读数据库,是按一定方式组织起来的,由计算机存储和读取的一批数据。其载体有磁带、磁盘、光盘等。

假如我们把硬件比作图书馆的馆舍,把软件比作图书馆的规章制度和管理人员,那么,数据库就好比是图书馆里装满图书的一间间书库。没有藏书,不成其为图书馆,不能供读者查阅资料;没有数据库,亦无法建立计算机文献检索系统,不能进行机检。可以说,数据库是机检的生命线。

二、数据库的类型

数据库有不同的类型,各有不同的用途,现简介如下。

(1)书目数据库(又称目录数据库),提供图书、论文的线索,就是计算机化的书目、索引、文摘。如中国国家图书馆等单位研制的《中国国家书目光盘》、上海图书馆研制的《中文社科报刊篇名数据库》等。

(2)事实数据库,提供人物生平、机构状况等基本事实,如中国科技信息研究所研制的《中国科研机构数据库》(CSI)、《中国科技名人数据库》(WHO'S WHO)等。

（3）数值数据库，提供统计资料、数据等，如家物价局价格信息中心的《农产品集市贸易价格行情数据库》，美国预测公司的《世界经济统计数据》、《世界经济预测》等。

（4）全文数据库，提供文献的原文。严格意义的全文数据库，可进行全文逐字检索。如中国社科院文学所的《全唐诗》数据库，北京鲁迅博物馆的《鲁迅全集》数据库，清华大学的《中国学术期刊（光盘版）》(CAJ-CD)等。

在上述四种类型中，事实数据库和数值数据库有时难舍难分，所以有些学者主张把两者合并，称"事实数值数据库"，或将数值数据库纳入事实数据库之中。

第二节　单机检索与联机检索

一、单机检索

用购买或租借的方式配置数据库，在一台计算机上独自建立文献检索系统，称单机检索。单机检索系统的拥有者可以是一个单位，也可以是个人。随着微机和光盘的普及，单机检索日渐增多，其特点是自由、直接、便捷。但个人或一个单位拥有的数据库毕竟数量有限，获取新信息不如联机检索及时。

二、联机检索

联机检索，即利用通信线路将众多终端与一个或多个计算机文献检索系统相连接，以达到数据库资源共享的目的。规模有大有小，可以是远程的联机检索，也可以是本地、本部门的联机检索。主机的数据库不断更新，所有终端都可以及时获得新信息。

三、国际联机检索

所谓国际联机检索，就是用户利用终端设备，通过通信网络与国外联机检索系统的中央计算机进行人机对话，从对方的数据库中查找所需要的文献资料。

国际联机检索起步于20世纪60年代中期,蓬勃发展于70年代。目前世界上较大的联机检索系统有100多个,著名的有美国的DIALOG系统、ORBIT系统,欧洲的ESA/IRS系统等。每个系统都拥有数量众多的数据库,数据不断更新。

我国开展国际联机检索业务始于20世纪80年代。1980年,我国建工总局等几个部委联合在香港设置了国际联机检索终端,与美国DIALOG和ORBIT系统连接,1981年正式开始为我国用户服务。接着,我国一些大学、文献信息机构陆续设置了国际联机检索终端。1992年,我国已在50多个城市设立了180多台国际终端,与国外DIALOG等21个大型信息系统连接,可随时检索全世界2000多个数据库的信息。国际联机检索是要收费的,包括电信费、联机系统使用费、数据库使用费,价格较昂贵。

关于国际联机检索的具体方法,已有许多专书可以参考,如我国南开大学出版社出版的《国际联机检索概论》,美国盖尔公司出版的《联机数据库检索服务指南》之类,这里不作介绍。

自1994年我国正式加入因特网之后,上网的单位和个人急剧增多,网络检索已进入办公室和家庭。那么,因特网检索和国际联机检索有何区别与联系呢?

国际联机检索系统和因特网的结构有所不同,组织信息的方式也有区别。"国际联机"是集中式结构,绝大多数系统由专人维护,定期更新信息,而且文献信息经过专业人员加工标引,学科针对性强。而因特网是网络的网络,呈分布式结构,处于"无政府"状态,信息良莠不齐。在因特网上,WWW采用超文本的方式组织信息,方便灵活,有交叉联想的优点,但专指性差,用户获得的信息往往缺乏系统性。[①]

"国际联机"与因特网又有密切的联系。这主要体现在:有不少国际联机检索数据库系统已开设了与因特网的接口(如DIALOG系统、STN系统等),它们都有用WWW方式做的主页。用户可以通

---

① 参阅谢新洲:《电子信息源与网络检索》,北京图书馆出版社1998年版。

过因特网访问DIALOG、STN等系统的数据库（多数数据库要收费）。问题是，因特网线路繁忙，"行路难"现象严重，连接不稳定，检索占用的机时长，费用大。而"国际联机"是通过网络专线或电话线检索的，直接、省时、干扰少。因此，行家建议，已经与DIALOG、STN等系统相连的用户，没有必要切断已有的专线连接。① 同时，要注意因特网上有许多"免费信息"，应充分利用。

第三节 检索系统与数据库的选择

计算机文献检索系统主要由三个部分组成：硬件、软件、数据库。这三个部分，就是上文已讲述过的机检的三个必备条件，其中数据库是关键。

如今，国内外的检索系统与数据库种类繁多，难以计数。当我们为了特定的目的进行机检时，要善于选择。选择时要考虑以下因素：

1. 语种　20世纪80年代之前，计算机文献检索系统及其数据库几乎是西文一统天下，用户对于语种几乎没有选择的余地。现在情况不同了，多语种的格局已经形成，中文的比重日趋增大。用户在选择检索系统与数据库时，可以根据课题的需要和自身的外语水平，考虑语种的选择。就人文社会科学领域而言，有关我国传统文化方面的内容，可多利用中文的检索系统与数据库；有关外国政治、经济、法律、文化等方面的内容，则可多利用外文的检索系统与数据库。

2. 类型　用户在选择数据库时，应对数据库的类型有所了解。因为类型不同，所能达到的检索目标也不同。例如《中文社科报刊篇名数据库》(SKBK)属目录数据库，《中国学术期刊光盘版》(CAJ-CD)属全文数据库。如果用户的检索目标是二次文献，可利用前者；如果用户的检索目标是一次文献，则利用后者。

3. 专业范围　各种数据库的专业覆盖面有各自的特点，例如《中国学术期刊光盘版》(CAJ-CD)虽是综合性的，但更偏重于理工农医方面的内容，文史哲方面的内容比重较少。而《中文社科报刊篇名数据库》(SKBK)以"社科报刊"为收录范围，文史哲的比重大。假如

---

① 王晓玲：《Internet、国际联机与信息服务》，《大学图书馆学报》1996年第6期。

我们要查找历史研究方面的文献,应当首选 SKBK,再以 CAJ-CD 补充。

4. 时间跨度　各种数据库存储文献的时间跨度有大有小,有些数据库跨度达十余年甚至数十年,有些则是近几年或当年的,并非跨度越大越好,这要与检索目标联系起来考虑。如果检索课题是文献普查式的,即用户需要系统了解与课题有关的历史资料和当前的动态资料,则选择时间跨度大的、较完整的数据库为宜。如果用户只需要了解最新发展动态,则选择那些内容更新快的、及时收录近期文献的数据库。

要了解各种数库的内容、特点,可查阅数据库目录(如《中国数据库大全》之类)。有些机检系统本身就有数据库索引,如 DIALOG 系统中的 411 文档,就是帮助用户选择数据库的工具。

第二十章　检索意图与检索策略

本章讨论机检的操作技术问题。

机检的过程,实际上是人机对话的过程。用户想把自己的检索意图被计算机理解并"付诸行动",就必须按照事先设定的表达格式进行操作。在检索过程中,还要善于调整检索策略,以期获得最佳的检索效果。

第一节　检索意图的表达方式

检索意图的表达方式,又称检索方式或提问式。大体可分为三种:菜单方式、指令方式和超文本方式。

一、菜单方式

检索系统向用户展示逐级展开的菜单,用户只要按照菜单的指引,确定选项,便能将检索一步一步地进行下去。这是一种直观、易学的检索方式。

现以《中文社科报刊篇名数据库》(SKBK)为例。[①] 进入 SKBK 检索系统后,主窗口标题下就是检索功能菜单栏:1.数据库,2.检索,3.打印……若点击"1.数据库",则出现下拉式菜单,列出"中文社科报刊篇名(光盘)"和"中文社科报刊篇名(最新数据)"。前者是历年累积的数据,后者是新增的数据,供用户选择。

二、指令方式

由用户输入一些特定的操作指令(包括检索词或逻辑表达式)来

[①] 《中文社科报刊篇名数据库》从 2000 年的年度版开始,更名为《全国报刊索引数据库(哲社)》,但 1993—1999 年累积版仍沿用旧称。

实施检索。其优点是直接、快捷，可以精确地表达检索意图，并可及时调整检索策略，得到比较理想的检索效果。但不同的检索系统往往有不同的指令表示方式，用户要具备一定的计算机专业知识和操作技能，并事先了解该检索系统的操作指令，才能顺利进行检索。

三、超文本方式

检索系统按众多文本中的知识单元及其相互关系编织成知识结构网络。当用户阅读某一文本时，点击其中有特殊标志的名词术语，即可浏览与之相关的文本。例如，用户阅读《中国大百科全书》(光盘1.2版)中国文学卷中的"梁启超"条，见其中"康有为"、"《新民丛报》"、"《新小说》"等处呈蓝色并有下划线。如果点击《新民丛报》，屏幕即显示详细介绍《新民丛报》的专条，在该条又见"《饮冰室诗话》"、"新民体"等处呈蓝色并有下划线。如果点击"新民体"，屏幕即显示介绍"新民体"的专条。

显然，超文本方式向用户提供了更加友好的人机交互界面。如今，已广泛运用于网络检索中，不仅采用超文本，而且采用超媒体技术了。

第二节　检索入口的确定

检索入口，又称检索点。文献的分类号、题名、著者、出处、主题词(或关键词)等等都可以作为检索入口，从而形成不同的检索途径。

现将最为常用的检索途径分析如下。

1. **分类途径**　检索系统按照文献主题内容所属的学科体系和事物性质进行分类，并以分类号进行标引。用户在检索时，先要判断所需文献在分类体系中的位置，查明其分类号，再以分类号作为入口进行检索。分类途径能较好地满足族性检索的需要，所获取的文献系统性较强，但专指性较弱。使用这一途径必须准确地判断分类号，否则容易造成漏检或误检。有时可采用"摆渡"的方法，即：先通过其他途径查得若干篇切题的文献，记住这些文献标出的分类号，再用这些分类号进行检索。

2. 主题途径 检索系统从文献中抽出能揭示文献的实质性内容并具有检索意义的主题词或关键词,供用户检索。用户选择主题词或关键词作为检索入口,直接以词或词组作为检索词,专指性强,适合查找比较具体、专深的问题,但难以满足族性检索的要求。

3. 题名途径 用户根据已知书名、篇名进行检索的途径。这是专指性很强的检索途径,但由于用户在使用这一途径时,未必都能一字不差地记住书名或篇名,所以检索系统在题名字段往往设定模糊检索的方式。例如,用户想查找一本有关《唐诗三百首》的书,但忘了书名叫《唐诗三百首详注》还是《唐诗三百首详析》,此时只需在题名入口键入"唐诗三百首",屏幕便显示一连串书名中含有"唐诗三百首"的书,如《唐诗三百首详析》《唐诗三百首详注》《新评唐诗三百首》《唐诗三百首注疏》《新注唐诗三百首》《唐诗三百首评注》《唐诗三百首新注》《新编唐诗三百首》《新选唐诗三百首》等等,供用户选择。

4. 著者途径 用户根据已知作者姓名进行检索的途径。这一途径对于了解某一学者的著作状况、研究路向很有用。同时,由于科研人员的研究方向相对稳定,同一作者名下往往集中了学科内容相近或有内在联系的文献,所以这种途径有时能作为分类途径或主题途径的补充。但要注意,由于同姓名的现象比较普遍,有时键入一个著者姓名后,竟出现数量惊人的文献,其实这些文献的著者是好几个人。

现以《中文社科报刊篇名数据库》(SKBK)为例,进一步说明检索入口的问题。

SKBK 的累积版存储了我国自 1993 年以来发表在数千种报刊上的 100 余万篇文章的信息。一篇文章用一条记录来揭示,一条记录又划分为分类、题名、著者、出处、年份、人名(题中人名)、主题等 7 个字段,[①]这 7 个字段的代码依次为 ABCDEFG,如下例:

[序号]564784

A→[分类]J401

---

① 自 1999 年下半年起,又增加"单位"(指著者单位)字段。但由于许多报刊在发表文章时未注明著者单位,因此,数据库中的单位字段往往空缺。

B→[题名]新闻摄影审美风格形态学的新开拓:评蔡子谔、顾棣著《崇高美的历史再现》
C→[著者]庄钟文
D→[出处]社会科学战线.-1996.(2).-277-278
E→[年份]1996
F→[人名]蔡子谔;顾棣
G→[主题]摄影艺术;艺术美学;书评;崇高美的历史再现

这7个字段都是可检索的字段,都可以作为检索入口。SKBK在字段列表框中列出7个字段的名称及其代码供用户选择,用户应首先选定以什么字段作为检索入口(即"当前检索字段")。如果用户不选定,系统就默认当前字段为"A=分类"。

第三节 精确匹配与模糊检索

选定某一字段作为检索入口以后,便可进行检索。但要注意,各字段事先设定的匹配规则有所不同,有的字段允许用户用"任意一致"的方式检索,有的字段只允许用"完全一致"或"前方一致"的方式检索。你先要摸清它们各自的"脾气",才能顺利地和它们打交道。

例如,《中文社科报刊篇名数据库》(SKBK)规定,题名字段可进行"任意一致"的检索,而其他字段只能进行"完全一致"或"前方一致"的检索。"完全一致"属于精确匹配;"前方一致""任意一致"属于模糊检索。以下分述之。

一、精确匹配

精确匹配又叫"完全一致"。要求输入的检索词,与数据库中的文献标识完全匹配,才能命中。例如用户想查刘开扬发表的文章,必须在著者字段准确无误地输入"刘开扬"三字,才能命中刘开扬的文章。如果输入"刘开杨",则不能命中。以精确匹配方式进行检索,专指性极强,查准率高。

二、模糊检索

模糊检索不要求严格匹配,只要求部分一致,如"前方一致""后方一致""任意一致"等。

有时用户可能记不清字符串的全部，只记得开头一两个字，这时可以进行"前方一致"的检索。如果在著者字段输入"刘开?"，便可查到"刘开""刘开强""刘开渠""刘开扬"等人写的文章。这时用户受到提示，唤醒记忆，确认要找的是刘开扬，进而找到所需要的文章。

其实，"前方一致"不仅是为了解决用户记忆模糊的问题，更重要的是可以同时检索一连串意义相关的词或词组，提高检索效率。例如在主题字段输入"经济?"，便可查到"经济""经济学""经济法""经济决策""经济预测""经济效益审计""经济责任制"等等。

SKBK规定，在分类字段也可以进行"前方一致"检索，例如输入"G21?"，便可命中分类号分别为G21、G210、G211……G219的文章。

"前方一致"检索又叫"后截词"检索，截断符通常为"?"。截词检索技术在计算机文献检索系统中已被广泛运用，其类型除了上述"后截词"（前方一致）外，还有"前截词"（后方一致）、"中截词"（前后方一致）、"前后截词"（中间一致）。但最为常用的是"后截词"和"前截词"。

关于"后截词"（前方一致），上文已举例。至于"前截词"，即"后方一致"，同样可以用来表达一连串概念相关的检索词，相当实用。例如，输入"?经济"，便可查到"计划经济""市场经济""知识经济""生产力经济""国民经济""管理经济""技术经济""生态经济"等等。但SKBK并未设定"后方一致"的匹配规则。

"任意一致"是模糊检索中最为自由者。例如，SKBK规定题名字段可进行"任意一致"的检索，如果用户输入检索词"出版"，则《出版系统探论》《广东出版史概述》《商务印书馆与近代教科书的出版》等文章都可以命中。

第四节　布尔逻辑检索与加权检索

一、布尔逻辑检索

利用布尔运算符列出逻辑表达式,用于计算机文献检索,称布尔逻辑检索。[1] 常用于机检的布尔算符有逻辑与(＊)、逻辑或(＋)、逻辑非(－)。见示意图(图20-1)。

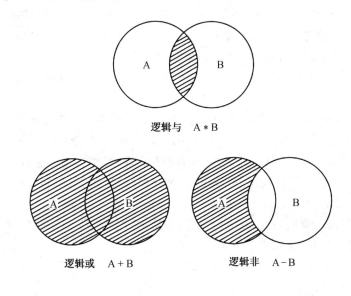

图 20-1　布尔算符图

1. 逻辑与(AND)＊　假设 A 和 B 是两个检索词,则 A＊B 表示 A 与 B 必须同时存在。

运用"逻辑与"表达式,有助于明确限定检索范围。例如用户想通过 SKBK 的题名字段查找有关新闻美学的论文,输入"新闻"二字,命中 4070 篇之多,太宽泛;如果输入"新闻＊美学",则命中《戈公振的新闻美学实践》《新闻的美学属性》等 20 篇切题度高的文章。[2]

---

[1] 布尔(1815—1864),英国数学家,逻辑学家。数理逻辑的奠基人。
[2] SKBK 的数据是不断增添的。这是1999 年初检索时的统计数字。

换一个角度看,"逻辑与"又能防止漏检。例如用户输入"新闻美学"四字,可命中《戈公振的新闻美学实践》等6篇文章,但漏检了《新闻的美学属性》《新闻标题中的美学》等14篇文章。因为计算机系统只认"新闻美学",不认"新闻的美学"或"新闻……美学"。计算机系统对于你的命令是绝对忠实的,同时又是死板的。但你不能怪计算机笨,只能怪你自己的检索策略有问题。如果你运用"逻辑与"的表达式"新闻*美学",被漏检的14篇又找回来了。

在使用SKBK时还要注意一个问题:键盘输入布尔算符时,算符左右须各有一空格(半角)。为了防止失误,可不采用键盘输入方式,而用鼠标点击布尔检索对话框中供选用的算符。

2. 逻辑或(OR)+　A+B,表示A或B任何一个词存在都可以(当然,A和B同时存在也可以)。

"逻辑或"表达式,有助于提高查全率。例如某用户想查找研究杜甫的论文,先是在SKBK题名字段输入"杜甫",命中540篇。后来考虑到研究杜甫的论文的标题未必都出现"杜甫",也可能出现"杜诗""李杜"。于是改用"杜甫+杜诗+李杜"表达式,果然命中608篇,比原先增加了68篇。

SKBK规定,在布尔表达式中,检索词可多达15个。但要注意,滥用"逻辑或"会降低查准率。

3. 逻辑非(NOT)-　A-B,表示A必须存在,但不能有B存在。

"逻辑非"表达式,主要用于排除那些与检索意图无关的文献,提高查准率。试举一例。

上文已说过,用SKBK查找新闻美学方面的论文,输入"新闻*美学",命中20篇论文。如果改用"新闻*美"检索式,则可命中149篇,比原先增加129篇。粗看这数字,以为大大提高了查全率,但浏览后发现,增加的129篇分两种情况:一是切合课题需要的,如《论科技新闻美》《新闻作品内容的审美品格浅说》等文章;二是与课题无关的,如《美国乐坛的两则意外新闻》《美国的新闻教育》之类。后者占了一大半,它们标题上出现的"美"字,不是审美的"美",而是美国的"美"。为此,需要用"逻辑非"表达式,排除那些标题上有"美国"字样的文章：

(新闻 * 美)—美国

检索结果,命中72篇,大部分是切合课题需要的。

可见,"逻辑非"有助于排除无关文献。但使用"逻辑非"一定要谨慎,因为它有时会把有用的文献一起排除掉。例如上述"逻辑非"表达式,会排除《美国新闻界对新闻美学的研究》这样与研究课题有关的文献。

4. 关于"优先级"问题 当布尔算符在一个检索式中连续出现时,它们的"级别"是不同的。SKBK规定：一优先级最高,*次之,＋最低。也就是说,最先起作用的是一,然后是*,最后是＋。但是,可以用括号()改变优先级,类似算术表达式。了解这一点很重要,否则,你列出的布尔检索式可能与你的实际意图不一致。例如有道检索题："查找研究唐宋诗歌的论文",甲、乙、丙三人列出不同的检索式：

甲：唐＋宋 * 诗
乙：(唐＋宋) * 诗
丙：唐 * 诗＋宋 * 诗

甲是错的。因为 * 优先于＋,这个检索式表达的意思是：要求"宋"与"诗"同时存在,或者只要"唐"存在。这就与检索题的意图不符了。乙用括号改变了优先级,符合检索题的意图。丙式外表与乙式不同,但表达的意思相同,也是对的。我们用SKBK分别检索甲、乙、丙三式,结果甲式命中2868篇,查准率低,把凡是涉及唐代、唐姓的文章都找来了。乙式和丙式都是命中590篇,查准率高。

5. 跨字段的复合检索 上文讨论的,是在同一字段之内运用布尔算符的问题。现在讨论布尔算符的跨字段运用,即复合检索,又称多重检索。

SKBK规定,进行复合检索时,应在检索词前冠以字段代码。如,欲了解"王蒙在1997年发表了哪些文章",检索式为：

C＝王蒙 * E＝1997

当其中某一字段为当前检索字段时,则可省略其字段代码。对于以上检索式,如果当前检索字段为"著者",则其检索式可简化为:

王蒙＊E=1997

应当灵活运用跨字段检索与模糊检索,以利于提高检索质量。例如,要查找研究唐代军事问题的论文,可列出检索式:

B=唐＊A=E?

这里的 E 是军事大类的标记符号,"E?"表示以 E 为首的所有分类号。上列检索式所表达的意图是:需要标题上出现"唐"字的军事类论文。也可将检索式列为:

G=唐？＊A=E?

这表示:需要主题是"唐"或"唐……"的有关军事类的论文。
用以上两个检索式查到的论文,可以互补。

二、加权检索

用户将检索课题分析后列出若干检索词,并对每个检索词给出表示其重要程度的数值(加权),如 50、30、20、10 等。数字越大,表示重要程度越高。计算机把数据库中含有这些检索词的文献进行加权计算,按权值大小排序(如 100、80、60、50、30……),并把权值在规定界限(例如 80 或 60)以上的文献输出,这叫加权检索法,又称定量检索法。这种方法可以将命中文献按其切题程度分为若干等级,克服不分主次罗列文献的缺陷,是提高查准率的重要方法。

有些检索性的电子出版物,设置了词频选择功能,这实际上也是加权检索的一种。中国出版年鉴社出版的《中国出版年鉴(1980—2000)》光盘,就是具备词频选择功能的。今举例如下。

该光盘将 20 册《中国出版年鉴》近 4000 万字的资料压缩在一张光盘中,支持全文检索(逐字检索)。假设用户想从中查找有关电子出版物的资料,并要求进行全文检索,可将检索范围设定为"正文",在检索框内输入"电子出版物",在词频选择框中选"不限"。

鼠标点击"检索"按钮后，屏幕即显示324篇（条）文章的标题供选择。它表明：在20册《中国出版年鉴》中，正文出现关键词"电子出版物"的文章或条目共有324篇（条）。显然，在这324篇文章的正文中，关键词"电子出版物"出现的次数（词频）并不一样，有的可能只出现1次，有的可能出现10次以上，词频越大，有关"电子出版物"的信息量越多。在"词频"对话框中，读者可以选择"无"（对关键词出现次数不作限定，1次及1次以上都需要），也可以选择"2"（必须出现2次及2次以上），直至选"10"。现依次选择不同的词频，命中记录数量如下表：

关键词	电子出版物				检索范围			正	文	
词　频	不限	2	3	4	5	6	7	8	9	10
命中记录	324	178	117	83	62	52	36	31	26	22

随着词频的逐渐增大，命中文献的篇数越来越少，但与检索目标"电子出版物"的相关程度（即切题程度）却越来越大。

《中国出版年鉴》光盘支持正文的全文检索，同时又用词频选择的方法区分文献内容与检索目标的相关程度，运用的就是加权法的原理。

第五节　检索策略及其调整

检索策略，是指为了实现检索目标而制订的全盘计划，是对整个检索过程的谋划和指导，包括课题分析、选择数据库、确定检索入口、拟定检索用词和检索式。

课题分析，着重要搞清楚该课题要解决的实质问题。这是制定检索策略的根本出发点，也是检索效率高低的关键。具体说来，要明确以下问题：

（1）研究课题的主题；
（2）课题所属学科和相关学科；
（3）课题所需文献的内容及其特征；
（4）课题所需文献的类型，如：是专著还是报刊文章？是学位论文还是专利？

（5）课题对查新、查准、查全的不同要求。若要了解某学科、某理论的最新进展,则要检索最近发表的文献,强调"新";若要解决某个具体问题,则要检索针对性强的文献,强调"准";若要撰写综述或专著,想了解某课题、某事实的前因后果,则要检索系统的、时间跨度大的文献,强调"全"。

关于选择数据库和选择检索入口等问题,上文已讲述。

这里着重谈检索策略的调整问题。

用户要善于对机检的结果进行分析判断,如果对检索结果不满意,应对检索策略作出相应调整,直至得到比较满意的结果。

检索词是构成检索式的基本单元,而检索式是检索策略的具体表述。因此,及时修改检索式是调整检索策略的重要环节。

有时,检索到的文献量太多,许多不切题的文献被误检。其原因可能是：(1)检索词的意义太笼统、太宽泛；(2)检索词本身具有多义性；(3)截词截得过短。这时策略调整的主要目标是缩小检索范围,提高查准率。具体方法是：(1)提高检索词的专指性；(2)增加限制概念,用"逻辑与"算符将它们连接起来；(3)发挥跨字段检索的限制功能；(4)使用"逻辑非"算符,排除无关文献。

有时,检索到的文献量过少,许多重要文献被漏检。其原因可能是：(1)选用了不规范或不通用的名词术语作为检索词；(2)未能充分运用同义词；(3)没有注意运用上位概念或下位概念。这时策略调整的主要目标是扩大检索范围,提高查全率。具体方法是：(1)注意检索词的规范性、通用性；(2)增加同义词,用"逻辑或"算符将它们连接起来；(3)注意使用截词符；(4)减少限制条件,如减少"逻辑与"算符,去除已有的字段限制等。

第二十一章 光盘检索

光盘,是一种利用激光将信息写入和读出的高密度存储媒体。目前用于检索的光盘一般采用直径为 12 厘米的只读光盘(CD-ROM),容量为 650 兆,相当于 3 亿多汉字。本章讲述光盘检索的优势,并分类介绍全文型光盘数据库、目录型光盘数据库和事实型光盘数据库。

第一节 光盘检索的优势

以光盘为载体的数据库应用于文献检索,起步于 20 世纪 80 年代。此后,光盘数据库迅速发展,深受用户欢迎。90 年代中期,随着因特网的推广,网络检索亦逐步普及。当今,虽然因特网十分火爆,但光盘检索依然吸引着千千万万的用户,这是为什么?因为光盘检索有其自身的优势:

(1) 光盘体积小,容量大,方便灵活。如文渊阁《四库全书》收书 3400 余种,36000 余册,本需一座藏书楼存储,而制成光盘仅百余张,用办公室一个抽屉即可存放。又如《中国出版年鉴(1980—2000)》,精装 20 巨册,制成光盘仅一张,可放入衣袋随身携带。在十多年前,这是不敢想象的事。光盘数据库与一台计算机及相应的软件配合,便可自立门户,形成一个文献检索系统,省却网络检索所必需的电信设备(当然,它也可以在网络环境下运行)。

(2) 光盘数据库可以一次购买,反复使用;一人购买,多人使用。使用得越多,相对成本越低。而网络检索,使用一次,付费一次;使用时间越长,经济负担越重。

(3) 光盘数据库的学科针对性强,文献信息经过专业人员深度加工与标引,保证了较高的查准率和查全率。而因特网上各类信息自由泛滥,缺乏约束机制,大量有用的信息被淹没在无用的信息之中,查准率和查全率时常受到威胁。

（4）光盘检索直接、省时,而因特网由于带宽难以承受飞速增长的信息流,经常"堵车",等待的时间令人难以忍受。人们戏称,WWW(World Wide Web 万维网)的最新注解变化成了 World Wide Wait(全球等)。①

当然,一张光盘的容量虽然比磁盘大数百倍,但仍不能满足需要,专家们正在研制容量更大的光盘。光盘的信息更新也不如网络及时,这是不足之处。

第二节　全文型光盘数据库举要

一、《中国学术期刊》光盘版(CAJ-CD)

这是我国第一个大规模集成化学术期刊全文检索系统,由清华大学光盘国家工程研究中心和北京清华信息系统工程公司联合创办。1996年12月创刊。它的基本面貌:

（1）是全国主要学术期刊的全文集合体。1997年收期刊2000余种,1998年收3000余种。

（2）是"现刊"的集成。各期刊编辑部将本刊当期的定稿或已录制的磁盘或光盘交 CAJ-CD 中心,由 CAJ-CD 中心入编、制作成光盘。每张光盘录入期刊数百种。各家期刊的印刷版与光盘版几乎同步出版。

（3）学科覆盖面广。选入自然科学、工程技术、人文社会科学领域的重要期刊。1997年至1998年,分为8个专辑:

  A　　理工 A 专辑(数理科学与电子技术)　　月刊
  B　　理工 B 专辑(化学化工能源与材料)　　月刊
  C　　理工 C 专辑(工业技术)　　月刊
  D　　农业专辑　　月刊
  E　　医药卫生专辑　　月刊

---

① 迪章:《因特网塞车何时休》,《光明日报》1999年6月16日13版。

F	文史哲专辑	双月刊
G	经济政治与法律专辑	月刊
H	教育与社会科学综合专辑	月刊

从 1999 年开始,改为 9 个专辑,即新辟"电子技术与信息科学"专辑,内容包括:电子、无线电、激光、半导体、通讯、计算机、自动化、新闻、出版、图书、情报、广播、电视、科学研究。原 8 个专辑的内容相应作了局部调整。

(4) 检索途径多。包括期刊检索(含整刊检索与期刊简介)、专项检索(含篇名检索、作者检索、摘要检索、关键词检索、分类检索等)、全文检索。全文检索是 CAJ-CD 的一大特色:用户任意输入一词,即可检索出包孕该词的所有文章。

(5) 不论用何种方式检索到的文章,都可以按原版方式在屏幕或打印机上输出。

CAJ-CD 适宜于追踪新发表的文献,却不便于进行回溯性检索(需要逐张光盘查找)。为此,自 1998 年以来,采取了以下改进措施:①出版《索引盘》。一张索引盘揭示半年或一年间若干专辑收录的文献。②出版《专题文献数据库》。按年度出版,细分为 82 个专题,每专题 1—3 张光盘。如 1997 年度企业经济专题,收文献 4393 篇,光盘 1 张。③出版网络版,读者可通过"中国知识资源总库"(www.cnki.net/oldcnki/index4.htm)分专辑进行题录检索或全文检索,免去逐张翻阅光盘之劳。CAJ-CD 电子杂志社还在全国各地建立了许多"镜像站点"。所谓镜像站点,就是拥有与中心网站相同的数据库和功能,并与中心网站基本保持同步更新的站点。

二、《中国大百科全书》(图文数据光盘)

北京东方鼎电子有限公司制作,中国大百科全书出版社出版 1999 年 1 月出版。这是 74 卷本《中国大百科全书》的电子版。1.2 亿字,彩图和黑白图片共 5 万幅。24 张光盘(第 24 张为总索引),定价 2980 元。读者可以根据学科归属从相应的光盘中查找自己需要的条目。如果学科归属不明,可先通过本系统提供的《总索引》查找。该光盘采用超文本数据库结构揭示各条目之间的复杂逻辑关系,相关条目之间可跳转检索。读者可将查得之内容保存或打印。

2000年10月出版1.1版,仅4张光盘,定价降至50元,内容不变,但不能保存或打印。

2001年出版1.2版,光盘4张,定价60元。补充了部分新资料和新图片,新增全文检索功能,并可打印。

三、中国法律法规大典

中国政法大学编辑监制,北京博利群电子信息公司开发制作,电子工业出版社1999年出版发行。收录我国1949年至1999年颁布的法律法规42500余篇,计1.8亿字,浓缩在一张光盘中。

已出版的法律法规数据库有好几种,较著名的还有北大法学院研制的《法律之星》,包括若干子数据库,有光盘,同时上北京大学法学院主页(http://www.law.pku.edu.cn)。

四、《古今图书集成》图文数据光盘

广西金海湾电子音像出版社、广西师范大学出版社,1999年。

关于《古今图书集成》,已见本书第十二章第三节介绍。这套光盘共28张(含索引盘1张)。以图形版形式,再现《古今图书集成》的最初版本——雍正六年武英殿铜活字本的面貌。索引数据库由广西大学林仲湘等研制,包括30多个子库,如:经纬分类目数据库、图表数据库、人物传记数据库、艺文数据库、药方数据库、画名数据库、动物数据库、植物数据库、食品数据库等。

五、《四库全书》原文电子版

济南开发区汇文科技开发中心研制,武汉大学出版社,1997。用图像方式存储影印本文渊阁《四库全书》,共计153盘。可按书名、作者、作者朝代检索,但不能进行全文逐字检索。系统提供按书、册、页为单位翻阅、缩放显示、打印等功能。

此外,香港迪志文化出版有限公司和上海人民出版社联合出版电子版《四库全书》。1999年出版"原文及标题检索版"(据影印本文渊阁《四库全书》制作),167盘。另出"原文及全文检索版",175盘。

第三节　目录型光盘数据库举要

一、中国国家书目光盘

中国国家图书馆、上海图书馆、中山图书馆、深圳图书馆合作研制。包括：(1)《中国国家书目回溯光盘》(1949—1974)，著录图书24万余种；(2)《中国国家书目回溯光盘》(1975—1987)，著录图书15万余种；(3)《中国国家书目光盘》(1988—1998)，著录图书约40万种。最后一种半年更新一次，及时报道我国大陆出版的图书。检索途径：题名、作者、主题、关键词、分类号、出版社等。支持布尔逻辑检索。

二、中文社科报刊篇名数据库(SKBK，后更名《全国报刊索引数据库》)

上海图书馆研制，1995年4月通过文化部鉴定。起先发行软盘版，后改为光盘版。使用方法已见上一章介绍。该数据库收录报刊数逐年增多。至1999年，收录全国哲学社会科学期刊4500余种，报纸170余种；2000年，收录期刊5000余种，报纸200余种。著录1993年(部分为1992年)以来报刊上发表的文章(题录)，光盘每季度更新。1993—1999年累积版为一张光盘，称《中文社科报刊篇名数据库》(SKBK)，收录数据140万条。2000年度改称《全国报刊索引数据库(哲社)》，一张光盘，每季更新，全年数据量为25万条。与此同时，出版《全国报刊索引数据库(科技)》。2002年度，版本由2.0升级为3.0。

最近，出版回溯性光盘。已出《全国报刊索引数据库(1951—1992)》(哲社)、《全国报刊索引数据库(1857—1919)》(综合)。正在制作《全国报刊索引数据库(1920—1949)》(综合)。

三、中国人民大学书报资料中心系列光盘

中国人民大学书报资料中心发行的光盘分三个系列，其中第一、

二系列为目录型光盘数据库,第三系列属全文数据库,今一并介绍。

(1)《复印报刊资料专题目录索引》光盘

收录1978年以来书报资料中心所复印的百余个专题的文章的题录,一张盘,每年更新。2000年的数据量为60—70万条。

(2)《报刊资料索引》光盘

这是印刷版《报刊资料索引》的电子化产品。与上一种索引不同之处是:已复印和未复印的文章题录一并收录。至2000年,数据量已达300万条,大约相当于上一种索引的5倍。共三张光盘,1978—1997年的数据分为A、B两盘。

A盘内容:①马列、哲学、社科总论类;②政治、法律类;③经济类。

B盘内容:④文化、教育、体育类;⑤语言文字、文学艺术类;⑥历史、地理类;⑦科技、生态环境、出版及其他类。

第三张盘是1998—2000年的数据,包括所有专题。数据按年度更新。

(3)《复印报刊资料全文数据库》光盘

这是《复印报刊资料》的电子化产品。1995年至1996年,每年按专题分4张光盘出版。1997年度开始,每季度百余个专题的全文汇于1张光盘,一年4张。

四、中文科技期刊篇名数据库

中国科技信息研究所重庆分所1989年建库。先以软盘形式发行,1992年6月开始发行光盘版。1997年版共收录期刊5500余种(其中有港台核心期刊200余种)。记录始于1989年,累计报道文献200余万条,年报道量约30万条。光盘每三个月更新一次。检索途径:分类号、主题词、著者、篇名、刊名等。可运用布尔逻辑算符进行复合检索。

本数据库所收期刊,实不限于狭义的科技期刊,还有一部分经济、文化、教育、图书情报等社科领域的期刊。

五、中国学位论文数据库(CDDB)

中国科技信息研究所万方数据中心研制。收录我国博士、硕士学位论文,内容包括自然科学和社会科学领域。1997年版光盘著录14.5万篇,可检索字段为:论文题名、作者、专业、授予学位、导师姓名、授予学位单位、分类号、出版时间。

六、DAO

DAO(Dissertation Abstracts Ondisc)是美国 UMI 公司研制的学位论文文摘光盘数据库,收录美国、加拿大和欧洲500余所大学的学位论文,文献量已达100余万条,每年新增4万余条。可检索字段有文摘、导师、作者、授予学位日期、学位名称、出版日期、学校名称、主题词、论文标题等等。用户检索出所需论文后,可据编号向 UMI 公司索购论文的印刷本或缩微品。

第四节 事实型光盘数据库举要

一、中国企业公司及产品数据库(CECDB)

中国科技信息研究所万方数据中心研制。介绍中国主要企业、公司,内容有企业名、负责人、地址、电话、传真、性质、进出口权、注册资金、固定资产、职工人数、营业额、利润、创汇额、企业概况、主要产品等等。1997年中文版记录15万条,英文版8万条。光盘半年更新一次。

二、中国科学技术成果数据库(CSTAD)

中国科技信息研究所万方数据中心研制。这是国家科委指定的成果"查新"数据库,收录1984年以来各地经鉴定后上报国家科委的科技成果。内容有项目名称、研制单位、研制人、通信地址、成果简介、鉴定部门、鉴定时间、成果转让情况等等。1997年版记录18万条。光盘一年更新一次。

三、中国科研机构数据库(CSI)

中国科技信息研究所万方数据中心研制。1995年开始发行。1997年中、英文版各1万条。主要内容为机构名称、负责人、通信地址、成立年代、科研人员数、科研成果、研究范围、产品信息、出版物等。

四、中国科技名人数据库(WHO'S WHO)

中国科技信息研究所万方数据中心研制。中、英文光盘,1996年开始发行。1997年版收录1万余人。主要内容:姓名、职称、个人情况、科学研究或管理成就、专著、论文、获奖情况等。光盘1—2年更新一次。

第二十二章 网络检索

本章主要讨论在因特网上检索文献信息的问题。首先讲解一些基本概念、基本知识，然后讲述具体的操作技能。

第一节 几个基本概念

一、从 internet 和 Internet 的中文名称说起

自 1995 年以来，Internet 及其相关的名词越来越频繁地出现在各种媒体，但与之相对应的中文名称却很不统一，在一定程度上造成了概念的混乱。为此，1997 年 7 月 18 日，全国科学技术名词审定委员会在京宣布了"Internet 及其相关的名词"中的 17 个推荐名，其中 internet 取名互联网，泛指由多个计算机网络相互连接而成的网络；Internet 取名"因特网"，专指由美国阿帕网（ARPAnet）发展而成的、全球最大的、开放的、由众多网络相互连接而成的计算机网络，主要采用 TCP/IP 协议。

网络按其规模大体可以分为局域网（LAN）和广域网（WAN）两大类。局域网就是局部区域的计算机网络，规模较小，例如在一所大学或一座大楼内；而广域网一般横跨两个或许多个地理区域（市与市、省与省等），如中国教育和科研计算机网（CERNET）。

现简述 Internet 的来由。1969 年，美国国防部高级研究计划局（ARPA）投资进行计算机网络的研究。到 70 年代，ARPA 已有几个计算机网络在运行，但遇到一个很麻烦的问题：每个网络都连接一组计算机，用户可以在网络内部互相通信，但不同网络之间的计算机却无法通信。后来 ARPA 研究出将不同的局域网连接起来形成广域网的方法。为了区分这个特殊的广域网和通常的网络互联的概念，人们将 internet 的第一个字母大写。此后，Internet 迅速发展为

国际互联网,中译名为因特网。

二、TCP/IP

即传输控制协议/网际协议,是通过因特网连接计算机系统的标准网络通信协议。

如上所述,因特网是世界范围的"网络的网络",它可以把世界各地的计算机连接起来。但所有这些计算机都必须使用同样的频率和数据格式,这就是 TCP/IP。简言之,它是因特网上使用的通信协议,是维系因特网的基础。

当然,用户不是把自己的计算机直接连接到因特网上,而是连接到某一个网络上,这个网络又通过网络干线与其他网络相连。网络干线之间的互联,使得某个网上的计算机能够和其他相连网络中的计算机进行数据交换。在世界各国,网络干线或由政府电信部门提供,或由私人电信商业组织、网络服务公司经营。

三、WWW

即 World Wide Web,或简称 Web,中译名为万维网。它是基于超文本的,方便用户在因特网上搜索和浏览信息的信息服务系统。也可以说,它是一张附着在因特网上的覆盖全球的信息网。产生于 90 年代初,是目前最为流行、最受欢迎的信息检索服务系统。它诞生于因特网之中,后来成为因特网的一部分,今天,WWW 几乎成了 Internet 的代名词。加入其中的每个用户能在瞬间"抵达"全球的各个角落。你只要将一根电话线插入你的电脑(或者是随身携带的笔记本电脑加上一部移动电话),就能检索世界各地的文献信息。[①]

四、HTTP

WWW 使用一个高级的、基于 TCP/IP 的协议进行通信,这协议就是 HTTP,中译名叫超文本传送协议。

所谓超文本(Hypertext),又叫超级文本,是将网上相关文本信

---

① 当然,事先要安装 Modem(调制解调器,俗称"猫"),还要申请上网。

息有机地编织在一起的信息组织方式。这是一种全局性的信息结构,它把相关文本的信息通过关键词建立链接,使得信息得以用交互方式搜索。它是不同于线性结构的网状结构,可以帮助读者在阅读某一文本的信息时,迅速浏览与之相关的其他文本信息,很符合人们的联想思维方式。这有点像查阅百科全书时,见到有些条目注明"参见××",指引读者查阅其他相关的条目。当然,WWW 中的关联比这复杂得多。

WWW 中的信息资源,有些是文字形式的,有些是文字、声音、图形、动画、图像相结合的多媒体信息。将多媒体信息与超文本格式组织在一起的方式,就是超媒体方式(Hypermedia)。WWW 的超文本、超媒体功能,帮助读者迅速找到各种媒体所载的信息。

第二节 因特网在我国

20 世纪 80 年代后期,我国一些科研部门开展了与因特网联网的科研课题和技术合作,开通了国际电子函件服务。1987 年 9 月,北京计算机应用技术研究所向全世界发出了我国第一封电子函件:"越过长城,通向世界。"此后,我国一些大学和科研机构连通了因特网电子函件服务。

1994 年,我国实现了和因特网的 TCP/IP 连接,开通了因特网的全功能服务,因特网在我国迅速发展。1995 年 4 月,北京大学力学系的学生利用因特网请求各国专家为清华大学朱令所得的"怪病"会诊,确诊为铊中毒,治疗获得成功。此事各报相继报道,引起各界浓厚的兴趣,许多同志就是从这报道中首次知道 Internet 的。

现在,我国已形成以四大网为主干的信息高速公路。这四大网是:

中国科技网(CSTNet),这是在中关村网(NCFC)和中国科学院网的基础上发展起来的,向国内外用户提供各种科技信息服务。

中国公用计算机互联网(ChinaNet),由中国信息产业部负责管理,是因特网的中国骨干网,主要面向个人和商业用户。

中国教育和科研计算机网(CERNET),是在原国家教委主持下建立的,是一个包括全国主干网、地区网和校园网在内的三级层次结构的计算机网络,主要提供教育和科研方面的信息。

国家公用经济信息通信网(ChinaGBnet),又称金桥网,是我国第二个可以用于商业的计算机互联网,旨在为国家的宏观调控和决策服务,为国家的经济和信息资源共享服务,为建设电子信息市场、促进电子信息产业发展服务。

1998年上半年,我国共有因特网用户117.5万(其中直接上网用户32.5万,拨号上网用户85万),上网计算机54.2万台,cn下注册域名数9415个。[1] 到2001年12月31日,我国的网民猛增至3370万人,上网计算机数已达1254万台。[2]

第三节 因特网上的服务类型

因特网上的服务类型,大体有三方面。以下分别举例说明。

一、工具类服务

E-mail:电子函件,即"伊妹儿"。收发电子函件的前提条件是拥有E-mail地址,E-mail地址可以向就近的ISP(Internet服务提供商)申请获得。

Telnet:远程登录。Telnet是一个强有力的资源共享工具,用于在远程主机上登录,使得远程主机的各种数据和软件为我所用。换句话说,就是利用本地计算机进入到远方的计算机中进行文件操作。

FTP:文件传送。FTP服务,是以它所用的文件传输协议(File Transfer Protocol)命名的。通过此项服务,可以把远方计算机中的文件、图形、程序下载到本地计算机中,也可以将本地计算机中的文件、图形、程序上载到远方计算机中。

Archie:即"阿奇"工具,是一种文件寻找工具。FTP资源浩如烟海,Archie可以帮助你从中查到你所需要的文件。

---

[1] 统计数字转引自杨正华等《轻轻松松学上网》,人民邮电出版社,1999。
[2] 见《光明日报》2002年1月16日,A4版。

二、讨论类服务

BBS：电子布告栏。在 BBS 上，可以发表意见，发布信息，也可以获取他人发布的信息，进行网上交流。

Newsgroup：新闻组，也就是专题讨论组，是讨论各种专题的论坛。其内容涉及科学、商业、社会等各个方面。你可以选择自己感兴趣的专题，从中获取信息，发布信息。

三、查询类服务

Gopher：浏览和检索 Internet 公用数据库的工具。它通过层次化的菜单系统将资源组织起来，简明、直观、便于初学者使用。

WAIS：广域信息服务系统。这是一个通过 Internet 快速检索大量信息的强大系统，它能帮助用户从众多数据库中检索到自己所需要的数据库，并根据指定的关键词检索到所需文献。

WWW：即"万维网"。这是基于超文本的，方便用户在因特网上搜索和浏览信息的信息服务系统（前已简介）。使用 WWW 资源的方便程度，与用户选择的浏览器有很大关系。目前较为流行的图形界面浏览器有 Microsoft IE、Netscape Navigator 等。

第四节　搜索引擎的利用

因特网上的信息高速增长，用户查找资料常感茫无头绪，需要有引路的工具，这种工具就是搜索引擎（search engine）。

各语种的搜索引擎种类繁多。其实，每个搜索引擎都是一个万维网网站。与普通网站不同的是，其主要资源是它的索引数据库。搜索引擎搜索了网上大量信息后，主页显示所获取的满足用户需求的各种链接资源信息，供用户进一步选择、调阅。通俗地说，搜索引擎就是网上的功能强大的索引。

现以"网易"为例，说明搜索引擎的一般用法。

网易搜索引擎的网址为：http://so.163.com

图 22-1 即为网易搜索引擎的主页，提供分类检索和关键词检索

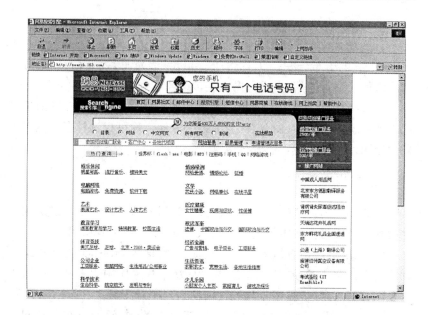

图 22-1　网易搜索引擎主页

两种查询方式。

页面展开的开放式目录,如娱乐休闲、电脑网络、文学、艺术、新闻出版等,就是供分类检索用的。用户可以点击相关的大小标题,逐级深入,浏览所需资料。

页面上方的搜索框,供用户进行关键词检索。用户将查询内容以关键词概括,输入搜索框,然后点击搜索按钮,搜索引擎将返回四个不同方面的结果:

相关目录　是指用户的查询内容(关键词)与网易开放式目录中的类目匹配所返回的结果。

相关网站　是指用户输入的关键词与在网易数据库中注册的网站信息匹配所返回的结果。

相关网页　是指用户输入的关键词与网易的合作伙伴 Google 的全文数据库中的信息匹配所返回的结果。又分为"中文网页"和"所有网页"。

相关新闻 是指在新闻频道中,用户用指定的关键词得到的相关信息。

用户可以自由切换上述四个域。

例如,需要查找有关网络出版的信息,可以选择"相关网站",并在检索框内输入"网络出版",此时(查询时间为 2002 年 6 月 18 日)屏幕显示:

>>相关网站 1—5 of 5

· **人民时空网络科技有限公司**

人民时空**网络**科技有限公司-由人民**出版**社发起组建的人民时空**网络**科技有限公司,以中国**出版**界为基础建立了"人民时空"网站。该网站是一个**网络出版**、网上图书、电子**出版**物和音像制品的综合性销售平台。

http://www.peoplespace.net/

类别:新闻出版:出版发行经销:图书公司

· **人民时空网络科技有限公司**

一个**网络出版**、网上图书、电子**出版**物和音像制品的综合性销售平台。

http://www.peoplespace.net/

类别:公司企业:文化/艺术/科技/教育:图书报刊类公司:电子书籍出版

· **北京财经电子音像出版社**

北京财经电子音像**出版**社的前身是北京财经音像**出版**社,是 1993 年经国家新闻**出版**署批准成立的国家级**出版**社,由财政部主管,中国财政经济**出版**社主办。2001 年 1 月,为了增强北京财经音像**出版**社的实力、加快北京财经音像**出版**社的发展,中国财政经济**出版**社将所属**网络**电子**出版**中心的资产、业务和人员,整体注入北京财经音像**出版**……

http://www.cdef.com.cn/

类别:经济金融:经济教育:财经出版社 & 书店

(下略)

共查得 5 个网站(其中有重复者,是因为同一网站被归入不同的类别)。

如果选择"中文网页",并在检索框内输入"网络出版",此时(查询时间为 2002 年 6 月 18 日)屏幕显示:

>>相关网页(中文)1—10 of 7610

· 早报网 Zaobao.com
Zaobao.com 提供优质中英**网络出版**服务.Zaobao.com 不但是世界最大的华文入门网站之一,也提供优质中英**网络出版**服务。我们为公司客户提供一站式的服务,包括网站制作、网站存放、网站促销和网页翻译等等。
www.zaobao.com.sg/pages/web_publishing.html-6k-网页快照-类似网页

· 广东出版信息网——**网络出版**信息资源网
|处室业务.|法律法规.|广东报刊.|粤海书评.|广东新书.|版权知识.|更早版本.广东省新闻出版局◇网上办公业务◇.*局长室.*办公室.*图书处,*报刊处.*版权处,*音像处.*印发处,*人教处.法律法规……
www.gdpress.gov.cn/-101k-网页快照-类似网页

· **网络出版**——中国电子图书网
……我要投稿.**网络出版**流程.投稿(登录网站--投递稿件).↓.编辑审稿(审查稿件质量,决定能否发表).↓.编辑加工(对待用稿件进行文字上、思想内容上的加工整理).↓.发表(将您的稿件在"原创精品廊"发表)……
www.cnbook.com.cn/epub/-26k-网页快照-类似网页

· **网络出版**——中国电子图书网
……**网络出版**面面观.一、**网络出版**的概念 **网络出版**(ePublish)的定义:通过互联网传播数字内容的过程,称为**网络出版**。完整的**网络出版**流程包括 3 个阶段:
获取原始材、制作数字内容和传播数字内容……
www.cnbook.com.cn/epub/second/talk/seesee.htm-27k-网页快照-类似网页

[在 www.cnbook.com.cn 搜索更多结果]

(下略)

所查得的与"网络出版"相关的网页,有 7610 页之多。如果想缩小搜索范围,可以将用户的检索目标更明确化,即:输入更多的关键词,将匹配对象作更为具体的限定。例如,想查询网络出版中的版权问题,可以同时输入"网络出版版权",此时,查询结果缩小为 2190 页。

值得一提的是,网易搜索引擎的"网页快照"非常实用。当网页所在的服务器暂时中断时,网易已经暂存的网页可以救急。也就是说,此时用户点击"网页快照",仍可浏览到该网页的内容,而且速度要比常规链接快。但是,你所看到的网页是不久之前贮存的,而不是最新的。

以上仅以网易为例,介绍搜索引擎的一般用法。著名的搜索引擎还有很多,如:

- Yahoo! http://www.yahoo.com 这是英文搜索引擎的"元老"。
- Yahoo! 中文 (雅虎中文)
  简体版网址为 http://gbchinese.yahoo.com.cn
  繁体版网址为 http://chinese.yahoo.com.cn
- 搜狐 http://www.sohu.com
- 新浪 http://search.sina.com.cn
- 常青藤 http://www.tonghua.com.inet.cn 由长通飞华信息技术公司开发,汇编了中国大陆、港台,以及新加坡等地的网站。
- 悠游 http://www.myjob.com.cn 由香港和北京共同开发。
- 哇塞中文网 http://www.whatsite.com.tw 哇塞中文网是台湾著名的搜索站点,1996 年初建立。

各种搜索引擎的使用方法有同有异,在使用前应阅读该引擎的"帮助"。

此外,使用各种搜索引擎所获得的信息多寡不一。为了获取更多的信息,依次使用多个引擎固然是个办法,但那样很费时。不妨使用"引擎的引擎"。

例如,"飓风搜索通"就是一种"引擎的引擎"。它整合近百个各类搜索引擎,采用多线程并行运作。可以根据用户的需要同时开动多个搜索引擎,搜索所需要的资料。该软件可以在以下网址下载:
http://newhua.ruyi.com。

第五节 网上的图书馆

利用网上的"馆藏目录"和"联合目录",可以迅速了解图书馆的藏书信息;而利用网上的"数字图书馆",则可以读到大量图书的原文。以下分别介绍。

一、网上的馆藏目录

馆藏目录,是揭示一个图书馆所藏文献的检索工具。传统的馆藏目录的物质载体主要有两大类,一是书本式目录,二是卡片式目录。随着计算机技术的发展,出现了机读目录(MARC),即利用计算机识读和处理的目录,它的载体是磁盘、磁带或光盘。许多图书馆将编目数据转换为机读记录,于是馆藏目录由传统的书本式、卡片式发展为机读型,这是馆藏目录的一次革命。

机读型馆藏目录的发展,大体经历了三个阶段:(1)仅供馆内使用;(2)以光盘等形式批量生产、发行;(3)上网,出现了网上的馆藏目录。这里要介绍的就是网上的馆藏目录。

近几年,许多图书馆纷纷上网。各图书馆的网站,除了介绍本馆概况、服务项目、专题资料以外,多有"馆藏目录检索"一项。如果你办公室或家中的电脑已上网,并且已经知道若干图书馆的网址,那么,"秀才不出门"便可迅速知道远方的图书馆是否有自己所需的图书。由于不少图书馆及时补充新的编目数据,这就让你能不断获得新的出版信息。这一切,是传统的书本式或卡片式目录无法比拟的。

但是,已上网的图书馆很多,难以一一记清它们的网址;再说,一长串的网址,输入时不胜其烦。是否有简便的方法呢?有,利用清华大学的"国内上网图书馆"最方便。它的网址是:
http://www.lib.tsinghua.edu.cn/chinese/otherlib/

"国内上网图书馆"由清华大学图书馆编制,它是509家图书馆网址的集成(截至2005年3月的统计)。当用户进入它的主页,便可见到4个省市自治区的标目。用鼠标点击其中任何一个地名,屏幕即显示该地已上网的图书馆一览表。假设点击"北京",即显示北京地区已上网的25家图书馆的馆名:

1. 清华大学图书馆
2. (原北京图书馆)国家图书馆
3. 中国科学院文献情报中心
4. 首都图书馆
5. 北京大学图书馆及其英文版主页
6. 北京化工大学图书馆
7. 中国人民大学图书馆
8. 北京邮电大学图书馆
9. 北方交通大学图书馆
10. 北京大学医学图书馆
11. 北京语言文化大学图书馆

....

如果再点击"北京图书馆(中国国家图书馆)",便进入该馆的主页。在主页上点击其馆藏目录,便出现检索对话框,你可以通过书名、作者、主题词等途径查找图书。

同样的道理,假使你想了解江苏省已有哪些图书馆上网,可在"国内上网图书馆"的主页点击"江苏",屏幕即显示江苏省上网图书馆一览表。然后你再选择其中需要利用的图书馆。

二、网上的联合目录

上文介绍清华大学图书馆编制的"国内上网图书馆",为我们利用各图书馆的"馆藏目录"提供了很大的方便。但是,它只能让读者在网上逐一检索某某图书馆有哪些藏书,却不能了解某种书被全国各地哪些图书馆收藏。要了解某种书被哪些图书馆收藏,须利用"联合目录"。

揭示单个图书馆所藏文献的检索工具,称馆藏目录;能够揭示多个图书馆所藏文献的检索工具,称联合目录。详细反映文献收藏处所,是联合目录的重要特征。它让读者迅速知道某书被哪些图书馆收藏,为资源共享提供方便。过去的联合目录,是手工编制的书本式目录,如《上海市外文新书联合目录》、《中国地方志联合目录》等。

随着计算机技术的发展,世界上许多图书馆开展计算机联合编目,建立了联机目录数据库。例如美国"联机图书馆中心"(OCLC)的 WorldCat,是当前全球最大的联机目录数据库,可供网上检索。我国网上的"联合目录"(中文)起步较晚,近几年才陆续问世,其中最有影响的是由 CALIS(中国高等教育文献保障体系)主办的联机公共数据库,网址为:http://162.105.138.230。

CALIS 联机公共数据库的成员馆主要是全国"211 工程"百余所高校的图书馆。其主页列出"中文期刊目次""联合目录(中文)"、"联合目录(英文)"等项,供用户选择。现以"联合目录(中文)"为例,说明其用法。

联合目录数据库分"简单查询"和"高级查询"。

一、简单查询,见图(22-2)。

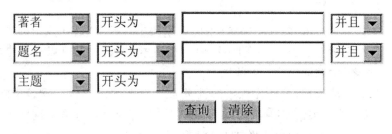

图 22-2　简单查询对话框

自左至右,共有 4 列对话框,依次为检索途径、匹配规则、检索词语、逻辑关系。

现分别作一说明:

　　[1] 检索途径　又称检索区域或检索点。若点击"▼"按钮,即弹出下拉列表,列出"著者""题名""主题""ISBN"(国际标准书号)、"ISSN"(国际标准连续出版物号)、"全面检索"6

个选项。

[2] 匹配规则　若点击"▼"按钮,即列出"开头为"(前方一致)、"结尾为"(后方一致)、"严格等于"(完全一致)、"模糊匹配"等4种匹配方式以供选择。

[3] 检索词语　供用户直接输入检索词。

[4] 逻辑关系　若点击"▼"按钮,即列出"并且"(逻辑与)、"或者"(逻辑或)、"非"(逻辑非)3个选项。

例如,查询陈原《遨游辞书奇境》的出版情况和收藏情况,通过"著者"途径和"题名"途径都可以。查询结果如下(图22-3):

当前查询的数据源是:联合目录(中文),您的查询条件为:　著者:"陈原"
总共找到62条记录,当前返回第51条记录

记录标识号	CAL 012001172515
国际标准书号	7-100-03017-X, CNY13.00
作品语种	汉语
题名与责任说明	遨游辞书奇境, 陈原
出版发行等	北京, 商务印书馆, 2000
载体形态项	209页, 图, 19cm
丛编	陈原文存
书目、索引附注	有书目
丛编连接项	陈原文存
名称主题	汉语, 词典, 研究
中图分类号	H16, 4
个人名称-等同知识责任	陈原

馆藏信息:

馆藏号	流通状态	索书号
东南大学图书馆	返回式馆际互借	
大连理工大学图书馆	返回式馆际互借	
中山大学图书馆	返回式馆际互借	

图22-3　CALIS联合目录(中文)检索结果示例

"馆藏信息"显示,有10余家大学图书馆收藏此书(为省篇幅,这里只列出3家)。

二、高级查询,主要在检索途径对话框增加团体名称、会议名称、丛编题名等多个选项,并增加了限制性检索条件(见图22-4)。

限制性检索条件

资料类型：[无　　▼]　　语言：[无　　▼]

出版年：[　　　　　　]

图 22-4　高级查询中的限制性检查条件对话框

"资料类型"的选项有："无"（不作限制）、"文字资料印刷品""文字资料手稿""乐谱印刷品""测绘资料印刷品""测绘资料手稿""放映和视频资料""非音乐性录音资料""音乐性录音资料""二维图形""电脑存储介质""多媒体""三维制品和教具"。

"语言"的选项有："无"（不作限制）、"汉语""英语""法语""德语""日语""西班牙语""俄语"。

"出版年"的对话框，由用户输入出版年。

例如，查询我国1933年出版了哪些中国文学史。先在"题名"键入"中国文学史"，再在"出版年"键入"1933"，按"查询"按钮，屏幕即显示(22-5)：

当前查询的数据源是：联合目录(中文)，您的查询条件为： 题名:"中国文学史" 出版日期:"1933"
总共找到3条记录，当前返回3条记录

记录编号	题名
1	中国文学史概要　胡怀琛 1933
2	中国文学史纲　童行白 1933
3	中国文学史表解　刘宇光 1933

图 22-5　高级查询返回结果示例

表示查到3种。如果读者想了解其中某书的详细信息和收藏情况，点击该书书名即可。

CALIS联机公共数据库尚处于起步阶段，成员馆的数量过少，部分检索功能尚未完善，著录不统一、冗余记录等问题时有发生。而且，多数成员馆提供的书目数据只是近一二十年甚至近几年的入藏情况，尚未实现回溯转换（即把各图书馆原有的手工书目记录转换为机读记录），未能全面反映这些图书馆的收藏情况。目前正在逐步完善中。

三、数字图书馆

以上介绍的网上"馆藏目录"和"联合目录",用户查询的结果都是书目,而不能查到书籍的正文。如果想查到书籍的正文,就需要利用数字图书馆(Digital Library)。

我国创办较早、影响较大的数字图书馆,是北京世纪超星信息技术公司的**超星数字图书馆**(见图22-6)。

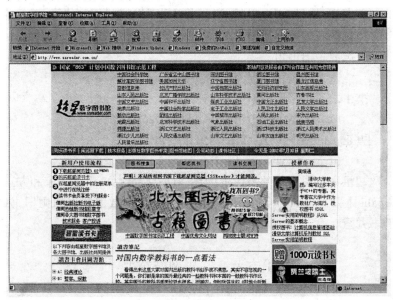

图 22-6　超星数字图书馆主页

该馆于 2000 年 1 月正式开通,同年 6 月入选"国家 863 计划中国数字图书馆示范工程",网址为 www.ssreader.com.cn。截至 2001 年下半年,已拥有数字图书约 8000 万页,20 余万册,并以每天 10 余万页的速度递增。读者可以在网上免费下载"超星图书阅览器",并在"用户注册"之后浏览图书,但不能下载、打印;必须进行"读书卡注册"之后才能下载、打印。读书卡分 10 元(1 个月)、30 元(3 个月)、100 元(12 个月)三种。读者还可以从超星数字图书馆中选定自己喜欢的图书,定制光盘。每张光盘 100 元,约可刻录 40 本书。

读者进入超星数字图书馆网站,可以用分类途径或书名关键词查书浏览。图书是用 PDG 格式生成的,这是一种图像格式,优点是保存了图书原貌,但不知何故,仅录入书籍的目录和正文,没有封面,也没有序言。众所周知,图书封面极具观赏性,而序言具有阅读指导的意义。把封面和序言删去,实在是重大缺陷。

超星数字图书馆还主办《读书生活》。这是一个月左右出版一次的电子期刊,栏目有"上架新书"、"书界风云"、"精彩点击"等。

其他著名的数字图书馆如:

中国数字图书馆

http://www.d-1ibrary.com.cn/index.htm

书生之家数字图书馆

http://www.21dmedia.net/default.jsp

方正 Apabi(阿帕比)数字图书馆

http://www.apabi.com

超星数字图书馆的工作重点,是旧书回溯制作;书生之家和方正 Apabi 主要与出版社合作,制作电子新书;中国数字图书馆则旧书、新书并重。

第六节　实用网站举要

本节介绍几家较有特色的实用网站。

● 国学网

http://www.guoxue.com

北京国学时代文化传播公司、首都师范大学中国诗歌研究中心合办。这是一个有关中国传统文化的网站,内容丰富,日日更新(图 22-7)。2002 年的主要栏目有:国学宝典检索系统、国学新闻、佛学研究、唐代研究、敦煌百年、戏曲研究、每日论文更新、新书介绍、近代学人、当代学人、学术会议(2001 年学术会议一览、2002 年学术会议一览)等等。

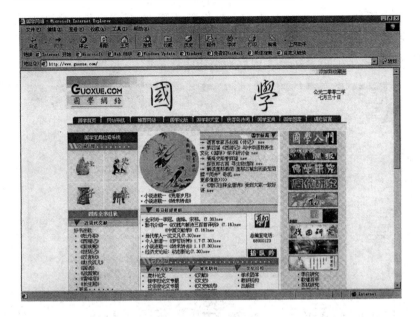

图 22-7　国学网主页

- 中国知识资源总库(CNKI)

http://www.cnki.net

清华大学、中国学术期刊(光盘版)电子杂志社、清华同方知网(北京)技术有限公司等主办。提供一系列常用的数据库,如:中国期刊全文数据库、中国优秀、博硕士学位论文全文数据库、中国重要报纸全文数据库、中国基础教育知识仓库、中国医院知识仓库、中国企业知识仓库、中国城市规划建设知识仓库、中国专利数据库等。(图 22-8)

- 人民时空

http://www.peoplespace.net

北京人民时空网络科技有限公司主办。该公司由人民出版社发起组建,1999 年 1 月成立。同年 10 月,人民时空图书平台试开通,同时开播"中国经济发展五十年"大型网上博览会。博览会有文字量 8000 多万,图表近万幅,录像 200 段,可说是有关中国经济 50 年发展的百科全书。2000 年 1 月,人民出版社、北京大学出版社、清华大学出版社、商务印书馆、中国经济出版社等10余家出版社宣布在人民时空图书平台上开展网络出版业务。同时，人民时空开通了音乐频道"音乐地带"，在网上销售音乐作品。

图22-8　CNKI主页

目前，人民时空已与300余家出版社签订了合作协议，开展网络出版业务，并与200余位音乐人、歌手以及多家音乐院团、唱片公司签订了网上音乐代理销售协议。用户可以在该网站查询图书、阅览图书，购买网络图书和网络音乐。（图22-9）

● 中国电子图书网

http://www.cnbook.com.cn

辽宁出版集团主办，2001年6月开通。这是我国规模较大的电子图书和电子杂志出版与销售平台。主要业务是将已经出版纸质书或尚未出版的原创作品制作成电子书，在中国电子图书网上出版。该网站拥有大量新书，读者可以按类浏览，也可以按书名、作者等途径进行专指性检索。（图22-10）

第二十二章　网络检索

图 22-9　人民时空主页

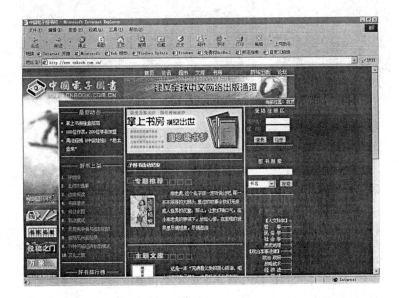

图 22-10　中国电子图书网主页

- 联机图书馆中心（OCLC）

http://oclc.org

联机图书馆中心（Online Computer Library Center，OCLC）是世界上第一个提供联机服务的图书馆自动化网络，总部设在美国俄亥俄州。前身为 1967 年建立的由 54 所大专院校图书馆组成的俄亥俄州学院图书馆中心，1977 年成为书目公用事业公司。目前已成为世界上最大的信息服务机构之一。

OCLC 的 FirstSearch 检索服务系统可供查阅的数据库有 80 多个，网址为 http://newfirstsearch.oclc.org。（图 22-11）

图 22-11　OCLC FirstSearch 主页

OCLC FirstSearch 提供的数据库内容广泛涉及艺术、人文、工商管理、经济、法律、教育、工程技术、生命科学、医学等等。其中的 WorldCat 是著名的联机目录数据库，至 2001 年已拥有书目记录 4000 多万条，揭示世界各地图书馆的馆藏信息。

国内外的网站不可胜数，欲知其详，可利用有关的工具书，如《全球中文互联网网址》（电子工业出版社 2000 年版）之类。

附编

壹 综合检索示例

在读书治学的过程中,会遇到各种各样的问题。有时,一个问题查阅一本书便可解决;但在更多的情况下,要综合运用好几种书才能获得圆满答案。以下通过几个检索实例,加以说明。但是,它们远不能概括检索过程中可能遇到的种种复杂问题。希望读者广泛接触丰富多彩的检索实例,在实践中不断积累经验,提高分析问题和解决问题的能力。

一、利用多种文献核定书名、作者例

同人异名、同书异名,均有相关的工具书可资利用,如果书名有变,同时作者又有纠葛,则需查阅较多的文献,取得足够的证据,方可确定。

读《十三经注疏》本《毛诗正义》,阮元《校勘记序》后附引据本中有"浦镗《毛诗注疏正误》十四卷"。其他各经之阮序后作"周礼注疏正误十卷嘉善浦镗撰"、"浦镗《十三经正字》内《仪礼》二卷"、"十三经正字嘉善浦镗撰"等不一,于《礼记》下则作"浦镗校本"。欲知上举浦镗各书版本及收藏情况,查《中国丛书综录》作者索引,无浦镗名。查书名索引,有《十三经注疏正字》八十一卷,收入四库全书,但署沈廷芳撰。那么阮元所谓"浦镗《十三经正字》"与署沈廷芳撰的《十三经注疏正字》是否为同一本书;如是同一本书,浦、沈是否同一个人,如不是同一个人,他们是什么关系,《正字》作者究竟是谁?

《国朝耆献类徵初编》第 177 卷引国史馆沈廷芳传称,沈著有《十三经正字》八十卷。

杭世骏《鹤征后录》称,沈廷芳"平生究心经术,尝以监本及毛本《十三经注疏》讹脱,著《十三经正字》八十卷,校勘极为精核"。

汪中《沈公行状》称:"其《十三经注疏正字》八十卷,则嘉善浦镗同校。"

沈廷芳官至巡抚,为其作传、记其事迹者不少,但尚未查得有关浦镗的记载。

再查关于书的记载。卢文弨《抱经堂文集》卷七《周易注疏辑正题辞》称:"庚子(1780)之秋,在京师又见嘉善浦镗所撰《十三经注疏正字》八十一卷。"这是在阮元之前说《正字》为浦镗所撰的证明。卢氏于同书同卷《七经孟子考文补遗题辞》中称:"庚子入京师,又见吾乡沈萩园(廷芳字)先生所进《十三经正字》。"前记浦镗撰,此说沈廷芳进,无矛盾。但卢氏本人在同年写的《十三经注疏正字跋》中说:"是书八十一卷,嘉善浦君镗所订,仁和沈萩园先生廷芳覆加审定。"(文集卷八)其后说与汪中所说"浦镗同校",均为合作说。就卢文弨言,称浦撰沈进在前,述浦订沈覆在后。其中当有缘故。

详核《十三经注疏》阮元校勘全部条目,只见"浦镗云"等,绝不见沈廷芳名。他在校勘记凡例里还说:"近日校经之书,莫详于嘉善浦镗《十三经注疏正字》。"

前曾查到四库全书收沈廷芳撰《正字》。《四库全书总目提要》当然是署沈廷芳撰。后人对《四库提要》有所订补。查胡玉缙《四库全书总目提要补正》,知有沈廷芳为浦镗所作传,传称:"《正字》书存余所。故人苦心,余当谋诸剞劂,芳得附名足矣。"浦镗弟浦铣作《秋稼吟稿序》云:"《正字》书,沈椒园先生许为付梓,今已入四库全书,而非兄之名也。"所谓"附名",本系"同校"或浦订沈覆之类,但实际结果却是浦撰成了沈撰。所以胡玉缙的断语云:"据此,则是书为浦镗撰,非出沈廷芳。"

浦镗并非显赫者,一般传记中查不到,县志中或许有记载。查光绪二十年本《嘉善县志》,卷二十四"文苑"有:"浦镗,字金堂,号秋稼,廪贡生。……镗少承家学,弱冠即从事《十三经注疏正字》一书,广购古善本,校正疑讹,得八十一卷。……壬午(乾隆二十七年,1762年)入都将应京兆试,不匝月,以暴疾亡。"

进而可以发问,沈廷芳和浦镗是什么关系?他何以能得到浦书?沈廷芳是仁和(今杭州)人,《嘉善县志》"侨寓"有记载:沈廷芳"父为文昌宰,被累戍宁夏。母查,居嘉"。即嘉善是他的娘舅家,而且母亲常住嘉善,他认识浦镗就不奇怪了。可是,《嘉善县志》沈廷芳名下也有著《十三经正字》的记载。不过,综合分析上引各条记载,《正字》为浦镗所撰无疑,沈廷芳乃由附名、同校到独占。这是官吏窃取学者成果而未尽灭其迹者例。

二、不同辞书释义对照例

查找一些字词的释义时,往往会发现不同的词典解释不尽相同。这就需要加以对比,择善而从,选择最贴切的解释。今以《辞海(1979年版)》和《辞源(修订本)》对照,举二例如下:

> 《文选》卷四十三《丘迟与陈伯之书》中有"沉迷猖獗,以至于此"句,其中"猖獗"应如何解释?

《辞海》,"猖"字下"猖獗"条有"横行无忌"和"颠踬,覆败"二义项。上述例作为"横行无忌"义的例证。注明引自《南史·陈伯之传》。

查《辞源》,"猖"字下"猖獗"条也有"任意横行"和"颠覆、失败"二义项。上引例作为"颠覆、失败"义的例证,注明引自《梁书·陈伯之传》(但误作"与丘迟书"),并注参阅清赵翼《陔余丛考》。

两部词典所列义项基本一致,但对同一文句的解释却不相同。这就需要引证其他文献,加以判别。

《文选》李善注:"《蜀志》:'先主谓诸葛亮曰:孤智术浅短,遂用猖獗,至于今日,志犹未已。'"这个注指明了"猖獗"的出处和含义。《三国志》这一例,两部词典都引作"失败"义书证。

再看《辞源》指出的赵翼《陔余丛考》,该书卷二十二"猖獗"条说明除可解释为"横行"外,还有"倾覆"之意,并举《三国志》《与陈伯之书》等数个例子。

如果再参看《梁书·陈伯之传》,对陈伯之其人的事迹有所了解,就更能明白此句所指是"颠覆、失败"的意义了。《辞海(1989年版)》在"横行无忌"义项下已删去了《陈伯之传》的例证,而改引贾谊《新书·俗激》的例证。

> 李商隐诗:"何当共剪西窗烛,却话巴山夜雨时"。其中

"却"字应该怎样解释?

查《辞源》,"却"字作为副词表示相反,表示完成。用于此处,均无法解释。

查《辞海》,"却"字下有"还、再"这一义项,所举书证正是这两句诗。

解释这类词语,最好再查《诗词曲语辞汇释》。该书对"却"字在诗词中的用法共举 8 项,第 5 项释为"犹返也;回也"。所举例中也有此句,并说明"却话,犹云回溯也,意言何时得能聚首,以回溯今夜相思情形也。"

可见《辞海》的解释比较切合原义。

《辞源》把杜甫诗"一片花飞减却春"中的"却"释为"去掉、了解",而把杜甫诗"斫却月中桂"中的"却"释为表示完成的副词。同样的用法分别归入两个义项,也不太妥当。

以上二例说明,为了确切查明字词的释义,应该尽可能多查几种词典,加以对照比较,学会选择或对词典的解释加以综合,才能找出最准确的解释。必要时还需核对所引例证的原文,以求正确理解。

三、多途径检索例

同一课题,常可通过不同的检索途径求得解决。有的途径颇费周折,有的途径比较简便。

明代吴讷在他的《文章辨体·凡例》中提到"西山前后《文章正宗》",请问,这"西山"是谁?

按一般的思路,首先想到要查陈德芸的《古今人物别名索引》。但查检结果,发现古代叫"西山"的人很多,要区别哪一个西山是写《文章正宗》的,还要查其他书。如果不选用这一检索途径,而是从《四库全书总目提要》或《辞海》中查《文章正宗》的作者,同样可以解决问题。不妨对各种检索途径作一比较。

(1) 从《古今人物别名索引》正文和补遗部分检"西山",得知宋代至明代称西山者有真德秀、李郁、吴应澍、谢复等 10 余人。要了解,其中谁是写《文章正宗》的,还得查《中国人名大辞典》。查对结果,知道是真德秀。

(2) 从《四库全书总目》中查《文章正宗》,得见:"文章正宗二十卷续集二十卷,宋真德秀编。"读提要,知真德秀又称西山。

(3) 从《辞海》中查"文章正宗"条,得见:"总集名。宋真德秀编。"再查"真德秀"条,得见:"真得秀(1178—1235),南宋大臣、学者。字景元,后改景希,学者称西山先生。"

将上述三种检索途径作一比较,可知第一种颇费周折,第二、三种比较简便。但是,并非所有查人物别名的课题都可以用上这三种途径。由于课题本身已提供了《文章正宗》这一已知条件,而《文章正宗》又是一部比较著名的总集,所以才有可能使用第二、三种途径。由此我们可以体会:要善于针对具体的检索课题,分析多种检索途径,从中选择最佳途径。

四、查考古籍丛书本例

古籍除去单行本外,不少古籍还编入丛书中。查找一部古籍丛书本,一般利用《中国丛书综录》即可解决。但有时并不易一下子就查到。

《闲电编》收入哪些丛书?哪些图书馆收藏?

按正常检索途径,可查《中国丛书综录》第三册中《子目书名索引》,然后根据古籍所属丛书,查第一册《总目》后附《全国主要图书馆收藏情况表》,即可知此种丛书收藏于哪些图书馆。但试查未找到。这时可考虑古籍常有同书异名,《闲电编》是否属于此类情况?查《同书异名通检》(增订本),如《闲电编》确有异名,再从异名查,则有可能解决。

(1) 先查《同书异名通检》(增订本),得知《闲电编》又名《闲居录》,元代衢州吾邱衍编。

(2) 使用《中国丛书综录》第三册中《子目书名索引》,从《閒居录》("閒"今并入"闲")查,则见:

闲居录(吾邱衍编)991 左
闲居录(周必大)450 右

前者是要查的书,后者属同名异书。

（3）据所示页码查《中国丛书综录》第二册《子目》第 991 页左栏,得知

闲居录一卷
（元）吾邱衍撰
四库全书·子部杂家类
吾子行二种
学津讨原(嘉庆本、景嘉庆本)第十五集
武林往哲遗著

表明《闲居录》收录在四种丛书中。

（4）再查《中国丛书综录》第一册《总目》书后所附《丛书书名索引》,查到

四库全书　　　　79,68
吾子行二种　　　743,2036
学津讨原　　　　154,103
武林往哲遗著　　432,461

前一号码表示此种丛书在第一册《总目》的页码,由此可知此种丛书收入哪些古籍。后一号码表示此种丛书在第一册《总目》后附《全国主要图书馆收藏情况表》中的顺序号,由此可知此种丛书在哪些图书馆收藏。

查考结果：

四库全书(文津阁抄本),藏于北京图书馆
吾子行二种,(元)吾邱衍撰,清乾隆四十二年竹素山房刊本,藏于中国科学院图书馆
学津讨原,(清)张海鹏辑,清嘉庆十年虞山张氏照旷阁刊本,藏于北京图书馆、首都图书馆、中国科学院图书馆、北师大图书馆(仅有残本);而民国十一年上海商务印书馆据清张氏刊本景印本,北京图

书馆、首都图书馆、北大图书馆、北师大图书馆、清华大学图书馆均有收藏。

武林往哲遗著,(清)丁丙辑,清光绪中钱塘丁氏嘉惠堂刊本,藏于北京图书馆、首都图书馆、中国科学院图书馆、北大图书馆、北师大图书馆、清华大学图书馆。

五、利用附录查考咨询问题例

解决一些疑难问题时,要善于利用附录式工具书(包括工具书的附录部分)。它们不仅能够提供常用的参考资料,往往可补工具书的不足。

近代史上的广州起义(黄花岗之役)究竟发生在1910年还是1911年?能否较详细地介绍一下起义经过?

遇到这类问题,首先会想到利用综合性和专科性知识词典,如《辞海》和《中国近代史词典》。查《辞海》,有"广州新军起义"(发生于1910年)和"黄花岗之役"(发生于1911年)两条,并有概略的介绍。查《中华民国史大辞典》,有"黄花岗起义"条,对两次起义作了较为详细的介绍。但若想了解事件的发生时间、具体经过和前因后果,较为简捷的方法是利用大事年表。

查《中外历史年表》,该书对每年国内外重大历史事件都有记载,有助于了解时代背景,但对两次起义的记载过于简略。查同类性质的《中国史大事纪年》《中国历史大事年表》《中国近现代史大事记》等,记载虽稍为详细,但仍不够清楚。

这时就应该想到利用专题性的大事记。查《辛亥革命大事志》(《中国百科年鉴》1981年本的附录),有如下记载(仅引述其梗概):

1909年10月　同盟会南方支部在香港成立。旋即着手准备以新军为主力的广州起义。

　1910.1.29　黄兴由日本抵港,主持广州起义筹备工作。

　　　2.12　广州新军起义,起义失败。

　　　11.13　槟榔屿会议决定再次在广州发动新军起义。

```
1911.1.18  黄兴抵港筹备起义。
    4.8   制订作战计划,举黄兴为司令。
          清广州将军孚琦被刺死。后起义未能如期举行。
    4.23  在广州设起义总指挥部。
    4.27  广州起义(亦称"黄花岗之役")爆发。奋战一昼夜。80余人死
难。事后收殓烈士遗骸72具,合葬于黄花岗。史称"黄花岗七十二烈士"。
```

对这一事件的记载较上述各书更为详细,史料也较为翔实。并且有关事件记载也很清楚,便于了解事件的来龙去脉。可以补充各年表叙述之不足。另,李新总编的《中华民国大事记》(中国文史出版社,1997)记载最为详尽,亦可参看。

各种工具书的附录往往易被忽略。例如查找人物的字号多半利用专书《古今人物别名索引》而未用《中国人名大辞典》附录的《异名表》。各种附录所收的材料有些是查工具书不易找到的,检索时要注意利用。

六、文字资料与图像资料综合利用例

文献检索要充分利用各种文字资料,也不要忽略利用有关的图像资料。图像很直观,可与文字资料互相补充、印证,从而加深理解,甚至会有新的发现。

唐代诗人温庭筠有《菩萨蛮》词十四首,在当时传唱极盛。其中一首为:"小山重叠金明灭,鬓云欲度香腮雪,懒起画蛾眉,弄妆梳洗迟。照花前后镜,花面交相映,新帖绣罗襦,双双金鹧鸪。"词开头的"小山"指的是什么?

要查古代诗文中难理解的名词,一般可先查字典、词典,然后查阅有关古籍的笺注本。再者,注意利用图录加以验证。

(1)查《辞源》、《辞海》等辞典,均无解释。

(2)查《温飞卿诗集笺注》(清曾益等笺注,上海古籍出版社1980年版),词作为附录,无笺注。《花间集注》(华钟彦撰,中州书画出版社1983年版)注:"小山:屏山也。金:日光也。屏山之上,日光动

荡,故明灭也。一说:小山:谓发也,言云鬟高耸,如小山之重叠也。金:钿钗之属。"《唐宋词选释》(俞平伯选释,人民文学出版社1979年版)注释:"近有两说,或以为'眉山',或以为'屏山',许昂霄《词综偶评》:'小山,盖指屏山而言',说是。若'眉山'不得云'重叠'。"《唐宋词选注》(唐圭璋等选注,北京出版社1982年版)和《历代词萃》(黄畲笺注,河南人民出版社1983年版)也均把"小山"解释为屏山,即屏风。后书还指出有人把"小山"解作形容"山枕"或"山额"均欠妥。

(3) 查阅《中国古代服饰研究》(沈从文编著,香港商务印书馆1981年版)第七六"宫乐图",该图是宋人摹唐人旧稿,反映了"唐代的花冠、椎髻、披帛、元和时装贵族妇女"。著者文字说明中写道:"当时(中晚唐宫廷及中上层社会)于发髻间使用小梳有用至八件以上的,王建《宫词》即说过:玉蝉金雀三层插,翠髻高耸绿鬓虚,舞处春风吹落地,归来别赐一头梳。'这种小梳子是用金、银、犀、玉、牙等不同材料做成的,陕洛唐墓常有实物出土。温庭筠词:'小山重叠金明灭'。所形容的,也正是当时妇女头上金银牙玉小梳背在头发间重叠闪烁情形。"参看图画和著者研究考证文字,就明白"小山"应是形容中晚唐妇女插在头上的金银牙玉小梳。

虽然有关古代的名物制度不一定都能找到相应的图录来验证或参考,但通过上面示例,使我们知道在文献检索时,要善于综合利用文字资料和图像资料,还要注意考古上的新发现,实物资料往往更有价值。

七、利用全文数据库查找词语出处例

古籍的全文数据库,有许多是能够满足"逐字检索"的。用这种数据库查找词语出处,最为快捷。如:

《汉语大词典》中的"校对"条,引明代《万历野获编》、清代《郎潜纪闻》、今人巴金《寒夜》为书证。请问,能否找到更早的书证? 即:在明代以前的文献中,能否找到"校对"的出处?

试查《佩文韵府》《骈字类编》《十通索引》等传统工具书,都找不到"校对"的出处。转而利用古籍的全文数据库。

试用1999年12月版《国学宝典》光盘,先从二十四史中找。发现从《史记》到《明史》,只有《宋史》中出现"校对"一词,共出现三次:

  (元祐)五年,置集贤院学士并校对黄本书籍官员。绍圣初,罢校对……(《宋史》卷164《职官四》)
  涣之,字彦舟……元祐中,为太学博士,校对黄本秘书。(《宋史》卷347《王涣之传》)

再从宋元笔记中查找,发现元代陶宗仪《南村辍耕录》也出现"校对"一词:

  仓曹参军王文炳摹勒,校对无差。(卷6"淳化祖石刻"条)

以上所引,都是明代以前的文献,满足了检索要求。当然,从其他的古籍全文数据库中,还可以继续查找,发现更多的出处,如宋代李攸的《宋朝事实》、江少虞的《宋朝事实类苑》等等。

八、"机检""手检"相结合查找论文例

查找文史论文,有许多印刷版的专科性论文索引可用。它们的特点是时间跨度大,专业针对性强,适用于进行回溯性检索。但这些论文索引增订速度慢,出版周期长,未能及时反映近期论文发表的情况。相反,近几年问世的机读数据库能及时报道新发表的论文,但回溯性检索是个薄弱环节。因此,"机检"与"手检"应相互结合,今示例如下。

  要求查找20世纪初至近几年我国报刊发表的研究《尔雅》的论文,列出论文目录。

对《尔雅》的研究,既属语言学,又属辞书学,因此,下列印刷版的论文索引均可用。
1. 《中国语言学论文索引(甲编)》,商务印书馆1979年新1版,收1900—1949年发表的论文。
2. 《中国语言学论文索引(乙编)》,商务印书馆1983年增订本,收1950—1980年发表的论文。

3. 《中国辞书学论文索引》，上海辞书出版社 1990 年版，收 1911—1989 年发表的论文。

先查《中国语言学论文索引（甲编）》，查得刘师培 1907 年和 1909 年在《国粹学报》上连载的《尔雅虫名今释》，胡承珙 1910 年发表在《国粹学报》上的《尔雅古义》，等等。上述论文，《中国辞书学论文索引》未著录，因其收录范围自 1911 年始。

再查《中国辞书学论文索引》，查得 1911—1989 年发表的《尔雅》论文 40 余篇。

再将《中国辞书学论文索引》和《中国语言学论文索引（甲编）》、《中国语言学论文索引（乙编）》著录的论文对照，发现可以互补者甚多，共得《尔雅》论文百余篇。

通过上述途径查到的《尔雅》论文，为 1989 年以前发表者。查 1989 年以来发表者，可以用计算机查《全国报刊索引数据库（1951—1992）》、《中文社科报刊篇名数据库（1993—1999）》、《全国报刊索引数据库（2000）》等，又查得百余篇，如：

《尔雅》训诂方法浅释　刘乃叔　吉林师范学院学报（哲社）1992 年第 3 期

《尔雅》分卷与分类的再认识：《尔雅》的文化学研究之一　许嘉璐《中国语文》1996 年第 5 期

《尔雅郭注》版本考　董恩林　《文献》2000 年 1 期

此外，还可以查中国人民大学的《报刊资料索引》光盘，清华大学的《中国学术期刊》(光盘版、网络版)，将查得的论文去其重复，即可整理出一份《尔雅》论文目录。

贰 索引

B

八十年来史学书目	143
报刊资料索引	173
北京天津地方志人物传记索引	274
北京图书馆馆藏报纸目录	190
北京图书馆馆藏革命历史文献简目	145
不列颠百科全书	247
不列颠百科全书（国际中文版）	246

C

常用典故辞典	230
常用古文字字典	206
超星数字图书馆	383
辞海（1989年版）	203
辞通	213
辞源（修订本）	205

D

大汉和辞典	228
当代国际人物辞典	264
DAO	367
道藏书目提要	143
敦煌古籍叙录	151
敦煌文献语言辞典	212
敦煌学大辞典	241
敦煌学论著目录	151
敦煌遗书总目索引	151

E

尔雅	219
二十六种影印革命期刊索引	170
二十世纪文学研究论著提要	150
二十四史纪传人名索引	269
二十五史人名索引	268

F

法学大辞典	240
贩书偶记	120
贩书偶记续编	120

G

公元干支推算表	300
古代汉语虚词词典	215
古汉语常用字字典	205
《古今图书集成》图文数据光盘	364
古书图书集成	251
馆藏中文报纸副刊目录（1898—1949）	191
《广韵》四声韵字今读表	222
国际条约集	341
国际统计年鉴	343
国外人文社会科学核心期刊总览	199

国学论文索引(1—4编)	188	本书目版本简介(1950—1983)	161
国学网	384	马克思恩格斯全集名目索引(1—39卷)	164

H

哈佛燕京学社引得	273
汉语大词典	203
汉语大字典	203
洪武正韵	223

马克思恩格斯全集目录(1—39卷) 156

马克思恩格斯全集目录说明,索引 158

毛泽东选集索引 164
毛泽东著作、言论、文电目录 159
美国两百年大事记 317
民国人物大辞典 262
民国时期总书目 135
明清间耶稣会士著译提要 143
明清进士题名碑录索引 276
明一统志 282

J

集韵	222
甲骨文字典	205
甲骨文字诂林	218
解放区根据地图书目录	137
解放日报索引(1941.5—1947.3)	171
近代来华外国人名辞典	264
近代现代外国哲学社会科学人名资料汇编	264
经济学著作要目	150
经籍籑诂	221

N

牛津英语大辞典 226

P

佩文韵府 232
骈字类编 233

Q

清代文集篇目分类索引 188
清一统志 282
全国报刊索引 172
全国报刊索引数据库 365
全国新书目 138
(1833—1949)全国中文期刊联合目录
 (补编本) 195
(1833—1949)全国中文期刊联合目录
 (增订本) 190

K

康熙字典 201

L

历代人物年里碑传综表	275
联机图书馆中心(OCLC)	388
联绵字典	214
列宁全集目录(1—39卷)	158
列宁全集索引(1—35卷)	164

M

马克思恩格斯列宁斯大林著作中文

全国中医图书联合目录	155
全国总书目	137
全唐文篇目分类索引	188

R

人民时空	385

S

三十年代中国文艺杂志总目录索引	185
上海图书馆馆藏建国前中文报纸目录	191
社会科学新词典	240
诗词曲名句辞典	238
十三经索引	236
十通索引	324
史籍举要	143
史学论文索引	182
世界地名词典	285
世界地名录	286
世界地图集	286
世界经济年鉴	343
世界历史地名辞典	278
世界十大著名法典评介	151
世界艺术全鉴	336
释氏疑年录	275
书目答问	119
书目答问补正	120
说文解字集注	217
四库禁毁书丛刊索引	119
四库全书存目丛书·目录索引	118
《四库全书》原文电子版	364
四库全书总目	115
四库全书总目提要补正	117
四库提要辨证	117
苏联大百科全书	248

T

太平御览	249
(泰晤士)世界历史地图集	280
天历考及天历与阴阳历日对照表	307

W

外国经济学名著概览	150
外国文学名著题解	146
晚清小说目	148
网上的馆藏目录	378
网上的联合目录	379
文献学辞典	241
文学论文索引	184

X

稀见方志提要	154
现代俄罗斯标准语辞典	227
现代汉语词典	206
现代汉语方言大词典	210
现代汉语通用字表	208
现代外国人名辞典	263
歇后语大辞典	211
辛亥以来人物传记资料索引	273
新编中国三千年历日检索表	304
新汉日辞典	227
新华日报索引(1938.1—1947.2)	171
新华字典	206
新日汉辞典	227
新英汉词典(世纪版)	225
信息交换用汉字编码字符集·基本集	208

续修四库全书总目录索引　　118

Y

1949—1979年翻译出版外国古典文学著作目录　　146
艺文类聚　　249
艺文志二十种综合引得　　114
永乐大典　　250
元一统志　　281

Z

哲学大辞典　　239
中国百科年鉴　　318
中国版刻图录　　332
中国成语大辞典　　229
中国丛书综录　　122
中国丛书综录补正　　125
中国大百科全书　　245
《中国大百科全书》(图文数据光盘)　　363
中国地方志联合目录　　152
中国地方志总目提要　　154
中国地名录　　286
中国电子图书网　　386
中国法律法规大典　　364
中国佛教人名大辞典　　260
中国古方志考　　153
中国古代史参考图录　　330
中国古代书画图目　　334
中国古代书目辞典　　156
中国古典文学名著题解　　145
中国古籍善本书目　　127
中国国家书目　　138
中国国家书目光盘　　365

中国近代传奇杂剧简目　　148
中国近代期刊篇目汇录　　167
中国近代史参考图录　　331
中国近现代人物名号大辞典　　266
中国近代现代丛书目录　　140
中国近代现代丛书目录索引　　140
中国科技名人数据库(WHO'S WHO)　　368
中国科学技术成果数据库(CSTAD)　　367
中国科学家辞典　　263
中国科研机构数据库(CSI)　　368
中国历代官制大辞典　　328
中国历代户口、田地、田赋统计　　343
中国历代名人图鉴　　329
中国历代年谱总录(增订本)　　275
中国历代人名大辞典　　259
中国历代人物图像索引　　330
中国历代文献精粹大典　　252
中国历史大事年表　　314
中国历史地名大辞典　　278
中国历史地图集　　279
中国企业公司及产品数据库(CECDB)　　367
中国人民大学书报资料中心系列光盘　　365
中国善本书提要　　129
中国善本书提要补编　　130
中国史历日和中西历日对照表　　301
中国史学论文索引　　180
中国俗语大辞典　　211
中国通俗小说总目提要　　147
中国图书大辞典　　242
中国文物定级图典　　331

中国文学大辞典	243	中国艺术家辞典	263
中国文学家大辞典	260	中国政区大典	285
中国文言小说书目	147	中国知识资源总库(CNKI)	385
中国现代史论文著作目录索引	182	中华人民共和国地名词典	284
中国现代书画目录	149	中华人民共和国法律全书	338
中国现代作家著译书目及其续编	146	中华人民共和国条约集	340
中国新方志目录	155	中外旧约章汇编	340
《中国学术期刊》光盘版(CAJ-CD)	362	中外历史年表	314
中国学位论文数据库(CDDB)	367	中文核心期刊要目总览(第4版)	198
中国艺术全鉴	336	宗教大辞典	239

主要参考文献

[1] 方汉奇著.中国近代报刊史(上、下).太原:山西人民出版社,1981

[2] 傅振伦.傅振伦方志论著选.杭州:浙江人民出版社,1992

[3] 胡道静著.中国古代的类书.北京:中华书局,1982

[4] 姜椿芳著.从类书到百科全书.北京:中国书籍出版社,1990

[5] 金常政著.百科全书及其编辑研究.北京:知识出版社,1987

[6] 李国新等著.外国年鉴编纂出版概观.北京:中国旅游出版社,1998

[7] 李今山,范作义等著.中国年鉴编纂规范化.北京:中国书籍出版社,1994

[8] 刘叶秋著.中国字典史略.北京:中华书局,1983

[9] 倪延年,吴强编著.中国现代报刊发展史.南京:南京大学出版社,1993

[10] 潘树广等著.文献学纲要.桂林:广西师范大学出版社会实践,2000

[11] 邵献图主编.西文工具书概论(第3版).北京:北京大学出版社,1998

[12] 谭家健主编.中国文化史概要.北京:高等教育出版社,1988

[13] 王云编著.光盘情报检索方法与技巧.北京:国防工业出版社,1997

[14] 王重民著.中国目录学史论丛.北京:中华书局,1984

[15] 谢新洲编著.电子信息源与网络检索.北京:北京图书馆出版社,1998

[16]　赵诚著.中国古代韵书.北京:中华书局,1979
[17]　周少川著,中华典籍与传统文化.桂林:广西师范大学出版社,1996
[18]　朱天俊,李国新编著.中文工具书教程.北京:北京大学出版社,1991

后　　记

　　高校文科教材《社会科学文献检索》初版于1987年,至今已有17年。根据社会科学文献检索课程教学的发展与教材建设的需要,我们对教材进行了修订。

　　我们认真分析了教材的特点及存在的问题,确定了修订的原则:框架基础不变,内容进行全面更新。具体分工如下:赵国璋第一、二、十、十二章(王长恭协助修订完成;其中第十章第四节和第十二章第二、三节由王长恭编写);朱天俊第三、八、九章;潘树广第四章、第五章第二节,第十九、二十、二十一、二十二章,另第十一、十三、十六章(黄镇伟协助修订);王长恭第五章第一、三节,第六、七、十五章;华人德第十四、十七、十八章。附编中"综合检索示例"是集体编写的。全书由朱天俊统稿,并撰写"前言"。"索引"则请王宣同志编制完成。

　　在修订教材的过程中,潘树广先生、赵国璋先生相继不幸被癌症夺去生命。噩耗传来,我们十分悲痛。他们以极大的毅力,不顾病魔缠身所带来的痛苦,克服了种种困难,完成了各自承担的修订任务。我们对他们表示诚挚的敬意与深切的怀念。现在教材增订本出版了,这是对二位先生最好的纪念。

朱天俊
2003年2月初稿
2005年1月补订